李卓吾批點世說新語補

1

宋 劉義慶 著

日本安永八年刊

图书在版编目（C I P）数据

李卓吾批点世说新语补 / (宋) 刘义庆著. -- 北京 : 海豚出版社, 2018.1
ISBN 978-7-5110-4075-6

Ⅰ. ①李… Ⅱ. ①刘… Ⅲ. ①中国历史－史料－研究－魏晋南北朝时代 Ⅳ. ①K230.7

中国版本图书馆CIP数据核字(2017)第329650号

书名：李卓吾批点世说新语补
作者：(宋) 刘义庆著
责任编辑：李俊
责任印制：蔡丽
出　　版：海豚出版社
网　　址：http://www.dolphin-books.com.cn
地　　址：北京市百万庄大街24号
邮　　编：100037
电　　话：010-68325006（销售）　010-68998879（总编室）
印　　刷：北京虎彩文化传播有限公司
经　　销：新华书店及网络书店
开　　本：16开（210毫米×285毫米）
印　　张：72
字　　数：576（千）
版　　次：2018年1月第1版　2018年1月第1次印刷
标准书号：ISBN 978-7-5110-4075-6
定　　价：1760元

出版說明

人是一種會思想的動物，無論是要適應環境，克服生存的困難，抑或爲了生活得更有意義，思想皆不可或缺。在一般的中文習慣中，思想的涵義比“哲學”更寬泛，這種語用習慣的差異，也影響到學者對學術視野的選擇。一般而論，思想史的範圍也較哲學史爲廣闊，雖然很少得到清晰地界定，但它不失爲一種有效的學術視野。

在近代中國學術史上，思想史研究的興起與哲學史大約同時。一九〇二年三月，梁任公在其創辦的《新民叢報》上連續發表了《論中國學術思想變遷之大勢》系列論文，這可能是最早由國人撰著發表的思想史論文。而第一本由國人撰寫的中国古代哲學通史，則爲一九一六年謝無量的《中國哲學史》。這兩本早期著述有其學術史的意義，但其中對學科的性質與研究方法等多無明確的説明。事實上，無論是學者的闡述，還是其實際的操作，在思想史與哲學史之間都不易劃出清晰的界限，直到當代也仍然如此。拋開細節不論，就語用習慣及有關實踐而言，思想史表徵一種對歷史文化廣闊而深入的關照，其研究方法，關注的問題，都較哲學史爲多元，史料基礎也不可同日而語。尤其是在郭沫若、侯外廬等人建立起來的研究傳統中，思想史有明确的社會史取向，或因其與傳統的文史之學有親和性，以至在今天，這種思路仍然很有生命力。

文獻發掘向來是思想史研究的基本環節。爲了促進有關研究，我們選輯多種文本編爲"中國古代思想史珍本文獻叢刊"。全編選目包括經典文本，如儒、道二家的經解，重要思想家作品的早期刻本，和某些并不廣泛受到關注的作家文集的舊刻本。本編中也選錄了數種反映古代民俗信仰的文獻，如《關聖帝君聖跡圖志》、《卜筮正宗》等等。這些文本在傳統的學術視野中，多以爲不登大雅之堂，在今日視之，或者正因其反映了古代社會一般的信仰氛圍，而有重要的文本價值。此外，本編也著意收錄了數種通常被視爲藝術史史料的文本，如《寶綸堂集》、《徐文長文集》等，我們認爲對思想史關注而言，範圍與深度同樣重要。

選集本編，也有文獻學上的意圖。中國古代有悠久的文獻學傳統，大量古籍文本的傳刻與整理造就了古代中國輝煌的古籍文化。本編收錄的這些刻本不僅是古代學術發生、衍變的物質證據，也是古代古籍文化的重要部分。本編所收錄的全部作品皆爲彩版影印，最大限度地保存了文獻的細節。其中有部分殘卷，視具體情況，或者補配，或者一仍其舊。本編的選目受制於編者的認識與底本資源，或者有不妥、不備之處，希望讀者不吝指正。

目録

第一册

第二册

第一册

劉注

世說新語

騰龍源公定本　觀濤閣藏

世說新語補

常陽　碕允明哲夫　校

補下本集有小字

世説新語補序

余少時得世説新語善本吳中於心已好之每讀輒患其易竟又怪是書僅自後漢終於晉以

為六朝諸君子卽一代標論
風旨寧無一二可稱者最
後得何氏語林大抵規
摹世說而稍衍之至元末
然其事詞錯出不雅馴

要以影響而已至於世說之所長或造微於單辭或徵巧於隻行或因美以見風或因刺以通贊往往使人短詠而躍然長思而未罄何氏蓋未之知也

少字本集作小

余治燕趙郡國獄少間多暇
探橐中以藏則二書在焉因
稍爲删定合而見其類蓋世
說之所去不過十之二而何氏之所
采則不過十之三耳余居

每字今集作往々二字

李云與經生清言竝稱似貶之太過王導溫嶠謝安皆清言也用之介胄何如哉吾未見經生而介胄者也

恒謂宋時經儒先生每譏讁清言之致亂而不知晉宋之于江左一也驅介胄而經生之乎則毋乃驅介胄而清言之也其又奚擇矣

嘉靖丙辰季夏瑯琊王世貞譔

秣陵蔡拱日書

莊子大宗師之篇曰、相視而笑莫逆於心、

莊子天道之篇曰輪扁曰、君之所讀者古人之糟粕已夫、

世說新語序

易稱書不盡言言不盡意然則書者言之餘響而言者意之景測也是以莫逆之音恒存乎相視糟粕之喻無與於心

孟子公孫丑篇曰百世之後乎百世之王

襄公二十四年左傳曰穆叔曰太上有立德其次有立功其次有立功

傳由百世之下讀其書而歆想
見其為心不亦遠乎此立言
者之所以難也晉人雖尚清談
風流映於後世而臨川王義長
晉宋沐浴浸溉述為此書至

今諷習之者猶能令人舞蹈
若親覩其獻酬儐在當時
聆樂衛之韶音殷劉之
瀾響引宮刻羽貫心入髀尚
書爲之含笑乎子由斯絕倒

西京雜記曰楊子雲好事常懷鉛提槧本從諸計吏訪殊方絕域四方之語以為裨補
史記孔子世家曰孔子晚而喜易韋編三絕

不知宜乎蓋晉人之談所謂言
之近意而臨川此書抑亦書
之近者也余幼而酷嗜此
書中年彌甚恒著巾箱相
鉛槧㪚易韋編欲絕第其

句或句棘語近方之句則
難斷語異則難通積思累
校小獲疏明經乎闕疑以遵
聖訓玉振孝標一證博引旁
綜備無古人裴松之三國志

叔世季世見左傳昭公六年

别淄澠易牙事

卯金刀劉字見漢王莽傳

嗜秦人之炙無以異於吾炙

譏差得比肩而頗爲俗夫揄

入拼世之談根不能盡别淄澠

時一標出以洗卯金氏之冤初

雖闚之帳中既歆公之炙嗜

而參知喬公見之亟相賞鑒

即授梓人爰綴末章敘而錄
梓是編也識吾豈敢謂二
氏之忠臣抑庶幾不爲風雅
之自華人乎
萬曆庚辰秋吳郡王世懋識

予刻世説豫章舊所病句棘難通者亦既有倫矣惜也予固讎對之功闕焉撰字疏句往往而訛幾於誤人標評小語亦續有得時復循覽而恨其未覈也家兄元美嘗並何氏語林刪其無當合為一編久乃散落友人張仲立得而嗜之次第脩註而更為訂何氏之乖迮及益其註之未備鉛槧經季殺青滿室會予將之閩中手以相示且請序作者之意于豫章後重校善本不吝授之蓋臨川孝標功緒略當元朗羽翼意亦勤矣昔猶瑋判今始珪合予所研覈不寘者將無鄭玄之遇服氏試若孝標一註疑有羼入中間稍為指摘終未得起斯人于九原令千載洗然也書以復仲立仍具此意相與商求之是歲乙酉初春世懋再識

刻世說新語補序

往余讀世說新語輒手之不釋蓋臨川王濬居研志耽情墳籍爲宗室之表所愛佳事清言采而書之當時如太尉袁淑吳罷陸展東海何長瑜鮑照諸公引爲佐史國臣

故紀載周悉劉子孝標學既該博
又好異書從而註之故引證特詳
彼崔慰祖謂爲書淫或於是書有
癖也
國朝何元朗博洽嗜古上遡漢晉
下逮勝國廣爲語林王元美刪其

襍

冗襍存其雅馴者為世說新語補
敬美自幼酷好是書鑽厲有日于
字句勾棘難通者疏明之于舊註
為俗子攙入者標出之自謂洗卯
金氏之寃曾刻豫章續有正者復
刻吳郡張仲立校之已為善本敬

美又加指摘其批評覩劉辰翁加
詳再刻閩中王汝存校之問序于
不佞因得再讀驚高論于曠代聞
長嘯于異時又何快也若以世說
等孔思尚之語錄而繫爲瑣言比
劉形之晉紀而都云才短談何容

易受嗤千載吾于劉子玄亦有目睫之譏云夫何氏羽翼臨川厥功偉矣乃二王表章合而爲一俾江左風流紹述東京者千萬世而一日臨川有知將謂賞音之士寧獨劉玄靖邪語曰千金之裘非一狐

之腋也余于兹編亦云

萬曆丙戌穐日沔陽陳文燭玉叔

撰

李卓吾批點世說新語補舊序二首

晉人樂曠多奇情故其言語文章別是一色世說可覩已說爲晉作及于漢魏者其餘耳雖典雅不如左氏國語馳騖不如諸國策而清微簡遠居然玄勝槩舉如衛虎度江安石教兒機鋒似沉滑稽又冷類入人夢思有味有情嚥之愈多嚼之不見滓于時諸公剸以一言半句爲終身之目未若後來人士俛焉下筆始定名價臨川善述更自高簡有法反正之評戾實之載豈

不或有亦當頌之使與諸書並行也晩後淺俗索解人正不可得嗚呼人言江左清談遺事槃槃一老出其游戲餘力尚足辦此百萬之敵茲非談之宗歟抑吾取其文而非論其人也丙戌長夏病思無聊因手校家本精剗其長註間疏其滯義明年以授梓迺五月既望梓成耘廬劉應登自書其端是爲序

嘗攷載記所述晉人話言簡約玄澹爾雅有韻世言江左善清談今閱新語信乎其言之也臨

李士云何必如此

川撰爲此書採掇綜敘明暢不繁孝標所注能收錄諸家小史分釋其義詁訓之賞見於高似孫緯略余家藏宋本是放翁校刊本謝湖躬耕之暇手披心寄自謂可觀爰付梓人傳之同好因歎昔人論司馬氏之祚亡於清談斯言也無乃過甚矣乎竹林之儔希慕沂樂蘭亭之集咏歌堯風陶荆州之勤敏謝東山之恬鎭解莊易則輔嗣平叔擅其宗析梵言則道林法深領其乘或詞冷而趣遠或事瑣而意奧風旨各殊人

有典訖王茂弘祖士雅之流才通氣峻心翼王室又斑斑載諸冊簡是可非之者哉詩不云乎濟濟多士文王以寧余以瑯琊王之渡江諸賢弘贊之力為多非强説也夫諸晤言率遇藻裁遂為終身品目故類以標格相高玄虛成習一時雅尚有東京廚俊之流風焉然曠達拓落濫觴莫拯取譏世教撫卷惜之此於諸賢不無遺憾焉耳矣刻成序之嘉靖乙未歲立秋日也吳郡袁褧撰

世說舊題一首舊跋二首

宋臨川王義慶采擷漢晉以來佳事佳話爲世說新語極爲精絶而猶未爲奇也梁劉孝標注此書引援詳確有不言之妙如引漢魏吳諸史及子傳地理之書皆不必言只如晉氏一朝史及晉諸公別傳譜錄文章凡一百六十六家皆出於正史之外記載特詳聞見未接寔爲注書之法右見高氏緯略

右世說三十六篇世所傳釐爲十卷或作四十

五篇而末卷但重出前九卷中所載余家舊藏
蓋得之王原叔家後得晏元獻公手自校本盡
去重復其注亦小加剪截最爲善本晉人雅尚
清談唐初史臣修書率意竄定多非舊語尚賴
此書以傳後世然字有譌舛語有難解以它書
證之間有可是正處而注亦比晏本時爲增損
至於所疑則不敢妄下雌黄姑亦傳疑以竢通
博紹興八年夏四月癸亥廣川董弅題

郡中舊有南史劉賓客集版皆廢于火世說亦

不復在游到官始重刻之以存故事世說最後成因併識于卷末淳熙戊申重五日新定郡守笠澤陸游書

何氏語林舊序二首

何氏語林三十卷吾友何元朗氏之所編類倣劉氏世說而作也初劉義慶氏採擷漢晉以來理言遺事論次爲書標表揚搉奕奕玄勝自兹以還稗官小說無慮百數而此書特爲雋永精深奇逸莫或繼之元朗雅好其書研尋演繹積

有歲年捜覽篇籍思企芳躅昉自兩漢迄於胡元上下千餘年正史所列傳記所存奇蹤勝踐漁獵靡遺凡二千七百餘事總十餘萬言類列義例一准劉氏之舊而凡劉所已見則不復出品目叩分雖三十有六而原情執要寔惟語言爲宗單詞隻句往往令人意消思致淵永足深唱歎誠亦至理攸寓文學行義之淵也而或者以爲摭裂委瑣無所取裁骫骳偏駮獨能發藻飾詞於道德性命無所發明嗚呼事理無窮學

奚底極理或不明則固不足以探性命之蘊而辭有不達道何從見是故博學詳說聖訓攸先修辭立誠蓄德之源也宋之末季學者牽於性命之說深中厚默端居無爲謂足以涵養性眞變化氣質而考厥所存多可議者是雖師授淵源惑於所見亦惟簡便日趨偷薄自畫假美言以護所不足甘於面墻而不自知其墮於庸劣焉爾嗚呼玩物喪志之一言遂爲後學之深痼君子盍嘗惜之元朗於此眞能不爲所惑哉元朗

貫綜深博文詞粹精見諸論撰偉麗淵宏足目
名世此書特其緒餘耳輔談式藝要亦不可以
無傳也辛亥四月之望文徵明書

華亭何元朗假劉氏世說作語林成翰林待詔
文公既爲序之以傳矣又以示師道俾志其末
簡于惟世說紀述漢晉以來佳事佳話以垂法
戒而選集清英至爲精絕故房許諸人收晉史
者往往用以成篇不知唐藝文志何故乃列之
小說家蓋言此書非實錄者自劉知幾始而不

知義慶去漢晉不遠其所述載要自有據雖傳
聞異詞抑揚緣飾不無少過至其言世代崇尚
人士風流百世之下可以想見不謂之良史不
可也豈直與志恠述妖稽神纂異誣誕慌惚之
談類哉是故齊梁以來學士大夫恒喜言之宗
工鉅儒往往爲之註釋綴續叙錄刪校尊信益
衆而此書亦益顯於是有倣之而作唐語林續
世說者矣然或止紀一姓或僅載數朝固未及
貫綜百代統論千祀也其所採摭亦終不能如

劉氏之精而元朗乃獨上泝西京下逮朔漠悉
取其精深玄遠之言瓌詭卓絕之跡聚而陳之
而劉氏所遺更加搜抉翦裁屬比嚴約整潔不
下前書自非博雅通方之士其孰能與於斯哉
抑義慶宗王牧將幕府多賢當時如袁淑陸展
鮑照何長瑜之徒皆一世名彥爲之佐吏雖曰
筆削自已而檢尋贊潤夫豈無人若元朗則藏
器海濱明經應舉而不以帖括佔嗶奪所嗜好
紬繹今昔不仰同志校之劉氏難易豈啻什百

襍

哉況世說精絕亦由孝標作註詳援確證有不言之妙顧事出二手作述不同而元朗所註乃一時竝撰綱目互發詳略相成開闔貫通一無牴牾至其所引奥篇祕典靡不具列視之劉氏富贍略等信該洽之鉅觀而文筆之弘致也而說者顧以其多取近事襍家頗傷玄雅而文以鞮譯之士厠之中華夷夏幾不分虎羊之鞹爲疑是不知元朗之志在於法戒則不得不兼取久近而具列焉耶律蒙古近而可徵蓋所謂商

監泰喩也惡得而舍諸若夫其文則史隨世汙
隆者又安能盡汰之哉元朗之叙言語篇固自
謂玄虛簡遠不得盡同劉氏覽者可自得之矣
元朗著述大方已詳文序予獨論其與世說所
以同異者著之亦以白作者之苦心云爾長洲
陸師道撰

李卓吾批點世說新語補凡例十則

一是書選次悉從瑯琊原本第瑯琊止錄正文而註未及也今以次補入

一原本惟錄正文故已見世說註中而語林複載者什不下二三並以入選失檢矣今刪之

一劉氏原註可稱詳備何氏致多訛闕想出一人之手獨智難周耳今特讐校遺者補之訛者正之

一劉氏註往往爲義慶補亾是以顯古者並重焉若語林多有事本相屬分爲二科者如劉巴詆張飛崔慰祖稱劉孝標註夸傷崔浩之類意將示博味乃索然今並合之

一編中諸人家世履歷及諸事實以次隨註其已見者不註有未見而詳於後卷者舊例書別見從之有未詳者姑闕以俟

一凡魏晉六朝偏安之主姓字履歷略具註中漢唐宋帝王昭著耳目則略焉俱倣世

說舊例也

一諸人有前稱名字後稱官者或一人三四稱者觀者以次詳視可得矣直恐乍撿無緒摘其尤者別爲釋名附之卷末

一世說豫章本圈釋句讀將便觀者語林則亦依補其中雋語別爲圈點幾於濫矣且語林所無故不復存摘奇咀華各俟乎人

一宋劉辰翁校刻世說註稍同異批評多作隱語今王學憲亦多發明並采之標於上

方。

一是編校勘亦既借我同志第往往矮子觀場癡人說夢羣蛙亂聽不得不一一筆削李卓老不辭專制

附釋名

郭泰字林宗　亦稱有道

荀淑字季和　亦稱朗陵

蔡邕字伯喈　亦稱中郎

楊彪字文先　亦稱太尉

曹操字孟德　亦稱曹公　亦稱魏武　亦稱

魏公　亦稱魏太祖

劉表字景升　亦稱荊州

劉備字玄德　亦稱豫州　亦稱先主

張昭字子布　亦稱輔吳

荀彧字文若　亦稱令君

陳羣字長文　亦稱司空

孫策字伯符　亦稱討逆

曹丕　亦稱魏文帝　亦稱五官將

曹植字子建　亦稱臨淄侯

司馬師字子元　亦稱司馬景王　亦稱晉景王

司馬昭字子上　亦稱司馬文王　亦稱晉文王

王

簡文帝昱字道萬　亦稱文帝　亦稱會稽王

亦稱相王　亦稱撫軍

司馬晞　亦稱太宰　亦稱武陵王

司馬道子　亦稱太傅　亦稱會稽王

王祥字休徵　亦稱太保

王渾字玄冲　亦稱司徒　亦稱京陵

王昶字文舒　亦稱司空

裴徽字文季　亦稱冀州　亦稱使君

何晏字平叔　亦稱尚書

鄧颺字玄茂　亦稱尚書

張華字茂先　亦稱張公

裴頠字逸民　亦稱僕射　亦稱成公

陸機字士衡　亦稱平原

陸雲字士龍　亦稱清河

蔡洪字叔開　亦稱秀才

羊祜字叔子　亦稱太傅　亦稱羊公

王衍字夷甫　亦稱太尉

阮籍字嗣宗　亦稱步兵

嵇康字叔夜　亦稱中散　亦稱嵇公

王戎字濬沖　亦稱安豐

山濤字巨源　亦稱司徒　亦稱山公

裴楷字叔則　亦稱裴令　亦稱令公

王乂字叔元　亦稱平北

樂廣字彥輔　亦稱樂令

荀勗字公曾　亦稱濟北

謝鯤字幼輿　亦稱豫章

賀循字彥先　亦稱司空

劉寔字子眞　亦稱大常

王澄字平子　亦稱阿平

王敦字處仲　亦稱阿黑　亦稱大將軍

王導字茂弘　亦稱阿龍　亦稱丞相　亦稱

　王公　亦稱冶城公

庾亮字元規　亦稱庾公　亦稱文康

祖納字士言　亦稱光祿

顔含字弘都　亦稱光祿

王湛字處冲　亦稱汝南

諸葛恢字道明　亦稱諸葛令

謝裒字幼儒　亦稱尚書

庾敳字子嵩　亦稱中郎

庾琮字子躬　亦稱庾公

祖逖字士雅　亦稱車騎

衛玠字叔寶　亦稱虎　亦稱洗馬

周顗字伯仁　亦稱僕射　亦稱周矦

陶侃字士行　亦稱陶公

桓彝字茂倫　亦稱廷尉

殷羨字洪喬　亦稱豫章

褚裒字季野　亦稱褚公　亦稱太傅

殷融字洪遠　亦稱太常

劉惔字眞長　亦稱劉尹　亦稱丹陽

王承字安期　亦稱參軍　亦稱東海

韓伯字康伯　亦稱豫章　亦稱太常

許詢字玄度　亦稱阿訥　亦稱許掾

顧和字君孝　亦稱司空

郗鑒字道徽　亦稱太尉　亦稱太傅　亦稱司空

謝尚字仁祖　亦稱堅石　亦稱鎮西

謝奕字無奕　亦稱安西

謝奉字弘道　亦稱安南

謝安字安石　亦稱太傅　亦稱謝公　亦稱文靖　亦稱僕射　亦稱侍中

謝萬字萬石　亦稱阿萬　亦稱中郎

王述字懷祖　亦稱藍田　亦稱宛陵

王胡之字脩齡　亦稱阿齡　亦稱司州
王濛字仲祖　亦稱阿奴　亦稱長史
江虨字思玄　亦稱僕射
王微字幼仁　亦稱荊產
孫綽字興公　亦稱長樂
郗愔字方回　亦稱司空　亦稱郗公
桓溫字元子　亦稱桓公　亦稱征西　亦稱
大司馬　亦稱宣武
孫盛字安國　亦稱孫監

王羲之字逸少　亦稱右軍　亦稱臨川

荀羨字令則　亦稱中郎

庾翼字穉恭　亦稱征西　亦稱小庾

何充字次道　亦稱驃騎　亦稱揚州

蔡謨字道明　亦稱蔡公　亦稱司徒

阮裕字思曠　亦稱光祿　亦稱阮公

庾氷字季堅　亦稱司空

袁宏字彥伯　亦稱虎

桓沖字玄叔　亦稱車騎

殷浩字淵源　亦稱阿源　亦稱揚州　亦稱

中軍

陸玩字士瑤　亦稱太尉

郗曇字重熙　亦稱中郎

王脩字敬仁　亦稱苟子

王蘊字叔仁　亦稱阿興　亦稱光祿

謝玄字幼度　亦稱遏　亦稱車騎

王恬字敬豫　亦稱王螭　亦稱阿螭

王洽字敬和　亦稱領軍　亦稱車騎

王薈字敬文　亦稱小奴　亦稱衛軍
謝琰字瑗度　亦稱末婢　亦稱望蔡
桓謙字敬祖　亦稱中軍
謝朗字長度　亦稱胡兒　亦稱東陽
袁山松　亦稱府君
桓伊字叔夏　亦稱子野　亦稱護軍
戴逵字安道　亦稱戴公
王凝之字叔平　亦稱江州
王徽之字子猷　亦稱黃門

郗恢字道胤　亦稱尚書

王坦之字文度　亦稱中郎　亦稱安北　亦

稱北中郎

王獻之字子敬　亦稱阿敬　亦稱王令

張玄之字祖希　亦稱冠軍　亦稱吳興

王珣字元琳　亦稱法護　亦稱東亭

王珉字季琰　亦稱僧彌　亦稱小令

王忱字佛大　亦稱王大　亦稱阿大　亦稱

建武

桓玄字敬道　亦稱靈寶　亦稱南郡

王廞字伯輿　亦稱長史

殷仲堪　亦稱荆州

王謐字稚逺　亦稱武岡　亦稱司徒

陶潛字淵明　亦稱靖節　亦稱徵士

謝混字叔源　亦稱益壽　亦稱望蔡

謝靈運　亦稱康樂

陸慧曉字叔明　亦稱東海

張融字思光　亦稱黄門

袁粲字景倩　亦稱袁尹　亦稱司徒

褚淵字彥回　亦稱司徒　亦稱太宰

王儉字仲寶　亦稱僕射　亦稱文憲

劉孝綽字孝綽　亦稱阿士　亦稱長史

陶弘景字通明　亦稱隱居　亦稱貞白

法汰　亦稱汰法師

竺法深　亦稱深公

支遁字道林　亦稱林公　亦稱支公　亦稱

支法師　亦稱林道人　亦稱林法師　終

李卓吾批點世說新語補目錄

李卓吾批點世說新語補目錄終

李卓吾批點世説新語補卷之一

宋　劉義慶　撰
梁　劉孝標　注
宋　劉辰翁　批
明　何良俊　增
王世貞　删定
王世懋　批釋
李　贄　批點
張文柱　校注

李云無味又云猪肝一片甚不濟事已覺累人名聲亦醜

德行上

補 閔仲叔含菽飲水世稱節士老病家貧不能得肉日買猪肝一片屠者或不肯與安邑令聞之勑吏常給焉仲叔怪問其故歎曰閔仲叔豈以口腹累安邑耶遂去客沛（謝承後漢書曰閔貢字仲叔太原人皇甫謐高士傳曰仲叔同郡周黨貞介之士見仲叔食無菜遺之生蒜仲叔曰我欲省煩耳今更作煩耶受而不食○生蒜臭且消食不食有理遺者可哂也必是曾講道學來）

補 趙孝以父田禾將軍（後漢書註曰王莽時置田禾將軍屯田北邊）任爲郎每告歸常白衣步擔嘗從長安還欲止郵

白一作自

亭亭長先時聞孝當過掃灑待之孝旣至不白名長不肯內因問曰田禾將軍子從長安來何時至乎孝曰尋到矣於是遂去范曄後漢書曰趙孝字長平沛國蘄人州郡辟召進退必以禮顯宗聞其行詔拜諫議大夫遷衛尉弟禮爲御史中丞禮恭謙行已類於孝帝嘉其兄弟篤行詔禮十日一就衛尉府大官送供具令相對盡歡

○○○補

朱文季范曄後漢書曰朱暉字文季南陽宛人家世衣冠暉早孤有氣決與張堪范曄後漢書曰張堪字君游南陽宛人志美行厲世祖召拜郞中歷漁陽太守去職之日乘折轅車布被囊而已同縣張於太學中見文季甚重之把臂語曰欲以妻子託朱生文季不敢對張亾

後聞其妻子貧困自往候視厚賑贍之子怪問曰大人不與堪爲友何忽如此文季曰堪嘗有知巳之言吾以信於心也

李云無疏

補 高文通居鄉時鄰里有爭財持兵而鬬文通往解之不巳乃脫巾叩頭請曰仁義遜讓奈何棄之爭者投兵謝罪嵇康高士傳曰高鳳字文通南陽葉人少爲書生家以農畝爲業鳳專精誦習妻常之田曝麥於庭令鳳護雞時天暴雨鳳持竿誦經不覺潦水流麥妻還怪問乃省其後遂爲名儒

◎補 梁伯鸞少孤嘗獨止不與人同食比舍先炊巳

好話

王云此介近癡

奇

呼伯鸞及熱釜炊。伯鸞曰。童子鴻不因人熱者也。滅竈更燃之。

范曄後漢書曰。梁鴻字伯鸞。扶風平陵人。受業太學。家貧尚節。介博覽不爲章句。學畢。牧豕上林苑中。誤遺火延及他舍。鴻尋訪燒者。悉以豕償之。其主猶以爲少。鴻曰。無他財。願以身居作。因爲執勤不懈。鄰家耆老。共責讓主人。而稱鴻長者。始敬異焉。悉還其豕。鴻不受而去。歸鄉里。勢家慕其高節。多欲女之。鴻並不娶。同縣孟氏有女。肥醜而黑。力舉石臼。擇對不嫁。父母問其故。女曰。欲得賢如梁伯鸞者。鴻聞而聘之。始以裝飾入門。七日而鴻不答。妻跪牀下請曰。竊聞夫子高義。簡斥數婦。妾亦偃蹇數夫。今而見擇。敢不請罪。鴻曰。吾欲裘褐之人。可與俱隱深山者。今衣綺縞傅粉墨。豈鴻所願哉。妻曰。以觀夫子之志耳。乃更爲椎髻著布衣。操作而前。鴻大喜曰。此眞梁鴻妻也。字之曰德曜。名孟光。居有頃。妻曰。常聞夫

李云伯通亦非常人。鴻可謂得所主矣。又請知鴻眞劔出乎何

子欲隱居避患。今何爲默默。無乃欲低頭就之乎。鴻曰諾。乃入霸陵山中。以耕織爲業。詠詩書彈琴。以自娛。仰慕高士。爲四皓以來二十四人作頌。因東出關過京。作五噫歌曰。陟彼北芒兮噫。顧覽帝京兮噫。宮室崔嵬兮噫。人之劬勞兮噫。遼遼未央兮噫。肅宗聞而非之。乃易姓名。居齊魯之間。有頃又去。適吳。作詩曰。遊舊邦兮遐征。將遙集兮東南。心惙怛兮傷悴。志菲菲兮升降。欲乘策兮縱邁。疾吾俗兮作讒。競舉枉兮措直。咸先佞兮唌唌。固靡慚兮獨建。冀異州兮尚賢。聊逍遙兮遨嬉。纘仲尼兮周流。儻云覩兮我悅。遂舍車兮即浮。過季札兮延陵。求魯連兮海隅。雖不察兮光貌。幸神靈兮與休。惟季春兮華阜。麥含含兮方秀。哀茂時兮逾邁。愍芳香兮日臭。悼吾心兮不獲。長委結兮焉究。口囂囂兮余訕。嗟恇恇兮誰留。至吳依皐伯通居廡下。爲人賃舂。妻具食。舉案齊眉。伯通異之曰。彼傭能使其妻敬之如此。非凡人也。乃舍之於家。鴻潛閉著書

說清高也

○補

十餘篇。疾且困。告主人曰。昔延陵季子。葬子于嬴博之間。不歸鄉里。愼勿令我子持喪歸。及卒。伯通為求葬地。於要離冢傍。咸曰。要離烈士。伯鸞清高。可令相近。葬畢。妻子歸扶風。

范巨卿為荊州刺史。謝承後漢書曰。范式字巨卿。一名氾。山陽金鄉人。友人孔仲山。家貧奉親。變姓名。傭為新野縣街卒。范曄後漢書曰。孔嵩字仲山。南陽新野人。為阿里街卒。正身厲行。街中子弟。皆服其訓。辟公府之京師。道宿下亭。盜共竊其馬。尋問知嵩。乃相責讓曰。孔仲山善士。豈宜侵盜。送馬謝之。値巨卿行部縣。邂仲山為導騎。巨卿見仲山驚捉臂曰。子非孔仲山耶。吾昔與子俱曳長裾遊息太學。吾蒙國恩。致位牧伯。而子懷道隱身處於卒伍。不亦惜哉。符山曰。侯嬴長守於賤業。史記曰。魏有隱士侯嬴。家貧為大梁夷門監者。魏公子欲厚遺之。不肯受。曰。臣修身潔行數十年。終不以困故受公子財。晨門肆志於抱關。論語疏曰。晨門閽人也。高士傳曰。石門守者魯人也。避世不仕。自隱姓名。為魯守石門。主晨夜開閉。子路從孔子石門而宿。問子路曰。奚自。子路曰。自孔氏。遂譏孔子曰。是知其不可為之者與。時人賢焉。貧者士之宜。豈為鄙哉。巨卿敕縣代仲山。仲山以先備未竟。不肯去。

李云無味

補范史云。遭黨錮。推鹿車載妻子。以捃拾自資。兒嘗拾得五斛麥。隣人尹臺遺之一斛。囑兒不得

通史雲後知卽令伽送六斛還尹言麥已糴誓

不肯受范曄後漢書曰范冉字史雲陳留外黃人從樊英馬融受經好違時絕俗爲詭激之行桓帝時爲萊蕪長遁居梁沛之間所止單陋有時絕粒窮居自若後辟太尉府以疾不行年七十四卒謚曰貞節先生。

周子居周乘別見常云吾時月不見黃叔度則鄙吝之心已復生矣。典略曰黃憲字叔度汝南愼陽人時論者咸云顏子復生而族出孤鄙父爲牛醫潁川荀季和執憲手曰足下吾師範也後見袁奉高曰卿國有顏子寧知之乎。奉高曰卿見吾叔度邪戴良少所服下見憲則自降薄悵然若有所失母問汝何不樂乎復從牛醫兒所來邪良曰瞻之在前忽焉在後所謂良之師也。

陳仲舉爲豫章太守汝南先賢傳曰陳蕃字仲舉汝南平輿人有室荒蕪不掃除曰大丈夫當爲國家掃天下值漢桓之末閹豎用事外戚豪橫及拜太傅與大將軍竇武謀誅宦官反爲所害海内先賢傳曰蕃爲尚書以忠正忤貴戚不得在臺遷豫章太守至。便問徐孺子所在欲先看之謝承後漢書曰徐穉字孺子豫章南昌人清妙高跱超世絶俗前後爲諸公所辟雖不就及其死萬里赴弔常豫炙雞一隻以綿漬酒中暴乾以裹雞徑到所赴冢隧外以水漬綿斗米飯白茅爲藉以雞置前醊酒畢留謁即去不見喪主主簿白羣情欲府君先入廨陳曰武王式商容之閭席不暇煖許叔重曰商容殷之賢人老子師也車上跽曰式吾之禮賢有何不可袁宏漢紀曰蕃在豫章爲穉獨設一榻去則懸之見

劉應登曰謂陳欲便看孺子而主簿欲其候入廨後

禮如此。

○補 徐孺子嘗事江夏黃公。後黃公亡殁。孺子往會葬。無資以自致。齎磨鏡具自隨。所在取直。然後得前。范曄後漢書曰。黃瓊字世英。江夏安陸人。魏郡太守香之子也。初以父任。爲太子舍人。辭病不就。五府俱辟。不應。後將出。李固以書逆遺之。歷議郎尚書僕射。延熹二年。拜太尉。封邟鄉侯。梁冀誅。首居公位。壽而五侯擅權。稱疾不起。

○補 郭林宗每行宿逆旅。輒躬自灑掃。卓老 及明去。後人至見之曰。此必郭有道昨宿處也。續漢書曰。郭泰字林宗。太原界休人。泰少孤。年二十。行學至城皐。屈伯彥精廬。乏食。衣不蓋形。而處約味道。不改其樂。李元禮一見稱之曰吾見士多矣無如林宗者也及卒蔡伯喈爲作碑曰吾爲人作銘未嘗不有慙容唯爲郭有道碑頌無愧耳初以有道君子徵泰曰吾觀乾象人事天之所廢不可支也遂辭以疾

劉云此後何德行

李元禮風格秀整高自標持欲以天下名教是非爲己任薛瑩後漢書曰李膺字元禮潁川襄城人抗志清妙有文武儁才遷司隸校尉爲黨事自殺後進之士有升其堂者皆以爲登龍門三秦記曰龍門一名河津去長安九百里水懸絕龜魚之屬莫能上上則化爲龍矣

李元禮嘗歎荀淑鍾皓先賢行狀曰荀淑字季和潁川潁陰人也所拔韋褐芻牧之中執案刀筆之吏皆爲英彥舉方正補朗陵侯相所　流化鍾皓字季明潁川長

劉云六龍語鄙
李云何鄙有

祉人。父祖至德著。皓高風承世。除林慮長。不之官。人位不足。天爵有餘。曰荀君清

識難尚。鍾君至德可師。海內先賢傳曰。潁川先輩。為海內所歸者。定陵

陳稺叔。潁陰荀淑。長社鍾皓。少府李膺。宗此三君。常言荀君清識難尚。陳鍾至德可師。

陳太丘詣荀朗陵。貧儉無僕役。陳寔傳曰。寔字仲弓。潁川許昌

人。為聞喜令。太丘長。風化宣流。乃使元方將車。先賢行狀曰。陳紀字元方。寔長

子也。至德絕俗。與寔高名並著。而弟諶又配之。每宰府辟召。羔鴈成羣。世號三君。百城皆圖畫。

季方持杖後從。海內先賢傳曰。陳諶字季方。寔少子也。才識博達。司空掾。公車

徵不就。長文尚小。載著車中。既至。荀使叔慈應門。

慈明行酒。餘六龍下食。張璠漢紀曰。淑有子八人。儉。緄。靖。燾。汪。爽。肅。敷。淑

劉云元注在五百里内微不可少。

居西豪里。縣令苑康曰。昔高陽氏有才子八人。遂署其里為高陽里。時人號曰八龍。文若彧別見。亦小坐著鄰前。于時太史奏眞人東行。檀道鸞續晉陽秋曰。陳仲弓從諸子姪造荀父子。于時德星聚。太史奏五百里賢人聚。

陳元方子長文有英才。魏書曰。陳羣字長文。祖寔。嘗謂宗人曰。此兒必興吾宗。及長有識度。其所善皆父黨。與季方子孝先陳氏譜曰。諶子忠。字孝先。州碑不就。各論其父功德爭之不能決咨於太丘太丘曰。元方難為兄季方難為弟。一作元方難為弟。季方難為兄。

劉云家翁語

荀巨伯遠看友人疾荀氏家傳曰。巨伯漢桓帝時人也。亦出潁川。未詳其始末。值胡賊攻郡。友人語巨伯曰吾今死矣子可

劉云巨伯固高。此賊亦入德行

之選矣
王云賊語亦佳
李云有亦知
此可以死
○
劉云寫得可觀

去巨伯曰遠來相視子令吾去敗義以求生豈荀巨伯所行邪賊既至謂巨伯曰大軍至一郡盡空汝何男子而敢獨止巨伯曰友人有疾不忍委之寧以我身代友人命賊相謂曰我輩無義之人而入有義之國遂班軍而還一郡並獲全

華歆遇子弟甚整雖閒室之內嚴若朝典魏志曰歆字子魚平原高唐人魏略曰靈帝時與北海邴原管寧俱遊學相善時號三人為一龍謂歆為龍頭寧為龍腹原為龍尾陳元方兄弟恣柔愛之道而二門

劉云捉擲未害其貞強生優劣其優劣不在此李云揮鋤不恥捉擲亦詐果以忘乎懷固無所不可吾未見其孰優孰劣也

之裏兩不失雍熙之軌焉。

管寧華歆共園中鋤菜傅子曰寧字幼安北海朱虛人齊相管仲之後也。見地有片金管揮鋤與瓦石不異華捉而擲去之又嘗同席讀書有乘軒冕過門者寧讀如故歆廢書出看寧割席分坐曰子非吾友也魏略曰寧少恬靜常笑邴原華子魚有仕宦意及歆爲司徒上書讓寧寧聞之笑曰子魚本欲作老吏故榮之耳。

○補

管幼安在遼東隣人有牛暴幼安田幼安牽牛着涼處自與飲食過於牛主牛主得牛大慙若

○○○

劉云。閱世而後知其難。賴有此語。

又云。管勝華。華復勝王。人不可以無辨。

李云。非直有優劣。直君子小人之殊途也。彼閱時愛賈好。急則不顧。甚自賈好時。已存此心矣。

犯嚴刑。魏志曰。寧與華歆邴原俱遊學。天下亂。聞公孫度令行海外。與原及王烈至遼東。度虛館以候之。

華歆王朗俱乘船避難。有一人欲依附。歆輒難之。朗曰。幸尚寬。何為不可。後賊追至。王欲舍所攜人。歆曰。本所以疑。正為此耳。既已納其自託。寧可以急相棄邪。遂攜拯如初。世以此定華王之優劣。華嶠譜叙曰。歆為下邽令。漢室方亂。乃與同志士鄭泰等六七人。避世。自武關出道。遇一丈夫獨行。願得與俱。皆哀許之。歆獨曰不可。今在危險中。禍福患害。義猶一也。今無故受之。不知其義。若有進退。可中棄乎。衆不忍。卒與俱行。

小人舉事不慮始大率類此遇

此丈夫中道墮井皆欲棄之歆乃曰已與俱奚棄之不義卒共還出之而後別

○○○補

華子魚從會稽還都賓客義故贈遺累數百金

準若此此國家所以罔彼賴也

子魚皆無所拒密各題識臨去語衆人曰本無拒諸君之心而所受遂多單車遠行將無以懷

李云且語言勝不能行而已

璧爲罪左傳曰無人無罪懷璧其罪願爲之計衆乃各留所贈華嶠譜叙曰歆淡於財欲前後寵賜諸公莫及然終不殖產業陳羣歎曰若華公可謂通而不泰清而不介矣

○補

王叔治七歲喪母母以社日亡來歲鄰里修社會叔治感念亡母甚初喪鄰里爲之罷社魏志

曰。王修字叔治。北海營陵人。孔融在北海。召修爲主簿。後舉孝廉。讓融。融答曰。掾淸身潔己。歴試諸難。謀而鮮過。惠訓不倦。余嘉乃勳。應乃懿德。用升爾於王庭。其可辭乎。

○

○

王祥事後母朱夫人甚謹。晉諸公贊曰。祥字休徵。瑯琊臨沂人。祥世家曰。祥父融。娶高平薛氏。生祥。繼室以廬江朱氏。生覽。晉陽秋曰。後母數譖祥。屢以非理使祥。弟覽輒與祥俱。又虐使祥婦。覽妻亦趨而共之。母患之。方盛寒冰凍。母欲生魚。祥解衣將剖冰求之。會有堅冰小解。魚出。蕭廣濟孝子傳曰。祥後母忽欲黃雀炙。祥念難卒致。須臾有數十黃雀飛入其幕。母之所須。必自奔走。無不得焉。其誠至如此。家有一李樹結子殊好。母恒使守之。時風雨忽至。祥抱樹而泣。蕭廣濟孝子傳曰。祥後母庭中有李。始結子。使祥晝視鳥雀。夜則趨鼠。一夜風雨大至。祥抱泣至曉。

劉云、六十而仕、不害爲太保。

劉云、曠達之人而稱其至愼者、賤復自有見也。

母見之惻然。

祥嘗在別牀眠。母自往闇斫之。値祥私起、空斫得被。既還、知母憾之不已。因跪前請死。母於是感悟、愛之如己子。虞預晉書曰、祥以後母故、陵遲不仕。年向六十、刺史呂虔檄爲別駕。時人歌之曰、海沂之康、寔賴王祥。邦國不空、別駕之功。累遷太保。

晉文王稱阮嗣宗至愼。每與之言、言皆玄遠、未嘗臧否人物。魏書曰、文王諱昭、字子上、宣帝第二子也。魏氏春秋曰、阮籍字嗣宗、陳留尉氏人、阮瑀子也。宏達不羈、不拘禮俗。兗州刺史王昶請與相見、終日不得與言。昶愧歎之、自以不能測也。口不論事、自然高邁。李康家誡曰、昔嘗侍坐於先帝。時有三長史俱見臨辭出。上曰、爲官長當淸、當愼、當勤。修此三者、何患不治乎。並受詔。上顧謂吾等曰、必不得已而

應登曰言其骨立

於斯三者何先或對曰清固爲本復問吾吾對曰清慎之道相須而成必不得已慎乃爲大上曰卿言得之矣可舉近世能慎者誰乎吾乃舉故太尉荀景倩尚書董仲達僕射王公仲士曰此諸人者温恭朝夕執事有恪亦各其慎也然天下之至慎者其唯阮嗣宗乎每與之言言及玄遠而未嘗評論時事臧否人物可謂至慎乎

王戎 晉諸公贊曰戎字濬沖瑯琊人太保祥宗族也文皇帝輔政鍾會薦之曰裴楷清通王戎簡要即俱辟爲掾晉踐祚累遷荆州刺史以平吳功封安豐侯 和嶠 晉諸公贊曰嶠字長輿汝南西平人父逌魏太常嶠少以雅量稱賈充每向世祖稱之歷官尚書 同時遭大喪俱以孝稱王雞骨支床和哭泣備禮 晉陽秋曰戎爲豫州刺史遭母憂性至孝不拘禮制飲酒食肉或觀棊奕而容貌毀悴杖而後起時

汝南和嶠亦名士也。以禮法自持。處大憂。量米而食。然顦顇損哀毀不逮戎也。武帝晉世譜曰。世祖武帝諱炎。字安世。文帝長子也。寬惠仁厚。沈深有度量。咸熙二年受魏禪。謂劉仲雄曰王隱晉書曰。劉毅字仲雄。東萊掖人。漢城陽景王後也。亮直清方。見有不善。必評論之。王公大人望風憚之。僑居陽平。太守杜恕致爲功曹。沙汰郡吏三百餘人。三魏僉曰。但聞劉功曹。不聞杜府君。累遷尚書司隸校尉卿數省王和不。聞和哀苦過禮。使人憂之。仲雄曰。和嶠雖備禮。神氣不損。王戎雖不備禮。而哀毀骨立。臣以和嶠生孝。王戎死孝。陛下不應憂嶠。而應憂戎。晉陽秋曰。世祖及時談以此貴戎也。

幾一作譏

○補 沐德信少以清介。魚豢魏略曰。沐並字德信。河間人。有志介。黃初中爲成皋令。吳使諸葛子瑜諸葛瑾別見。朱義封吳志曰。朱然字義封。丹陽故鄣人。仕吳爲左大司馬。圍樊城。遣船兵於峴山東斫材。牂牁兵人作食。有先熟者。呼後熟者共食。後熟者荅言不煩爾。呼者曰。汝欲作沐德信邪。魏略曰。並

豫作終制戒其子曰。告雲儀等。夫禮者生民之
始教。百世之中庸也。故力行則爲君子。不務者
終爲小人。然非聖人莫能履其從容也。是以富
貴者有驕奢之過。貧賤者有幾於固陋。於是養生
送死。苟竊非禮。由斯觀之。陽虎璵璠。甚於暴骨。
桓魋石槨。不如速朽。此言儒學撥亂反正。鳴鼓
矯俗之大義。未是窮理盡性。陶冶變化之實論
也。若能原始要終。以天地爲一區。萬物爲芻狗。

◎

該覽玄通。求形景之宗。同禍福之素。死生之命。吾有慕於道矣。夫道之爲物。惟怳惟忽。壽爲欺魄。夭爲鳧沒。身淪有無。與神消息。含悅陰陽。甘夢太極。奚以棺槨爲牢。衣裳爲纏。尸繫地下。長幽桎梏。豈不哀哉。昔莊周濶達。無所適莫。又楊王孫裸體。至夫末世。緣生怨死之徒。含珠鱗柙玉。牀象衽。殺人以殉。壙穴之內。錮以紵絮。藉以蜃炭。千載僵燥。託類神仙。於是大教陵遲。競於厚葬。謂莊子爲放蕩。以王孫爲戮屍。豈復識古有衣薪之鬼。而野有狐狸之齒哉。吾以材質滓濁。汙於清流。今年過耳順。奄忽無常。苟得獲沒。卽以吾身襲於王孫矣。上以贖市朝之逋罪。下以親道化之靈。祖顧爾幼昏。未知臧否。若將逐俗。抑廢吾志。爲棄父之命。誰或矜之。使死而有知。吾將尸視。

○補杜恕著家戒

魏志曰。杜恕字務伯。杜氏新書曰。恕少與馮翊李豐相善。後豐砥礪

名行以覂世譽而此誕節直意與豐殊趣豐顯仕朝廷怨猶居家明帝擢拜散騎黄門侍郎

道張子臺東郡人官至太僕 視之似鄙朴人然其心中不知天地間何者美好作人如此耶可不富貴患禍當何從而來。

○○補

皇甫謐 王隱晉書曰謐字士安安定朝那人漢太尉嵩曾孫也祖叔獻灞陵令父叔矦舉孝廉謐族從皆累世富貴獨守寒素所養叔母歎曰昔孟母以三徙成子曾父以烹豕存教豈我居不卜鄰何爾魯之甚乎修身篤學自汝得之於我何有因對之流涕謐乃感激年二十餘就鄉里席坦受書遺人而問少有寧日武帝借其書二車遂博覽太子中庶子議郎徵並不就終于家 有從姑子梁柳爲城陽太守將之官或勸

士安餞之。士安曰、柳爲布衣時、過吾、吾送迎不出門、食不過鹽菜。今送之、是貴城陽太守、而輕梁柳。非心所安。玄晏春秋曰、十七年予長七尺四寸矣。未通書史。與從姑子梁柳、編荊執荻、分陳、相刺、共以爲樂。

○補　鬲令袁毅在政貪濁、饋遺朝貴、以營譽。晉書曰、陳郡袁毅嘗爲鬲令、貪濁而賂遺公卿、以求虛譽。嘗遺山巨源絲百斤。巨源不欲爲異、受之命懸之梁。後毅事露、案驗衆官、更至巨源。於梁上得絲、已數年塵埃、封印如故。虞預晉書曰、山濤字巨源、河内懷人。父曜冤句令。濤少有器量。年十七、宗人謂宣帝曰、濤當與

王云嵇阮以識推山公此是也

李云巧於屬詞遣李之宗祖也倘若逢卓老許不行矣

景文共綱紀天下一人也帝戲曰卿小族那得此快人耶好老莊嵇康善為河内從事與石鑒共傳宿濤夜起蹋鑒曰今何等時而眠也知太傅臥何意鑒曰宰相三日不朝與尺一令歸第君何慮焉濤曰咄石生無事馬蹄間也投傳而去果有曹爽事遂隱身不交世務累遷吏部尚書僕射太子少傅司徒謚康矦

○補王偉元門生為本縣所役求屬令為脫王曰卿學不足以庇身吾德不足以庇卿屬之何益乃步擔乾飯兒負鹽豉送所役生到縣諸生隨者千人令以偉元詣邑整衣出迎偉元乃下道至十牛傍磬折立自言門生為縣役故來送別因

元文無朝字

○○

劉云此語可入佛經註疏第已

奉不足中表假

執手涕泣而去。令卽放遣此生。一縣皆以爲恥。王隱晉書曰、王裒字偉元。城陽營陵人。祖脩有名魏世。裒少立操尚。以父儀爲晉文王所害、絕世不仕。立屋墓側、隱居以教授爲務。旦夕常至墓前、匍匐拜、悲號斷絕。墓前一栢、裒常所攀、枝葉爲之枯。

梁王、趙王、朱鳳晉書曰、宣帝張夫人生梁孝王彤。字子徽。位至太宰。栢夫人生趙王倫。字子彞。位至相國。國之近屬、貴重當時。裴令公晉諸公贊曰、裴楷字叔則。河東聞喜人。司空秀之從弟也。父徽、冀州刺史。有俊識。楷特精易義。累遷河南尹、中書令。歲請二國租錢數百萬、以恤中表之貧者。或譏之曰、何以乞物行惠。裴曰、損有餘、補不足、

○○

劉云戎從祖語似同時

王云祥卒於晉初戎寔曾同時

刘此評何爲者

劉云形容甚至

劉云晚節乃握牙籌鑽李核

天之道也。名士傳曰：指行已取與任心而動，毀譽雖至，處之晏然，皆此類。

王戎云：太保居在正始中，不在能言之流。及與之言，理中清遠，將無以德掩其言。晉陽秋曰：祥少有美德行。

王安豐遭艱，至性過人。裴令往弔之，曰：若使一慟果能傷人，濬沖必不免滅性之譏。曲禮曰：居喪之禮，毀瘠不形，視聽不衰，不勝喪乃比於不慈不孝。孝經曰：毀不滅性，聖人之教也。

王戎父渾有令名，官至涼州刺史。世語曰：渾字長源，有才望，歷尚書、涼州刺史。渾薨，所歷九郡義故，懷其德惠，相率致賻數百萬，戎悉不受。虞預晉書曰：戎由是顯名。

補　李云嗣宗有托而逃

補

裴叔則營新宅甚麗與兄共遊兄心欲之而口不言叔則知其意便推使兄住

王平子胡毋彥國諸人皆以任放爲達或有裸體者晉諸公贊曰王澄字平子有達識荊州刺史永嘉流人名曰胡毋輔之字彥國泰山奉高人湘州刺史王隱晉書曰魏末阮籍嗜酒荒放露頭散髮裸袒箕踞其後貴遊子弟阮瞻王澄謝鯤胡毋輔之之徒皆祖述於籍謂得大道之本故去巾幘脫衣服露醜惡同禽獸甚者名之爲通次者名之爲達也樂廣笑曰名教中自有樂地何爲乃爾也廣別見

衛洗馬常以人有不及可以情恕非意相干

○應登云請謂以酒食請之

○劉云不可謂無知恩

以理遣故終身不見喜慍之色 衛玠別見

顧榮在洛陽嘗應人請覺行炙人有欲炙之色因輟己施焉同坐嗤之榮曰豈有終日執之而不知其味者乎後遭亂渡江每經危急常有一人左右己問其所以乃受炙人也 文士傳曰榮字彥先吳郡人其先越王句踐之支庶封於顧邑子孫遂氏焉世爲吳著姓大父雍吳丞相父穆宜都太守榮少朗俊機警風穎標徹歷廷尉正曾在省與同僚共飲見行炙者有異於常僕乃割炙以噉之後趙王倫篡位其子爲中領軍逼用榮爲長史及倫誅榮亦被執凡受戮等輩十有餘人或有救榮者問其故曰某省中受炙臣也榮乃悟而歎曰一餐之惠恩今不忘古人豈虛言哉

本作納

道

王云。詳時人之戲。以王平北用二婢換得一奴。故光祿戲答如此。始雖稱祖孝行。既乃入於排調。
李云。言語。

祖光祿少孤貧。性至孝。常自爲母炊爨作食。王隱晉書曰。祖納字士言。范陽遒人。九世孝廉。納諸母三兄最治行操。能清言。歷太子中庶子。廷尉卿。避地江南。溫嶠薦爲光祿大夫。王平北聞其佳名。以兩婢餉之。因取爲中郎。王乂別傳曰。乂字叔元。琅邪臨沂人。時蜀新平。二將作亂。文帝西之長安。乃徵爲相國司馬。遷大尚書。出督幽州諸軍事。平北將軍。有人戲之者曰。奴價倍婢。祖云。百里奚亦何必輕於五羖之皮邪。楚國先賢傳曰。百里奚字井伯。楚國人。少仕於虞爲大夫。晉欲假道於虞以伐虢。諫而不聽。奚乃去之。說苑曰。秦穆公使賈人載鹽於虞。諸賈人買百里奚以五羊皮。穆公觀鹽。見其牛肥。問其故。對曰。飲食以時。使之不暴。是以肥也。公令有司沐浴衣冠之。公孫支讓其…

李云模倣孫叔敖故雖達不達

號曰五羖大夫。

庾公乘馬有的盧　晉陽秋曰庾亮字元規潁川鄢陵人明穆皇后長兄也淵雅有德量時人方之夏侯太初陳長文之倫侍從父琛避地會稽端拱嶷然郡人嚴憚之覲接之者數人而已累遷征西大將軍荊州刺史伯樂相馬經曰馬白額入口至齒者名曰榆鴈一名的盧奴乘客死主乘棄市凶馬也或語令賣去　語林曰殷浩勸公賣馬　庾云賣之必有買者即復害其主寧可不安己而移於他人哉昔孫叔敖殺兩頭蛇以爲後人古之美談　賈誼新書曰孫叔敖爲兒時出道上見兩頭蛇殺而埋之歸見其母泣問其故對曰夫見兩頭蛇者必死今出見之故爾母曰蛇今安在對曰恐後人見殺而埋之矣母曰夫

劉云謂繫兒樹上者冀後人至而長之也使其追及在所能行何事於繫之樹者謬罪繫又非
王云世難萬不兩全勢不周旋則可何為苦繫之樹必欲殺之本欲須鄧公高誼乃令成一大忍人中與書恐鄧為不情矣

有陰德必有陽報爾無憂也後敖之不亦達乎遂與於楚朝及長為楚令尹

鄧攸始避難於道中棄己子全弟子晉陽秋曰攸字伯道平陽襄陵人七歲喪父母及祖父母持重九年性清慎平簡鄧粲晉紀曰永嘉中攸為石勒所獲召見立幕下與語說之坐而飲馬攸車所止與胡人鄰轂胡人失火燒車營勒吏案問胡胡誣攸攸度不可與爭乃曰向為老姥作粥失火延逸罪應萬死勒知遺之所誣胡厚德攸遺其驢馬護送令得逸王隱晉書曰攸以路遠斫壞車以牛馬負妻子以逃賊又掠其牛馬攸語妻曰吾弟早亡唯有遺民今當步走儋兩兒盡死不如棄己兒抱遺民吾後猶當有兒婦從之中興書曰攸棄兒於草中兒啼呼追之至莫復及攸明日繫兒於樹而去遂渡江至尚書左僕射卒弟子綏服攸齊衰三年既過江取一妾甚寵愛歷年

其所由姜兵說是北人遭亂憶父母姓名乃於之甥也攸素有德業言行無玷聞之哀恨終身遂不復畜妾

李云好參事

阮光祿在剡曾有好車借者無不皆給有人葬母意欲借而不敢言阮後聞之歎曰吾有車而使人不敢借何以車為遂焚之 阮光祿別傳曰裕字思曠陳留尉氏人祖略齊國內史父顗汝南太守裕淹通有理識累遷侍中以疾築室會稽剡山徵金紫光祿大夫不就年六十一卒

謝奕作剡令 中興書曰謝奕字無奕陳郡陽夏人祖衡太子少傅父裒吏部尚書

王云此不當入厥惠邪然從兒年故爲盛德

○○

劉云謂外雖不言而未嘗中無分別即陽秋之意

奕少有器鑒。辟太尉掾。剡令。累遷豫州刺史。有一老翁犯法。謝以醇酒罰之。乃至過醉。而猶未已。太傅時年七八歲。著青布絝。在兄膝邊坐。諫曰。阿兄。老翁可念。何可作此。奕於是改容曰。阿奴欲放去邪。遂遣之。

謝太傅絕重褚公。文字志曰。謝安字安石。奕弟也。世有學行。安弘粹通遠。溫雅融暢。桓彝見其四歲時。稱之曰。此兒風神秀徹。當繼蹤王東海。善行書。累遷太保錄尚書事。贈太傅。常稱褚季野雖不言而四時之氣亦備。晉陽秋曰。褚裒字季野。河南陽翟人。祖䂮。安東將軍。父洽。武昌太守。裒少有簡貴之風。沖默之稱。累遷江兗二州刺史。贈侍中太傅。

李云無味

○○○

劉云使人想見其度亦無護其眞後人矜飾曠廢皆當媿死

劉尹在郡。臨終綿惙。聞閣下祠神鼓舞。正色曰。莫得淫祀。劉尹別傳曰。惔字眞長。沛國相人也。漢氏之後。眞長有雅裁。雖蓽門陋巷。晏如也。歷司徒左長史。侍中。丹陽尹。爲政務鎮靜信誠。風塵不能移也。外請殺車中牛祭神。眞長答曰。丘之禱久矣。勿復爲煩。包氏論語註曰。禱。請也。孔安國曰。孔子素行合於神明。故曰丘之禱久矣。

謝公夫人教兒。問太傅。那得初不見君教兒。答曰。我常自教兒。謝氏譜曰。安娶沛國劉耽女。太尉劉子眞清潔有志操。行己以禮。而二子不才。並黷貨致罪。子眞坐免官。客曰。子奚不訓導之。子眞曰。吾之行事。是其耳目所聞見。而不倣效。豈嚴訓所變切邪。安石之旨。同子眞之意也。

李云還是痛

劉云情眞語快

李云韓趣人也

劉云人生至此

范宣年八歲後園挑菜誤傷指大啼人問痛邪答曰非爲痛身體髮膚不敢毀傷是以啼耳宣別傳曰宣字宣子陳留人漢萊蕪長范丹後也年十歲能誦詩書兒童時手傷改容家人以其年幼皆異之徵太學博士散騎常侍並無所就年五十四卒宣潔行廉約韓豫章遺絹百匹不受中興書曰宣家至貧罕交人事豫章太守殷羨見宣茅茨不完欲爲改室宣固辭羨愛之以宣貧加年饑疾疫厚餉給之宣又不受續晉陽秋曰韓伯字康伯潁川人好學善言理歷豫章太守領軍將軍減五十匹復不受如是減半遂至一匹既終不受韓後與范同載就車中裂二丈與范云人寧可使婦無褌邪范笑

足稱褒過更以尚主爲嫌耳

王云此得入德行者見子敬生平無隱慝耳離婚以奉詔尚主子敬當有遺故婦辭婚求弘律之人不得爲無過

劉云五盌即不爲少

而受之。

王子敬病篤道家上章應首過問子敬由來有何異同得失子敬云不覺有餘事唯憶與郗家離婚王氏譜曰獻之娶高平郗曇女名道茂後離婚獻之別傳曰獻之字子敬祖曠淮南太守父羲之右將軍咸寧中詔尚餘姚公主遷中書令卒

殷仲堪既為荊州值水儉食常五盌盤外無餘肴飯粒脫落盤席間輒拾以噉之雖欲率物亦緣其性真素每語子弟云勿以我受任方州云我豁平昔時意今吾處之不易貧者士之常焉

得登枝而捐其本爾曹其存之晉安帝紀曰仲堪陳郡人太常融孫也車騎將軍謝玄請爲長史孝武說之俄爲黃門侍郎自殺袁悅之後上深爲晏駕後計故先出王恭爲北藩荊州刺史王忱死乃中詔用仲堪代焉

○○

亦

初桓南郡楊廣共說殷荊州宜奪殷覬南蠻以自樹桓玄別傳曰玄字敬道譙國龍亢人大司馬溫少子也幼童中溫甚愛之命以爲嗣年七歲襲封南郡公拜太子洗馬義興太守不得志少時去職歸其國與荊州刺史殷仲堪素舊情好甚隆周祇隆安記曰廣字德度弘農人楊震後也晉安帝紀曰覬字伯通陳郡人由中書郎出爲南蠻校尉覬性以率易不悟著稱與從弟仲堪俱知名中興書曰初仲堪欲起兵密邀覬覬不同楊廣與弟佺期勸殺覬仲堪不許覬亦即曉其旨嘗因行

劉云如此去者亦大善

散率爾去下舍便不復還內外無預知者意色蕭然遠同鬭生之無慍時論以此多之春秋傳曰楚令尹子文鬭氏也論語曰令尹子文三仕爲令尹無喜色三已之無慍色

○桓南郡既破殷荆州收殷將佐十許人咨議羅企生亦在焉玄別傳曰玄克荆州殺殷道護及仲堪參軍羅企生鮑季禮皆仲堪所親仗也桓素待企生厚將有所戮先遣人語云若謝我當釋罪企生答曰爲殷荆州吏今荆州奔亡存亡未判我何顏謝桓公中興書曰企生字宗伯豫章人殷仲堪初請爲府功曹桓玄來攻轉咨議參軍仲堪多疑少決企生深憂之謂其弟遵生曰殷侯仁

李云好語好語

而無斷事必無成。成敗天也。吾當死生以之。及仲堪走，文武並無送者，唯企生從焉。路經家門，遵生紿之曰：作如此分別，何可不執手。企生回馬授手，遵生便牽下之，謂曰：家有老母，將欲何行。企生揮淚曰：今日之事，我必死之。汝等奉養，不失子道，一門之內，有忠與孝，亦復何恨。遵生抱之愈急。仲堪於路待之，企生遙呼曰：今日死生是同，願少見待。仲堪見其無脫理，策馬而去。俄而玄至，人士悉詣玄，企生獨不往，而營理仲堪家。或謂曰：玄性猜忌，未能取卿誠節，若遂不詣，禍必至矣。企生正色曰：我殷荊州吏，見遇以國士，不能共殄醜逆，致此奔敗，何面目就桓求生乎。玄聞怒而收之，謂曰：相遇如此，何以見負。企生曰：使君口血未乾，而生此奸計，自傷力劣，不能翦定凶逆，我死恨晚爾。玄遂斬之，時年三十有七，衆咸悼之。

既出市，桓又遣人問欲何言。答曰：昔晉文王殺嵇康，別見而嵇紹王云。恨哉此母。亦以足傳。

為晉忠臣。王隱晉書曰。紹字延祖。父康。紹十歲而孤。事母孝謹。累遷散騎常侍。惠帝敗於蕩陰。百官左右皆奔散。唯紹儼然端冕。以身衛帝。兵交御輦。飛箭雨集。遂以見害。從公乞一弟以養老母。桓亦如言宥之。桓先曾以一羔裘與企生母胡。胡時在豫章。企生問至。即日焚裘。

王恭從會稽還。周祗隆安記曰。恭字孝伯。太原晉陽人。祖父濛。司徒左長史。風流標望。父蘊。鎮軍將軍。亦得世譽。恭別傳曰。恭清廉貴峻。志存格正。起家著作郎。歷丹陽尹。中書令。出為五州都督前將軍。青兗二州刺史。王大看之。王忱。小字佛大。晉安帝紀曰。忱字元達。平北將軍坦之第四子也。甚得名於當世。與族子恭少相善。齊聲見稱。仕至荊州

劉云無鬆無要有識有度又云謂只有一席無餘席也

李云此孝子真

刺史見其坐六尺簟因語恭卿東來故應有此物可以一領及我恭無言大去後即舉所坐者送之既無餘席便坐薦上後大聞之甚驚曰吾本謂卿多故求耳對曰丈人不悉恭恭作人無長物

○吳郡陳遺家至孝母好食鐺底焦飯遺作郡主簿恒裝一囊每煮食輒貯錄焦飯歸以遺母後值孫恩賊出吳郡晉安帝紀曰孫恩一名靈秀琅邪人叔父泰事五斗米道以謀叛誅恩逸逃於海上聚衆十萬人攻沒郡縣後寇臨海太守辛景斬首送之袁府

劉云、如此細事、爲得宛至、更有不厭

刘云、本爲二呉孝行、而韓母在焉、善觀人者也

君山松別見郎日便征遣已聚斂得數斗焦飯未展歸家遂帶以從軍戰於滬瀆敗軍人潰散逃走山澤皆多饑死遺獨以焦飯得活時人以爲純孝之報也

呉道助附子兄弟居在丹陽郡後遭母童夫人艱道助坦之小字附子隱之小字也呉氏譜曰坦之字處靖濮陽人仕至西中郎將功曹父堅娶東莞童僧女名秦姬朝夕哭臨及思至賓客弔省號踊哀絶路人爲之落涙韓康伯時爲丹陽尹母殷在郡每聞二呉之哭輒爲悽惻語康伯曰汝若

王云隱之孝廉乃爲桓玄吏人無党行

爲選官當好料理此人康伯亦甚相知韓後果
爲吏部尚書大吳不免哀制小吳遂大貴達鄉緝

孝子傳曰隱之字處默少有孝行遭母喪哀毀
過禮時與太常韓康伯隣居康伯母揚州刺史
殷浩之妹聰明婦人也隱之每哭康伯母輙輟
事流涕悲不自勝終其喪如此謂康伯曰汝後
若居銓衡當用此輩人後康伯爲吏部尚書乃
進用之晉安帝紀曰隱之既有至性加以廉潔
奉祿頒九族冬月無被桓玄欲革嶺南之敝以
爲廣州刺史去州二十里有貪泉世傳飲之者
其心無厭隱之乃至水上酌而飲之因賦詩曰
石門有貪泉一歃重千金試使夷齊飲終當不
易心爲盧循所攻還京師歷尚書領軍將軍晉
中興書曰舊云往廣州飲貪泉失廉潔之性吳
隱之爲刺史自酌貪泉
飲之題石門爲詩云云

李云無味

補 郭文舉入吳興餘杭山窮谷中，倚木於樹，苫覆而居，都無壁障。餘杭令顧颺贈以韋袴褶一具，文舉不納。使者置室中而去，乃至衣爛，竟不服用。王隱晉書曰：郭文，字文舉。入餘杭山，蘇峻未亂之前，徙臨安山中。臨安令萬寵迎著縣中養病。及峻破餘杭，臨安如故，人始異之。自後不復語，但舉手以宣其意。病甚，寵問先生可得幾日，文三舉其手，果以十五日終。

李云石奴亦可

補 謝石奴晉書曰：謝石，字石奴，安之弟。請吳隱之為衛將軍主簿。隱之將嫁女，謝知其貧潔，遣女必當率薄，乃令移廚帳助其經營。使者至，

李云不情甚矣

方見一婢牽一犬賣之此外蕭然無辦醜

○補 汜毓家世敦睦客居青州逮毓七世人號其家兒無常父衣無常主晉中興書曰汜毓字稚春北海盧人

李云毋竟是嫌少

補 王悅之少厲清操為吏部郎時鄰省有會同者遺之餅一甌辭不受曰所費誠復小小然少來不欲當人之惠晉中興書曰王悅之字少明祖獻之中書令父靖之司徒左長史悅之少厲清操亮直有風格為吏部郎

李卓吾批點世說新語補卷之一

李卓吾批點世說新語補卷之二

宋　劉義慶　撰

梁　劉孝標　注

宋　劉辰翁　批

明　何良俊　增

王世貞　刪定

王世懋　批釋

李　贄　批點

張文柱　校注

一本祖作宗

德行下　倶屬補

補　王令明兄鑒頗好聚斂廣營田業令明意甚不同嘗謂鑒曰尊何用田爲鑒曰無田何由得食令明曰亦復何須得食

李云無味

南史曰王惠字令明瑯琊人祖劭車騎將軍父默左光祿大夫惠幼而夷簡爲叔父司徒謐所知恬靜不妄交遊未嘗有雜事宋武帝聞其名以問其從兄誕誕曰惠後來秀令鄙宗之美也

補　王僕射宋書曰王敬弘瑯琊臨沂人本名裕避高祖諱故稱字曾祖廙晉驃騎將軍祖胡之司州刺史父茂之晉陵太守敬弘少有清尚起家本國左常侍歷官至僕射子恢之南史曰恢之敬弘長子位至新安太守中大夫被召爲祕書郎僕射

爲求奉朝請語恢之曰祕書有限故有競朝請無限故無競吾欲使汝處不競之地太祖嘉而許之宋書曰太祖文帝諱義隆高祖第三子。

補

孔中丞在都弟道存爲江夏內史時東土旱儉都下米貴道存慮中丞貧乏遣吏載五百米餉之中丞呼吏語曰我在彼三載去之日不辦有路糧郎至未幾何緣得有此米可載還吏白古無有載米上水者中丞不聽竟載還江夏宋書曰孔顗字思遠會稽山陰人祖琳之贈太常父邈揚州治中顗骨鯁有風力以是非爲已任口

吃姪讀書舉秀才補主簿官至御史中丞道存官至南海太守

○○補

李云自然動人

朱百年家貧母以冬月亡衣並無絮自此

是 是

不衣綿帛嘗寒時就孔思遠宿衣悉裌布飲酒醉眠思遠以臥具覆之百年初不知既覺引去謂思遠曰綿定奇溫因流涕悲慟思遠亦爲感泣

南史曰朱百年會稽山陰人祖凱之晉左衛將軍父濤揚州主簿百年少有高情親亡攜妻孔氏入會稽南山伐樵採箬爲業以樵箬置道頭輒爲行人所取明旦已復如此人稍怪之稍久知是朱隱士所賣須者隨其多少留錢而去頗言玄理爲詩有高勝之言與同縣孔顗友善俱嗜酒輒酬對盡歡

補劉凝之隱居荊州適歲儉衡陽王宋書曰衡陽王義季幼而夷簡無鄙近之累特爲太祖所愛餉錢十萬凝之大喜持錢至市門見有飢色者悉分與之俄頃都盡酈道元水經註曰劉凝之字志安兄盛公高尚不仕凝之慕老萊嚴子陵之爲人立屋江湖非力不食妻梁州刺史郭全女亦能安貧元嘉中夫妻隱於衡山南史曰凝之字隱安

補齊高帝鎮東府齊書曰高帝姓蕭氏諱道成初仕宋以功封齊公竟代宋在位四年時虞玩之爲少府躡屐造席高帝取屐視之訛黑斜銳蒵斷以芒接之因問卿此屐已幾載玩之曰初釋褐時買之著已三十年高帝咨嗟

因爲贈屐玩之不受問其故答曰公之賜恩華倶重但遺簪敝屐復不可遺帝稱善久之南史曰虞玩之字茂瑶會稽餘姚人少閑刀筆泛渉書史好臧否人物元徽中爲尚書右丞

○補

謝玄暉好奬人才蕭子顯齊書曰謝朓字玄暉陳郡人少有美名文章清麗解褐豫章王行參軍稍遷尚書吏部郎江祏等謀立始安王遙光朓不肯收下獄死會稽孔闓麄有文筆未爲時人所知孔稚圭德璋別見嘗令草讓表以示玄暉玄暉嗟歎良久自折簡寫之語稚圭曰是子聲名未立應共奬成無惜齒牙餘論

○補

陸慧曉爲晉熙王長史南史曰晉熙王銶太祖第十八子僚佐造見必起送之或語云長史貴重不宜妄自謙屈陸曰我性惡人無禮不容不以禮處人又未嘗卿士大夫或問其故陸曰貴人不可卿而賤者乃可卿人生何容立輕重於懷抱南齊書曰陸慧曉字叔明吳郡吳人高祖玩晉太尉祖萬載侍中父子真元嘉中海陵太守慧曉清介正立不雜交遊同郡張暢見其童幼便嘉異之張思曼亦曰此江東裴樂也

補

阮長之爲中書郎直省夜往隣省誤着屐出閤長之依事自列門下以闇夜人不知不受列狀

◎

長之固遺送曰長之一生不侮闇室南史曰阮長之字景
茂一字壽業陳留尉氏人祖裕晉光祿大夫父
普驃騎將軍長之除臨海太守在官常擁敗絮
先是郡中田祿以芒種爲斷此前去官則一年
秩祿皆入後人長之去武昌代人未至以芒種
前一日解印綬
去時論多之

○補

裴始安在郡還甚貧罄世祖南史曰齊武帝諱
賾字宣遠高帝長
子曰裴昭明罷郡歸遂無宅我不諳書不知古

李云無味

人中誰比南齊書曰裴昭明河東聞喜人宋太
中大夫松之孫也父駰南中郎參軍
昭明少傳儒史之業永明中使虜世祖曰卿
有將命之才當以一郡相賞還爲始安内史

○補

昭明太子姚思廉梁書曰昭明太子蕭統字德
施高祖長子也孝謹天至精於義學

李云無味
毀云非無味

年三十。與諸賢泛舟玄圃池。有盛稱此中宜奏女樂。太子初無言。但詠左太沖招隱詩曰。何必絲與竹。山水有清音。左思別見

補張思光給假東出。蕭子顯齊書曰。張融字思光。吳郡吳人。父暢會稽太守。融弱冠有名。世祖問卿住在何處。答曰。臣陸處無屋。舟居非水。後日上以問其從兄思曼。思曼曰。融近東出。未有居止。權牽小船於岸上住。南史曰。張緒字思曼。父演宋太子中舍人。緒少知名。清簡寡欲。從伯敷及叔父鏡從叔暢並貴異之。孝武用為尚書倉部郎。都令史。

○ 補

明山賓初臨青州所部平陸縣歲儉啓倉出米以贍貧民後刺史以山賓爲耗闕有司追責籍其宅入官山賓默不自理更市地造宅

梁書曰。明山賓。字孝若。平原鬲人。父僧紹。隱居不仕。山賓七歲能言玄理。十三博通經傳。居喪盡禮。服闋州辟從事史。起家奉朝請。累遷中書侍郎。劉璠梁典曰。梁昭明太子聞山賓築室不就。令曰。明祭酒出撫大藩。擁旄推轂。珥金拖紫。而恒事屢空。聞構宇未成。今送薄助。

○○ 補

庚子輿

南史曰。子輿字孝卿。南陽新野人。父域。有孝行。母好鶴唳。域孜孜營求。一旦雙鶴來下。子輿幼而岐嶷。五歳讀孝經。手不釋卷或曰。此書文句不多。何用自苦。答曰。孝者德之本。何謂不多。

父卒官巴西

南史曰。庚域爲巴西梓潼二郡太守。魏襲巴西。域固

李云水退安流因爲子輿擧亦爲庾域

○補

守糧盡將士齕草件食無有離心卒於官奉喪歸至巴東淫預石瞿塘大灘秋水猶壯水經注云白帝山城水門之西江中有孤石名淫預石江水東逕廣谿峽乃三峽首也峽中有瞿塘黃龕二灘夏水回復沿泝所忌子輿撫心長吁其夜水忽減退安流而下既渡水壯如舊時人爲之語曰淫預如襆本不通瞿塘水退爲庾公古樂府灔澦歌曰灔澦大如襆瞿塘不可觸

傅茂遠泊然靜處不妄交遊南史曰傅昭字茂遠北地靈州人晉司隸校尉咸七世孫涖官常以淸靜居朝廷無所請謁普通五年爲散騎常侍

袁司徒宋書曰袁粲字景倩陳郡陽夏人太尉淑兄子也父濯早卒祖母哀其幼孤名之曰愍孫好學

◎

有才清整拜屬操著妙德先生傳以自况嘗慕荀奉倩改名爲粲字景倩齊王功德既重大命有歸粲以身受顧託不欲事二姓由是遇害

每經其戶輒歎曰經其戶寂若無人披其帷其人斯在豈得非名賢

補

顧常侍清介持操南史曰顧協字正禮吳郡吳人晉司空和六世孫少有志操內弟張率薦於武帝帝問協年率言三十五帝曰北方高涼四十強仕南方卑濕三十便衰如協便爲已老但其事親孝與友信亦不可遺於草澤於是以協爲太常博士終散騎常侍舍人

爲廷尉正時冬服單薄寺卿蔡子度宋書曰蔡廓字子度濟陽考城人曾祖謨晉司徒祖系撫軍長史父綝司徒左西屬廓博涉羣書言行以禮起家著作佐郎以方鯁閑素爲高祖所知歷官參軍太尉從事中郎

謂人曰我欲

解身上襦與顧郎恐顧郎難衣食者竟不敢道之

○補 李德林父校書亡時正嚴冬單衰徒跣自駕靈輿反葬博陵豪族崔諶者休假還鄉將赴弔德林從者數十騎稍稍減留比至德林門纔餘五騎云不得令李生怪人熏灼 隋書曰李德林字公輔博陵安平人父敬族太學博士德林幼聰敏數歳誦左思蜀都賦十日便度十五誦五經古今文日數千言該博墳典陰陽緯候無不通涉善屬文詞覈而理暢隋文帝時爲相府屬加儀同大將軍

○補 李汧公少貧客游梁宋與諸生共逆旅諸生病

死

王云李約足洴公子途遇賈胡事也許可謂世有盛德

且死出白金語公曰左右無知者幸君以此葬我餘則君自取之公許之既葬密置餘金棺下後其家來謁共啓墓出金付之劉昫唐書曰。李勉字玄卿。鄭王元懿曾孫。幼勤經史。長而沉雅清峻。德宗朝以司徒平章事。一日上謂勉曰。衆人皆言盧杞姦邪。朕何不知。對曰。天下皆知其姦邪。獨陛下不知。所以爲姦邪也。時人多其正直。勉坦率素淡。好古尚奇。清廉簡易。爲宗臣之表。善鼓琴。好屬詩。在相位二十年。祿俸皆遺親黨。身沒無私積。其在天官。禮賢下士。以李巡張參爲判官。卒於慕三歲之內。每遇宴飲。必設虛位於筵次。陳膳執酹。辭色悽惻。論者美之。

○補

李師古跋扈唐書曰。師古。淄青節度使李納之子。憚杜黃裳爲相未敢失禮命一幹吏寄錢數千緡并鐔車子一乘使者未敢遽送於宅門伺候累日有綠輿出從婢二人青衣襤縷言是相公夫人使者遽歸以告師古師古折其謀終身不敢改節。劉昫唐書曰。杜黄裳字遵素京兆杜陵人。登宏辭科杜鴻漸深器重之爲郭子儀朔方從事貞元二年爲檢校司空兼河中尹封邠國公。

補

陽城歲饑屏跡不過鄰里屑榆爲粥講論不輟有奴都兒化其德亦方介自約或哀其餒與之食不納後致糠覈數杯乃受。宋祁卓行傳曰。陽城字亢宗定州北平人。好學。貧不能得書。求為吏。隸集賢院。竊院書讀之。晝夜不出戶。六年。無所不通。去隱中條山。與弟堦域常易衣出。後為諫議大夫。以沮裴延齡相。出為道州刺史。

李云夷簡甚通

○○補楊憑得罪唐書曰。楊憑字虛受。弘農人。官湖南江西觀察使。工文辭。少負氣節。與母弟凝凌相友愛。皆有時名。重交游。尚然諾。與穆質許孟容李鄘王仲舒為友。稱楊穆許李之友。性簡傲。不能接下。人多怨之。及歷二鎮。尤事奢侈。為李夷簡所劾。責授臨賀尉。姻友無敢送者。獨徐晦送至藍田。唐書曰。徐晦進士擢第。登制科。為楊憑所薦。及憑得罪。交親無敢祖送。獨晦送至藍田。不數日。御史中丞李夷簡。請為監察。晦白夷簡曰。生平不踐公門。公何取而見獎拔。夷簡曰。聞君送楊臨賀。不顧犯難。肯負國乎。由是知名。權載之謂徐君誠厚。楊臨賀無乃為累乎。徐曰。晦

◎

自布衣時楊知我厚方茲流播寧忽無言而別有如公爲姦佞譖斥敢自同路人乎載之歎其長厚

唐書曰權德輿字載之天水略陽人父皐異志詐死逃逸由是名聞天下德輿四歲能屬詩七歲居父喪以孝聞後以禮部尚書平章事自貞元至元和三十年間羽儀朝行直亮寬恕動作語言一無外飾蘊藉風流爲時稱嚮於述作特盛六經百氏游泳漸漬其文雅正而弘博王侯將相洎當時名人薨歿以銘記請者什八九時爲宗匠焉

補

羅可性度寬宏嘗有竊刈其園蔬者適遇見卻避草間以俟其去又有攘殺其雞者可攜壺就

李云亦是法

李云眞

之曰與子同里閭不能烹雞以待子我誠自愧呼其妻孥環坐盡醉而歸人由是相誡無犯墨客揮犀曰羅可沙陽之碩儒也嘗應鄉薦晛黜於禮部遂不復進取以跡放自適

○補

蘇長公卜居陽羨以五百緡買一宅將入居偶夜行聞老婦人哭極哀公問嫗何爲哀傷如是嫗言舊居相傳百年一旦訣別所以泣也問其居所在正五百緡買者卽取屋券焚之不索其値遂還毘陵不復買地東都事略曰蘇軾字子瞻眉州眉山人生十歲而父洵宦學四方母程氏授以書比冠學通經史屬文日數千言中進士乙科英宗朝直史館

熙寧中。謫黄州團練。哲宗召爲翰林學士。紹聖初。御史論軾譏斥先朝。落職。惠州安置。

言語上

○補

漢哀帝問鄭尚書崇。卿門何以如市。對曰。臣門如市。臣心如水。班固漢書曰。鄭崇字子游。高密大族。祖父以貲從平陵。崇少爲郡文學史。大司馬傅喜薦。擢尚書僕射。數見諫諍。上納用之。每見曳革履。上曰。我識鄭尚書履聲。

邊文禮文士傳曰。邊讓字文禮。陳留人。才儁辯逸。大將軍何進聞其名。召署令史。以禮見之。讓占對閑雅。聲氣如流。坐客皆慕之。讓出就曹。時孔融王朗等並前爲掾。共書刺從讓。讓平衡與交接。後爲九江太守。爲魏武帝所殺。見袁奉高汝南先賢傳曰。袁閬字奉

劉云奉高如此不足道

劉云奉高見二士乃以堯聘許由自比亦非

劉云又添一怪

高慎陽人。友黃叔度於童齒。薦陳仲舉於家巷。辟太尉掾卒。失次序奉高曰。昔堯聘許由。面無怍色。皇甫謐曰。由字武仲。陽城槐里人也。堯舜皆師而學事焉。後隱於沛澤之中。堯乃致天下而讓焉。由爲人據義履方。邪席不坐。邪膳不食。聞堯讓而去。其友巢父聞由爲堯所讓。以爲汚己。乃臨池洗耳。池主怒曰。何以汚我水。由於是遁耕於中嶽潁水之陽。箕山之下。終身無經天下色。死葬箕山之巓。在陽城之南十里。堯因就其墓。號曰箕山公神。以配食五嶽。世世奉祀。至今不絕也。先生何爲顚倒衣裳。文禮答曰。明府初臨。堯德未彰。是以賤民顚倒衣裳耳。按袁閬卒於太尉掾。未嘗爲汝南。斯說謬矣。

○補

鄭康成范曄後漢書曰。鄭玄。字康成。北海高密人。八世祖崇。哀帝時尚書僕射。玄遇黨錮隱居著述凡百餘萬言大將軍何進辟玄乃縫掖相見玄長八尺餘鬚眉美秀姿容甚偉進待以賓禮授以几杖玄多所匡正不用而退袁紹辟玄及去餞之城東欲玄必醉會者三百餘人皆離席奉觴自旦至暮度玄飲三百餘桮而温克之容終日無怠獻帝在許都徵爲大司農行至元城卒

在袁冀州坐袁山松後漢書曰袁紹字本初汝南汝陽人司空逢之庶子出後伯父成英雄記曰紹一不妄通賓客非海内知名不得相見又好游俠與張孟卓何伯求吳子卿許子遠伍德瑜爲奔走之友時汝南應劭亦歸於袁東觀漢記曰應劭字仲遠汝南南頓人父奉司隸校尉劭少便篤學博覽多聞因起自贊曰故泰山太守應仲遠北面稱弟子何如鄭笑曰仲尼之門考以四科回賜之徒不稱官閥應

李云。北海何如人哉。

有慚色。

○補 曹公魏志曰。曹操字孟德。沛國譙人。少機警。有權數。任俠放蕩。不治行業。後子丕代漢。稱太祖武皇帝。以楊太尉范曄後漢書曰。楊彪字文先。弘農華陰人。曾祖震。太尉。祖秉。太尉。父賜。司空。彪少傳家學。以博習舊聞。公車徵。拜議郎。中平中。代黃琬。爲司空。與袁公路婚。將誣以同逆英雄記曰。袁術字公路。汝南汝陽人。司空逢之子。後僭號于壽春。孔文舉范曄後漢書曰。孔融字文舉。魯國人。孔子二十四世孫也。高祖父尚。鉅鹿太守。父宙。泰山都尉。融家傳曰。融兄弟七人。融第六。幼有自然之性。聞之不及朝服往見曹曰。楊公四世清德。海內所瞻。華嶠漢書曰。東京楊氏袁氏。累世宰相。爲漢名族。然袁氏車馬衣服。極爲奢僭。能守家風。爲世所貴。

李云北海何如乎

不及楊氏也。周書。父子兄弟罪不相及。左傳曰。康誥曰。父不慈。子不祇。兄不友。弟不恭。不相及也。況以袁氏歸罪楊公。易稱積善餘慶。徒欺人耳。易坤卦之傳曰。積善之家。必有餘慶。曹云。此國家之意。文舉曰。假使成王殺召公。周公可得言不知耶。

禰衡被魏武謫爲鼓吏。正月半試鼓。衡揚枹爲漁陽摻檛。淵淵有金石聲。四坐爲之改容。典略曰。衡字正平。平原般人也。文士傳曰。衡不知先所出。逸才飄舉。少與孔融作爾汝之交。時衡未滿二十。融已五十。敬衡才秀。共結殷勤。不能相違。以建安初北游。融數與武帝牋。稱其才。帝傾心欲

劉云只如此說自可增入脫衣無乃但覺慶者不前極是辛苦彼鼓吏易衣豈必在前邪

劉云倉卒為操掩蓋圖當有此

李云妙妙

劉云孔融倉卒爲操掩蓋圖當有此

見衡稱疾不肯往。而數有言論。帝甚忿之。以其才名。不殺。圖欲辱之。乃令錄爲鼓吏。後至八月朝會。大閱試鼓節。作三重閣。列坐賓客。以帛絹製衣。作一岑牟。一單絞。及小幝。鼓吏度者。皆當脫其故衣。着此新衣。次傳衡。衡擊鼓爲漁陽摻檛。蹋地來前。躡趿腳足。容態不常。鼓聲甚悲。音節殊妙。坐客莫不忼慨。知必衡也。旣度不肯易衣。吏呵之曰。鼓吏何獨不易服。衡便止。當武帝前。先脫幝。次脫餘衣。裸身而立。徐徐乃著岑牟。次著單絞。後乃著幝。畢。復擊鼓摻檛而去。顏色無怍。武帝笑謂四坐曰。本欲辱衡。衡反辱孤。孔至今有漁陽摻檛。自衡造也。爲黃祖所殺。

融曰。禰衡罪同胥靡。不能發明王之夢。皇甫謐帝王世紀曰。武丁夢天賜己賢人。使百工寫其像。求諸天下。見築者胥靡衣褐於傅巖之野。是謂傅說張晏曰。胥靡。刑名。胥。相也。靡。從也。謂相從坐輕刑也。魏武慚而赦之。

王云按漢書寔傳有殺人者同縣楊吏以疑寔縣遂逮繫考掠無實而後得出正與此合豈正史亦東野之語乎恐亦非孝標注也

潁川太守髡陳仲弓按寔之在鄉里州郡有疑獄不能決者皆特詣寔或到而情首或中途改辭或託狂悖皆曰寧爲刑所苦不爲陳君所非豈有盛德感人若斯之甚而不自衛反招刑辟殆不然乎此所謂東野之言耳客有問元方府君何如元方曰高明之君也足下家君何如曰忠臣孝子也客曰易稱二人同心其利斷金同心之言其臭如蘭王廙注繫辭曰金至堅矣同心者其利無不入蘭芳物也無不樂者言其同心者物無之不樂也何有高明之君而刑忠臣孝子者乎元方曰足下言何其謬也故不相答客曰足下但因傴爲恭而不能答元方曰昔高宗放

李云好言語

孝子孝己 帝王世紀曰殷高宗武丁有賢子孝己其母蚤死高宗惑後妻之言放之而死天下哀之 尹吉甫放孝子伯奇 琴操曰尹吉甫周卿也有子伯奇母死更娶後妻生子曰伯封乃譖伯奇於吉甫放伯奇於野宣王出遊吉甫從伯奇乃作歌以言感之宣王聞之曰此孝子之辭也吉甫乃求伯奇於野而射殺後妻 董仲舒放孝子符起唯此三君高明之君唯此三子忠臣孝子客慚而退

荀慈明與汝南袁閬相見 荀爽一名諝漢南紀曰諝文章典籍無不涉時人諺曰荀氏八龍慈明無雙潛處篤志徵聘無所就張璠漢紀曰董卓秉政復徵爽爽欲遁去吏持之急起布衣九十五日而至三公 問潁川人士慈明先及

諸兄閧笑曰士但可因親舊而已乎慈明曰足下相難依據者何經閔曰方問國士而及諸兄是以尤之耳慈明曰昔者祁奚内舉不失其子外舉不失其讐以爲至公春秋傳曰祁奚爲中軍尉請老晉侯問嗣焉稱解狐其讐也將立之而卒又問焉對曰午也可其子也君子謂祁奚可謂能舉善矣稱其讐不爲諂立其子不爲比公旦文王之詩不論堯舜之德而頌文武者親親之義也春秋之義内其國而外諸夏且不愛其親而愛他人者不爲悖德乎

南郡龐士元聞司馬德操在潁川故二千里候

之至遇德操采桑士元從車中謂曰吾聞丈夫處世當帶金佩紫焉有屈洪流之量而執絲婦之事

蜀志曰龐統字士元襄陽人少時樸鈍未有識者潁川司馬徽有知人之鑒士元弱冠往見徽徽采桑樹上坐士元樹下共語自晝至夜徽異之曰生當爲南州士人之冠冕由是漸顯襄陽記曰士元德公之從子也年少未有識者惟德德公重之年十八使往見德操與語歎曰德公誠知人實盛德也後劉備訪世事於德操德操曰俗士豈識時務此間自有伏龍鳳雛謂諸葛孔明與士元也華陽國志曰劉備引士元爲軍師中郎將從攻洛爲流矢所中卒時年三十八。

德操曰

司馬徽別傳曰徽字德操潁川陽翟人有人倫鑒識居荊州知劉表性暗必害善人乃括囊不談議時人有以人物問徽者初不辨其高下每輒言佳其婦諫曰人

質所疑君寧辨論者前定之皆言佳豈人所以咨其
之意乎。徽曰。如君所言亦復佳其婉約遜遁如
此。嘗有妄認徽豬者便推與之後得其豬叩頭
來還徽又厚辭謝之劉表子琮往候徽遣問在
不會徽自鋤園琮左右問司馬君在耶徽曰我
是也琮左右見其醜陋罵曰死傭將軍諸郎欲
求見司馬君汝何等田奴而自稱是耶徽歸刈
頭著幘出見琮左右見徽故是向老翁恐向琮
道之琮起叩頭辭謝徽乃謂曰卿眞不可然吾
甚羞之此自臥鋤園唯卿知之耳有人臨蠶求簇
箔者徽自棄其蠶而與之或曰凡人損己以贍
人者謂彼急我緩也今彼此正等何爲與人徽
曰人未嘗求己求之不與將慚何有以財物令
人慚者人謂劉表曰司馬德操奇士也但未遇
耳表後見之曰世間人爲妄語此直小書生耳
其智而能愚皆此類荊州破爲曹操所得操欲
大用會其病死子且下車子適知邪徑之速不慮失道

之迷昔伯成耦耕不慕諸侯之榮（莊子曰堯治天下伯成子高立爲諸侯禹爲天子伯成辭諸侯而耕於野禹往見之趨就下風而問焉子高曰昔堯治天下不賞而民勸不罰而民畏今子賞罰而民且不仁德自此衰刑自此立夫子盍行邪毋落吾事）原憲桑樞不易有官之宅（家語曰原憲字子思宋人孔子弟子居魯環堵之室茨以生草蓬戶不完桑樞而甕牖上漏下濕坐而弦歌子貢軒車不容巷往見之曰先生何病也憲曰憲聞無財謂之貧學而不能行謂之病今憲貧也非病也夫希世而行比周而友學以爲人教以爲己仁義之慝輿馬之飾憲不忍爲也）何有坐則華屋行則肥馬侍女數十然後爲奇此乃許父（許由巢父逸士傳曰巢父者堯時隱人山居不營世利年老以樹爲巢而寢其上故號巢父）所

以伉慨夷齊所以長歎孟子曰伯夷叔齊目不視惡色耳不聽惡聲與鄉人居若在塗炭蓋聖人之清也雖有竊秦之爵千駟之富古史考曰呂不韋爲秦子楚行千金貨於華陽夫人請立子楚爲嗣及子楚立封不韋洛陽十萬戶號文信侯以詐獲爵故曰竊也論語曰齊景公有馬千駟民無德而稱焉孔安國曰千駟四千匹不足貴也士元曰僕生出邊垂寡見大義若不一叩洪鐘伐雷鼓則不識其音響也。

○補

曹公既殺楊德祖張騭文士傳曰楊脩字德祖父彪漢太尉脩辟丞相府主簿少有才策爲曹操所忌以罪見殺後與太尉遇於朝堂曹問太尉公何瘦之甚太尉答曰愧無日磾先見之明

班固前漢書曰金日磾子二人武帝所愛以爲弄兒其後弄兒壯大不謹自殿下與宮人戲日磾適見之惡其淫亂遂殺弄兒

猶懷老牛舐犢之愛曹公爲之改容

補

許汜襄陽耆舊傳曰許汜是楊慮同里人少師慮爲魏武從事中郎昔在劉表坐論陳元龍者其人也與劉玄德續漢書曰劉備字玄德涿郡人漢景帝子中山靖王勝之後並在劉荊州坐英雄記曰劉表字景升山陽高平人魯恭王之後領荊州牧身長八尺姿貌溫偉與張儉等號爲八顧共論人物許曰陳元龍淮海之士豪氣不除謝承後漢書曰陳登字元龍下邳淮浦人學通古今處身循禮非法不行性兼文武有雄姿異略領廣陵太守玄德問許君言豪

劉云：在宜有此
曹公不得不爾

寧有事耶。許曰：昔遭亂過下邳，見元龍無客主之意，不相與語，自上大牀臥，使客臥下牀。玄德曰：君有國士之名，今四海橫流，帝王失所，而無救世之意，求田問舍，言無可採，是元龍所諱也。何緣當與君語？如我自臥百尺樓上，臥君於地下，何但上下牀之間哉。

劉公幹以失敬罹罪。典略曰：劉楨字公幹，東平寧陽人。建安十六年，世子爲五官中郎將，妙選文學，使楨隨侍太子。酒酣坐歡，乃使夫人甄氏出拜，坐上客多伏，而楨獨平視。他日公聞，乃收楨，減死輸作部。文士傳曰：楨性辯捷，所問應聲而答。坐平視甄夫人，配輸

磨石甚奇應必似晚

劉云說磨石甚有情致

劉云失自喜機以激臣怯

王云註是

劉云不足寘言語之科

王云六朝貴族每病輒云散動以為雅往往死而不悟蓋金石

作部使磨石武帝至尚方觀作者見楨匡坐正色磨石武帝問曰石何如楨因得喻已自理跪而對曰石出荊山懸巖之巔外有五色之章內含卞氏之珍磨之不加瑩雕之不增文稟氣堅貞受之自然顧其理枉屈紆繞而不得申帝顧左右大笑即日赦之

文帝問曰卿何以不謹於文憲楨答曰臣誠庸短亦由陛下網目不疎

魏志曰帝諱丕字子桓受漢禪按諸書或云楨被刑魏武之世建安二十年病亡後七年文帝乃即位而謂楨得罪黃初之時謬矣

何平叔云服五石散非唯治病亦覺神明開朗

魏略曰何晏字平叔南陽宛人漢大將軍進孫也或云何苗孫也尚主又好色故黃初時無所事任正始中曹爽用為侍中尚書主選舉宿舊者多得濟拔為司馬宣王所誅秦承祖寒食散

◎

之毒也乎叔夏好作術

論曰寒食散之方雖出漢代而用之者寡靡有傳焉魏尚書何晏首獲神効由是大行於世服者相尋也

○補何尚書自言易義精了所不解者九事一日迎管公明共論公明爲剖析玄旨九事皆明魏志曰管輅字公明平原人容貌麤醜無威儀而嗜酒別傳曰輅明周易聲發徐州冀州刺史裴徽舉秀才謂曰何鄧二尚書有經國才略於物理無不精也何尚書神明清徹殆破秋毫君當愼之自言不解易中九事必當相問比至洛宜善精其理輅曰若九事皆至義不足勞思若陰陽者精之久矣輅至洛陽果爲何尚書問九事皆明何曰君論陰陽此世無雙也時鄧玄茂亦在坐魏略曰鄧颺字玄茂南陽人鄧禹之後也少得士名明帝時爲中書郎與

李勝等爲浮華友事發被斥後遷侍中尚書爲人好貨許臧艾以顯官艾以父妾與颺京師爲之語曰以官易富鄧玄茂

言君見謂善易而語不及易中辭義何也公明尋聲答言夫善易者不論易尚書含笑贊之曰可謂要言不煩

○補

孫討逆吳志曰孫策字伯符曹操表爲討逆將軍既定豫章還饗將士謂虞仲翔吳志曰虞翻字仲翔會稽餘姚人初爲王朗功曹吳書曰翻少好學有高志年十二客有候其兄者不過翻翻追與書曰僕聞虎魄不取腐芥磁石不受曲鍼過而不存不亦宜乎客得書奇之曰孤昔再至壽春見馬日磾三輔決錄曰日磾字翁叔馬融族孫獻帝時大傅與蔡邕楊賜堂溪典同校定石經及與

州士大夫會言我東方人多才耳恨學問不博
語議有所不及孤意猶謂未爾卿博學洽聞故
前欲令卿一詣許交見朝士以折中國妄語兒
卿不願行便使張子綱吳志曰張紘字子綱廣陵人少遊學京師後避
地江東孫策創業遂委質焉與張昭並與參謀常令一人居守一人從征討江表傳曰權於羣臣
多呼其字唯呼張昭曰張公張紘曰東部所以重二人也恐子綱不能結兒
輩舌也吳書曰紘見柟榴枕愛其文作賦陳琳在北見之以示人曰此吾鄉里張子綱
所作後紘見陳琳作武庫賦應機論與琳書深歎美之琳答曰自僕在河北與天下隔此間率
少於文章易為雄伯故使僕受此過差之譚今景興在此足下與子布在彼所謂小巫見大巫

神氣盡矣。

○補 李令伯常聘吳，吳主與群臣汎論道義，因言寧爲人弟。令伯曰：願爲人兄。吳主問何願爲兄。令伯答曰：爲兄供養之日長。吳主及群臣稱善。華陽國志曰：李密字令伯，犍爲武陽人。祖光，朱提太守。父早亡，母何氏更適人，密養於祖母，治春秋左氏傳，博覽多所通涉，機警辯捷，事祖母以孝聞。其侍疾，則泣涕側息，日夜不解帶，膳飲湯藥必自口嘗。本郡禮命不應。州辟從事尚書郎。

○補 王渾平吳之日。晉書曰：王渾字玄沖，太原晉陽人。父昶，魏司徒。渾沉雅有器量，以平吳功，封一子江陵侯，位至司徒。登建業宮釃酒，既酣，謂吳人曰諸君亡國之餘得無慼乎時周子隱答曰漢末分崩三國鼎立魏滅於前吳亡於後亡國之慼豈唯一人王大有慚色虞預晉書曰周處字子隱吳郡陽羨人父魴吳裨將軍處入晉為御史中丞多所彈糾不避彊禦齊萬年反以建威將軍西征臨陣慷慨奮不顧命遂死於戰

魏明帝為外祖母築館於甄氏魏本傳曰帝諱叡字元仲文帝太子以其母廢未立為嗣文帝與俱獵見子母鹿文帝射其母應弦而倒復令帝射其子帝置弓泣曰陛下已殺其母臣不忍復殺其子文帝曰好語動人心遂定為嗣是為明帝魏書曰文昭甄皇后明帝母也父逸上蔡令烈宗即位追封上蔡君嫡孫象襲爵象薨子暢嗣起大第東

駕親自臨之。既成，自行視，謂左右曰：「館當以何為名？」侍中繆襲曰：文章叙録曰：襲字熙伯，東海蘭陵人。有才學，累遷侍中、光禄勳。「陛下聖思齊於哲王，罔極過於曾閔，此館之興，情鍾舅氏，宜以渭陽為名。」秦詩曰：渭陽，康公念母也。康公之母，晉獻公之女。文公遭驪姬之難，未反而秦姬卒。穆公納文公，康公時為太子，贈送文公于渭之陽，念母之不見也，我見舅氏，如母存焉。按魏書，帝於後園為家母起觀，名其里曰渭陽。然則象母即帝之舅母，非外祖母也。且渭陽為館名，亦乖舊史也。

李卓吾批點世說新語補卷之二

校正
改刻
世說新語補
三四

◎

李卓吾批點世說新語補卷之三

宋　劉義慶　批

梁　劉孝標　注

宋　劉辰翁　批

明　何良俊　增

王世貞　删定

王世懋　批釋

李　贄　批點

張文柱　校注

王云倉卒對乃妙絶

劉云佳對

言語中

○鄧艾口吃語稱艾艾魏志曰艾字士載棘陽人少爲農人養犢年十二隨母至潁川讀故太丘長碑文曰言爲世範行爲士則遂名範字士則後宗族有同者故改焉每見高山大澤輒規度指畫軍營處所時人多笑焉後見司馬宣王三辟爲掾累遷征西將軍伐蜀蜀平進位太尉爲衛瓘所害晉文王戲之曰卿云艾艾定是幾艾對曰鳳兮鳳兮故是一鳳列仙傳曰陸通者楚狂接輿也好養性游諸名山嘗遇孔子而歌曰鳳兮鳳兮何德之衰往者不可諫來者猶可追後入蜀在峩嵋山中

◎嵇中散嵇康集叙曰康字叔夜譙國銍人王隱晉書曰嵇本姓奚其先避怨從上虞移

劉云爲貪慕叔夜至此情癖可憐嵇紹叙宅感發來歷皆到此孺子忽忽過一生惜哉

王云世人但知蔡中郎石經不知有嵇中散此註具一大故事

李云奇甚

譙國銍縣以出自會稽取國一支音同本奚焉虞預晉書曰銍有嵇山家於其側因氏焉文章叙錄曰康以魏長樂亭主壻遷郎中拜中散大夫

語趙景眞

嵇紹趙至叙曰至字景眞代郡人漢末其祖流宕客緱氏令新之官至年十二與母共道傍看母曰汝先世非微賤家也汝後能如此不至曰可爾耳歸便就師誦書蚤聞父耕叱牛聲釋書而泣師問之荅曰自傷不能致榮華而使老父不免勤苦年十四入太學觀時先君在學寫石經古文事訖去遂隨車問先君姓名先君曰年少何以問我至曰觀君風器非常故問耳先君具告之至年十五陽病數數狂走五里三里爲家追得又灸身體十數處年十六遂亡命徑至洛陽求索先君不得至鄴沛國史仲和是魏領軍史渙孫也至便依之遂名翼字陽和先君到鄴至具道太學中事便逐先君歸山陽經年至長七尺三寸潔白黑髮赤脣明目鬢鬚不多閑詳安諦體若不勝衣

劉云奇語甚狹文采支離可厭耳

先君嘗謂之曰卿頭小面鋭瞳子白黑分明視瞻停諦有白起風至論議清辯有縱橫才然亦不以自長也孟元基辟爲遼東從事在郡斷九獄見稱清當自痛棄親遠遊毋亡不見吐血發病服未竟而亡

卿瞳子白黑分明有白起之風

嚴尤三將叙曰平原君勸趙孝成王受馮亭王曰受之秦兵必至武安君必將誰能當之者乎對曰澠池之會臣察武安君小頭而面鋭瞳子白黑分明視瞻不轉小頭而面鋭者敢斷決也瞳子白黑分明者見事明也視瞻不轉者執志彊也可與持久難與爭鋒廉頗爲人勇鷙而愛士知難而忍耻與之野戰則不如持守足以當之孝成王從其計

恨量小狹趙云尺表能審璣衡之度

周髀曰夏至北方二萬六千里冬至南方十三萬五千里日中樹表則無影矣周髀長八尺夏至日晷尺六寸髀股也晷勾也正南千里勾尺五寸正北千里

王三公語意諫直

句尺七寸。周髀之書也。寸管能測往復之氣呂氏春秋曰。黄帝使伶倫在大夏之西崑崙之陰。取竹之嶰谷生其竅厚薄均者。斷兩節間而吹之。以爲黄鐘之宮。制十二筩。以聽鳳凰之鳴。雄鳴六。雌鳴六。以爲律呂。續漢書律曆志曰。十二律之變至於六十。以律候氣。候氣之法。爲室三重。戶閉塗釁。必周密。布緹幔。以木爲案。加律其上。以葭莩灰。抑其內爲氣所動者。其灰散也。以此候之。何必在大但問識如何耳

司馬景王東征魏書曰。司馬師。字子元。相國宣文侯長子也。以道德清粹重於朝廷。爲大將軍錄尚書事。毋丘儉反。師自征之。薨。謚景王。取上黨李憙以爲從事中郎因問憙曰昔先公辟君不就今孤召君何以來憙對曰先公以禮見待故得以禮進

退明公以法見繩。憙畏法而至耳。晉諸公贊曰。憙字季和。上黨銅鞮人也。少有高行。研精藝學。宣帝爲相國。辟憙。憙固辭疾。景帝輔政。爲從事中郎。累遷光祿大夫特進。贈太保。

劉云。此故自應至此。

晉武帝始登阼。探策得一。王者世數。繫此多少。帝既不說。羣臣失色。莫能有言者。侍中裴楷進曰。臣聞天得一以清。地得一以寧。侯王得一以爲天下貞。帝說。羣臣歎服。王弼老子注云。一者數之始。物之極也。各是一物所以爲主也。各以其一致此淸寧貞。

滿奮畏風。在晉武帝坐。北窻作琉璃屏。實密似刘云謂其情勢過多，㝵熱見月疑自若見月而喘，直常語耳。

疎。奮有難色，帝笑之。荀綽冀州記曰：奮字武秋，高平人，魏太尉寵之孫也。性清平有識，自吏部郎出為冀州刺史。晉諸公贊曰：奮體量清雅，有曾祖寵之風。遷尚書令，為荀顗所害。奮答曰：臣猶吳牛，見月而喘。今之水牛，唯生江淮閒，故謂之吳牛也。南土多暑，而此牛畏熱，見月疑是日，所以見月則喘。

○

諸名士共至洛水戲。竹林七賢論曰：王濟諸人嘗至洛水解禊，事明日或問濟曰：昨游有何語議？濟云云。還，樂令問王夷甫曰：今日戲樂乎？廣也。虞預晉書曰：王衍字夷甫，瑯琊臨沂人，司徒戎從弟，父乂，平北將軍。夷甫蚤知名，以清虛通理稱，仕至太尉，為石勒所害。王曰：裴僕射善談名理，混混有雅致。晉惠帝起居注曰：裴頠字逸民，河東聞喜人，司空秀之少子也。冀州記曰：頠弘

劉云玄著猶況著也

王云古本原作著字殆不可曉後皆倣此

○

濟有清識，稽古善言名理，履行高整。自少知名。歷位侍中、尚書左僕射，爲趙王倫所害。

張茂先論史漢，靡靡可聽；

王隱晉書曰：張華字茂先，范陽人。累遷司空，爲趙王倫所害。晉陽秋曰：華博覽洽聞，無不貫綜。世祖嘗問漢事及建章千門萬戶，華畫地成圖，應對如流，張安世不能過也。

我與王安豐說延陵、子房，亦超超玄著。

晉諸公贊曰：夷甫好尚談稱，爲時人物所宗。

王武子、

晉諸公贊曰：王濟字武子，太原晉陽人，司徒渾第二子也。有儁才，能清言。起家中書郎，終太僕。

孫子荊

文士傳曰：孫楚字子荊，太原中都人也。晉陽秋曰：楚，驃騎將軍資之孫，南陽太守宏之子。鄉人王濟，豪俊公子，爲本州大中正，訪問宏爲鄉里品狀。濟曰：此人非鄉評所能名，吾自狀之，曰：天才英特，亮拔不羣。仕至馮翊太守。

各言其土地

王云、注是。吳蜀嘗此語、是本色。按王孫同爲太原人、不嘗土風之異如此。

人物之美。王云、其地坦而平、其水淡而清、其人廉且貞。孫云、其山𡾊巍以嵯峨、其水泙渫而揚波、其人磊砢而英多。按三秦記語林載蜀人伊籍稱吳土地人物、與此語同。

○樂令女適大將軍成都王穎。虞預晉書曰、樂廣字彥輔、南陽人。清夷沖曠、加有理識。累遷侍中、河南尹。在朝廷用心虛淡、時人重其貞貴。代王戎爲尚書令。八王故事曰、司馬穎字叔度、世祖第十九子。封成都王、大將軍。王兄長沙王執權於洛、晉百官名曰、司馬乂字士度、封長沙王。八王故事曰、世祖第十七子。遂搆兵相圖。長沙王親近小人、遠外君子。凡在朝者人劉云、一語逌然、敬服敬服。

王云、誤語乃得佳、遂為名實。此王子敬書蠅也。

劉云、最得古對之妙、言外謂下。

懷危懼。樂令既允朝望、加有婚親、羣小讒於長沙。長沙嘗問樂令、樂令神色自若、徐答曰、豈以五男易一女。晉陽秋曰、成都王之起兵、長沙王猜廣。廣曰、寧以一女而易五男。乂猶疑之、遂以憂卒。由是釋然、無復疑慮。

孫子荊年少時欲隱、語王武子當枕石漱流、誤曰漱石枕流。王曰、流可枕、石可漱乎。孫曰、所以枕流、欲洗其耳。所以漱石、欲礪其齒。

陸機詣王武子。晉陽秋曰、機字士衡、吳郡人。祖遜、吳丞相。父抗、大司馬。機與弟雲、並有儁才。司空張華見而說之曰、平吳之利、在獲二儁。機別傳曰、博學善屬文、非禮不動。入

鹽豉後尚未止此弟語深約可以味得難盡耳

王云千里湖名今志猶可考

升

王云轉語甚崔

○補

晉仕著作郎至平原内史武子前置數斛羊酪指以示陸曰卿江東何以敵此陸云有千里蓴羹但未下鹽豉耳

中朝有小兒父病行乞藥主人問病曰患瘧也主人曰尊侯明德君子何以病瘧俗傳行瘧鬼小多不病巨人故光武嘗謂景丹曰嘗聞壯士不病瘧大將軍反病瘧耶答曰來病君子所以爲瘧耳

郭洗馬入洛聽伎人歌言佳石季倫問其曲石崇別見郭云不知季倫笑曰卿不識曲那得言佳郭

答曰。譬如見西施。西施別見。何必識姓名。然後知美。

鄧粲晉紀曰。郭訥字敬言。官至太子洗馬。晉陽秋曰。初訥仕吳爲蒸陽令。入晉久不進。彥陸機薦之曰。訥風度簡曠。器識朗拔。通濟敏悟。不足幹事。出自新邦。朝無知己。居在遐外。志不自營。年時倏忽。邈無階緒。實州黨愚智所爲恨恨。

蔡洪洪集錄曰。洪字叔開。吳郡人。有才辯。初仕吳。朝太康中。本州從事。舉秀才。王隱晉書曰。洪仕至松滋令。赴洛。洛中人問曰。幕府初開。羣公辟命。求英奇於仄陋。采賢儁於巖穴。君吳楚之士。亡國之餘。有何異才而應斯舉。蔡答曰。夜光之珠。不必出於孟津之河。舊說云。隋侯出行。有蛇斬而中斷。若侯連而續

李云無大以

之蛇遂得生而去。後銜明月珠以報其德。光明照夜同晝。因曰隋珠。左思吳都賦所謂隋侯鄙其夜光也。

盈握之璧，不必采於崑崙之山。韓詩曰：和氏之璧，盖出於井里之中。大禹生於東夷，文王生於西羌。按孟子曰：舜生於諸馮，東夷人也。文王生於岐周，西夷人也。則東夷是舜，非禹也。賢聖所出，何必常處。昔武王伐紂，遷頑民於洛邑。尚書曰：成周既成，遷殷頑民，作多士。孔安國注曰：殷大夫心不則德義之經，故徙於王都，遷教誨也。得無諸君是其苗裔乎。按華令思舉秀才入洛，與王武子相酬對，皆與此言不異。無容二人同有此辭。疑世說采鑿也。

○崔正熊詣都郡。都郡將姓陳，問正熊：君去崔杼

王云此問者自覺砂〻絶

劉云極鄙而隱

李云太無味

○

幾世答曰民去崔杼如明府之去陳恒晉百官名曰崔豹字正能燕國人惠帝時官至太傅丞

庾公造周伯仁虞預晉書曰周顗字伯仁汝南安城人揚州刺史浚長子也晉陽秋曰顗有風流才氣少知名正體嶷然儕輩不敢媟也汝南賁泰淵通清操之士嘗嘆曰汝潁固多賢士自頃陵遲雅道殆衰今復見周伯仁伯仁將祛舊風清我邦族矣舉寒素累遷尚書僕射為王敦所害伯仁曰君何所欣說而忽肥庾曰君復何所憂慘而忽瘦伯仁曰吾無所憂直是清虛日來滓穢日去耳 ○稚子學語

過江諸人每至美日輒相邀新亭藉卉飲宴丹陽

劉云俯仰情至

記曰新亭吳舊立先基崩淪隆安中丹陽尹司馬恢之徙創今地周侯顗也中坐而歎曰風景不殊正自有山河之異皆相視流淚唯王丞相丞相別傳曰王導字茂弘瑯琊人祖覽以德行稱父裁侍御史導少知名家世貧約恬暢樂道未嘗以風塵經懷也愀然變色曰當共戮力王室克復神州何至作楚囚相對春秋傳曰楚伐鄭鄭諸侯救之鄭執鄖公鍾儀獻晉景公觀軍府見而問之曰南冠而縶者爲誰有司對曰楚囚也使稅之問其族對曰伶人也能爲樂乎曰先父之職敢有二事與之琴操南音范文子曰楚囚君子也樂操土風不忘舊也君盡歸之以合晉楚之成

衛洗馬初欲渡江形神慘顇語左右云見此芒

劉云似癡似顛似多似無轉使柔情易斷非汝夫語然非我輩未易能言
王云至今讀之欲絕况在當時德音面聆者邪
李云好問太眞思由饑食饑則憶至不思不憶固也能不饑乎非人情也

芒不覺百端交集苟未免有情亦復誰能遣此 晉諸公贊曰衛玠字叔寶河東安邑人祖父瓘太尉父恒黃門侍郎玠別傳曰玠穎識通達天韻標令陳郡謝幼輿敬以亞父之禮娶樂廣女裴叔道曰妻父有氷清之姿壻有璧潤之望所謂秦晉之匹也為太子洗馬永嘉四年南至江夏與兄別於梁里澗語曰在三之義人之所重今日忠臣致身之道可不勉乎行至豫章乃卒

補 温太眞問郭文舉饑則思食壯則思室自然之性先生安獨無情乎文舉答曰思由憶生不憶故無情 抱朴子曰郭文舉入陸渾山學道獨能無情意不生也

劉琨雖隔閡寇戎志存本朝 王隱晉書曰琨字越石中山魏昌人

祖邁有經國之才。父蕃光祿大夫。琨少稱雋朗。累遷司徒長史。尚書右丞。迎大駕於長安。以有殊勳封廣武侯。年三十五。出爲并州刺史。爲段日磾所害。

謂温嶠曰。班彪識劉氏之復興。馬援知漢光之可輔。

漢書叙傳曰。彪字叔皮。扶風人。客於天水隴西。隗囂有窺覦之志。彪作王命論以諷之。東觀漢記曰。馬援從公孫述隗囂遊。後見光武。曰天下反覆盜名字者不可勝數。今見陛下。寥廓大度。同符高祖。乃知帝王自有眞也。帝甚壯之。

今晉祚雖衰。天命未改。吾欲立功於河北。使卿延譽於江南。子其行乎。温曰。嶠雖不敏。才非昔人。明公以桓文之姿。建匡立之功。豈敢辭命。

虞預晉書曰。嶠字太眞。太原祁人。少標俊清徹。英頴顯名。爲司空劉琨左司馬。是時

劉云解得精爽

二都傾覆天下大亂琨聞元皇受命中興抗慨幽朔志存本朝使嶠奉使嶠喟然對曰嶠雖乏管趙之才而明公有桓文之志敢辭不敏以違高旨以左長史奉使勸進累遷驃騎大將軍

郗太尉拜司空郗鑒別傳曰鑒字道徽高平金鄉人漢御史大夫郗慮後也少有體正躭思經籍以儒雅著名徵爲領軍遷司空太尉語同坐曰平生意不在多位世故紛紜遂至台鼎朱博翰音實愧於懷漢書曰朱博字子元杜陵人爲丞相臨拜延登受策有大聲如鐘鳴上問楊雄李尋對曰洪範所謂鼓妖者也人君不聰空名得進則有無形之聲博後坐事自殺故序傳曰博之翰音鼓妖先作易中孚上九翰音登于天貞凶王弼注曰翰高飛也音者音飛而實不從也

周僕射雍容好儀形詣王公初下車隱數人王

王云隱字費解不如注中作映二字
李云隱字非蔭映也
劉云隱作映解

○王云高坐寺名迄今無敗
刘云可以遐敗

公合笑看之。既坐傲然嘯詠。王公曰。卿欲希嵇阮邪。答曰。何敢近舍明公遠希嵇阮。鄧粲晉紀曰。伯仁儀容弘偉。善於俛仰應答。精神足以蔭映數人。深自持。能致人。而未嘗往焉。

高坐道人不作漢語。高坐別傳曰。和尚胡名尸黎密。西域人。傳云國王子。以國讓弟。遂爲沙門。永嘉中。始到此土。止於大市中。和尚天資高朗。風韻遒邁。丞相王公一見奇之。以爲吾之徒也。周僕射領選。撫其背而歎曰。若選得此賢。令人無恨。俄而周侯遇害。和尚對其靈坐。作胡祝數千言。音聲高暢。既而揮涕收淚。其哀樂廢興。皆此類。性高簡。不學晉語。諸公與之言。皆因傳譯。然神領意得。頓在言前。塔寺記曰。尸黎密冢曰高坐。在石子岡。常行頭陀。卒於梅岡。即葬焉。晉元帝於冢邊立寺。因名高坐。或問此意。簡文曰。以簡應對之煩。續晉陽秋曰。帝諱昱。字道萬。中宗少子也。仁聞有智度。穆帝幼冲。以撫軍輔政。大司馬桓溫廢海西公。而立帝。在位二年。

○補

王安期去官東渡江。道路梗澁。人懷危懼。王每遇艱險處之夷然。雖家人不見其憂喜之色。既至下邳。登山北望歎曰。人言愁我始欲愁。謝太傅曰。當爾時。覺形神俱往。名士傳曰。王承字安期。太原晉陽人。父湛汝南太守。承冲淡寡欲。無所修尚。累遷東海內史。爲政清靜。吏民懷之。避亂渡江。元皇爲鎭東引爲從事中郎。

劉云有味外味

○

庾公嘗入佛圖見臥佛。涅槃經云。如來背痛。於雙樹間北首而臥。故後

○○補

之圖繪者爲此象曰此子疲於津梁于時以爲名言

○○補

孟萬年好飲喜酣暢孟嘉別傳曰嘉字萬年江夏鄳人曾祖父宗吳司空祖父揖晉廬陵太守宗葬武昌子孫家焉嘉少以清操知名庾亮領江州辟嘉部廬陵從事下都還亮引問風俗得失對曰待還當問從事吏亮舉麈尾掩口而笑語弟翼曰孟嘉故是盛德人轉勸學從事桓宣武嘗問酒有何好而卿嗜之孟答曰公但未知酒中趣耳桓溫別傳曰溫字元子譙國龍亢人漢五更桓榮後也父彝有識鑒溫少有豪邁風氣爲溫嶠所知累遷瑯琊內史進征西大將軍鎮西夏時逆胡未誅餘燼假息溫親勒郡卒建旗致討清蕩伊洛展敬園陵薨謚宣武侯

○○補

桓宣武嘗問孟萬年聽伎絲不如竹竹不如肉

何也。孟答曰、漸近自然。一坐咨嗟。

摯瞻曾作四郡太守、大將軍戶曹參軍、復出作內史。摯氏世本曰、瞻字景游、京兆長安人。太常虞兄子也。父育、涼州刺史。瞻少善屬文、起家著作郎。中朝亂、依王敦爲戶曹參軍、歷安豐、新蔡、西陽太守。見敦以故壞裘賜老病外部都督、瞻諫曰、爲尊裘雖故、不宜與小吏。敦曰、何爲不可。瞻時因醉曰、若上服皆可用賜、貂蟬亦可賜下乎。敦曰、非喻所引、如此不堪二千石。瞻曰、瞻視去西陽、如脫屣耳。敦怒、乃左遷隨郡內史。年始二十九。嘗別王敦。敦別傳曰、敦字處仲、瑯邪臨沂人。少有名理、累遷青州刺史。避地江左、歷侍中、丞相、大將軍、揚州牧。以罪伏誅。敦謂瞻曰、卿年未三十、已爲萬石、亦太蚤。瞻曰、方於將軍、少爲

李云醜

劉云表辭甚佳丈夫本志反復

太蚤比之甘羅已爲太老 摯氏世本曰瞻高亮有氣節故以此答敦後知敦有異志建興四年與第五猗據荊州以距敦竟爲所害史記曰甘羅秦相茂之孫也年十二而秦相呂不韋欲使張唐相燕唐不肯行甘羅說而行之又請車五乘以使趙還報秦秦封甘羅爲上卿賜以甘茂田宅

陶公疾篤都無獻替之言朝士以爲恨 陶氏叙曰侃字士行其先鄱陽人後徙潯陽侃少有遠槩綱維宇宙之志舉孝廉入洛司空張華見而謂曰後來匡主寧民君其人也劉弘鎭沔南取爲長史謂侃曰昔吾爲羊太傅參佐見語云君後當居身處今相觀亦復然矣累遷湘廣荊三州刺史加羽葆鼓吹封長沙郡公大將軍贊拜不名劔履上殿進太尉贈大司馬謚桓公按王隱晉書載侃臨終表曰臣少長孤寒始願有限過蒙先

晗盡復何求哉。若以外事輙及君側者。非所必發。身後流俗近言非事實。

劉云。似厚似識。

朝歷世。異恩臣年垂八十。位極人臣。啓手啓足當復何恨。但以餘寇未誅。山陵未復。所以憤慨兼懷。唯此而已。猶冀犬馬之齒。尚可少延。欲為陛下。北呑石虎。西誅李雄。勢遂不振。良圖永息。臨書撫腕。涕泗横流。伏願遴選代人。使必得良才。足以奉宣王猷。遵成志業。則雖死之日。猶生之年。有表若此。非無獻替。**仁祖聞之**晉陽秋曰。謝尚字仁祖。陳郡人。父鯤。尚齠齔喪兄。哀慟過人。及遭父喪。溫嶠唁之。尚號咷極哀。既而收涕告訴。有異常童。嶠奇之。由是知名。仕至鎮西將軍。豫州刺史。**曰時無豎刁。故不貽陶公話言。**呂氏春秋曰。管仲病。桓公問曰。子如不諱。誰代子相者。豎刁何如。管仲曰。自宮以事君。非人情。必不可用。後果亂齊。**時賢以為德音。**

補 **釋道安俊辯有高才。**安和上傳曰。釋道安者。常山薄柳人。本姓衛。年十二作沙門。神性聰敏。而貌至陋。佛圖澄甚重之。値石氏亂。於陸渾山修學。爲慕容駿所逼。乃往襄陽。以佛法東流。經籍錯謬。更爲條章。標序篇目。爲之注解。自支道林等。皆宗其理。自北來荊州。與習鑿齒相見。晉中興書曰。習鑿齒字彦威。襄陽人。道安因自通曰。彌天釋道安。習答曰。四海習鑿齒。當時以爲名對。

○竺法深在簡文坐。劉尹問道人何以遊朱門。答曰。君自見其朱門。貧道如遊蓬戸。法深不知其俗姓蓋衣冠之胤也。道徽高扇。譽播山東。爲中州劉公弟子。値永嘉亂。投迹揚土。居止京邑。内持法綱。外允具贍。弘道之法師也。以業慈清淨。而不耐風塵。考室剡縣東二百里卬山中。同遊十餘人。高棲

世說古本竺作庾

浩然。支道林宗其風範。與高麗道人書稱其德行。年七十有終於山中也。高逸沙門傳曰。法師居會稽。皇帝重其風德。遣使迎焉。法師暫出應命。司徒會稽王。天性虛澹。與法師結殷勤之歡。師雖升履丹墀。出入朱邸。泯然曠達。不異蓬宇也。或云卞令。卞壼別見

補 許玄度將弟出都婚。諸人無不欽遲。既至。見其弟乃甚癡。都欲嘲弄之。玄度爲作賓主相對。劉眞長笑曰。玄度爲弟婚。施十重鐵步障。續晉陽秋曰。許詢字玄度。高陽人。魏中領軍允玄孫。總角秀惠。衆稱神童。長而風情簡素。司徒掾辟。不就。蚤卒

竺法暢造庾太尉。握麈尾至佳。公曰。此至佳。那得在。法暢曰。廉者不求。貪者不與。故得在耳。法暢

○○　成一本作武

武

王云按劉公幹荅魏太子書曰夏屋初成而大匠先立其下嘉禾始熟而農夫先甞其粒劭語

氏族所出未詳。法暢著人物論自叙其美云。暢悟銳有神。才辭通辯。

庾穉恭爲荊州。庾翼別傳曰。翼字穉恭。潁川鄢陵人也。少有大度。時論以經略許之。兄太尉亮薨。朝議推才。乃以翼都督六州。進安西將軍荊州刺史。以毛扇上成帝。成帝疑是故物。傅咸羽扇賦序曰。昔吳人直截鳥翼而搖之。風不減方圓二扇。而功無加。然中國莫有生意者。滅吳之後。翕然貴之。無人不用。按庾懌以白羽扇獻成帝。帝嫌其非新反之。不聞翼也。侍中劉劭曰。文字志曰。劭字彥祖。彭城叢亭人。祖訥司隸校尉。父松成皐令。劭博識好學。多藝能。善草隸。初仕領軍參軍。太傅出東。劭謂京洛必危。乃單馬奔揚州。歷侍中豫章太守。栢梁雲構。工匠先居其下。管絃繁奏。鍾夔先聽其音。鍾。鍾期也。夔。舜樂正。穉恭上扇

◎

本此

又云驕語乃玄

刘云謂眞長遂會稽王也

以好不以新。慶後聞之曰。此人宜在帝左右。

劉尹云。清風朗月。輒思玄度。晉中興士人書曰。許詢能清言。于時士人皆欽慕仰愛之。

何驃騎亡後。何充別見徵褚公入。既至石頭。王長史王長史別傳曰。濛字仲祖。太原晉陽人。其先出自周室。經漢魏世爲大族。祖佑北軍中候。父訥葉令。濛神氣清韶。年十餘歲。放邁不羣。弱冠檢尚風流。雅正外絶榮競。內寡私欲。辟司徒掾中書郎。以后父贈光祿大夫。劉尹同詣褚。褚曰。眞長何以處我。眞長顧王曰。此子能言。褚因視王。王曰。國自有周公。晉陽秋曰。冰之卒。議者謂太后父裒宜秉朝政。裒自丹徒入朝。吏部尚書劉遐勸裒

劉云。寫得沈至。正在後八字。若止於桓公口語。安得如此悽

曰。會稽王令德。國之周公也。足下宜以大政付之。袁長史王胡之亦勸歸藩。於是固辭歸京。

桓公入峽。絕壁天懸。騰波迅急。晉陽秋曰。溫以永和二年。率所領七千餘人伐蜀。拜表輒行。迺歎曰。既爲忠臣。不得爲孝子。如何。漢書曰。王陽爲益州刺史。行部至邛郲九折坂。歎曰。奉先人遺體。奈何數乘此險。以病去官。後王尊爲刺史。至其坂。問吏曰。此非王陽所畏之道邪。吏曰是。叱其馭曰。驅之。王陽爲孝子。王尊爲忠臣。

桓公北征經金城。見前爲琅邪時種柳。皆已十圍。慨然曰。木猶如此。人何以堪。攀枝執條。泫然流淚。

愴　李云極感極悲　王云大都是王敦殷嗟嘆意　劉云兩得詞體

○○

簡文作撫軍時。嘗與桓宣武俱入朝。更相讓在前。宣武不得已而先之。因曰。伯也執殳。爲王前驅。衛詩也。殳長一丈二尺無刃。簡文曰。所謂無小無大。從公于邁。魯頌泮水篇

顧悅與簡文同年。而髮蚤白。中興書曰。悅字君叔。晉陵人。初爲殷浩揚州別駕。浩卒。上疏理浩。或諫以浩爲太宗所廢。必不依許。悅固爭之。浩果得申。物論稱之。後至尚書左丞。簡文曰。卿何以先白。對曰。蒲柳之姿。望秋而落。松栢之質。經霜彌茂。顧愷之爲父傳曰。君以直道陵遲於世。入見王。王髮無二毛。而君已斑白。問君年。乃曰。卿何偏早白。君曰。松栢之姿。經霜猶茂。臣蒲

劉云清言徑造

愚登云作不覺

栁之質。望秋先零。受命之異也。王稱善久之。

簡文入華林園。顧謂左右曰。會心處不必在遠。翳然林水。便自有濠濮間想也。濠濮。二水名也。莊子曰。莊子與惠子游濠梁水上。莊子曰。儵魚出游從容。是魚樂也。惠子曰。子非魚。安知魚之樂也。莊子曰。子非我。安知我之不知魚之樂也。莊周釣在濮水。楚王使二大夫造焉。曰。願以境內累莊子。莊子持竿不顧曰。吾聞楚有神龜〔白〕死已三千年矣。巾笥而藏於廟。此寧曳尾於塗中。寧留骨而貴乎。二大夫曰。寧曳尾於塗中。莊子曰。往矣。吾亦寧曳尾於塗中。覺鳥獸禽魚自來親人。

謝太傅語王右軍曰。中年傷於哀樂。與親友別。

○劉云自家源倒憂及兒輩真鍾情語也此少稍踰者

輒作數日惡。王曰。文字志曰。王羲之字逸少。瑯琊臨沂人。父曠淮南太守。羲之少朗拔。爲叔父廙所賞。善草隸。累遷江州刺史。右軍將軍。會稽內史。年在桑榆。自然至此。正賴絲竹陶寫。恒恐兒輩覺損欣樂之趣。

○王云高視世外

支道林常養數匹馬。或言道人畜馬不韻。支曰。貧道重其神駿。高逸沙門傳曰。支遁字道林。河內林慮人。或曰陳留人。本姓關氏。少而任心獨往。風期高亮。家世奉法。嘗於餘杭山沈思道行。泠然獨暢。年二十五。始釋形入道。年五十三。終於洛陽。

○

佛圖澄與諸石遊。澄別傳曰。道人佛圖澄。不知何許人。出於燉煌。好佛道出

劉云謂玩虎於掌上耳

王云今史虎是勒從子

劉云深於談者有深有淺其義當解不能盡

應答云言其講說可聽而未到至

家爲沙門永嘉中至洛陽值京師有難潛遁草澤間石勒雄異好殺害因勒大將軍郭黑略見勒以麻油塗掌上占見吉凶數百里外聽浮圖鈴聲逆知禍福勒甚敬信之虎即位亦師澄號大和尚自知終日開棺無屍唯袈裟法服在焉林公曰澄以石虎爲海鷗鳥趙書曰虎字季龍勒從弟也征伐每斬將搴旗勒才之誅勒諸兒襲位莊子曰海上之人好鷗者每旦之海上從鷗游鷗之至者數百而不止其父曰吾聞鷗鳥從汝游汝取來玩之明日之海上鷗舞而不下

劉尹與桓宣武共聽講禮記桓云時有入心處便覺咫尺玄門劉曰此未關至極自是金華殿之語漢書敘傳曰班伯少受詩於師丹大將軍王鳳薦伯於成帝宜勸學召見宴暱拜爲

劉云。以其名家。意想其佳耳。

王云。竟似不滿。

應登云。介葛盧能辨牛語。諸蠻語亦然。

劉云。不謂眞長玄度有此謬談。

中常侍。時上方向學。鄭寬中張禹朝夕入說尚書論語於金華殿。詔伯受之。

劉尹云。人想王荊產佳。此想長松下當有清風耳。荊產。王微小字也。王氏譜曰。微字幼仁。琅邪人。祖乂。平北將軍。父澄。荊州刺史。微歷尚書郎。右軍司馬。

王仲祖聞蠻語不解。茫然曰。若使介葛盧來朝。故當不昧此語。春秋傳曰。介葛盧來朝。魯聞牛鳴曰。是生三犧。皆用之矣。其音云。問之而信。杜預注曰。介。東夷國。葛盧。其君名也。

劉眞長爲丹陽尹。許玄度出都。就劉宿。牀帷新麗。飲食豐甘。許曰。若保全此處。殊勝東山。劉曰李云、逸少執右。按、今各從一君。圖欇中夾。王云、二君故復有此破綻耶。

卿若知吉凶由人、吾安得不保此。王逸少在坐曰、令巢許遇稷契、當無此言。二人並有愧色。

羊秉爲撫軍參軍、少亡、有令譽。羊秉叙曰、秉字長達、泰山平陽人。漢南陽太守續曾孫。大父魏郡府君、郎中騎掾元子也。府君夫人鄭氏、無子、乃養秉。齠齔而佳。小心敬慎。十歲而鄭夫人亡、秉思容盡哀、俄而公府掾及夫人並卒。秉羣從父率禮相承、人不間其親、雍雍如也。仕參撫軍將軍事、將奮千里之足、揮冲天之翼、惜乎春秋三十有二而卒。昔罕虎死、子產以爲無與爲善。自夫子之沒、有子產之歎矣。亡後有子男、又不育。是何行善而禍繁也。豈非司馬生之所惑歟。夏侯孝若爲之叙、文士傳曰、漢字孝若、譙國人。魏征西將軍淵曾孫也。有盛才。文章巧思、善補雅詞、名亞潘岳、歷中書侍郎。極相讚、

應登云物作佈饞

劉云重一語故悲苦

○

○

劉云右軍之言真當時之藥石謝傳出嘉喩膏亦不類矣又云惜謝東山能為此言他人

悼羊權為黄門侍郎侍簡文坐帝問曰夏侯湛作羊秉叙絶可想是卿何物有後不羊氏譜曰權字道輿徐州刺史悦之子也仕至尚書左丞。權潸然對曰亡伯令問夙彰。而無有繼嗣雖名播天聽然胤絶聖世帝嗟慨久之

王右軍與謝太傅共登冶城。揚州記曰冶城吴時鼓鑄之所吴平猶不廢王茂弘所治也。謝悠然遠想有高世之志王謂謝曰夏禹勤王手足胼胝帝王世紀曰禹治洪水手足胼胝世傳禹病偏枯足不相過今稱禹步是也。文王旰食日不暇給尚書曰文王自朝至

不遑
王云此在謝自
為德音然王是
務時急務

令一作全

○○

于日昃不遑暇食。今四郊多壘，禮記曰：四郊多壘，卿大夫之辱也。宜人人自效。而虛談廢務，浮文妨要，恐非當今所宜。謝答曰：秦任商鞅，二世而亡，戰國策曰：衛商鞅，諸庶孽子，名鞅，姓公孫氏，少好刑名學，為秦孝公相，封於商。豈清言致患邪。○難與俗人言。

荀中郎在京口，晉陽秋曰：荀羨字令則，潁川人，光祿大夫崧之子也。清和有識裁，少以主壻為駙馬都尉。是時殷浩參謀百揆，引羨為援，頻蒞義興、吳郡，超授北中郎將、徐州刺史，以藩屏焉。中興書曰：羨年二十八，出為徐兖二州，中興方伯之少，未有若羨者也。登北固望海云：南徐州記曰：城西北有別嶺入江，三面臨水，高數十丈，號曰北固。雖未觀三山，便自使人有凌雲意。若秦漢之君

李云說邇猶是遠

必當褰裳濡足。史記封禪書曰、蓬萊方丈瀛洲。此三山、世傳在海中、去人不遠。嘗有至者、言諸仙人不死藥在焉。黃金白銀爲宮闕、其物禽獸盡白。望之如雲、及至反居水下。欲到卽風引船而去。終莫能至。秦始皇登會稽、並海上、冀遇三神山之奇藥。漢武帝既封泰山、無風雨變至。方士更言蓬萊諸藥可得。於是上欣然東至海、冀獲蓬萊者。

謝公云、賢聖去人、其間亦邇。子姪未之許。公歎曰、若郗超聞此語、必不至河漢。中興書曰、超字景興、高平人、司空愔之子也。少卓犖不羈、有曠世之度。累遷中書郎、司徒左長史。超別傳曰、超精於理義、沙門支道林以爲一時之俊。莊子曰、肩吾問於連叔曰、吾聞言於接輿、大而無當、往而不反。驚怖其言、猶河漢而無極也。

○支公好鶴住剡東岇山（支公書曰山去會稽二百里）有人遺其雙鶴少時翅長欲飛支意惜之乃鎩其翮鶴軒翥不復能飛乃反顧翅垂頭視之如有懊喪意林曰既有凌霄之姿何肯爲人作耳目近玩養令翮成置使飛去

○謝中郎經曲阿後湖問左右此是何水（中興書曰謝萬字萬石太傅安弟也才氣高儁蚤知名歷吏部郎西中郎將豫州刺史散騎常侍）答曰曲阿湖（太康地記曰曲阿本名雲陽秦始皇以有王氣鑿北阬山以敗其勢截其直道使其阿曲故曰曲阿也吳還爲雲陽今復名曲阿）謝曰故當淵注渟著

納而不流。

晉武帝每餉山濤恒少。謝太傅以問子弟。車騎答曰。當由欲者不多。而使與者忘少。謝車騎家傳曰。玄字幼度。安西奕第三子也。神理明俊。善微言。叔父太傅嘗與子姪燕集。問武帝任山公以三事。任以官人至於賜予不過斤合。嘗有旨不。玄答有辭致也。

謝胡兒胡兒。謝朗小字也。續晉陽秋曰。朗字長度。安次兄據之長子。安蚤知之。文義豔發。名亞於玄。仕至東陽太守。語庾道季道季。庾龢小字。徐廣晉紀曰。龢字道季。太尉亮子也。風情率悟。以文談致稱於時。歷仕至丹陽尹。兼中領軍。諸人莫當就卿談。可堅城壘。庾曰。若文度來。我以偏師待之

（王中郎傳曰。坦之字文度。太原晉陽人。祖東海太守承。清淡平遠。父述貞貴簡正。坦之器度淳深。孝友天至。譽輯朝野。標的當時。累遷侍中中書令。領北中郎將。徐兗二州刺史。）康伯來濟河焚舟（春秋傳曰。秦伯伐晉。濟河焚舟。杜預曰。示必死。）

李弘度常歎不被遇（中興書曰。李充字弘度。江夏鄳人也。祖康。父炬皆有美名。充初辟丞相掾。記室參軍。以貧求剡縣。遷大著作。中書郎。）殷揚州（殷浩別見）知其家貧問君能屈志百里不李答曰北門之歎久已上聞（毛詩北門刺仕不得志也）窮猿奔林豈暇擇木遂授剡縣

王司州至吳興印渚中看。（王胡之別傳曰。胡之字脩齡。瑯邪臨沂人

劉云、黯然銷魂、直是注情語耳。未在能言。

○

王廙之子也。歷吳興太守、徵侍中、丹陽尹、祕書監、並不就。拜使持節都督司州諸軍事、西中郎將、司州刺史。吳興記曰、於潛縣東七十里有印渚。渚傍有白石山、峻壁四十丈。印渚蓋衆溪之下流也。印渚已上至縣、悉石瀨惡道、不可行船。印渚已下、水道無險、故行旅集焉。歎曰、

非唯使人情開滌、亦覺日月清朗。

袁彥伯爲謝安南（謝奉 別見）司馬、都下諸人送至瀨鄉。將別、既自悽惘、歎曰、江山遼落、居然有萬里之勢。續晉陽秋曰、袁宏字彥伯、陳郡人、魏郎中令渙六世孫也。祖猷、侍中。父勗、臨汝令。宏起家建威參軍、安南司馬記室。太傅謝安賞宏機捷辯速、自吏部郎出爲東陽郡。乃祖之於冶亭。時賢皆集。安欲卒迫試之、執手將別、顧左右取一扇而贈之。宏應聲答曰、輒當奉揚仁風、慰

彼黎庶。合坐數其要捷。性直亮。故位不顯也。在郡卒。

○孫綽賦遂初，築室畎川，自言見止足之分。中興書曰：綽字興公，太原中都人。少以文稱。歷太學博士、大著作、散騎常侍。遂初賦敘曰：余少慕老莊之道，仰其風流久矣。卻感於陵賢妻之言，悵然悟之。乃經始東山，建五畝之宅，帶長阜，倚茂林，孰與坐華幕擊鐘鼓者同年而語其樂哉。齋前種一株松，恒自手壅治之。高世遠孫統為柔集敘曰：柔字世遠，樂安人。才理清鮮，安行仁義。婚泰山胡母氏女，年二十。既有倍年之覺，而姿色清惠，近是上流婦人。柔家道隆崇，既罷司空參軍、安固令，營宅於畎川，馳動之情既薄，又愛翫賢妻，便有終焉之志。尚書令何充取為冠軍參軍，僶俛應命，眷戀綢繆，不能相舍，相贈詩書，淒婉辛切。時亦鄰居，語孫曰：松樹

○○應登云摘句者摘其疑以問

子非不楚楚可憐但永無棟梁用耳孫曰楓柳雖合抱亦何所施。

孝武將講孝經謝公兄弟與諸人私庭講習續晉陽秋曰寧康三年九月九日帝講孝經僕射謝安侍坐吏部尚書陸訥兼侍中卞耽執讀黃門侍郎謝石吏部袁宏兼執經中書郎車胤丹陽尹王混摘句車武子續晉陽秋曰車胤字武子南平人父育爲郡主簿太守王胡之有知人識裁見謂其父曰此兒當成卿門戶宜資令學問胤就業恭勤博覽不倦家貧不常得油夏月則練囊盛數十螢火以繼日焉及長風姿美劭機悟敏率桓溫在荊州取爲從事一歲至治中胤既博學多聞又善於激賞當時每有盛坐胤必同之皆云無車公不樂太傅謝公遊集之日開筵以待之累遷丹陽尹護軍將軍吏部尚

劉云、此亦戲言、謂羊公清德自佳而已、不如銅雀妓可以娛人耳目。

正墮淚

責難苦問謝。謂袁羊曰、不問則德音有遺、多問則重勞二謝。袁羊、喬小字也。袁氏家傳曰、喬字彥叔、陳郡人。父瓌、光祿大夫。喬歷尚書郎、江夏相、從桓溫平蜀、封湘西伯、益州刺史。袁曰、必無此嫌。車曰、何以知爾。袁曰、何嘗見明鏡疲於屢照、清流憚於惠風。

王子敬語王孝伯曰、羊叔子自復佳耳、然亦何與人事。晉諸公贊曰、羊祜字叔子、泰山平陽人也。世長吏二千石、至祜九世、以清德稱。爲兒時、遊汶濱、有行父、止而觀焉、歎息曰、處士大好相、善爲之。未六十、當有重功於天下。仰富貴無相忘。遂去、莫知所在。累遷都督荊州諸軍事、自在南夏、吳人說服、稱曰羊公、莫敢名者。甫

人不能識耳

王云羊公盛德此語殊傷子敬之厚

劉云如此四字極似無謂亦有可思

王云便是虎頭畫思

（州人聞公喪號哭罷市）故不如銅雀臺上妓（魏武遺令曰以吾妾與妓人皆著銅雀臺上施六尺牀繐帳月朝十五日輒使向帳作伎）

林公見東陽長山曰何其坦迤（會稽土地志曰山靡迤而長縣因山得名）

顧長康從會稽還人問山川之美顧曰千巖競秀萬壑爭流草木蒙籠其上若雲興霞蔚（丘淵之文章錄曰顧愷之字長康晉陵人父悅尚書左丞愷之義熙初爲散騎常侍）

王子敬云從山陰道上行（會稽土地志曰邑在山陰故以名焉）山川自相映發使人應接不暇若秋冬之際尤難

劉云崔嵬四字不直堪婉

李云亦是虎頭畫筆

爲懷。會稽郡記曰。會稽境特多名山水。峰崿隆峻。吐納雲霧。松栝楓柏。擢榦竦條。潭壑鏡徹。清流瀉注。王子敬見之曰。山水之美。使人應接不暇。

桓征西治江陵城甚麗。盛弘之荊州記曰。荊州城臨漢江。臨江王所治。王被徵出城北門而車軸折。父老泣曰。吾王去不還矣。從此不開其門。會賓僚出江津望之。云。若能目此城者有賞。顧長康時爲客在坐。目曰。遙望層城。丹樓如霞。桓即賞以二婢。

宣武移鎮南州。制街衢平直。人謂王東亭曰。司徒傳曰。王珣字元琳。丞相導之孫。領軍洽之子也。少以清秀稱。大司馬桓溫辟爲主簿。從討袁

眞封交趾望海縣東亭侯累遷尚書左僕射領選進尚書令

丞相初營建康無所因承而制置紆曲方此爲劣。晉陽秋曰蘇峻既誅大事克平之後都邑殘荒溫嶠議徙都豫章以朗豐全朝士及三吳豪傑謂可遷都會稽王導獨謂不宜遷都建業往之秣陵古者既有帝王所治之表。又孫仲謀劉玄德俱謂是王者之宅。今雖凋殘宜修勞來旋定之道鎮靜羣情且百堵皆作何患不克復乎終至康寧導之策也東亭曰此丞相乃所以爲巧江左地促不如中國若使阡陌條暢則一覽而盡故紆餘委曲若不可測。

○○謝太傅問諸子姪子弟亦何預人事而正欲使

劉云對易問難他人無此懷也

劉云小兒學語體格未成利錐書參面目可憎

其佳諸人莫有言者車騎答曰譬如芝蘭玉樹。欲使其生於階庭耳。

道壹道人好整飾音辭。王珣遊嚴陵瀨詩叙曰道壹姓竺氏名德沙門題目曰道壹文鋒富贍孫綽爲之贊曰馳騁遊說言固不虛唯茲壹公綽然有餘譬若春圃載芬載敷條柯猗蔚枝幹扶疎。從都下還東山經吳中已而會雪下未甚寒諸道人問在道所經壹公曰風霜固所不論乃先集其慘澹郊邑正自飄瞥林岫便已皓然。

張天錫爲涼州刺史稱制西隅既爲苻堅所禽

十乃有三字未詳。疑後過江爲人所鈌滅字。

應登云、譏問者之嫉也。

○○

用爲侍中。後於壽陽俱敗、至都。段資涼州記曰、天錫字公純嘏、安定烏氏人。張耳後也。曾祖軌、永嘉中爲涼州刺史。値京師大亂、遂據涼土。天錫纂位、自立爲涼州牧。苻堅使將姚萇攻沒涼州。天錫歸長安。堅以爲侍中比部尚書。歸義侯。從堅至壽陽。堅軍敗。遂南歸。拜散騎常侍西平公。中興書曰。天錫後以貧拜廬江太守。薨贈侍中。爲孝武所器。毎入言論、無不竟日。頗有嫉己者、於坐問張、北方何物可貴。張曰。桑椹甘香。鴟鴞革響。詩魯頌曰。翩彼飛鴞、集于泮林。食我桑椹、懷我好音。淳酪養性。人無嫉心。西河舊事曰。河西牛羊肥。酪過精好。但寫酪置革上、都不解散也。

毛伯成既負其才氣、常稱、寧爲蘭摧玉折、不作

刈云根徒

蕭敷艾榮征西寮屬名曰毛玄字伯成潁川人仕至征西行軍參軍

王中郎令伏玄度伏滔別見習鑿齒論青楚人物集

載其論略曰滔以春秋時鮑叔管仲隰朋召忽
輪扁甯戚麥丘人逢丑父晏嬰涓子戰國時公
羊高孟軻鄒衍田單荀卿鄒奭莒大夫田子方
檀子魯連淳于髡盼子田文顏歜黔子於陵仲
子王叔即墨大夫前漢時伏徵君終軍東郭先
生叔孫通萬石君東方朔安期先生後漢時大
司徒伏三老江革逢萌禽慶承幼子徐防薛方
鄭康成周孟玉劉祖榮臨孝存侍其元矩孫賓
碩劉仲謀劉公山王儀伯郎宗禰正平劉成國
魏時管幼安邴根矩華子魚徐偉長任昭光伏
高陽此皆青士有才德者也鑿齒以神農生於
黔中邵南詠其美化春秋稱其多才漢廣之風
不同雞鳴之篇子文叔敖羞與管晏比德接輿
之歌鳳兮漁父之詠滄浪漢陰丈人之折子貢

○○

市南宜僚屠羊說之不爲利回魯仲連不及老
萊夫妻田文之於屈原鄧禹卓茂無敵於天下
管幼安不勝龐公龐士元不推華子魚何鄧二
尚書獨步於魏朝樂令無對於晉世昔伏羲葬
南郡少昊葬長沙舜葬零陵比其人則準的如
此論其土則羣聖之所葬考其風則詩人之所
歌尋其事則未有赤眉黃巾之賊此何
如青州耶滑與相往反鑿齒無以對也臨成以
示韓康伯康伯都無言王曰何故不言韓曰無
可無不可馬融注論語
曰惟義所在
司馬太傅齋中夜坐孝文王傳曰王諱道子簡
文皇帝第五子也封會稽
王領司徒揚州刺史進太
傅爲桓玄所害贈丞相于時天月明淨都無
纖翳太傅歎以爲佳謝景重在坐續晉陽秋曰
謝重字景重

李云百合亦自佳

李云王又佳

陳郡人。父朗，東陽太守。重明秀有才。會終驃騎長史。答曰：「意謂乃不如微雲點綴。」太傅因戲謝曰：「卿居心不淨，乃復彊欲滓穢太清邪？」

○○補　桓南郡問謝夫人，婦人集曰：謝夫人名道韞，謝太傅兄無奕女，左將軍王凝之妻也。有文才，所著詩賦誄頌傳於世。太傅在東山二十餘年，遂復不終，其理云何？夫人答曰：「亡叔先正以無用爲心，隱顯爲優劣，始末正當動靜之異耳。」

補　桓靈寶玄小名也。事別見。征殷仲堪，道出廬山。豫章舊志曰：廬俗字君孝，本姓匡，夏禹苗裔，東野王之子。秦末百越君長，與吳芮助漢定天下，野王亡軍中，漢

八年封裕鄢陽男食邑茲郡即曰廬君裕兄弟
七人皆好道術遂寓于洞庭之山故世謂廬山
孝武元封五年南巡狩浮江親覩神靈乃封裕
爲大明公四時秩祭焉遠法師廬山記曰山在
江州潯陽郡左挾彭澤右傍通川有匡裕先生
者出自殷周之際遁世隱時潛居其下或云匡裕
受道於仙人而共遊其嶺遂託室崖岫即巖成
館故時人謂爲神仙之廬而命焉法師遊山記
曰自託此山二十三載再踐石門四遊南嶺東
望香鑪峰北眺九江傳聞有石井方湖中有赤
鱗踊出野人不能敘直嘆其奇而已矣伏滔遊
廬山序曰廬山者江陽之名嶽蟠根所據亘數
百里重嶺傑嶂仰插雲日俯瞰川湖之流焉

因詣遠公語次及征討
之意遠不答又問何以見願遠曰願檀越安隱
使彼亦復無他桓出山語左右曰實乃生所未

見。張野遠法師銘曰。沙門釋惠遠鴈門樓煩人。本姓賈氏。世爲冠族。年十二。隨舅令狐氏遊學許洛。年二十一。欲南渡。就范宣子學。道阻不通。遇釋道安。以爲師。抽簪落髪。研求法藏。釋曇翼毎資以燈燭之費。誦鑒淹遠。高悟冥賾。安常歎曰。道流東國。其在遠乎。襄陽既沒。振錫南遊。結宇靈嶽。自年六十。不復出山。名被流沙。彼國僧衆。皆稱漢地有大乘沙門。毎至然香禮拜。輒東向致敬。年八十三而終。慧皎高僧傳曰。慧遠至潯陽。見廬峰清靜。始住龍泉精舍。

桓玄既篡位。將改置直館。問左右虎賁中郎省應在何處。有人答曰。無省。當時殊忤旨。問何以知無。答曰。潘岳秋興賦叙曰。余兼虎賁中郎將寓直散騎之省。岳別見。其賦叙曰。晉十有四年。余年三十二。始見二毛。以太尉

王云詰爲詳

○○

劉云將不猶將無也

掾兼虎賁中郎將寓直散騎之省高閣連雲陽景罕曜僕野人也得厠朝列譬猶池魚籠鳥有江湖山藪之思於是染翰操紙慨然而賦于時秋至故以秋興命篇玄咨嗟稱善劉謙之晉紀曰玄欲復虎賁中郎將疑應直不訪之僚佐咸莫能定參軍劉簡之對曰昔岳秋興賦敘云余兼虎賁中郎將寓直于散騎之省以此言之是應直也玄權然從之此語微異又答者未知姓名故詳載之

謝靈運好戴曲柄笠丘淵之新集錄曰靈運陳郡陽夏人祖玄車騎將軍父瑍祕書郎靈運襲封康樂公歷祕書監侍中臨川內史以罪伏誅沈約宋書曰靈運少好學博覽羣書文章之美江左莫逮孔隱士孔淳之別見謂曰卿欲希心高遠何不能遺曲蓋之貌謝答曰將不畏影者

未能忘懷。莊子云。漁父謂孔子曰。人有畏影惡跡而去之走者。舉足逾數而迹逾多。走逾疾而影不離。自以尚遲。疾走不休。絕力而死。不知處陰以休影。處靜以息跡。愚亦甚矣。子脩身守眞。還以物與人。則無累矣。不脩身而求之人。不亦外事者乎。

李卓吾批點世說新語補卷之三

李卓吾批點世說新語補卷之四

宋　劉義慶　撰

梁　劉孝標　注

宋　劉辰翁　批

明　何良俊　增

王世貞　删定

王世懋　批釋

李　贄　批點

張文柱　校注

言語下

○○補殷仲文續晉陽秋曰、仲文字仲文、陳郡人、祖融、太常、父康、吳興太守。仲文爲桓玄咨參軍。時王謐見禮而不親。卞範之被親而少禮。其寵遇隆重。兼於王卞矣。玄篡位以佐命親貴。輿馬器服窮極綺麗。妓妾數十。絲竹不絕音。性甚貪吝。多納賄賂。家累千金。常若不足。玄敗先投義軍。遷侍中、尚書。以罪伏誅。勸宋武帝畜伎。帝曰。我不解聲。仲文曰。但畜自解。帝曰。畏解故不畜。宋書曰。帝姓劉氏。諱裕。受晉禪。清簡寡慾。未嘗視珠玉輿馬之飾。後庭無紈綺絲竹之音。在位三年。

李云。裕荅更好。

○補王韶之少家貧而好學。嘗三日絕糧。執卷不輟。家人誚之曰。困窮若此。何不耕。王徐荅曰。我常

無味

王云此所謂筆耕

○補

李云只此甚妙

○補

○補

自耕耳。沈約宋書曰、王韶之、字休泰、瑯琊臨沂人、曾祖廙、晉驃騎將軍、祖羨之、鎮軍掾、父偉之、郎中令、韶之家貧、父爲烏程令、因居縣境、好史籍、博涉多聞、初爲衛將軍謝琰行參軍、

戴仲若春日攜雙柑斗酒、人問何之、答曰往聽黃鸝聲、此俗耳針砭、詩腸鼓吹。宋書曰、戴顒、字仲若、譙郡銍人、戴逵子也、

宋世祖宋書曰、帝名駿、文帝第三子、嘗賜謝中書寶劍宋書曰、謝莊字希逸、陳郡陽夏人、太常弘微子也、七歲能屬文、仕至光祿大夫、卒、諡憲子、南史曰、莊韶令美風儀、宋文帝見而異之曰、藍田生玉、豈虛也哉。謝以與曾豫州送別宋書曰、曾爽、小名女生、扶風郿人、祖宗之、父軌、爽少有武藝、世祖以爲左軍將軍、都督豫州諸

軍事、與南郡王義宣作逆、薛安都臨陣刺爽、傳首京都、後魯作逆、世祖嘗

因宴集問劒所在、謝曰、昔與魯爽別、竊爲陛下

杜郵之賜、世祖大悅、史記曰、秦攻趙邯鄲、武安君不肯行、於是免武安君爲士伍、遷之陰密、至杜郵、使使者賜之劒自裁、

○補

元凶簒立、宋書曰、元凶劭、字休遠、文帝長子也、與始興王濬同謀弑逆、世祖入討、劭伏誅、

以顏延之爲光祿大夫、沈約宋書曰、顏延之、字延年、琅邪人、晉光祿大夫含之曾孫、好讀書、無所不覽、文章之美、冠絕當時、吳國內史劉柳以爲行軍參軍、後爲祕書監、

先是延之子竣、爲世祖參軍、及義師入討、

竣參定密謀、兼造書檄、劭召延之、示以檄文問

此延之所以能友陶淵明也

補○王云周太子晉好吹笙遊伊洛遇浮丘公成仙王意飄々欲仙

曰。此筆誰所造延之曰。竣之筆也問何以知之。延之曰。竣筆體。臣不容不識又問言辭何至乃爾延之曰竣尚不顧有老父何縁復有陛下劭意遂釋。姓氏英賢錄曰顏竣字士遜延之長子也少有令譽爲宋孝武撫軍主簿甚被知遇竣盡心補益孝武鎮潯陽遷南中郎記室及文帝崩問至孝武舉兵入討轉諮議參軍領軍錄事

謝孺子特善聲律南史曰孺子陳郡陽夏人祖景仁左僕射父恂鄱陽太守孺子少與族兄瞻齊名多藝能尤善聲律家貧求爲西陽太守與王車騎張宴桐臺孺子吹笙王自起舞既而歎曰眞使人飄

颻有伊洛間意。南史曰。王彧字景文。與明帝諱同。故以字行。祖穆。司徒。謐之長兄。父僧朗。尚書。景文美風姿。好言理。少與謝莊齊名。爲從叔球所知。

補　王侍中嘗因侍宴。南史曰。王份字季文。瑯琊人。祖僧朗。宋尚書僕射。父粹。黃門侍郎。份歷官侍中丹陽尹。高祖問羣臣。朕爲有爲無。侍中答曰。陛下應萬物爲有。體至理爲無。梁書曰。帝姓蕭氏。諱衍。代齊立。四十八年而崩。

補　蕭引書法遒逸。南史曰。蕭引字叔休。南蘭陵人。曾祖思話。祖惠休。父介。並有名。引方正有器度。聰敏博學。善屬文。仕梁。位西昌侯主簿。侯景之亂。南奔嶺表。北還。拜尚書金部侍郎。陳宣帝嘗指其署名。語諸人曰。此字筆勢翩

翮似鳥之欲飛引答曰此乃陛下假其羽毛陳書曰帝名頊始興王子臨海王廢乃承大統

○○補

徐孝穆使魏魏人授館宴賓是日甚熱主客魏收嘲孝穆曰今日之熱當由徐常侍來南史曰徐陵字孝穆東海郯人徐摛子也母臧氏夢五色雲化爲鳳集左肩上已而誕陵十二通老莊義及長博涉史籍美文辭官至中書監領太子詹事孝穆從容答曰前王肅至此爲魏始制禮儀今我來聘使卿復知寒暑北史曰王肅字恭懿瑯琊臨沂人父奐齊雍州刺史肅少聰辯涉獵經史頗有大志位祕書丞父奐爲齊武帝所殺肅自建鄴來奔孝文虛衿待之引見問故肅辭義敏切辯而有禮帝甚哀

側之官散騎常侍楊州刺史。

○補

魏佛助北史曰。魏收字伯起。小字佛助。鉅鹿下曲陽人。少機警。不持細行。隨父在邊。好習騎射。後折節讀書。以文華顯。除太學博士。至中書監。**盛譽盧思道**北齊書曰。盧思道字子行。聰爽俊辯。年十六。中山劉松爲人作碑。以示思道。思道多所不解。乃感激讀書。師事邢子才。後復爲文示松。松乃不能甚解。因就魏收求異書。才學兼著。然不持操行。好輕侮人。天保中。魏史成。思道多所非毀。由是再被笞辱。落泊不調。楊遵彥薦於朝。解褐司空行參軍兼散騎侍郎。**以詢祖爲不及。詢祖曰。見未能高飛者借其羽毛。知逸勢冲天者。剪其翅翮。**李百藥齊書曰。盧詢祖范陽涿人。祖父偉封大夏男。父恭道。蚤卒。詢祖襲爵。有術學。文辭華美。爲後生之俊。舉秀才。

宮司徒記室。

○補薛道衡嘗遊鍾山開善寺。隋書曰。道衡字玄卿。河東汾陰人。六歲而孤。專精好學。及長。才名益著。河東裴讞目之曰。鼎遷河朔。吾謂關西孔子。罕遇其人。今復遇薛君矣。官至司隸大夫。謂一沙彌曰。金剛何爲努目。林法苑珠林云。西方有神八人。相貌猙獰。身披金甲。手持寶杵。乃名曰金剛。嘗衛世尊說法于靈音寺。菩薩何爲低眉。金剛經註云。菩者普也。薩者濟也。能普濟衆生。故曰菩薩。猶儒者仁人君子之稱。沙彌答曰。金剛努目。所以降伏四魔。婆沙論問云。何故名魔。答曰。斷慧命。故名魔。復次常行放逸。害自身。故名魔。淨行法門經云。以無所爲心印。降諸魔。當知有四。一者蘊魔。二者煩惱魔。三者死魔。四者天魔。菩薩低眉。所以

慈悲六道　華嚴經云。六道皆有罪過。謂天道。人道。魔道。地獄道。餓鬼道。畜生道。

衡憮然稱善。

補

楊遵彥　北史曰。楊愔。字遵彥。弘農華陰人。楊津子也。小名秦王。兒童時。口若不能言。而風度深敏。六歲學尚書。十一受詩易。好左氏春秋。仕至開府儀同三司。尚書右僕射。典選

時以六十人爲一甲。楊令其自叙訖。不省文簿。

便次第呼之。嘗誤以盧士深爲士琛。士深自言

其名。遵彥曰。盧郎朗潤。所以加玉。　三國典略曰。東魏以楊愔典選。愔令選人自敘。不省文簿。次第呼之。嘗誤呼。慕容爲長孫。一人而已。有選人魯漫漢自言微賤。不蒙記。愔曰。卿前在元子思坊。乘驢遥見我。不下。以方麴障面。我何不識卿邪。漫漢驚服

一云遵彥典選一言半奏因誤加賞使是士深之幸

三一作二

王云人謂驕由盛耳不知乃由衰此譚故有味

○補北使李諧至南北史曰李諧字虔和父平尚書僕射諧幼有風采趙郡李搖嘗見之曰領軍門下見一神人襲爵彭城侯歷位中書侍郎天平末魏欲與梁和好以諧聘焉梁武謂左右曰卿輩嘗言北間都無人物此等何處來梁武與之遊歷至放生處帝問曰彼國亦放生否諧答曰不取亦不放帝大慚郡國志曰潤州長命洲梁武帝放生處

○補賈思伯至性謙和遇士大夫雖在街道停車下馬接誘恂恂曾無倦色客曰公今貴重寧能不驕思伯曰衰至便驕何常之有當時以為雅言北史曰賈思伯字仕休齊郡益都人與弟思同師事北海陰鳳業竟無資酬之鳳質其衣物時

人爲之語曰陰生讀書不免癡不識雙鳳脫入衣思伯累遷中書侍郎爲孝文所知

補 潘師正居嵩山逍遥谷高宗召問所須師正對曰臣所須者茂松清泉山中不乏之唐書曰潘師正趙州贊皇人少以孝聞大業中度爲道士師事王知遠清淨寡欲居嵩山積二十年但服松葉飲水而已卒贈體玄先生

補 田游巖頻召不出高宗幸嵩山親至其門游巖野服出拜儀止謹樸帝問先生比佳否游巖對曰臣所謂泉石膏肓煙霞痼疾唐書曰田游巖京兆三原人初補太學生後罷歸遊太白山遇林泉會意留連不能去母及妻子並有方外之志同遊山水二

十餘年。後入箕山。就許由廟東築室而居。帝後嘗奉天宮。游巖先居官側。特令勿毀。仍題曰處士田游巖宅。

○○補

天后嘗召徐有功。唐書曰。徐有功。國子博士文遠孫也。舉明經。除蒲州司法參軍。爲政寬仁。不行杖罰。吏人感其恩信。遞相約曰。若犯徐司法杖者。衆斥罰之。由是終於代滿不戮一人。責之曰。公比斷獄多失出何邪。有功答曰。失出臣小過。好生陛下大德。劉餗隋唐嘉話曰。徐大理有功。見武后將殺人。必據法廷爭。嘗與后反覆辭色愈厲。后大怒。令拽出斬之。猶廻顧曰。臣雖死法終不可改。至市臨刑得免。除名爲庶人。如是再三。終不挫折。朝廷倚賴。至今懷之。其子預遜有司皆曰。徐公之子。豈可枷以常調者乎。

○補

李云。真不道學。臉皮三寸。太虛爲塋。屍骸委露。

○

○補

補陸羽宋祁隱逸傳曰。陸羽字鴻漸。一名疾。字季疵。復州竟陵人。不知所生。有僧得諸水濱。既長。以易自筮。得蹇之漸曰。鴻漸於陸。其羽可用爲儀。乃以陸爲氏。名而字之。隱苕溪。自稱桑苧翁。闔門著書。或獨行野中。誦詩擊木。徘徊不得意。或慟哭而歸。時謂今接輿也。問張志和孰與往來。志和曰。太虛爲室。明月爲燭。與四海諸公共處。未嘗少別。何有往來。唐詩紀事曰。張志和。字子同。婺州人。母夢楓生腹上而產志和。十六擢明經。肅宗時。貶南浦尉。不復仕。居江湖。自稱煙波釣徒。著玄真子。兄鶴齡。恐其遁世。爲築室越州東郭。與陸羽往還。李德裕稱志和。隱而有名。顯而無事。不窮不達。嚴光之比云。○非但善狀志和。亦且深識嚴光。

寇萊公鎮大名。北使至。語寇曰。相公望重。何故

◎

不在中書。寇曰。主上以朝廷無事。北門鎖鑰非準不可。寇萊公遺事曰。公諱準。字平仲。華州人。太宗幸魏。公年十六。以父蔭薦。上書行在轅門。辭色激昂。舉止無畏。上壯之。命有司記姓名。後二年。進士及第。寖以貴顯。

○補

王荊公作相。裁損宗室恩數。宗子相率馬首陳狀云。均是宗廟子孫。那得不看祖宗面。荊公厲聲曰。祖宗親盡亦祧。何況賢輩。於是皆散去。五朝名臣言行錄曰。王安石。字介甫。撫州人。位至丞相。左僕射。封荊公。追贈舒王。

李云。此經中語。介甫何以不知。

○補

王介甫嘗見舉燭。因言佛書有日月燈光明佛。燈光豈得配日月。呂吉甫曰。日昱乎晝。月昱乎

然吉甫自是慧業人

○補

李云王安國尚有家學

夜燈光是乎。晝夜日月所不及。其用無差別。介甫大以爲然。東都事略曰、呂惠卿字吉甫、泉州晉江人。爲集賢校勘。王安石領制置三司條例司、以惠卿爲檢詳。安石去位、薦爲參知政事。

馮當世知幷州。東都事略曰、馮京字當世、鄂州江夏人。幼雋邁不羣。舉進士、自鄉選至廷對俱第一。宰相富弼、京之婦翁也。京知制誥。日韓琦爲相、京數月不一見。琦謂其傲、以語弼。弼使往見之。京曰、公爲宰相、而京不妄詣公者、乃所以重公也。豈傲哉。官參知政事。謚文簡。以書寄王平甫曰、幷門歌舞妙麗、閉目不窺、日以譚禪爲上。平甫答曰、若如所論、未達禪理。閉目不窺、已是一種公案。王介甫撰王平甫志曰、安國字平甫、臨川

◎

劉云生字不收育

○補

人。熙寧間。歷官大理寺丞。

黃太史云。士大夫三日不讀書。則理義不交於胸中。便覺面貌可憎。語言無味。山谷年譜曰。公諱庭堅。字魯直。分寧人。治平丙午。赴鄉舉。詩題出野無遺賢。廬陵李詢讀先生詩中兩句云。渭水空藏月。傅巖深鎖煙。擊節稱賞云。此人不惟文理冠場。異日當以詩名擅四海。遂膺首選。歷官著作佐郎。兼史館。

政事

陳仲弓爲太丘長。有劫賊殺財主。主者捕之。未至發所。道聞民有在草不起子者。回車往治之。

主簿曰。賊大宜先按討。仲弓曰。盜殺財主。何如骨肉相殘。按後漢時。賈彪有此事。不聞寔也。

○補

孔君魚爲姑臧長。清儉遍下。有識之者答曰。奮身處脂膏不能自潤。東觀漢記曰。孔奮字君魚。扶風茂陵人。守姑臧長。惟老母極膳。妻子但食葱菜。

補

李云大無謂必曾讀道學也

龐仲達爲漢陽太守。司馬彪續漢書曰。龐參字仲達。河南緱氏人。官至大尉。郡人任棠有奇節。隱居教授。仲達到。先候之。棠不與言。但以薤一大本水一盂置戶屏前。自抱孫兒伏於戶下。主簿白以爲倨。仲達思其微

遣

補

意良久曰。棠是欲曉太守。水者欲吾清。拔大本薤者。欲吾擊強宗。抱兒當戶。欲吾開門恤孤也。歎息而還。仲達在職。抑強助弱。果以惠政得民。

後漢書曰。永壽中太尉黃瓊上疏曰。伏見處士巴郡黃錯。漢陽任棠。年皆耋耆。有作者七人之志。宜見引致。助崇大化。詔公車徵。棠竟不至。

任延為會稽都尉。時年十九。迎官驚其壯。及到靜泊無為。惟先遣饋禮祠延陵季子。范曄後漢書曰。任延字長孫。南陽宛人。年十二。為諸生。學於長安。明詩易春秋。顯名太學。學中號為任聖童。更始中以大司馬屬拜會稽都尉。

下云賀公雅士，恐不當出爾。

補

孔文舉在北海時，敎高密令曰：志士鄭子然，告困焉。得燹釜庾之間，以傷烈士之心。與豆三斛，後乏復言。

○

賀太傅作吳郡，初不出門。吳中諸強族輕之，乃題府門云：會稽雞，不能啼。環濟吳紀曰：賀邵字興伯，會稽山陰人。祖齊，父景，並歷美官。邵歷散騎常侍，出為吳郡太守，後遷太子太傅。賀聞，故出行，至門反顧，索筆足之曰：不可啼，殺吳兒。於是至諸屯邸，檢校諸顧、陸役使官兵及藏逋亡，悉以事言上，罪者甚衆。陸抗時為江陵都督，吳錄曰：抗字幼

劉亦謂必能故
下綝不成請

節。吳郡人。丞相遜子。孫策外孫也。故下請孫綝
爲江陵都督。累遷大司馬荊州牧。

然後得釋。

山司徒。前後選。殆周遍百官。舉無失才。凡所題目。皆如其言。惟用陸亮。是詔所用。與公意異。爭之不從。亮亦尋爲賄敗。

晉諸公贊曰。亮字長興。河內野王人。太常陸乂兄也。性高明而率至。爲賈充所親待。山濤爲左僕射。領選。濤行業既與充異。自以爲世祖所敬。選用之事。與充咨論。充每不得其所欲。好事者說充。宜授心腹人爲吏部尚書。參同選舉。若意不齊。事不得諧。可不召公與選。而實得敍所懷。充以爲然。乃啓亮公忠無私。濤以亮將與己異。又恐其協情不允。累啓亮可爲左丞相。非選官才。世祖不許。濤乃辭疾還家。亮在職果不能允

劉云也是譚言、不當入政事。

坐事免官。

王安期爲東海郡。小吏盜池中魚。綱紀推之。王曰。文王之囿。與衆共之。孟子曰。齊宣王問文王之囿方七十里。有諸。若是其大乎。對曰。民猶以爲小也。王曰。寡人之囿方四十里。民猶以爲大。何邪。孟子曰。文王之囿芻蕘者往焉。與民同之。民以爲小。不亦宜乎。今王之囿。殺麋鹿者。如殺人罪。是以四十里爲穽於國中也。民以爲大。不亦宜乎。池魚復何足惜。

嵇康被誅後。山公舉康子紹爲祕書丞。山公啓事曰。詔選祕書丞。濤薦曰。紹平簡溫敏。有文思。又曉音。當成濟也。猶宜先作祕書郎。詔曰。紹如此。便足爲丞。不可復爲郎也。晉諸公贊曰。康遇事後二十年。紹乃爲濤所拔。王隱晉書曰。時以紹父康

劉云如此爲後亦足稱政事邪
李云癸卯二美政只少人解

被法選官不敢擧。年二十八。山濤啓用之。世祖發詔以爲祕書丞。紹咨公出處。竹林七賢論曰。紹懼不自容將解禍故咨之於濤。公曰。爲君思之久矣。天地四時猶有消息。而況人乎。王隱晉書曰。紹字延祖。雅有文才。山濤啓武帝云云。

王丞相拜揚州。賓客數百人竝加霑接。人人有說色。惟有臨海一客姓任語林曰。任名顒。時官在都。預王公坐。及數胡人爲未洽。公因便還到過任邊云。君出臨海。便無復人。任大喜悅。因過胡人前彈指云。蘭闍蘭闍。羣胡同笑。四坐竝懽。晉陽秋曰。王導接誘應會。少有牾者。

雖疎交常賓一縣多輸寫款誠自謂爲導所遇同之舊暱

王安期作東海郡吏錄一犯夜人來王問何處來云從師家受書還不覺日晚王曰鞭撻甯越以立威名恐非致理之本呂氏春秋曰甯越者中牟鄙人也苦耕稼之勞謂其友曰何爲可以免此苦也其友曰莫如學也學三十歲則可以達矣甯越曰請以十五歲人將休吾不敢休人將臥吾不敢臥學十五歲而爲齊威王之師也使吏送令歸家

應旣云氏乃陸自□之辭

陸太尉詣王丞相咨事過後輒翻異王公怪其如此後以問陸陸玩別傳曰玩字士瑤吳郡吳人祖瑁父英仕郡有貴譽玩器量

滄雅累遷侍中尚書左僕射尚書令贈太尉陸曰公長民短臨時不知所言既後覺其不可耳

丞相嘗夏月至石頭看庾公庾公正料事丞相云暑可小簡之庾公曰公之遺事天下亦未以爲允殷羨言行曰王公薨後庾冰代相網密刑峻羨時行遇收捕者於途慨然歎曰丙吉問牛喘似不爾嘗從容謂冰曰卿輩自是綱目不失皆是小道小善耳至如王公故能行無理事謝安石每歎詠此唱庾赤玉曾問羨王公治何似詎是所長羨曰其餘令績不復稱論然三捉三治三休三敗

丞相末年略不復省事正封籙諾之自歎曰人

劉云當其時或自有見以爲政事法則不可

言我憒憒後人當思此憒憒。徐廣晉紀曰導阿衡三世經綸夷險政務寬恕事從簡易故垂遺愛之譽也。

陶公性檢厲勤於事。晉陽秋曰侃練核庶事勤厲之有奉饋者皆問其所由若力役所致懽喜慰賜若他所得則呵辱還之是以軍民勤於農稼家給人足性纖密好問頗類趙廣漢嘗課營種柳都尉夏施盜拔武昌西門所種侃後自出駐車施門問此是武昌西門柳何以盜之施惶怖首伏三軍稱其明察侃勤而整自強不息又好督勸於人常云民生在勤大禹聖人猶惜寸陰至於凡俗當惜分陰豈可遊逸生無益於時死無聞於後是自棄也又老莊浮華非先王之法言而不敢行君子當正其衣冠攝以威儀何有亂頭養望自謂宏達邪中興書曰侃嘗檢校佐吏若得樗蒱博奕之具投之曰樗蒱老子

劉云謂竟連竹根以為篙以代鐵足

劉云非此解殆不喻

劉云二日萬幾正欲速

入胡所作外國戲耳圍碁堯舜以教愚子博弈紂所造諸若國器何以為此若王事之暇患邑邑者文士何不讀書武士何不射弓談者無以易也作荊州時勅船官悉錄鋸木屑不限多少咸不解此意後正會值積雪始晴聽事前除雪後猶濕於是悉用木屑覆之都無所妨官用竹皆令錄厚頭積之如山後桓宣武伐蜀裝船悉以作釘又云嘗發所在竹篙有一官長連根取之仍當足乃超兩階用之

簡文為相事動經年然後得過桓公甚患其遲常加勸勉太宗曰一日萬幾那得速尚書皋陶謨一日二日萬

云簡文能言謝
安以爲武帝之
讖也意其能

○○

幾。孔安國曰。幾微也。言當戒懼萬事之微。

王劉與林公共看何驃騎。晉陽秋曰。何充字次道。廬江人。思韻淹通有文義才情。累遷會稽內史。侍中驃騎將軍揚州刺史。贈司徒。驃騎看文書不顧之。晉陽秋曰。何充與王濛劉惔好尚不同。由此見譏於當世。王謂何曰。我今故與林公來相看。望卿擺撥常務。應對玄言。那得方低頭看此邪。何曰。我不看此。卿等何以得存。諸人以爲佳。

○何驃騎作會稽。虞存弟謇作郡主簿。孫統存誄敘曰。存字道長。會稽山陰人也。祖陽散騎常侍。父偉州西曹。存幼而卓拔。風情高逸。歷衞軍長史尚書吏

劉云語甚是然亦非所謂政事
言語

部郎。范汪棊品曰。蹇字道眞。仕至郡功曹。以何見客勞損欲白斷常客使家人節量擇可通者作白事成以見存存時爲何上佐正與蹇共食語云白事甚好待我食畢作教食竟取筆題白事後云若得門庭長如郭林宗者當如所白泰別傳曰。泰有人倫鑒識。題品海內之士。或在幼童或在里肆。後皆成英彥六十餘人。自著書一卷。論取士之本。未行遭亂亡失。汝何處得此人。蹇於是止。

桓公在荊州全欲以德被江漢恥以威刑肅物溫別傳曰。溫以永和元年。自徐州遷荊州刺史。在州寬和。百姓安之。令史受杖正

劉云襆如今人包袱之類
王云襆被也

○

○

劉云此語可句
有不可遊乎尚

從朱衣上過。桓式年少從外來式，桓歆小字也。桓氏譜曰。歆字叔道。溫第三子。仕至尚書。云。向從閤下過。見令史受杖。上捎雲根。下拂地足。意識不著。桓公云。我猶患其重。

殷浩始作揚州。浩別傳曰。浩字淵源。陳郡長平人。祖識。濮陽相。父羨。光祿勳。浩少有重名。仕至揚州刺史。中軍將軍。中興書曰。建元初。庾亮兄弟何充等相尋薨。太宗以撫軍輔政。徵浩爲揚州。從民譽也。劉尹行日小。欲晩便使左右取襆。人問其故。答曰。刺史嚴不敢夜行。

謝公時兵廝逋亡。多近竄南塘下諸舫中。或欲求一時搜索。謝公不許。云若不容置此輩。何以

可容軍政不可忽也

湖一作胡

○

王云此似非愛兄之言

爲京都。續晉陽秋曰。自中原喪亂。民離本域。江左造創。豪族并兼。或客寓流離。名籍不立。太元中。外禦強氐。蒐簡民實。三吳頗加澄檢。正其里伍。其中時有山湖遁逸。往來都邑者。後將軍安方接容。時人有於坐言宜糾舍藏之失者。安每以厚德化物。去其煩細。又以強寇入境。不宜加動人情。乃答之云。卿所憂在於容軍。然不爾。何以爲京都。言者有慚色。

王東亭與張冠軍善。續晉陽秋曰。張玄之字祖希。吳郡太守澄之孫也。少以學顯。歷吏部尚書。出爲冠軍將軍。吳興太守。會稽內史。謝玄同時之郡。論者以爲南北之望。玄之名亞謝玄。時亦稱南北二玄。卒於郡。王既作吳郡。人問小令曰。續晉陽秋曰。王獻之爲中書令。王珉代之。時人謂大小王令。珉別傳曰。珉字季琰。瑯琊人。丞相導孫。中領軍洽少子。有才藝。善行書。名出兄珣右。累遷侍中。中書令。贈太常。東亭作

李云此是一等治化

○○補

李云非戲論也

○補

郡風政何似。答曰。不知治化何如。惟與張祖希情好日隆耳。

孔思遠為後軍府長史。雖醉日居多。而曉明政理。醒時判決。未嘗有壅。眾咸曰。孔公一月二十九日醉。勝世人二十九日醒。

劉玄明甚有吏能。歷武康山陰令。政常為天下第一。南史曰。劉玄明臨淮人。官至司農卿。後傅翽代為山陰。問玄明曰。願以舊政告新令尹。玄明答曰。我有奇術。卿家譜所不載。南史曰。傅翽北地靈州人。祖僧祐。山陰令。父琰為武康山陰令。

○○

王云此傳亦自可

無一作何

並著能名。二縣謂之傳聖。顧位至驃騎諮議。孔平仲續世說曰。諸傳有理縣譏。子孫相傳。不以示人。臨別當以相示。既而言作縣令惟日食升飯而不飲酒。此第一策也

補蘇瓊爲清河太守。清愼無私。有沙門道研求謁意在理債。瓊每見則談問玄理。道研無由啓口。弟子問其故。道研曰。每見府君。徑將我入青雲間。無由得論地上事。遂焚其券。北史曰。蘇瓊字珍之。長樂武強人。父備。魏衞尉。瓊隨父在邊。東荆州刺史曹芝署爲長流參軍。齊文襄引爲刑獄參軍。每加勞勉。

色一作已

○補

楊德幹爲萬年令高宗朝有宦官恃寵放鷂不避人禾稼德幹杖之二十悉拔去鷂頭宦者涕泣袒背以示帝帝曰情知此漢獰何須犯他百姓

宋祁唐書曰洛陽令楊德幹矜酷烈殺人以立威歷澤齊汴相四州刺史時語曰寧食三斗炭不逢楊德幹

○補

宋廣平愛民惜物朝野歸美人咸謂有脚陽春

劉餗唐書曰宋璟邢州南和人其先自廣平徙焉璟少耿介有大節博學攻文翰弱冠舉進士累轉鳳閣舍人當官正色則天甚重之玄宗朝累官尚書右丞相封廣平郡公

○補

玄宗嘗賜酺三日故飲酒罰金四兩故以賜酺

漢書注曰漢律三人以上無

李云卿此是樂、安用奏樂

補

爲惠澤。唐無酺禁。賜酺者、聚作伎樂。高年賜酒麪也。上御五鳳樓觀者喧溢。樂不得奏。金吾白挺如雨不能遏止。上患之。高力士唐書曰。高力士、馮盎曾孫也。本姓高氏。武后敕給事左右。玄宗時、歷進開府儀同三司。後除籍流巫州卒。奏河南丞嚴安之爲理嚴爲人所畏請使止之。上從之。安之至。以手板繞場畫地曰。犯此者死。於是三日。指其畫以相戒無敢犯者。雲溪友議曰。嚴安之、崑弟也。安之爲長安戎曹。權過京尹。封氏聞見錄曰。安之爲赤縣尉。力行猛政。

開成中延英奏對。李石唐書曰。石字中玉。隴西人。機辯有方略。尤精吏術。太和三年。爲鄭滑行軍司馬。入朝奏事。占言對明辯。文宗嘉之。歷官檢校司空。平章事。

嘗西蜀中元日。詣佛寺見故劍南節度使韋皐圖形。百姓至者。先拜而後謁佛。臣訪於故老。皆曰方稅重。令公輪年全放。恩深於蜀。今無此惠澤。追思益切。唐書曰。韋皐。字武臣。京兆人。貞元元年。爲劍南西川節度使。以功加檢校司徒。中書令。封南康郡王。

○○補　李齊第一著

李文靖爲相。東都事略曰。李沆。字太初。洺州肥鄉人。父炳。侍御史。沆沉厚寡言。器度宏遠。咸和中。拜平章事。卒。贈中書令。謚文靖。當太平之際。凡有建議務更張。喜激昂者。一切報罷。曰用此報國。湘山野錄曰李公嘗欲同年馬亮責之曰外議以兄爲無口瓠公笑曰吾居政府然無長才但中人所陳利害一切報罷聊以此補國耳今國家防制纖悉密若凝脂苟狗所陳一二行之則所傷實多

○補

○

文學上

淮南王著鴻烈二十篇楚詞註曰淮南王安博雅好古西京雜記曰鴻大也烈明也言大明禮教也號淮南子自云字中皆挾風霜之氣揚子雲以爲一出一入字直百金漢書曰揚雄字子雲蜀郡成都人好學博覽少耆欲家無擔石之儲晏如也年四十餘遊京師大司馬王音召爲門下史薦雄待詔歲餘爲郎中給事黄門

鄭玄在馬融門下融自叙曰融字季長右扶風茂陵人少而好問學無常師

大將軍鄧騭召爲舍人。棄遊武都。會羌虜起。自關以西道斷。融以謂古人有言。左手據天下之圖。而右手刎其喉。愚夫不爲。何則。生貴於天下也。豈以曲俗咫尺之羞。滅無限之身哉。因往應之。爲校書郎。出爲南郡太守。

三年不得相見。高足弟子傳授而已。嘗算渾天不合。諸弟子莫能解。或言玄能者。融召令算。一轉便決。衆咸駭服。及玄業成辭歸。既而融有禮樂皆東之歎。

玄別傳曰。玄少好學書數。十三誦五經。好天文占候風角隱術。年十七。見大風起。詣縣曰。某時當有火災。至時果然。智者異之。年二十一。博極羣書。精曆數圖緯之言。兼精算術。遂去吏。師故兗州刺史第五元先。就東郡張恭祖受周禮禮記春秋傳。周流博觀。每經歷山川。及接顏一見。皆終身不忘。扶風馬季長。以英儒著

有一作所

李云必是盧子幹遂之

刘云式所以卜吉追也其兆知此故知其死而不知出於逃遁之術也、又云皆其門人互相毀謗所傳不足多辨

王云誹毀甚正乎。

名玄往從之。參考同異。季長后戚。嫂於待玄不得見。住左右。自起精廬。既因紹介得通。時涿郡盧子幹爲門人冠首。季長有不解剖裂七事。玄思得五。子幹得三。季長謂子幹曰。吾與汝皆弗如也。季長臨別。執玄手曰。大道東矣。子勉之。恐玄擅名而心忌焉。玄亦疑有追。乃坐橋下在水上據屐。融果轉式逐之告左右曰。玄在土下水上而據木。此必死矣。遂罷追。玄竟以得免。馬融海內大儒。被服仁義。鄭玄名列門人。親傳其業。何猜忌而行鴆毒乎。委巷之言。賊夫人之子。○或出求帖門人。未可知也。或如神秀之徒惠明

○鄭玄欲注春秋。得尚未成時。行與服子愼遇宿

◎

客舍。先未相識。服在外車上。與人說己注傳意。

漢南紀曰。服虔字子愼。河南滎陽人。少行淸苦。爲諸生。尤明春秋左氏傳。爲作訓解。舉孝廉。爲尚書郞。九江太守。

玄聽之良久。多與己同。玄就車與語。曰。吾久欲注。尚未了。聽君向言。多與吾同。今當盡以所注與君。遂爲服氏注。

○鄭玄家奴婢皆讀書。嘗使一婢。不稱旨。將撻之。方自陳說。玄怒。使人曳著泥中。須臾復有一婢來問曰。胡爲乎泥中。

邶式微詩也。毛公曰。泥中衞邑名也。

答曰。薄言往愬。逢彼之怒。

邶柏舟之詩。

王云貞定私謚也私謚唯陳仲

服虔既善春秋將爲注欲參考同異聞崔烈集門生講傳摯虞文章志曰烈字威考高陽安平人駰之孫瑗之兄子也靈帝時官至司徒太尉封陽平亭侯遂匿姓名爲烈門人賃作食每當至講時輒竊聽戶壁閒既知不能踰己稍共諸生敘其短長烈聞不測何人然素聞虔名意疑之明蚤往及未寤便呼子慎子慎虔不覺驚應遂相與友善

○補

蔡中郎從朔方還張璠漢紀曰蔡邕字伯喈陳留圉人六世祖勳與鮑宣卓茂不仕新室父稜亦有清白行謚貞定續漢書曰邕通達有儁才博學善屬文技藝術數無

弓陶淵明二人可當餘多出其子弟門人背爽以爲不宜是也

精綜。仕至左中郎。嘗避怨於吳。顧元歎從學琴。將爲王允所誅。

書。顧專一清靜。敏而易教。中郎歎異之曰。卿必成致。今以吾名與卿。顧遂名雍。吳志曰。顧雍字元歎。吳郡吳人。連牧州郡。皆有治迹。歷奉常尚書令。封陽遂鄉侯。拜侯還第。家人不知。爲人不飲酒。寡言語。孫權嘗曰。顧侯在坐。令人不樂。位至丞相。

○○補

陳孔璋草檄文成。以呈曹公。公先苦頭風。是日疾發。卧讀孔璋所著。翕然而起曰。此愈我疾。魏略曰。陳琳字孔璋。廣陵人。避難冀州。袁紹使典文章。紹檄文。即琳之辭也。後歸太祖。太祖謂曰。卿昔爲本初移書。但可罪狀孤而已。惡惡止其身。何乃上及父祖邪。琳謝罪。太祖愛其才而不責。

也○
聖主

○補

朱公叔躭學專精。銳意講誦。或時思至。不自知亡失衣冠。顛墜阬岍。其父以爲專愚。幾不知馬之幾足。張璠漢紀曰。朱穆字公叔。南陽宛人。父暉。尚書令。穆五歲好學。謝承後漢書曰。穆少有英才。學明五經。性矜嚴疾惡。不交非類。袁山松後漢書曰。穆著論甚美。蔡邕自至其家寫之。穆感時澆薄。慕尚敦篤。乃作崇厚論。

○補

王充著論衡。成中土未有傳者。袁山松後漢書曰。王充字仲任。會稽上虞人。幼聰明。詣太學。觀天子臨辟雍。作六儒論。謝承後漢書曰。謝夷吾薦充曰。充之天才。非學所加。雖前世孟軻孫卿。近世揚雄劉向司馬遷。不能過也。蔡中郎到江東得之歎爲高文恒祕玩以爲談助及還北諸公覺其談更遠檢求帳中果得論衡一部 袁山松後漢書曰其後王朗爲會稽太守又得其書時人稱其才進或曰不見異人當得異書問之果以論衡之益抱朴子曰時人在蔡邕帳中搜得論衡捉數卷持去邕丁寧之曰唯我與爾共之勿廣也

補

潘元茂 文章志曰潘勗字元茂陳留中都人少有逸才獻帝時爲尚書郎遷東海相未發拜尚書左丞病卒 作魏公册命 後漢書曰曹操自爲魏公加九錫 人謂與訓誥同風元茂亡後王仲宣 王粲別見 擅名當時便疑此册是仲宣所爲及晉王爲太傅臘日大

○王云令人畏至此那得不爲所中

會賓客語元茂子滿曰尊君作魏公册高妙仲宣亦以爲不知人始信是元茂作文多不載

鍾會撰四本論始畢甚欲使嵇公一見置懷中既定畏其難懷不敢出於戶外遙擲便回急走

魏志曰會字士季繇少子也敏惠夙成中護軍蔣濟著論謂觀其眸子足以知人會年五歲繇遣見濟濟甚異之曰非常人也及壯有才數精練明理累遷黃門侍郎諸葛誕反文王征之會謀居多時人謂之子房拜鎭西將軍伐蜀蜀平進位司徒自謂功名蓋世不可復爲人下謂所親曰我淮南以來畫無遺策四海共知持此欲安歸乎遂謀反及見誅時年四十嘗論才性同異傳於世四本者言才性同才性異才性合才性離也尚書傅嘏論同中書令李豐論異侍郎鍾

劉論合屯騎校尉王肅論辭文多不載。

李卓吾批點世說新語補卷之四

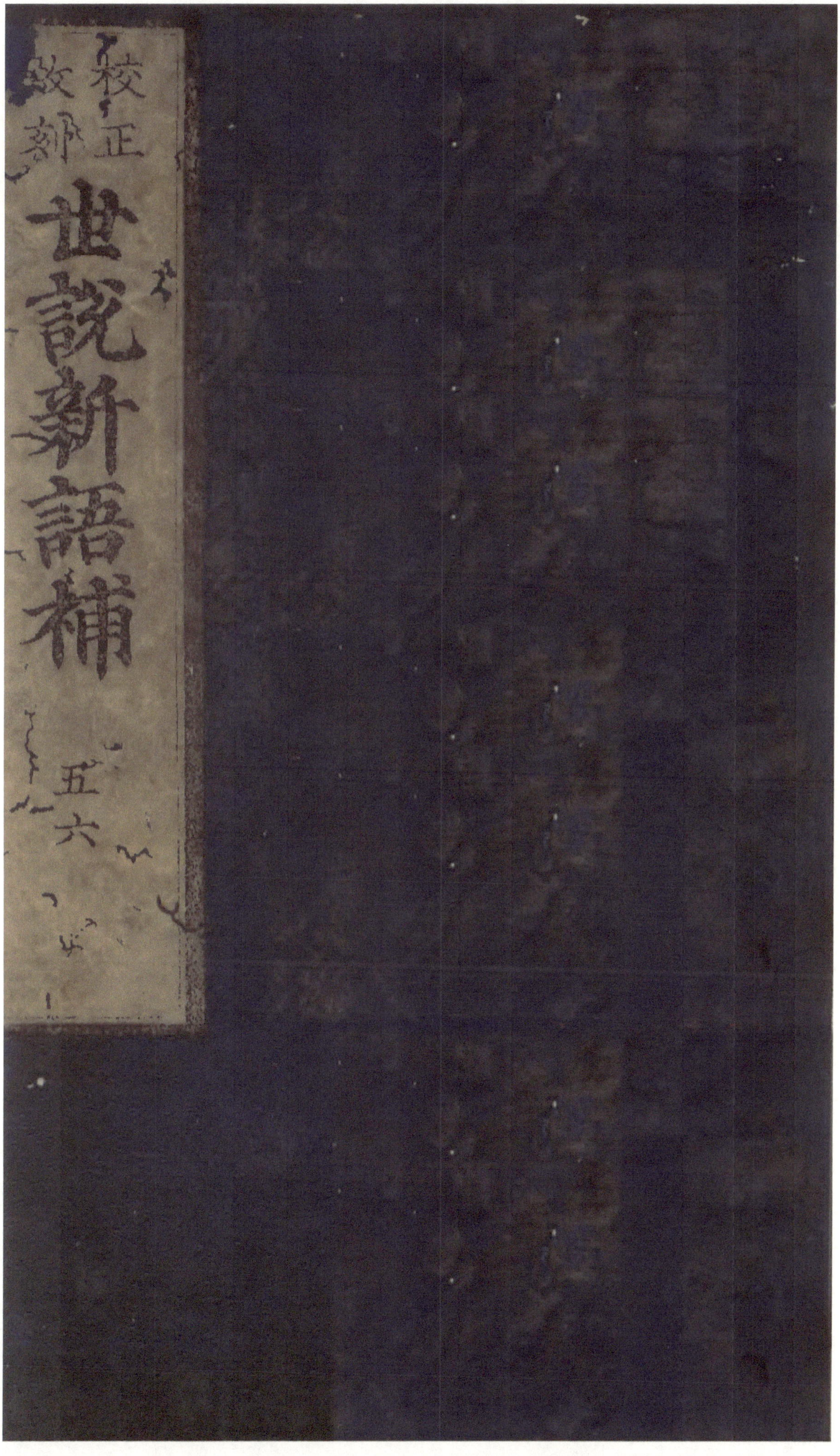
校正
改刻
世說新語補
五
六

李卓吾批點世說新語補卷之五

宋　劉義慶　撰

梁　劉孝標　注

宋　劉辰翁　批

明　何良俊　增

王世貞　刪定

王世懋　批釋

李　贄　批點

張文柱　校注

李云卓老、

文學中

○補荀奉倩諸兄並以儒術論議。魏志曰。荀粲字奉倩。潁川潁陰人。父彧。尚書令。祖緄。濟南相。曾祖淑。朗陵相。何劭荀粲別傳曰。粲簡貴。不能與常人交接。所交皆一時俊傑。葬夕赴者裁十餘人。皆同時知名之士。哭之感動路人。荀氏家傳曰。彧五子。惲字長倩。虎賁中郎將。惲弟俁字叔倩。御史中丞。俁弟詵字曼倩。大將軍從事中郎。皆知名。詵弟顗字景倩。顗弟粲。晉陽秋曰。荀顗博學洽聞。嘗難鍾會易無互體。見稱於世。奉倩獨好言道。常以子貢稱夫子之言性與天道不可得聞。何晏論語集解曰。性者人之所受以生也。天道者。元亨日新之道。深微。故不可得而聞。然則六籍雖存。固聖人之糠粃也。兄俁難曰。易云

李云此人聰明精彩徹朗互分了

聖人立象以盡意繫辭焉以盡言則微言胡不可聞奉倩答曰蓋理之微者非物象之所擧也今稱立象以盡意此非通於意外者也繫辭焉以盡言此非言乎繫表者也斯則象外之意繫表之言固蘊而不出矣一時能言之士皆莫能屈。

魏朝封晉文王爲公備禮九錫文王固讓不受公卿將校當詣府敦喻司空鄭沖王隱晉書曰沖字文和滎陽開封人有核練才清虛寡欲喜論經史草衣縕袍不以爲憂累遷司徒太保晉受禪進太傅

劉云謂爲斷筆固非謂爲神語亦議其不當作耳

李云不當勸進受禪何說不當作乎

王云此清言始祖

馳遣信就阮籍求文籍時在袁孝尼家袁氏世紀曰準字孝尼陳郡陽夏人父渙魏郎中令準忠信居正不恥下問惟恐人不勝己也世事多險故恬退不敢求進著書十萬餘言荀綽兗州記曰準有儁才太始中位給事中宿醉扶起書札爲之無所點定乃寫付使時人以爲神筆顧愷之晉文章記曰阮籍勸進落落有宏致至轉說徐而攝之也一本注阮籍勸進文略曰竊聞明公固讓沖等眷眷實懷愚心以爲聖王作制百代同風褒德賞功其來久矣周公藉已成之業據既安之勢光宅曲阜奄有龜蒙明公宜奉聖旨受茲介福也

何晏爲吏部尚書有位望時談客盈坐文章敘錄曰晏能清言而當時權勢天下談士多宗尚之魏氏春秋曰晏少有異才善談易老王弼未

弱冠往見之晏聞弼名弼別傳曰弼字輔嗣山陽高平人少而察惠十餘歲便好莊老通辯能言爲傅嘏所知吏部尚書何晏甚奇之題之曰後生可畏若斯人者可與言天人之際矣以弼補臺郎弼事功雅非所長益不留意頗以所長笑人故爲時士所嫉又爲人淺而不識物情初與王黎荀融善黎奪其黃門郎於是恨黎與融亦不終好正始中以公事免其秋遇癘疾亡時年二十四弼之卒也晉景帝嗟歎之累日曰天喪予其爲高識悼惜如此因條向者勝理語弼曰此理僕以爲極可得復難不弼便作難一坐人便以爲屈於是弼自爲客主數番皆一坐所不及語林曰何平叔以爲聖人無喜怒哀樂其論甚精鍾士季諸人述之王輔嗣意頗不同以爲聖人茂於人者神明也同於人者五情

李云見識是謂奉倩一輩人

也。神明茂。故能體沖和以通無。五情同。故不能無哀樂以應物。然則聖人之情。應物而無累於物者也。今以其無累。便謂不復應物。失之遠矣。世以王理爲得。魏氏春秋曰。弼論道約美不如晏。自然出拔過之。

傅嘏善言虛勝。魏志曰。嘏字蘭碩。北地泥陽人。傅介子之後也。累遷河南尹。尚書。嘏常論才性同異。鍾會集而論之。傅子曰。嘏既達治好正。而有清理識要。如論才性。原本精微。鮮能及之。司隷鍾會。年甚少。嘏以明知交會。

荀粲談尚玄遠。每至共語。有爭而不相喻。裴冀州釋二家之義。通彼我之懷。常使兩情皆得。彼此俱暢。粲別傳曰。粲太傅嘏談。嘏善名理。而粲尚玄遠。宗致雖同。倉卒時。或格而不相得意。裴徽通彼我之懷。爲二家

◎

劉云看得又別
王云弼明老莊
此言似為退之
舍恐非本色
李云王弼胡說
應登云作祖應之

釋頊之。粲與嘏善。管輅傳曰。裴使君有高才逸度。善言玄妙也。

王輔嗣弱冠詣裴徽。永嘉流人名曰。徽字文季河東聞喜人。太常潛少弟也。仕至冀州刺史。徽問曰。夫無者誠萬物之所資。聖人莫肯致言。而老子申之無已。何邪。弼別傳曰。弼父為尚書郎。裴徽為吏部郎。徽見異之。故問。弼曰。聖人體無。無又不可以訓。故言必及有。老莊未免於有。恒訓其所不足。

何晏注老子未畢。見王弼自說注老子旨。何意多所短。不復得作聲。但應諾諾。遂不復注。因作道德論。文章叙錄曰。自儒者論以老子非聖人。絕理棄學。晏說與聖人同。著論行於世。

也。

李云。初會便生色

○○補管公明與單子春談。文采葩流。枝葉橫生。少引聖籍。多發天然。子春與羣士論難鋒起。公明人人答對。言皆有餘。至日向莫。子春語衆人曰。此年少言論。正似司馬長卿游獵賦。輅別傳曰。輅父爲瑯耶即丘長。公明時年十五。來至官舍。講學郡黌。瑯琊太守單子春。雅有材度。聞公明一黌之雋。請與相見。子春大會賓客百餘人。皆才辨之士。公明曰。府君名士。加有雄貴之姿。輅既年少。膽未堅剛。若欲相難。懼失精神。請先飲三升清酒。然後言之。子春便酌三升清酒獨使飲之。飲盡。問子春。今欲與輅相對者。府君四坐之士邪。子春曰。吾自與卿旗鼓相當。輅言。學問微淺。未能上引聖人之道。陳秦漢之事。但欲論金木水火土。鬼神之情耳。子春言此至難。而卿更以爲易邪。於是唱大論之端。遂經於陰陽。置稱歎不已。史記曰。司馬相如字長卿。客游梁。著子虛之賦。武帝讀而善之。相如曰。此乃諸侯之事。未足觀也。請爲天子遊獵賦。以子虛虛言也。爲楚稱烏有先生者。烏有此事也。爲齊難無是公者。無是人也。明天子之義。故空藉此三人爲辭。以推天子諸侯之苑囿。其卒章歸之於節儉。因以風諫奏之天子。天子大悅。

補

黃初中有甲乙疑論。殷基通語曰。司馬懿誅曹爽。費禕設甲乙論。甲以爲曹爽兄弟。凡品庸人。以宗子枝屬。得蒙顧命。而驕奢僭逸。交非其人。私樹朋黨。謀以亂國。懿奮誅戮。一朝殄盡。此所以副士民之望也。乙以爲懿懷曹休附己。不一曹爽與相干事。勢不專。以此陰成疵瑕。初無忠告侃爾之訓。一朝屠戮。讒其不意。豈大人經國篤本之事乎。若爽信有謀生之心。夫逆已構而發兵之日。更以芳委爽。兄弟懿父子。從後閉門舉兵感而向芳。豈忠臣爲君深謀之謂乎。以此推之。爽無大惡明矣。若懿以爽奢僭廢之可也。滅其尺口被以不義。絕子丹血食及何晏魏之親甥。亦與同戮。爲僭濫不當矣。

荀仲茂荀氏家傳曰。荀閎字仲茂。諶之子。爲太子文學掾。**鍾元常**魏志曰。繇字元常。潁川長社人。家貧好學。歷大理相國。遷太傅。**王景興袁曜卿**魏志曰。袁渙字曜卿。陳郡扶樂人。父滂漢司徒。渙避地江淮。爲袁術所命。呂布擊術於阜陵。渙往從之。爲布所拘留。袁氏世紀曰。布之破也。陳羣父子亦在布軍。見太祖皆拜。渙獨高揖。太祖甚嚴憚之。時太祖給衆官車各數乘。使取布軍中物。衆人皆重載。渙取書數百卷而已。**議各不同。文帝謂元常曰。袁王國士。更爲脣齒。荀閎勁悍。往來銳師。眞君侯**

之勍敵。左右之深憂。

中朝時有懷道之流。有詣王夷甫咨疑者。値王昨已語多。小極。不復相酬答。乃謂客曰。身今少惡。裴逸民亦近在此。君可往問。晉諸公贊曰。裴頠談理。與王夷甫。不相推下。

裴成公作崇有論。時人攻難之。莫能折。惟王夷甫來。如小屈。時人即以王理難裴。理還復申。晉諸公贊曰。自魏太常夏侯玄。歩兵校尉阮籍等。皆著道德論。于時侍中樂廣。吏部郎劉漢。亦體道而言約。尚書令王夷甫。講理而才虚。散騎常侍戴奥。以學道爲業。後進庾敳之徒。皆希慕簡曠。

○李云孫子荊文生于情王武子情生于文

○應登云天字作大

頠疾世俗尚虛無之理故著崇有二論以折之才博喻廣學者不能究後樂廣與頠清閒欲說理而頠辭喻豐博廣自以體虛無笑而不復言惠帝起居注曰頠著二論以規虛誕之弊文詞精富為世名論

孫子荊除婦服作詩以示王武子王曰未知文生於情情生於文覽之悽然增伉儷之重孫楚集云婦胡毋氏也其詩曰時邁不停日月電流神爽登遐忽已一周禮制有叙告除靈丘臨祠感痛中心若抽

諸葛厷年少不肯學問始與王夷甫談便已超詣王歎曰卿天才卓出若復小加研尋一無所

劉云。言其有疑。必求剖釋不留。

未字恐衍。

應登云。噉字作寂。

○○

隗。玄後看莊老。更與王語。便足相抗衡。王隱晉書曰。玄字茂遠。瑯琊人。魏雍州刺史緒之子。有逸才。仕至司空主簿。

衛玠總角時。問樂令夢。樂云。是想。衛曰。形神所不接而夢。豈是想邪。樂云。因也。未嘗夢乘車入鼠穴。擣虀噉鐵杵。皆無想無因故也。周禮有六夢。一曰正夢。謂無所感動。平安而夢也。二曰噩夢。謂驚愕而夢也。三曰思夢。謂覺時所思念也。四曰寤夢。謂覺時道之而夢也。五曰喜夢。謂喜說而夢也。六曰懼夢。謂恐懼而夢也。按樂所言想者。蓋思夢也。因者。蓋正夢也。衛思因。經日不得。遂成病。樂聞。故命駕為剖析之。衛即小差。樂歎曰。此兒胸中當必

以成病

○劉云此有諸道人乃未知此旨我輩禪也在達磨前

王云此乃禪機轉語

又云訣名理甚精

無膏肓之疾。春秋傳曰。晉景公有疾。求醫於秦。秦伯使醫緩爲之。未至。公夢疾爲二豎子。曰。彼良醫也。懼傷我焉。其一曰。居肓之上。膏之下。若我何。醫至。曰。疾不可爲也。在肓之上。膏之下。攻之不可。達之不可及。藥不至焉。公曰。良醫也。注。肓鬲也。心下爲膏。

客問樂令旨不至者。樂亦不復剖析文句。直以麈尾柄确几曰。至不。客曰至。樂因又擧麈尾曰。若至者那得去。夫藏舟潛往。交臂恒謝。一息不留。忽焉生滅。故飛鳥之影。莫見其移。馳車之輪。曾不掩地。是以去不去矣。庸有至乎。至不至矣。庸有去乎。然則前至不異後至。至名所以生。前去不異後去。去名所以立。今天下無去矣。而去者非假哉。既爲假矣。而至者豈實哉。客乃悟服。

刘云自是讀莊
子法

庾子嵩讀莊子開卷一尺許便放去曰了不異人意。晉陽秋曰。庾敳字子嵩潁川人侍中峻第三子。恢廓有度量。自謂是老莊之徒。曰。昔未讀此書。意嘗謂至理如此。今見之。正與人意暗同。仕至豫州長史。

舊云王丞相過江左止道聲無哀樂嵇康聲無哀樂論略曰。夫殊方異俗。歌哭不同。使錯而用之。或聞哭而懽。或聽歌而感。然哀樂之情均也。今用均同之情。發萬殊之聲。斯非音聲之無常乎。養生嵇叔夜養生論曰。夫蝨著頭而黑。麝食柏而香。頸處險而癭。齒居晉而黃。豈惟蒸之使重無使輕。芬之使香勿使延哉。誠能蒸以靈芝。潤以醴泉。無為自得。體妙心玄。庶與羨門比壽。王喬爭年。何為不可養生哉。言盡意歐陽堅石言盡意論略曰。夫理得於心。非言不暢。物定於彼。非名不辯。名逐物而遷。言因理而變。不得相與爲一矣。苟無其一言無不盡矣。三理而已。然宛轉關生。無所不入。

殷中軍云。康伯未得我牙後慧。浩別傳曰。浩善老易。能清言。康伯。浩甥也。甚愛之。

殷中軍見佛經云。理亦應阿堵上。佛經之行中國。尚矣。莫詳其始。牟子曰。漢明帝夜夢神人身有日光。明日博問羣臣。通人傅毅對曰。臣聞天竺有道者。號曰佛。輕舉能飛。身有日光。殆將其神也。於是遣羽林將軍秦景博士弟子王遵等十二人之大月氏國。寫取佛經四十二部。在蘭臺石室。劉子政列仙傳曰。歷觀百家之中。以相檢驗。得仙者百四十六人。其七十四人已在佛經。故撰得七十。可以多聞博識者遐觀焉。如此。即漢成哀之間已有經矣。與牟子傳記便為不同。魏略西戎傳曰。天竺城中有臨兒國。浮屠經云。其國王生浮圖。浮圖者。太子也。父曰屠頭邪。母曰莫邪。浮屠者。身服色黃。髮如青絲。爪如銅。其母夢白象而孕。及生。從右脅出而有髻。墮地能行七步。天竺又有神人曰沙律。昔漢哀帝元壽元年。博士弟子景慮受大月氏王使伊存口傳浮屠經曰。復豆者。其人也。漢武故事曰。昆邪王殺休屠王。以其眾來降。得其金人之神。置之甘泉宮。金人皆長丈餘。其祭不用牛羊。惟燒香禮拜。上使依其國俗祀之。此神全類於佛。豈當漢武之時。其經未行於中土。而但神明事之邪。故驗劉向魚豢之說。佛至自哀成之世明矣。然則牟傳所言四十二者。其文今存。非妄。益明帝遣使廣求異聞。非是時無經也。

○初注莊子者數十家。莫能究其旨要。向秀向秀別傳

李云向秀知己似負嵇公

曰秀字子期河内人少爲同郡山濤所知又與譙國嵇康東平呂安友善並有拔俗之韻其進止無不同而造事營生業亦不異常與嵇康偶鍛於洛邑與呂安灌園於山陽不慮家之有無外物不足怫其心弱冠著儒道論棄而不錄好事者或存之或云是其族人所作困於不行乃告秀欲假其名秀笑曰可復爾耳後康被誅秀遂失圖乃應歲舉到京師詣大將軍司馬文王文王問曰聞君有箕山之志何能自屈秀曰常謂彼人不達堯意本非所慕也一坐皆說隨次轉至黄門侍郎散騎常侍

於舊注外爲解義妙析奇致大暢玄風

秀別傳曰秀與嵇康呂安爲友趣舍不同嵇康傲世不羈安放逸邁俗而秀雅好讀書二子頗以此嗤之後秀將注莊子先以告康安康安咸曰此書詎復須注徒棄人作樂事耳及成以示二子康曰爾故復勝不安乃驚曰莊周不死矣後注周易大義可觀而與漢世諸儒

互有彼此，未若隱解之絕倫也。秀本傳或言秀遊託數賢，蕭屑卒歲，都無著述。惟好莊子，聊應崔譔所注，以備遺忘云。竹林七賢論云：秀爲莊義，讀之者無不超然，若已出塵埃，而窺絕冥，始了視聽之表，有神德玄哲，能遺天下外萬物。雖復使動競之人，顧觀所徇，皆悵然自有振拔之情矣。惟秋水、至樂二篇未竟，而秀卒。秀子幼，義遂零落，然猶有別本。郭象者，爲人薄行，有儁才。文士傳曰：象字子玄，河南人。少有才理，慕道好學，託志老莊。時人咸以爲王弼之亞。辟司空掾、太傅主簿。見秀義不傳於世，遂竊以爲己注，乃自注秋水、至樂二篇，又易馬蹄一篇，其餘衆篇，或定點文句而已。文士傳曰：象作莊子注，最有清辭遒旨。後秀義別本出，

○ 劉云、牖中窺日、外面光顯、處視月、篝隙透、
應登云褚北人孫南人

○ 王云謝公猶然況它人乎

故今有向郭二莊。其義一也。

褚季野語孫安國（中興書曰。孫盛字安國。太原中都人。博學強識。歷著作郎。劉陽令。庾亮爲荊州。以爲征西主簿。累遷祕書監。）云。北人學問淵綜廣博。孫答曰。南人學問淸通簡要。支道林聞之曰。聖賢固所忘言。自中人以還。北人看書如顯處視月。南人學問如牖中窺日。（支所言。但譬成孫褚之理也。然則學廣則難周。難周則識闇。故如顯處視月。學寡則易覈。易覈則智明。故如牖中窺日也。）

謝安年少時。請阮光祿道白馬論。（孔叢子曰。趙人公孫龍云。白馬非馬。白馬者。所以命形。白者所以命色。夫命色者。非命形。故曰白馬非馬也。）爲論以

示謝。于時謝不即解。阮語重相咨盡。阮乃歎曰。非但能言人不可得。正索解人亦不得。中興書曰。裕甚精論難。

○補

葛稚川目陸平原之文。如玄圃積玉。無非夜光。晉書曰。葛洪字稚川。丹陽句容人。少好學。家貧。伐薪以貿紙筆。夜輒寫書誦習。性寡欲。無所愛翫。不知棋局幾道。摴蒱齒名。為人木訥。不好榮利。閉門却掃。未嘗交遊。於餘杭山見何幼道郭文舉。目擊而已。各無所言。尋書問義。不遠數千里。崎嶇冒涉。期於必得。遂究覽典籍。尤好神仙導養之法。

○

樂令善於清言。而不長於手筆。將讓河南尹。請潘岳爲表。晉陽秋曰。岳字安仁。榮陽人。夙以才穎發名。善屬文。清綺絕世。蔡邕未能過也。仕至黃門侍郎。爲孫秀所害。潘云可作耳。要當得君意。樂爲述已所以爲讓標位二百許語。潘直取錯綜便成名筆。時人咸云。若樂不假潘之文。潘不取樂之旨。則無以成斯美。

○補

陸士衡入洛。擬作三都賦。聞左太冲作之。思別傳曰。思字太冲。齊國臨淄人。父雍起於筆札。多所掌練。爲殿中御史。思蚤喪母。雍憐之。不甚教其書學。及長。博覽名文。遍閱百家。司空張華辟爲祭酒。賈謐舉爲秘書郎。謐誅。歸鄉里。專思著述。齊王冏請爲記室參軍。不起。時爲三都賦未成也。後數年疾終。其三都賦改定。至終乃上。初作蜀

郎下脫張載之字

都賦云。金馬電發於高岡。碧雞振翼而雲披。鬼彈飛光以礌礉。火井騰光以赫曦。今無鬼彈。故其賦往往不同。思爲人無吏幹而有文才。又頗以椒房自矜。故齊人不重也。臧榮緒晉書曰。思欲作三都賦。乃詣著作郎訪岷邛之事。搆思十稔。門庭藩溷。皆著筆札。遇得一句。即疏之。士衡撫掌大笑。與弟士龍書曰。此閒有傖父。欲作三都賦。晉陽秋曰。吳人以中州人爲傖。須其成。以覆酒甕耳。後左賦出。士衡絕歎伏。以爲不能加。遂輟筆焉。陸雲別傳曰。雲字士龍。吳大司馬抗之第五子。機同母弟也。儁雅有後才。容貌瓌偉。口敏能談。博聞彊記。善著述。六歲能賦詩。時人以爲項橐楊烏之儔。十八。刺史周浚命爲主簿。累遷太子舍人。清河内史。爲成都王所害。

○補

不恐衍

陸士衡入洛、次河南偃師、近夕結陰。投宿民居、見一少年、姿神端遠。與士衡言玄玅、有辭致、士衡心服其能。乃提緯古今、綜驗名實、少年亦不甚欣解。既曉辭去、士衡脫驂逆旅。嫗曰。此東數十里無村落、止有山陽王家墓耳。知所遇者輔嗣也。士衡由此玅達玄理、酈道元水經注曰。今尸鄉澤野負原夾郭、多墳壟焉。即陸士衡會王輔嗣處也。

○補

宋處宗甚有思理、嘗買得一長鳴雞、籠着窻閒。雞遂作人語、與宋談、極有致。宋因此玄功大進劉云八字慨然、不必有所起、不必有所指、又云泓崢蕭瑟、乃不成語。

晉陽秋曰。宋宗字處宗。沛國人。官兗州刺史。

郭景純詩云。林無靜樹。川無停流。王隱晉書曰。郭璞字景純。河東聞喜人。父瑗建平太守。璞別傳曰。璞奇博多通。文藻粲麗。才學賞豫。足參上流。其詩賦誄頌。並傳於世。而訥于言。造次詠語。常人無異。又不持儀檢。形質穨索。縱情嫚惰。時有醉飽之失。友人干令升戒之曰。此伐性之斧也。璞曰。吾所受有分。恒恐用之不盡。豈酒色之能害。王敦取為參軍。敦縱兵都輦。乃咨以大事。璞極言成敗。不為回屈。敦忌而害之。詩類幽思篇籍者。阮孚云。孚別見。泓崢蕭瑟實不可言。每讀此文。輒覺神超形越。

孫興公云。潘文爛若披錦。無處不善。續文章志曰。岳為文

王云此言戲劇雖善攻不能當己之墨守

劉云如此璅語又似可厭

○王云此等政不

遜言簡章，清綺絕倫。陸文若排沙簡金，往往見寶。文章傳曰：機善屬文，司空張華見其文章，篇篇稱善，猶譏其作文太洽。謂曰：人之作文，患於不才；至子為文，乃患太多也。

劉眞長與殷淵源談，劉理如小屈，殷曰：惡卿不欲作將善雲梯仰攻。墨子曰：公輸般為高雲梯，欲以攻宋。墨子聞之，自魯往，裂裳裹足，日夜不休，十日十夜而至於郢，見楚王曰：聞大王將攻宋，有之乎？王曰：然。墨子曰：請令公輸般設攻宋之具，臣請試守之。於是公輸般設攻宋之計，墨子縈帶守之，輸九攻之，而墨子九卻之，不能入，遂輟兵。

謝鎮西少時，聞殷浩能清言，故往造之。殷未過心解注似癡人前說夢。竟是孝標手段。

世說元本拭面下注云：按殷浩少謝尚三歲，便是時流，或當貴其勝致，為之拭汗。

劉云：世說多學，時或可厭。

有所通，為謝標榜諸義，作數百語，既有佳致，兼辭條豐蔚，甚足以動心駭聽。謝注神傾意，不覺流汗交面。殷徐語左右：取手巾與謝郎拭面。

殷中軍為庾公長史，按庾亮僚屬名及中興書，浩為亮司馬，非為長史也。下都，王丞相為之集，桓公、王長史、王藍田、王述別傳曰：述字懷祖，太原晉陽人。祖湛，父承，並有高名。述蚤孤，事母孝謹，簞瓢陋巷，宴安永日，由是為有識所知。襲爵藍田侯。謝鎮西並在。丞相自起解帳帶麈尾，語殷曰：身今日當與君共談析理。既共清言，遂達三更。丞相與殷共相往反，其餘諸賢略無

劉云豈有所不可哉爾形容不服善之態當有此
王云此言大抵且仁祖何肯談出桓下

所關既彼我相盡丞相乃歎曰向來語乃竟不知理源所歸至於辭喩不相負正始之音正當爾耳明旦桓宣武語人曰昨夜聽殷王清言甚佳仁祖亦不寂寞我亦時復造心顧看兩王掾王濛王述並爲王導所辟輒翣如生母狗馨

宣武集諸名勝講易易乾鑿度曰孔子曰易者易也變易也不易也三成德爲道包籥易也者其德也光明四通日月星辰布設八卦序四時和也變也者天地不變不能成朝夫婦不變不能成家不易也者其位也天在上地在下君南面臣北面父坐子立此其不易也故易者天地人道也鄭玄序易曰易之爲名也一言而函三義簡易一也變易二也不易三

劉云、孫謂禪家多難問、今胡不言。

○

也。繫辭曰、乾坤易之蘊也。易之門戶也。又曰、乾確然示人易矣。坤隤然示人簡矣。易則易知、簡則易從。此言其簡易法則也。又曰、其爲道也屢遷、變動不居。周流六虛。上下無常、剛柔相易。不可以爲典要。唯變所適。此則言其從時出入移動也。又曰、天尊地卑、乾坤定矣。卑高以陳、貴賤位矣。動靜有常、剛柔斷矣。此則言其張設布日列不易也。據此三義、而說易之道廣矣大矣。

說一卦。簡文欲聽、聞此便還曰、義自當有難易、其以一卦爲限邪。

有北來道人好才理、與林公相遇於瓦官寺講小品。般若經 于時竺法深、孫興公悉共聽。此道人語屢設疑難、林公辯答清析、辭氣俱爽。此道人每輒

又云波利質多天樹其香逆風而聞今反之云白旃檀非不香豈能逆風言深非不能難之正不必難之也

王云林公意謂波利質多天樹纔能逆風聞香白旃檀雖香非天樹比焉能逆風以天樹自許而以白旃檀比深公故深公不

擢屈。孫問深公上人當是逆風家何以都不言。庾法暢人物論曰法深學義淵博名聲蚤著。深公笑而不答林公曰白旃檀非不馥焉能逆風。成實論曰波利質多天樹其香則逆風而聞。深公得此義夷然不屑。

莊子逍遙篇舊是難處諸名賢所可鑽味而不能拔理於郭向之外支道林在白馬寺中將馮太常共語。馮氏譜曰馮懷字祖思長樂人歷太常護國將軍。因及逍遙支卓然標新理於二家之表立異義於衆賢之外皆是諸名賢尋味之所不得後遂用支理。向子

肩如劉辭不必難深公當嘗品而印可也

王云今注從作頃義一也

劉云支論如此有何高妙而稱道甚至

王云此論亦新奇可備一種莊註

期。郭子玄逍遙義曰。夫大鵬之上九萬。尺鷃之起榆枋。小大雖差。各任其性。苟當其分。逍遙一也。然物之芸芸。同資有待。得其所待。然後逍遙耳。唯聖人與物冥而循大變。為能無待而常通。豈獨自通而已。又從有待者不失其所待。不失則同於大通矣。支氏逍遙論曰。夫逍遙者。明至人之心也。莊生建言大道。而寄指鵬鷃。鵬以營生之路曠。故失適於體外。鷃以在近而笑遠。有矜伐於心內。至人乘天正而高興。遊無窮於放浪。物物而不物於物。則遙然不我得。玄感不為不疾而速。則逍然靡不適。此所以為逍遙也。若夫有欲當其所足。足於所足。快然有似天真。猶饑者一飽。渇者一盈。豈忘烝嘗於糗糧。絶觴爵於醪醴哉。苟非至足。豈所以逍遙乎。此向郭之注所未盡。

殷中軍嘗至劉尹所。清言良久。殷理小屈。遊辭

不已劉亦不復答殷去後乃云田舍兒強學人作爾馨語

袁宏始作東征賦都不道陶公胡奴誘之狹室中臨以白刃胡奴陶範別見曰先公勳業如是君作東征賦云何相忽略宏窘蹙無計便答我大道公何以云無因誦曰精金百鍊在割能斷功則治人職思靖亂長沙之勳爲史所讚續晉陽秋曰宏爲大司馬記室參軍後爲東征賦悉稱過江諸名望時桓溫在南州宏語衆云我決不及桓宣城時伏滔在溫府與宏善苦諫之宏笑而不答滔密以啓溫溫甚忿以宏一時文宗又聞此賦有聲不欲

劉云未造理所

令人顛問之後遊青山飲酣既歸公命宏同載衆爲危懼行數里問宏曰聞君作東征賦多稱先賢何故不及家君宏答曰尊公稱謂自非下官所敢專故未呈啓不敢顯之耳温乃云君欲爲何辭宏卽答云風鑒散朗或搒或引身雖可亡道不可隕則宣城之節信爲允也温泫然而止二説不同故詳載焉

○補 王右軍少重患一二年輒發動後答許掾詩忽復惡中得二十字云取歡仁智樂寄暢山水陰淸泠澗下瀨歷落松竹林旣醒左右誦之誦竟右軍歎曰癲何預盛德事邪說文曰癲狂也正韻曰病也

○ 殷中軍雖思慮通長然於才性偏精忽言及四

鐘會四本論

○劉云理誠有之各以辭勝偏曲未有不通也

本便苦湯池鐵城無可攻之勢。神農書曰。有石城七仞。湯池百歩。帶甲百萬。而無粟者。不能自固也。

支道林許掾諸人共在會稽王齋頭。支爲法師。許爲都講。高逸沙門傳曰。道林時講維摩詰經。支通一義。四坐莫不厭心。許送一難。衆人莫不抃舞。但共嗟詠二家之美。不辯其理之所在。

汰法師云。六通三明同歸。正異名耳。安法師傳曰。竺法汰者。體器弘簡。道情冥到。法師友而善焉。一說法汰。即安公弟子也。經云。六通者。三乘之功德也。一曰天眼通。見遠方之色。二曰天耳通。聞障外之聲。三曰身通。飛行隱顯。四曰宅心通。水鏡萬王云。思三賦不朽。士安非此序。幾不傳。時人薄思。故肆譏彈。尒士安一序。何足重。思而時人傳。乃尒孝標於是爲無識矣。

慮。五曰宿命通。神知已往。六曰漏盡通。慧解累世。三明者。解脫在心。朗照三世者也。然則天眼。天耳。身通。宅心。漏盡。此五者。皆見在心之明也。宿命。則過去心之明也。因天眼發未來之智。則未來心之明也。同歸異名。義在斯矣。

○左太冲作三都賦初成。時人互有譏訾。思意不愜。後示張公。張曰。此二京可三。晉書曰。司空張華見太冲三都賦。曰。班張之流也。使讀之者。盡而有餘。久而更新。然君文未重於世。宜以經高名之士。思乃詢求於皇甫謐。謐見之嗟歎。遂爲作叙。於是先相非貳者。莫不歛衽讚述焉。思別傳曰。思造張載。問岷蜀事。交接亦疎。皇甫謐西州高士。摯仲治宿儒知名。非思倫匹。

劉云袁晉室宗

劉淵林衛伯輿並蚤終皆不爲思賦序注也凡諸注解皆思自爲欲重其文故假時人名姓也

太叔廣甚辯給而摯仲治長於翰墨俱爲列卿每至公坐廣談仲治不能對退著筆難廣廣又不能答王隱晉書曰太叔廣字季思東平人拜成都王爲大弟欲使詣洛廣子孫多在洛慮害乃自殺摯虞字仲治京兆長安人祖茂秀才父模太僕卿虞少好學師事皇甫謐善校練文義多所著述歷秘書監太常卿從惠帝至長安遂流離鄠杜間性好博古而文籍蕩盡永嘉五年洛中大饑遂餓而死虞與廣名位略同廣長口才虞長筆才俱少政事衆坐廣談虞不能對虞退筆難廣廣不能答於是互相嗤笑紛然於世廣無可記虞多所錄於斯爲勝也

桓宣武命袁彦伯作北征賦續晉陽秋曰宏從温征鮮卑故作北

劉云談文有法補句自佳

（征賦。之高者。）宏文既成。公與時賢共看。咸嗟歎之。時王珣在坐。云。恨少一句。得寫字足韻當佳。袁即於坐攬筆益云。感不絕於余心。泝流風而獨寫。公謂王曰。當今不得不以此事推袁。（宏集載其賦云。聞所聞於相傳。云獲麟於此野。誕靈物以瑞德。奚授體於虞者。悲尼父之慟泣。似實慟而非假。豈一物之足傷。實致傷於天下。感不絕於余心。遡流風而獨寫。晉陽秋曰。宏嘗與王珣伏滔同侍溫坐。溫令滔讀其賦。至致傷於天下。於此改韻。王云。此韻所詠。慨深千載。今於天下之後。便移韻於寫送之致。如為未盡。滔乃云。得益寫為一句。或當小勝。桓公語宏。卿試思益之。宏應聲而益。王伏稱善。）

○○支道林造即色論。論（支道林集妙觀章云。夫色之性也。不自有色。色不自有。雖）

◎

刘云殆未是維摩詰也

王云詳林公意豈以聲聞緣覺總之爲一乘理耶

又云意謂大乘與最上乘總是一乘故云正當得兩法似未喩

色而空。故曰色卽爲空。色復異空。論成示王中郎。中郎都無言。支曰。默而識之乎。王曰。既無文殊。誰能見賞。維摩詰經曰。文殊師利問維摩詰云。何者是菩薩入不二法門。時維摩詰默然無言。文殊師利歎曰。是眞入不二法門也。

三乘佛家滯義。支道林分判。使三乘炳然。諸人在下坐聽。皆云可通。支下坐。自共說。正當得兩。入三便亂。今義弟子雖傳。猶不盡得。法華經曰。三乘者。一曰聲聞乘。二曰緣覺乘。三曰菩薩乘。聲聞者。悟四諦而得道也。緣覺者。悟因緣而得道也。菩薩者。行六度而得道也。然則羅漢得道。全由佛教。故以聲聞爲名也。辟支佛得道。或聞因緣而解或聽環佩而得悟。神能獨達。故以緣覺爲名也。菩薩者。大道之人也。方便則止行六度。眞教則通脩萬善。功不爲己。志存廣濟。故以大道爲名也。

許掾年少時。人以比王苟子。苟子。王脩小字也。文字志曰。脩字敬仁。太原晉陽人。父濛。司徒左長史。脩起家著作佐郎。瑯瑘王文學。轉中軍司馬。未拜而卒。時年二十四。昔王弼之沒。與脩同年。故脩弟熙乃歎曰。無愧於古人。而年與之齊也。許大不平。時諸人士及支法師並在會稽西寺講。王亦在焉。許意甚忿。便往西寺與王論理。共決優劣。苦相折挫。王遂大屈。許復執王理。王執許理。更相覆疏。王復屈。許謂支法師曰。弟子向語何似。

王云此從莊子得來

李云庾公聰明

王云此亦可哭賢媛

支從容曰君語佳則佳矣何至相苦邪豈是求理中之談哉

○庾子嵩作意賦成晉陽秋曰敳永嘉中爲石勒所害先是敳見王室多難知終嬰其禍乃作意賦以寄懷從子文康亮也見問曰若有意邪非賦之所盡若無意邪復何所賦答曰正在有意無意之間

○林道人詣謝公東陽時始總角新病起體未堪勞與林公講論遂至相苦中興書曰謝朗博涉有逸才善言玄理母王夫人在壁後聽之再遣信令還而太傅留

劉云此何足載

之王夫人因自出云新婦少遭家難一生所寄惟在此兒因流涕抱兒以歸謝公語同坐曰家嫂辭情慨慨致可傳述恨不使朝士見謝氏譜曰朗父據娶太原王韜女名綏

謝車騎在安西艱中安西謝奕也林道人往就語將夕乃退有人道上見者問云公何處來答云今日與謝孝劇談一出來玄別傳曰玄能清言善名理

支道林初從東出住東安寺中高逸沙門傳曰遁居會稽晉哀帝欽其風味遣中使至東迎之遁遂辭丘壑高步大邑王長史宿構精理

刘云豈無此等孫纖清流

李云劉語極妙

并撰其才藻往與支語不大當對王敘致作數百語自謂是名理奇藻支徐徐謂曰身與君別多年君義言了不長進王大慚而退

佛經以爲袪練神明則聖人可致釋氏經曰一切衆生皆有佛性但能脩智慧斷煩惱萬行具足便成佛也簡文云不知便可登峰造極不然陶練之功尚不可誣

殷中軍問自然無心於禀受何以正善人少惡人多諸人莫有言者劉尹荅曰譬如寫水著地正自縱横流漫略無正方圓者一時絕歎以爲

王云楞嚴經中具明問答但以鏡答自明殊勝此論

王云名言名言

名通。莊子曰。天籟者。吹萬不同。而使其自已也。郭子玄注曰。無既無矣。則不能生有。有之未生。又不能為生。然則生生者誰哉。塊然而自生耳。非我生也。我不生物。物不生我。則自然而已然。謂之天然。天然非為也。故以天言之。所以明其自然也。

殷謝諸人共集。殷浩。謝安。謝因問殷眼往屬萬形。萬形來入眼不。成實論曰。眼識不待到而知虛塵。假空與明。故得見色。若眼到色。到色間則無空明。如眼觸篦。則不能見彼。當知眼識不到而知。依如此說。則眼不往。形不入。遙屬而見也。謝有問。殷無答。疑闕文。

○人有問殷中軍。何以將得位而夢棺器。將得財而夢矢穢。殷曰。官本是臭腐。所以將得而夢棺屍。財本是糞土。所以將得而夢穢汙。時人以爲名通。

殷中軍被廢東陽。始看佛經。初視維摩詰。僧肇注維摩經曰。維摩詰者。秦言淨名。蓋法身之大士。見居此土。以弘道也。疑般若波羅蜜太多。後見小品。恨此語少。波羅蜜。此言到彼岸也。經云。到者有六焉。一曰檀。檀者施也。二曰毗黎。毗黎者精進也。三曰羼提。羼提者忍辱也。四曰尸羅。尸羅者持戒也。五曰禪。禪者定也。六曰般若。般若者智慧也。然則五者爲舟。般若爲導。導則俱絕有相之流。升無相之彼岸也。故曰波羅蜜也。淵源未暢其致。少而疑其多。已而究其宗。多而患其少也。

二人疑道人

劉云作如此語更成文

支道林殷淵源俱在相王許。簡文也。相王謂二人可試一交言。而才性殆是淵源崤函之固。崤謂二陵之地。函函谷關也。並秦之險塞。王者之居。左思蜀都賦曰。崤函帝王之宅。君其慎焉。支初作。改轍遠之。數四交。不覺入其玄中。相王撫肩笑曰。此自是其勝場。安可爭鋒。

僧意在瓦官寺中。未詳僧意氏族所出。王苟子來。與共語。便使其唱理。意謂王曰。聖人有情不。王曰。無。重問曰。聖人如柱邪。王曰。如籌算。雖無情。運之者有情。僧意云。誰運聖人邪。苟子不得答而去。諸本

王云此處非臨川劉非孝標矣

劉云不荅最是

王云按易理精微廣大謂此非易不可執此言易又不可遠公所以笑而不荅

無僧意最後一句。諮疑其闕。慶校衆本皆然。唯一書有之。故取以成其義。然王脩善言理。如此論特不近人情。猶疑斯文爲謬也。

殷仲堪精覈玄論。人謂莫不研究。殷乃歎曰。使我解四本談不翅爾。周祗隆安記曰。仲堪好學而有理思也。

殷荊州曾問遠公。易以何爲體。答曰。易以感爲體。殷曰。銅山西崩。靈鐘東應。便是易邪。東方朔別傳曰。孝武皇帝時。未央宮前殿鐘。無故自鳴。三日三夜不止。詔問太史待詔王朔。朔言恐有兵氣。更問東方朔。朔曰。臣聞銅者。山之子。山者銅之母。以陰陽氣類言之。子母相感。山恐有崩弛者。故鐘先鳴。易曰。鳴鶴在陰。其子和之。精之至也。其應在後五日內。居三日。南郡太守上書言山崩。延袤二十餘里。樊英別傳曰。漢順帝時。殿下鐘鳴。問英。對曰。蜀岷山崩。山於銅爲母。母崩子鳴。非聖朝災。後蜀果上山崩。日月相應。二說微異。故並載之。

遠公笑而不答。

李卓吾批點世說新語補卷之五

李卓吾批點世說新語補卷之六

宋　劉義慶　撰

梁　劉孝標　注

宋　劉辰翁　批

明　何良俊　增

王世貞　刪定

王世懋　批釋

李贄　批點

張文柱　校注

王云、強作去聲、如今俗語。

劉云、兩語得反覆之妙。

王云、不知所談云何、後乃相攻殺。

王云、以上以玄理論文學、詳世說評。

劉云、浩長於談、融長於筆也。

文學下

○殷仲堪云、三日不讀道德經、便覺舌本間強。晉安帝紀曰、仲堪有思理、能清言。

○桓南郡與殷荊州共談、每相攻難。年餘後、但一兩番。桓自歎才思轉退。殷云、此乃是君轉解。周祇隆安記曰、玄善言理。棄郡還國、常與殷荊州仲堪、終日談論不輟。

○江左殷太常父子、並能言理、亦有辯訥之異。揚州口談至劇、太常輒云、汝更思吾論。中興書曰、殷融字洪遠、陳郡人。桓彝有人倫鑒、見融甚歎美之。著象不盡意、大賢須易論。理義精微、談者稱焉。兄子

劉云不常即非常

文云與姦雄語正自難然亦何至狂癡

浩亦能清言每與浩談有時而屈退而著論融更居長爲司徒左西屬飲酒善舞終日嘯詠未嘗以世務自嬰累遷吏部尚書太常卿卒

習鑿齒史才不常宣武甚器之未三十便用爲荊州治中鑿齒謝牋亦云不遇明公荊州老從事耳後至都見簡文返命宣武問見相王何如答云一生不曾見此人從此忤旨出爲衡陽郡性理遂錯於病中猶作漢晉春秋品評卓逸續晉陽秋曰鑿齒少而博學才情秀逸溫甚奇之自州從事歲中三轉至治中後以忤旨左遷戶曹參軍衡陽太守在郡著漢晉春秋斥溫覬覦之心也鑿齒集載其論略曰靜漢末累世之交爭

王云鼓吹二字殊妙正不得以羽翼解

廓九域之蒙晦，大定千載之盛功者，皆司馬氏也。若以魏有代王之德，則不足有靜亂之功，則孫劉鼎立，共工秦政猶不見敘於帝王，況曹劉數州之衆哉。且漢有係周之業，則晉無所承魏之迹矣。春秋之時，吳楚稱王，若推有德，彼必自係於周，不推吳楚也。況長轡廟堂，吳蜀兩定，天下之功也。

孫興公云：三都二京五經鼓吹。言此五賦是經典之羽翼。

謝太傅問主簿陸退：陸氏譜曰：退字黎民，吳郡人。高祖凱，吳丞相。祖御史部郎。父伊，州主簿。退仕至光祿大夫。張憑何以作母誄而不作父誄？宋明帝文章志曰：憑字長宗，吳郡人。有意氣，為鄉閭所稱。學尚所得，敏而有文。太守以才選舉孝廉，試策高第，為劉惔所舉，補太常博士，累遷吏部郎、御史中丞。退答曰：故

刘云疑温嶠庾亮俱嘗爲揚州又云於時適公[illegible]也

又云作儁之偁

劉云誄文亦粗遺而已

當是丈夫之德表於事行婦人之美非誄不顯

陸氏譜曰。退憑壻也。

庾闡始作揚都賦道温庾云温挺義之標庾作民之望方響則金聲比德則玉亮庾公聞賦成求看兼贈貺之闡更改望爲儁以亮爲潤云

中興書曰。闡字仲初。潁川人。太尉亮之族也。少孤。九歲便能屬文。遷散騎侍郎。領大著作。爲揚都賦。邈絶當時。五十四卒。

桓玄嘗登江陵城南樓云我今欲爲王孝伯作誄因吟嘯良久隨而下筆一坐之間誄以之成

又云王恭爲司馬道子所寵桓玄復殺道子

王云此等亦須注邪

應登云謂各賀雪之版

○

李云此人亦爲儁乎

晉安帝紀曰。玄文翰之美。高於一世。玄集載其誄叙曰。隆安二年。九月十七日。前將軍青兗二州刺史太原王孝伯薨。川岳降神。哲人是育。既爽其靈。不貽其福。天道茫昧。孰測倚伏。犬馬反噬。豺狼翹陸。嶺摧高梧。林殘故竹。人之云亡。邦國喪牧。于以誄之。爰旌芳郁。文多不盡載。

桓玄初并西夏領荊江二州二府一國玄別傳曰。玄既克殷仲堪。殺楊佺期。遣使諷朝廷。朝廷以玄都督八州。領江州荊州二刺史于時始雪五處俱賀五版竝入。玄在聽事上版至即答版後皆粲然成章不相揉雜。

袁虎少貧。虎。袁宏小字也嘗爲人傭載運租。謝鎭西經船行。其夜清風朗月。聞江渚間估客船上有詠

○

詩。聲甚有情致。所誦五言。又其所未嘗聞。歎美不能已。即遣委曲訊問。乃是袁自詠其所作詠史詩。因此相要大相賞得。續晉陽秋曰。虎少有逸才。文章絶麗。曾爲詠史詩。是其風情所寄。少孤而貧。以運租爲業。鎭西謝尚時鎭牛渚。乘秋佳風月。率爾與左右微服泛江。會虎在運租船中諷詠。聲既清亮。辭又藻拔。非尚所曾聞。遂住聽之。乃遣問訊。答曰。是袁臨汝郎誦詩。即其詠史之作也。尚佳其率有勝致。即遣要迎。談話申旦。自此名譽日茂。

或問顧長康。君箏賦何如嵇康琴賦。顧曰。不賞者。作後出相遺。深識者。亦以高奇見貴。中興書曰。愷之博學有才氣。爲人遲鈍。而自矜尚。爲時所笑。宋明帝文章志曰。桓温云。顧長康體中癡黠各半。

合而論之。正平平耳。世云有三絕。畫絕。才絕。癡
絕。續晉陽秋曰。愷之矜伐過實。諸年少因相稱
譽以爲戲弄。爲散騎常侍。與謝瞻連省。夜於月
下長詠。自云得先賢風制。瞻每遙贊之。愷之得
此彌自力忘倦。瞻將眠。語搥腳人令
代。愷之不覺有異。遂幾申旦而後止。

劉云未造遜所

○羊孚作雪贊云。資清以化。乘氣以霏。遇象
羊氏譜曰。孚字子道。泰山人。祖楷尚書郎。父綏。中書郎。孚歷太學博
士。州別駕。太尉參軍。年四十六卒。
能鮮。即潔成輝。桓胤遂以書扇。中興書曰。胤字茂遠。譙國人。祖
沖。太尉。父嗣。江州刺史。胤少有清操。以恬退見稱。仕至中書令。玄敗。徙安成郡。後見誅。

王敬仁年十三作賢人論。長史送示真長。真長
答云。見敬仁所作論。便足參微言。脩集載其論曰。或問易稱

王云此等論在今世未免撫掌當時所謂名理乃尓文章之大厄也

劉云未造理所

○

○

○

劉云此語無識列文學亦然

賢人黄裳元吉苟未能闇與理會何得不求通求通則有損有損則元吉之稱將虚設乎答曰賢人誠未能闇與理會當居然人從此之理盡猶一豪之領一梁一豪之領一梁雖於理有損不足以撓梁賢有情之至寡豪有形之至小豪不至撓梁於賢人何有損之者哉

孫興公作天台賦成以示范榮期中興書曰范啓字榮期慎陽人父堅護軍啓以才義顯於世仕至黄門郎云卿試擲地要作金石聲范曰恐子之金石非宮商中聲然每至佳句赤城霞起而建標瀑布飛流而界道此賦之佳處輙云應是我輩語

桓公見謝安石作簡文謚議看竟擲與坐上諸客曰此是安石碎金劉謙之晉紀載安議曰謚按謚法一德不懈曰簡道

劉云漁父僞書何足千万

德博聞曰文易簡而天下之理得覩乎人文化成天下議之景行猶有髣髴宜尊號曰太宗謚曰簡文

○

支道林許謝盛德共集王家許詢謝安王濛謝顧謂諸人今日可謂彥會時既不可留此集固亦難常當共言詠以寫其懷許便問主人有莊子不正得漁父一篇莊子曰孔子遊乎緇帷之林休坐乎杏壇之上孔子絃歌鼓琴奏曲未半有漁者下船而來鬚眉交白被髮揄袂行原以上距陸而止左手據膝右手持頤以聽曲終而招子貢子路語曰彼何爲者也曰孔氏曰孔氏何治子貢曰服忠信行仁義飾禮樂選人倫孔氏之所治也曰有土之君歟曰非也漁父曰仁則仁矣恐不免其身孔子聞而求問之遂

一作裵

言八疵四患以誡孔子謝看題便各使四坐通支道林先通作七百許語敘致精麗才藻奇拔衆咸稱善於是四坐各言懷畢謝問曰卿等盡不皆曰今日之言少不自竭謝後麤難因自敘其意作萬餘語才峯秀逸文字志曰安神情秀悟善談玄理既自難干加意氣擬託蕭然自得四坐莫不厭心支謂謝曰君一往奔詣故復自佳耳

裴郎作語林始出大為遠近所傳時流年少無不傳寫各有一通載王東亭作經王公酒壚下

賦甚有才情。裴氏家傳曰。裴榮字榮期。河東人。父稚。豐城令。榮期少有風姿才氣。好論古今人物。撰語林數卷。號曰裴子。檀道鸞謂裴松之以爲啓作語林。榮儻別名啓乎

謝萬作八賢論。與孫興公往反。小有利鈍。中興書曰。萬善屬文。能談論。萬集載其敘四隱四顯。爲八賢之論。謂漁父。屈原。季主。賈誼。楚老。龔勝。孫登。嵇康也。其旨以處者爲優。出者爲劣。孫綽難之。以謂體玄識遠者。則出處同歸。將以孫義爲得

謝後出以示顧君齊。顧氏譜曰。夷字君齊。吳郡人。祖歆。孝廉。父霸。少府卿夷辟州主簿。不就。顧曰。我亦作。知卿當無所名。

王云。此語難解。似謂我亦算作相知者。然不能爲卿名也

孫興公道曹輔佐才。如白地明光錦。中興書曰。曹毗字輔佐。譙國人。魏大司馬休曾孫也。好文籍。能屬詞。累遷太學博士。尚書郎。光祿勳。裁爲負

劉云謂文須利口也

○

王云此語最深難解言攷有此不而官不利徒得東亭嘆賞齒舌間得利而已何益王事

又云自古文人同恨

王云按傳字訛爲搏以就上文

版絝（論語曰孔子式負版者鄭氏注曰版謂邦國籍也負之者賤隸人也）非無文采酷無裁製。

桓宣武北征（溫別傳曰溫以太和四年上疏自征鮮卑）袁虎時從被責免官會須露布文喚袁倚馬前令作手不輟筆俄得七紙殊可觀東亭在側極嘆其才袁虎云當令齒舌間得利

殷仲文天才宏贍（續晉陽秋曰仲文雅有才藻著文數十篇）而讀書不甚廣傅亮嘆曰（亮別見）若使殷仲文讀書半袁豹（丘淵之文章敘曰豹字士蔚陳郡人祖耽歷陽太守父質郯內史豹隆安中著作佐郎）

今改正爲傳

累遷太尉長史。丹陽尹。義熙九年卒。才不滅班固續漢書曰。固字孟堅。右扶風人。幼有儁才。學無常師。善屬文。經傳無不究覽。

○補宋文帝嘗問慧觀釋惠皎高僧傳曰。慧觀清河人。姓崔。十歲便以博見馳名。弱年出家。遊方盧山。諮稟惠遠。風神秀雅。思入玄微。頓悟之義誰復習之佛教脩入。有頓悟漸脩二宗。答云有生公高僧傳曰。竺道生鉅鹿人。幼穎悟若神。值竺法汰。遂改俗歸依。儁思奇拔。聞義開解。王弘。顏延之。並歆挹風猷。弟子道猷。高僧傳曰。道猷初爲生公弟子。師亡後。見新出勝鬘經嘆曰。先師昔義闇與經同。因註勝鬘以翌宣遺訓。即敕臨川郡發遣到京既至延入宮內大集義僧命猷伸述頓悟時競辯之徒關責互起

闇一作聞

猷既積思參玄又宗源有本乘機挫鋭往必摧鋒帝撫几稱快（高僧傳曰道生既潜思日久徹悟言外迺喟然嘆曰夫象以盡意得意則象忘言以詮理入理則言息自經典東流譯人重阻多守滯文鮮見玄義若忘筌取魚始可以言道矣於是校閲眞俗研思因果迺言善不受報頓悟成佛又著二諦論因語）諸人曰生公孤情絕照猷公直轡獨上可謂克明師匠無忝徽音

○補

何子季與周彦倫（周顒別見）同時二人精信佛法（南史曰何胤字子季盧江灊人祖尚之中書令父鑠宋宜都太守胤八歲居憂毀若成人及長輕薄不羈晩乃折節好學師事劉瓛受易及禮記毛詩入鍾山定林寺聽内典其業皆通而縱情誕

節。時人未之知也。唯獻與周顒深器異之。仕齊爲建安太守。永元中。徵太子詹事。梁徵領軍司馬。並不就。

子季別立精廬。都無妻妾。文惠太子齊書曰。文惠太子長懋。字雲喬。小字白澤。世祖長子也。嘗問彥倫。卿精進何如何胤。彥倫答曰。三塗八難。按淨名疏。界內八難。曰。地獄。畜生。餓鬼。三塗也。盲聾瘖瘂。世智辨聽。佛前佛後。北倶盧洲。人道也。無想天。或指長壽天。天上也。爲凡夫住事八難。界外八難。曰。有餘中三十心。爲三惡道。住無我法。名爲北洲。地前法愛。如長壽天。未有初地十種六根。名諸根不具。地前智淺。如世智辨聽。不窮中理。如佛前佛後。爲二乘住理八難。其所未免。然各有其累。太子問所累云何。曰。周妻。何肉。南史曰。胤侈於味。食必方丈。後稍欲去其甚者。猶食白魚䱇脯糖蟹。嘗食蚶蠣。

補

使門人議之。學生鍾岏曰。䱉之就脯。驟於屈伸。蟹之將糖。躁擾彌甚。仁人用意。深懷如怛。至於車螯蚶蠣。眉目內闕。慚混沌之奇。獷殼外緘。非金人之愼。不悴不榮。曾草木之不若。無馨無臭。與瓦礫其何算。故宜長充庖廚。永爲口實。竟陵王見岏議。大怒。汝南周顒與胤書。勸令食菜曰。變之大者。莫過死生。生之所重。無逾性命。性命之於彼極切。滋味之在我可賒。若云三世理誣。則幸矣良快。如使此道果然。而受形未息。一往一來。生死常事。則傷心之慘。行亦自及。丈人於血氣之類。雖不身踐。至於晨鳧夜鯉。不能不取備屠門。財貝之經盜手。猶爲廉士所棄。生性之一啓鑾刀。寧復慈心所忍。騶虞雖饑。非自死之草不食。聞其風者。豈不使人多愧。丈人得此有素。聊復片言發起。耳。胤末年遂絕血味。

何尚之爲丹陽尹。宋書曰。何尚之。字彥德。廬江灊人。曾祖準。高尚不仕。祖惔。

南康太守。父叔度。恭謹有行業。尚之雅好文義。從容賞會。甚爲宋太祖所知。官至侍中尚書令。

更置玄學於南郭外。一時名士慕道來遊。王倩玉。宋書曰。王球。字倩玉。瑯琊臨沂人。父謐。司徒。球素簡貴。不交遊。江夏王義恭。嘗謂何尚之曰。當今乏才。羣下宜加戮力。而王球放恣。恐宜以法糾之。尚之曰。球有素尚。未可以文案索也。官至太子詹事。大夫尚書僕射。嘗稱之曰。尚之西河之風不墜。西河子夏所居。

○補

張參軍少有思理。南史曰。張譏。字直言。清河武城人。祖僧寶。梁太子洗馬。父仲悅。梁尚書祠部郎。譏幼聰俊。有思理。十四通孝經論語。篤好玄言。官始興王記室參軍。爲國子助教。時周弘正在國學。發周易題。弘正第四翁弘直亦在講席參軍與弘正論義弘正理小屈弘直危坐厲聲助其申理參軍正色曰今日義集辯正名理雖知兄弟急難四公不得有助弘正語人曰吾每登坐見張譏在席使人懍然南史曰周弘正字思行父寶始梁司徒祭酒弘正幼孤及弟弘讓弘直爲伯父捨所養十歳通老子周易官至國子祭酒弘直字思方幼聰敏仕梁爲湘東王記室參軍

○補

邢子才有書甚多不甚讐校李百藥齊書曰邢卲字子才河間鄚人魏太常貞之後十歳能屬文雅有才思聰明強記日誦萬言少在洛陽與時名勝專以山水遊宴爲娯當因霖雨讀漢書五日略能遍記後飲謔旣倦廣尋經史五行倶下一覽便無遺忘

文章典麗。既贍且速。年未二十。名動衣冠。官至國子祭酒。嘗謂誤書思之更是一適。齊書曰。劭妻弟李節。亦才學之士。謂劭曰。思誤書何由便得。劭答曰。若思不能得便不勞讀書。

○補

顏延之嘗問鮑明遠。沈約宋書曰。鮑昭字明遠。文辭贍逸。世祖時。爲中書舍人。上好爲文章。自謂物莫能及。昭悟其旨。爲文多鄙言累句。當時咸謂昭才盡。實不然也。臨海王子頊爲荊州。昭爲前軍掌書記。子頊敗。爲亂兵所殺。己詩與謝康樂優劣。鮑曰。謝五言如初發芙蓉。自然可愛。君詩若鋪錦列繡。亦雕繢滿眼。詩品曰。湯惠休曰。謝詩如芙蓉出水。顏如錯彩鏤金。顏終身病之。

○補

謝超宗好學有文辭。南史曰。超宗。謝鳳子。靈運之孫也。隨父徙嶺南。元嘉末得還。歷官至義興太守。後以事賜盡。爲新安王子鸞常侍。宋書曰。始平孝敬王子鸞。孝武第八子也。改封新安王。時王母殷淑妃卒。宋書曰。淑妃卒。上痛愛不已。擬漢武李夫人賦。超宗作誄奏之。上大嗟賞曰。超宗殊有鳳毛。

○補

齊世祖問王僕射。當今誰能爲五言詩。南齊書曰。儉字仲寶。琅邪臨沂人。祖曇首。父僧綽。儉生而僧綽遇害。數歲襲爵。拜受茅土。流涕嗚咽。幼有神彩。專心篤學。手不釋卷。高帝爲太尉。引爲長史。遷尚書僕射。王答曰。謝朓得父膏腴。南史曰。謝朓。字敬冲。謝莊子。幼聰慧。十歲能屬文。莊遊土山。使朓命篇。攬筆便就。莊撫其背曰。眞吾家千金。仕至中書監司徒衛將軍。

江淹有意。劉璠梁典曰。江淹字文通。濟陽人。六歲能屬詩。及長愛奇尚異。宋桂陽王擧秀才。齊興爲豫章王記室。天監中爲金紫光祿大夫。鍾嶸詩品曰。文通詩體總襍。善於摹擬。筋力於王微。成就於謝朓。初淹罷宣城郡。遂宿冶亭。夢一美丈夫。自稱郭璞。謂淹曰。吾有筆在卿處多年矣。可以見還。淹探懷中得五色筆以授之。爾後爲詩不復成語。故世傳江淹才盡。

○補

何參軍。南史曰。何思澄字元靜。東海郯人。父敬叔。齊長城令。思澄少勤學。工文。爲遊廬山詩。沈約太相稱賞。自以爲弗逮。仕至湘東王錄事參軍。

與族弟水部。梁書曰。何遜字仲言。東海郯人。曾祖承天。宋御史中丞。遜八歲能賦詩。文章與劉孝綽並重於世。世謂何劉。官至尚書水部郎。

散騎。南史曰。何子朗字世明。早有才思。周捨每與談。服其精理。卒於國山今。俱擅文名。時人爲之語曰。東海三何。子朗最多。參軍曰。外言殊不爾。故當推遜。

○補 張思光作海賦。文辭詭激。融賦奇句曰。窮區沒渚。萬里藏岸。湍轉則日月似驚。浪動則星河如覆。却瞻無後。句望無前。長尋高眺。唯水與天。惜全篇脫落不可讀。以示鎭軍將軍徐凱之。徐曰。此賦寔超玄虛。王儉七志曰。木華字玄虛。廣川人。傅亮文章志曰。玄虛爲海賦。文章雋麗。足繼前良。但恨不道鹽耳。思光即求筆益之曰。漉沙構白。熬波出素。積雪中春。飛霜暑路。

○補 薛道衡聘陳。作人日詩云。入春纔七日。離家已李云、詩至六朝、非但無作者、亦乏識者。

二年、南人嗤之曰、是底言、誰謂此虜解作詩。及云入歸落鴈後、思發在花前、乃喜曰、名下固無虛士。

○補

釋慧淨嘗與道士蔡晃談義、晃屢被摧折。僧道宣傳燈錄曰、慧淨俗姓房氏、常山眞定人。隋國子博士徽遠族子。生知天挺、稚懷篇什、風格標峻、器宇冲邈。弱歲便曉文頌。十四出家、志業弘遠。日頌八千餘言。總持辭義、罕有其比。

國子祭酒孔頴達　劉昫唐書曰、孔頴達字仲達、冀州衡水人。八歲就學、日誦千餘言。及長、明左氏傳、鄭氏尚書、王氏易、毛詩、禮記、兼善算暦、解屬文。同郡劉焯名重海內、頴達造門請質疑滯、多出意表。焯改容敬之。大業初、舉明經。太宗引爲文學館學士。拜國子祭酒。心存

得一作既

道黨謂慧淨曰佛家無諍。語錄曰佛說我得無諍三昧人中最爲第一法師何以屢構斯難慧淨答曰佛破外道外道不通圓覺經註曰外道者着諸見等以邪智惑人令疑反謂佛曰汝常自言平等今既以難破我即是不平何謂平等金剛經曰是法平等無有高下是名阿耨多羅三藐三菩提佛爲通曰以我不平破汝不平汝若得平即我平矣顧今亦爾以淨之諍破彼之諍彼得無諍即淨無諍也

○補齊澣善知今事唐詩紀事曰齊澣字洗心定州人開元間與蘇晉蘇頲賈曾韓休許景先孫逖典詔誥爲代言最杜暹當國表宋璟爲吏部尚書澣及蘇晉爲侍郎世謂臺選

嘗稱陳希烈苗晉卿之才。後皆大顯。高仲舒善知古事。劉昫唐書曰。高叡字仲舒。雍州萬年人。博通經史。尤明三禮及詁訓之書。神龍中。爲相王府文學。王甚重之。開元中。授中書舍人。宋璟蘇頲每詢訪故事焉。姚崇每諮此兩人。嘗曰。欲知古事問仲舒。欲知今事問齊澣。崇別見

○補

元微之劉昫唐書曰。元稹字微之。河南人。魏昭成皇帝之後。父寬。比部郎中。稹九歲能屬文。十五。兩經擢第。二十八。應制舉才識兼茂明於體用科。稹爲第一。除右拾遺。長慶二年。拜平章事。唐詩紀事曰。穆宗時。嬪御多誦稹歌詞。宮中號爲元才子。與劉夢得唐書曰。劉禹錫字夢得。彭城人。祖雲。父漵。世以儒學稱。禹錫精於古文。善五言詩。近體文章復多才麗。爲監察御史。以附麗王叔文。連加貶。遂終太子賓客。分司東都。韋楚老唐詩紀事

曰。韋楚老。長慶進士。終于拾遺。在白傳第唐書曰。白居易。字樂天。太原人。北齊五兵尚書建之仍孫。祖鍠。父季庚。世敦儒業。居易聰慧絕人。貞元十四年。高郢擢昇甲科。授校書郎元和中。爲集賢校理。文辭富豔。尤精詩筆。所著歌詩。意存諷諭。箴時之病。補政之闕。士君子宗之。往往流聞禁中。章武納諫思理。渴聞讜言。召入翰林爲學士。各賦金陵懷古詩。劉先成。白覽之曰。四人探驪龍。子先獲珠。所餘鱗爪。何用邪。莊子曰。河上有家貧。恃緯蕭而食者。子沒川。得千金珠。謂其子取石來鍛之。夫千金之珠。必在九重之泉。驪龍頷下。若能得珠者。遭其睡也。如使驪龍寤。子尚奚微之有哉。於是罷唱。劉詩曰。王濬樓船下益州。金陵王氣黯然收。千尋鐵鎖沉江底。一片降旛出石頭。人世幾回傷往事。山形依舊枕清流。而今四海爲家日。故壘蕭蕭蘆荻秋。

○補

范蜀公素不飲酒。又詆佛教。宋史曰。范鎭字景仁。成都華陽人。薛奎守蜀還朝。曰。得一偉人。當以文學名世。其學本六經。不道佛老申韓之說。歷官端明殿學士。提擧太乙宮。兼侍讀。在許下與韓持國。五朝名臣言行錄曰。韓維字持國。忠獻公億之子。以蔭補官。仕至門下侍郎。兄弟宋史論曰。億有子。位公府。而行各有適。絳適於同。維適於正。縝適於嚴。往還。諸韓皆崇此二事。李廌師友談記曰。東坡云。日者王寧王寔見訪。寔持國少傳之壻也。因問持國安否。皆曰。持國嘗語人。吾已癃老。且將聲樂酒色以娛年。東坡曰。頃有一老人。未曾參禪。而雅合禪理。一日會親友曰。老人且去。因攝衣正坐。將奄奄焉。諸子呼號。願留一言爲教。老人曰。惟五更起。勾當自家事。諸子曰。家事幸豈何用早起家事皆自家事豈有分別老人曰不然所謂自家事是死時將得去者吾平生治生今日就化可將何者去諸子頗悟持國果自以戕年勞心聲酒不若爲死時將去者計也

公頗病之貽蘇子瞻書問救之當以何術子瞻報曰請公試觀能惑之性何自而生欲救之心作何形相此猶不立彼復何依正恐黄面瞿曇亦須斂衽釋迦譜曰淨飯遶祖捨國修行受瞿曇姓故曰瞿曇氏況學之者耶張太史明道雜志曰范蜀公不信佛説大蘇公嘗與公論求其所以不信之説范公云鎮平生事非目所見者未嘗信蘇公曰公亦安能然哉設公有疾令醫切脉醫曰寒則服熱藥曰熱則餌寒藥公何嘗見脉而信之何獨至於佛而必待見耶

○補黄龍寺晦堂老子嘗問山谷以吾無隱乎爾之義寧州志曰黄龍山寺吳廣武中有黄龍見于山因以名山谷詮釋再三晦堂不答時暑退涼生秋香滿院晦堂因問曰聞木犀香乎山谷曰聞晦堂曰吾無隱乎爾山谷乃服羅湖野録曰魯直元祐間丁家艱館黄龍山從晦堂和尚遊

補宋次道家多書東都事略曰宋敏求字次道趙州平棘人父綬參知政事家藏書二萬卷敏求官龍圖閣學士以力學被遇父子繼世掌史劉道原就借觀宋日具酒饌爲主人禮道原曰此非吾所爲來也悉撤去閉閤抄讀旬日盡其書而去宋史曰劉恕字

補 王云。何元朗讀書不知漢有兩陳咸。此陳咸是陳寵曾祖。非萬年子。萬年子以發死於成帝時。年代大不相當。

道原筠州人。父與潁上令。恕少穎悟。書過目成誦。重意義。急然諾。王安石欲引置三司條例。以不習金穀辭。

方正上

陳尚書 班固漢書曰。御史大夫陳萬年子咸。亢直有異才。官廷尉監。累遷尚書。

見王莽 司馬光通鑑曰。莽字巨君。孝元后之姪也。初封新都侯。弑平帝。簒漢天下。建國號新。僭位十八年。漢兵殺之。

誅何武鮑宣 班固漢書曰。何武字君公。蜀郡郫縣人。哀帝時。爲御史大夫。鮑宣字子都。渤海高城人。何武甚敬重焉。薦爲諫大夫。大夫董賢貴幸。上書切諫。王莽秉政。陰有簒國之心。誅不附已者。宣及何武等皆死。

喟然歎曰。吾可以逝矣。父子相與歸鄉里。閉門不出入。猶用漢家

祖臘。或問之。答曰。我先祖豈知王氏臘乎。祖道祭也。

臘歲終之大祭也。高堂隆魏臺訪議曰。王者各以其行盛日爲祖。衰日爲臘。漢家以火德王。火盛於午。衰於戌。故以午祖。戌臘。

○補　蘇桓公性彊切。而持毀譽。士友咸憚之。至相語曰。見蘇桓公。患其教責人。不見又思之。三輔號爲大人。後漢書蘇章傳曰。章八世祖建武帝時右將軍。祖父純字桓公。有高名。

補　馬伏波嘗有疾。范曄後漢書曰。馬援字文淵扶風茂陵人。曾祖父通封重合侯坐事誅。故再世不顯。援年十二而孤。少有大志。嘗曰。丈夫爲志。窮當益堅。老當益壯。因處田牧。至有牛馬羊數千頭。穀數萬斛。既而歎曰。凡殖貨財產。貴能賑施也。否則守錢虜耳。乃盡散以

杢云名言

李云胡儆了

班昆弟故舊身衣羊裘皮袴兄子嚴敦並喜譏議而通俠客援在交趾以書誡之建武四年隗囂使奉書洛陽歸身漢朝累立戰功拜伏波將軍封新息侯

梁松來候之獨拜床下不答諸子問曰帝壻貴重奈何不爲禮伏波曰我乃松父友雖貴何得失其序

後漢書曰梁松字伯孫安定烏氏人梁統子少爲郎尚光武女舞陰長公主

補

王仲回資性方潔疾惡彊豪

范曄後漢書曰王丹字仲回京兆下邽人哀平間仕州郡王莽時連徵不至鄧禹至關中表爲左馮翊稱疾免歸後復徵爲太子少傅

一友人喪親同郡陳遵關西大俠爲護喪事賻助甚豐仲回懷一縑陳於主人前曰如丹此

胡說

縑出自機杼。遵有慚色。班固漢書曰。陳遵字孟公。杜陵人。長八尺餘。容貌甚偉。略涉傳記。贍於文辭。請求不敢逆。所到衣冠懷之。時列侯有與遵同姓字者。每至人門曰陳孟公。坐中皆震動。既至而非。因號其人曰陳驚坐云。

○補

侯司徒欲與王仲回交友。仲回被徵。遣子昱候於道。昱迎拜車下。仲回下答之。昱曰。家公欲與君結交。何爲見拜。仲回曰。君房有是言。丹未之許也。范曄後漢書曰。侯霸字君房。河南密人。矜嚴有威容。篤志好學。師事九江太守房元治穀梁春秋。爲元都講。建武四年。徵霸與車駕會壽春。拜尚書令。明年。代伏湛爲大司徒。

補

周太常清潔守禮。嘗臥病齋宮。妻閔問所苦。周以爲干犯齋禁大怒收送詔獄時人爲之語曰生世不諧作太常妻一歲三百六十日三百五十九日齋一日不齋醉如泥（東觀漢記曰周澤字穉都少修高節耿介特立好學問治嚴氏春秋門徒數百人隱居上野不汲汲於時俗拜太常果敢數有直言朝廷嘉其清廉）

○

補

魏文帝爲五官中郎將賓客如雲邴根矩（邴原別見）獨不往曹公微使人問之邴答曰吾聞國危不事家宰君老不奉世子曹公深重其言

○南陽宗世林魏武同時而甚薄其爲人不與之

交及魏武作司空總朝政從容問宗曰可以交未答曰松栢之志猶存世林既以忤旨見疎位不配德文帝兄弟每造其門皆獨拜牀下其見禮如此

楚國先賢傳曰宗承字世林南陽安衆人父資有美譽承少而修德雅正確然不群徵聘不就聞德而至者如林魏武弱冠屢造其門值賓客猥積不能得言乃伺承起往要之捉手請交承拒而不納帝後爲司空輔漢朝乃謂承曰卿昔不顧吾今可爲交未承曰松栢之志猶存帝不說以其名賢猶敬禮之敕文帝脩子弟禮就家拜漢中太守武帝平冀州從至鄴陳羣等皆爲之拜帝猶以舊情介意薄其位而優其禮就家訪以朝政居賓客之右文帝徵爲直諫大夫明帝欲引以爲相以老固辭

刘云其狎之未必以故非内交也

○夏侯玄旣被桎梏。魏氏春秋曰。玄字太初。譙國人。夏侯尚之子。大將軍曹爽兄也。風格高朗。弘辯博暢。正始中。護軍。曹爽誅徵爲太常。内知不免。不交人事。不畜筆研。及太傅薨。許允謂玄曰。子無復憂矣。玄歎曰。士宗。卿何不見事乎。此人猶能以通家年少遇我。子元子上不吾容也。後中書令李豐惡大將軍執政遂謀以玄代之。大將軍聞其謀。誅豐收玄送廷尉。干寶晉紀曰。初豐之謀也。使告玄。玄答曰。宜詳之爾。不以聞也。故及於難。時鍾毓爲廷尉。魏書曰。毓字稚叔。潁川長社人。繇長子也。年十四。爲散騎侍郎。機捷談笑。有父風。仕至車騎將軍。鍾會先不與玄相知。因便狎之。玄曰。雖復刑餘之人。未敢聞命。世語曰。玄至廷尉。不肯下辭。廷尉鍾毓自臨履玄。玄正色曰。吾當何辭。卿爲令史責人邪。卿便爲吾作。毓以玄名士。節高不可屈。而獄當竟。

夜為作辭，令與事相附，流涕以示玄。玄覩之，曰：不當邑邑邪。鍾會年少於玄，玄不與交，是日於毓坐狎玄。玄正色曰：鍾君何得如是。名士傳曰：初，玄以鍾毓志趣不同，不與之交。玄被收時，毓為廷尉，執玄手曰：太初何至於此。玄正色曰：雖復刑餘之人，不可得交。按郭頒西晉人，時世相近，為晉魏世語，事多詳覈。孫盛之徒，皆采以著書，並云玄距鍾會。而袁宏名士傳最後出，不依前史，以為鍾毓，可謂謬矣。考掠初無一言，臨刑東市，顏色不異。魏志曰：玄格量弘濟，臨斬顏色不異，舉止自若。

○夏侯泰初與廣陵陳本善。本與玄在本母前宴飲。世語曰：本字休元，臨淮東陽人。魏志曰：本廣陵東陽人。父矯，司徒。本歷郡守、廷尉，所在操綱領，舉大體，能使羣下自盡。有率御之才，不親小事，不讀法律，而得廷尉之稱。遷鎮北將軍。

劉云亦似未見
矜不可

本弟騫晉陽秋曰騫字休淵司徒第二子無行騫訥諤風滑稽而多智謀仕至大司馬還徑入至堂戶泰初因起曰可得同不可得而褻名士傳曰玄以鄉黨貴齒不論德位年長者必為拜與陳本母前飲騫來而出其可得同不可得而褻者也

○

郭淮作關中都督甚得民情亦屢有戰庸郭淮字伯濟太原陽曲人建安中除平原府丞黃初元年奉使賀文帝踐阼而稽留不及羣臣歡會帝正色責之曰昔禹會諸侯於塗山防風後至便行大戮今溥天同慶而卿最留遲何也淮曰臣聞五帝先教導民以德夏后政衰始用刑辟今臣遭唐虞之世是以知免防風之誅帝說之擢為雍州刺史遷征西將軍淮在關中三十餘年功績顯著遷儀同三司贈大將軍淮妻

劉云語甚感動節次皆是

太尉王凌之妹坐凌事當并誅魏略曰凌字彥雲太原祁人歷司空太尉征東將軍密欲立楚王彪司馬宣王自討之凌自縛歸罪遙謂太傅曰卿直以折簡召我我當不至邪太傅曰以卿非肯逐折簡者也遂使人送至西凌自知罪重試索棺釘以觀太傅意太傅給之凌行至項城夜呼掾屬與決曰行年八十身名俱滅命邪遂自殺使者徵攝甚急淮使戒裝克日當發州府文武及百姓勸淮舉兵淮不許至期遣妻百姓號泣追呼者數萬人行數十里淮乃命左右追夫人還於是文武奔馳如徇身首之急既至淮與宣帝司馬懿別書曰五子哀戀思念其母其母既亡則無見

五六世語簡而盡前後相應叙事工描見矣

五子。五子若殞。亦復無淮。宣帝乃表特原淮妻。

世語曰。淮妻當從坐。侍御史往收。督將及羌胡渠帥數千人。叩頭請淮上表留妻。淮不從。妻上道。莫不流涕。人人扼腕。欲劫留之。淮五子叩頭流血請淮。淮不忍視。乃命追之。於是數千騎往追還。淮以書白司馬宣王曰。五子哀母。不惜其身。若無其母。是無五子。五子若亡。亦無淮也。今輒追還。若於法未通。當受罪於主者。書至。宣王乃表原之。

○

高貴鄉公薨。內外諠譁。

魏志曰。高貴鄉公。諱髦。字彥士。文帝孫。東海定王霖之子也。初封郯縣高貴鄉公。好學夙成。齊王廢。羣臣迎之。即皇帝位。漢晉春秋曰。自曹芳事後。魏人省徹宿衛。無復鎧甲。諸門戎兵。老弱而已。曹髦見威權日去。不勝其忿。召侍中王沈。尚書王經。散騎常侍王業。謂曰。司馬昭之心。路人所知也。吾不能坐受廢辱。今日當與卿自出討之。王經諫不聽。乃出懷中板令投地曰。行之。
決矣。正使死。何所恨。況不必死耶。於是入白太
后。沈業奔走告昭。昭爲之備。髦遂率僮僕數百
鼓譟而出。昭弟屯騎校尉伷入。遇髦於東止車
門。左右訶之。伷衆奔走。中護軍賈充又逆髦戰
於南闕下。髦自用劍。衆欲退。太子舍人成濟問
充曰。事急矣。當云何。充曰。公畜汝等。正爲今日。
今日之事。無所問也。濟卽前刺髦。刃出於背。魏
氏春秋曰。帝將誅大將軍。詔有司復進位相國。
加九錫。帝夜自將冗從僕射李昭。黃門從官焦
伯等。下陵雲臺。鎧仗授兵。欲因際會。遣使自出
致討。會雨而却。明日遂見王經等。出黃素詔於
懷曰。是可忍也。孰不可忍。今當決行此事。帝遂
拔劍升輦。率殿中宿衛蒼頭官僮。擊戰鼓。出雲
龍門。賈充自外而入。帝師潰散。帝猶稱天子。手
劍奮擊。衆莫敢逼。充率厲將士。騎督成倅弟濟
以矛進。帝崩於師。
時暴雨雷電晦冥。司馬文王問侍中陳泰曰。魏志

王云千載遺憾
陳群有徹德英

應登云充親弑
魏帝

王云合數說以
實玄伯之正

劉云眞方正之
臣也神志凜然

李云老賊

曰。秦字玄伯。司空羣之子也。何以靜之。泰云。惟殺賈充以謝天下。晉諸公贊曰。充字公閭。襄陵人。父逵。魏豫州刺史。充起家爲尚書郎。遷廷尉。晉受禪。封魯郡公。文王曰。可復下此不。對曰。但見其上。未見其下。于寶晉紀曰。高貴鄉公之殺。司馬文王召朝臣謀其故。太常陳泰不至。使其舅荀顗召之。告以可不。泰曰。世之論者。以泰方於舅。今舅不如泰也。子弟內外咸共逼之。垂涕而入。文王待之曲室。謂曰。玄伯。卿何以處我。對曰。可誅賈充以謝天下。文王曰。爲吾更思其次。泰曰。惟有進於此。不知其次。文王乃止。漢晉春秋曰。曹髦之薨。司馬昭聞之。自投於地曰。天下謂我何。於是召百官議其事。昭垂涕問陳泰曰。何以居我。泰曰。公光輔數世。功蓋天下。謂當並迹古人。垂美於後。一旦有殺君之事。不亦惜乎。速斬賈充。猶可以自明也。昭曰。公閭不可得殺也。卿更

思餘計。泰厲聲曰。意惟有進於此耳。餘無足委
者也。歸而自殺。魏氏春秋曰。泰勸大將軍誅賈
充。大將軍曰。卿更思其他。泰曰。
豈可使泰復發後言。遂嘔血死。

諸葛靚後入晉。除大司馬。召不起。以與晉室有
讎。常背洛水而坐。與武帝有舊。帝欲見之而無
由。乃請諸葛妃呼靚。既來。帝就太妃間相見。禮
畢。酒酣。帝曰。卿故復憶竹馬之好不。靚曰。臣不
能吞炭漆身。今日復覩聖顏。因涕泗百行。帝於
是慚悔而出。晉諸公贊曰。靚字仲思。瑯琊人。司
空誕少子也。雅正有才望。仕吳爲
右將軍。大司馬。吳亡。靚入洛。以父誕爲太祖所
殺。誓不見世祖。世祖叔母瑯琊王妃。靚之姊也。

帝後因靚在姊間往就見焉靚逃於廁中於是以至孝發名時嵇康亦被法而康子紹以蕩陰之役談者咸曰觀紹靚二人然後知忠孝之道區以別矣

補諸葛思遠初綜朝事蜀志曰諸葛瞻字思遠丞相亮之子亮出武功與兄瑾書曰瞻已八歲聰慧可愛嫌其早成恐不爲重器耳丞相亡蜀人思亮之愛瞻才敏每朝廷有一善政佳事雖非瞻所建倡傳相告曰葛侯所爲也是以美聲溢譽有過其實與董厥並平尚書事蜀亡卒於國難

廖元儉蜀志曰廖化字元儉襄陽人爲丞相參軍以果烈稱官位與張翼齊而在宗預之右**過宗德豔欲與共詣思遠許德豔曰吾年踰七十所竊已過但少一死耳何求於年少輩而屑屑造門耶遂不往**蜀志曰宗預字德豔南陽安衆人

人爲丞相主簿。丞相猝卒。吳慮魏襲蜀，增巴丘守兵萬人。蜀亦益永安之戍。預將命至吳。孫權問曰：東之與西，譬猶一家。而西更增白帝之守，何也。預曰：東益巴丘之戍，西增白帝之守，皆事勢宜然，不足相問。權大笑，嘉其亢直。

○和嶠爲武帝所親重。語嶠曰：東宮頃似更成進，卿試往看。還問何如。答曰：皇太子聖質如初。干寶晉紀曰：皇太子有醇古之風，美於信受。侍中和嶠數言於上曰：季世多僞，而太子尚信，非四海之主，憂太子不了陛下家事。願追思文武之祚。上既重長適，又懷齊王朋黨之論，弗入也。後上謂嶠曰：太子近入朝，吾謂差進。卿可與荀侍中共往言。及顗奉詔還，對上曰：太子明識弘新，有如明詔。問嶠，嶠對曰：聖質如初。上默然。晉陽秋曰：世祖疑惠帝不可承繼大業，遣和嶠、荀勗往王云、荀顗亦未可保。

王云、此故是長輿方正。嘉之紀、不得云強抗。

觀察之。既見勗稱歎曰、太子德更進、茂不同於故。嶠曰、皇太子聖質如初。此陛下家事、非臣所盡。天下聞之、莫不稱嶠爲忠、而欲灰滅勗也。按荀顗清雅、性不阿諛、校之二說、則孫盛爲得也。

晉武帝時、荀勗爲中書監、虞預晉書曰、勗字公曾、潁川潁陰人、漢司空爽曾孫也。十餘歳能屬文。外祖鍾繇曰、此兒當及其曾祖。爲安陽令、民生爲立祠。累遷侍中、中書監。和嶠爲令。故事監令由來共車。嶠性雅正、常疾勗諂諛。王隱晉書曰、勗性佞媚、譽太子出齊王。當時私議、損國害民、孫劉之四也。後世若有良史、當著佞倖傳。後公車來、嶠便登正向前坐、不復容勗。勗方更覓車、然後得去。監令各給車自此始。曹嘉之晉紀曰、中書監令常同車入朝。至和嶠爲令、而荀勗爲監、嶠意彊抗專車而坐。乃使監令異車。自此始也。

武帝語和嶠曰。我欲先痛罵王武子。然後爵之。嶠曰。武子儁爽。恐不可屈。帝遂召武子苦責之。因曰。知愧不。晉諸公贊曰。齊王當出藩。而王濟諫請無數。又累遣常山公主與長廣公主共入稽顙陳乞留之。世祖甚恚。謂王戎曰。我兄弟至親。今出齊王。自朕家計。而甄德王濟連遣婦入來生哭人邪。濟等尚爾。況餘者乎。濟自此被責。左遷國子祭酒。武子曰。尺布斗粟之謠。常為陛下恥之。漢書曰。淮南厲王長。高祖少子也。有罪。文帝徙之於蜀。不食而死。民作歌曰。一尺布。尚可縫。一斗粟。尚可舂。兄弟二人不能相容。瓚注曰。言一尺布帛可縫而共衣。一斗米粟可舂而共食。況以天下之廣而不相容也。他

劉云直自愧其矮耳不足言勝

人能令疎親臣不能使親疎以此愧陛下

山公大兒著短帢車中倚武帝欲見之山公不敢辭問兒兒不肯行時論乃云勝山公晉諸公贊曰山該字伯倫司徒濤長子也雅有器識仕至左衛將軍

齊王冏爲大司馬輔政虞預晉書曰冏字景治齊王攸子也少聰慧及長謙約好施趙王倫篡位冏起義兵誅倫拜大司馬加九錫政皆決之而恣用羣小不復朝覲遂爲長沙王所誅嵇紹爲侍中詣冏咨事冏設宰會召葛旟齊王官屬名曰旟字虛旟齊王從事中郎晉陽秋曰齊王起義轉長史既克趙王倫與董艾等專執威權冏敗見誅董艾等八王故事曰艾字叔智弘農人祖遇魏侍中父

王云中散見故自不凡

綏祕書監。艾少好功名。不修士檢。齊王起義。艾爲新汲令。赴軍。用艾領右將軍。王敗見誅。共

論時宜。旟等白冏。嵇侍中善於絲竹。公可令操之。遂送樂器。紹推卻不受。冏曰。今日共爲歡。卿何卻邪。紹曰。公協輔皇室。令作事可法。紹雖官卑。職備常伯。操絲比竹。蓋樂官之事。不可以先王法服。爲伶人之業。今逼高命。不敢苟辭。當釋冠冕。襲私服。此紹之心也。旟等不自得而退。

李卓吾批點世說新語補卷之六

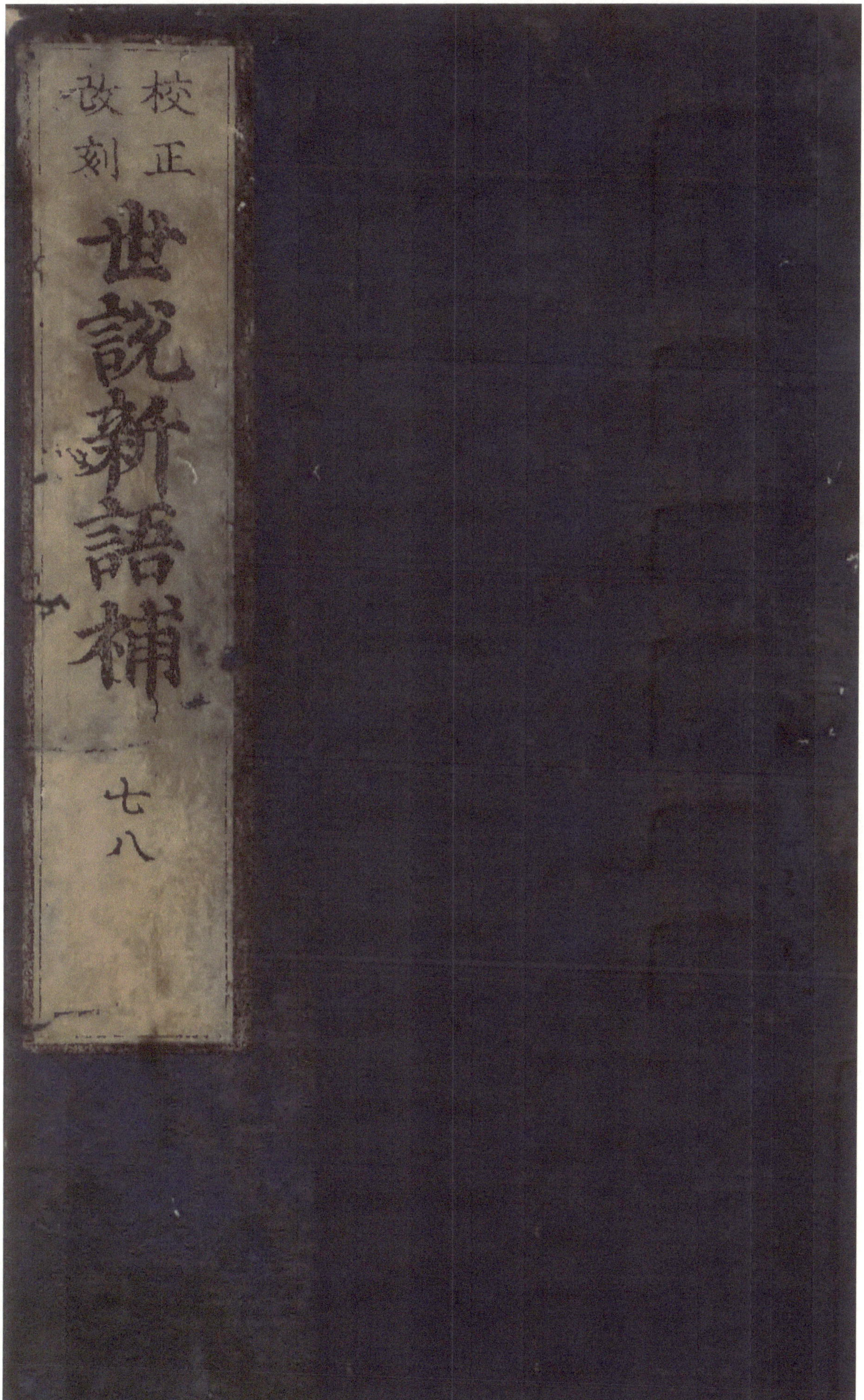
校正
改刻
世說新語補
七八

李卓吾批點世說新語補卷之七

宋 劉義慶 撰
梁 劉孝標 注
宋 劉辰翁 批
明 何良俊 增
王世貞 刪定
王世懋 批釋
李贄 批點
張文柱 校注

李云言語

○

方正下

盧志於衆坐世語曰。志字子通。范陽人。尚書珽少子。少知名。起家鄴令。歷成都王長史。衛尉卿。尚書郎。問陸士衡陸遜陸抗是君何物。吳書曰。遜字伯言。吳郡人。世爲冠族。初領海昌令。號神君。累遷丞相。答曰。如卿於盧毓、盧珽。魏志曰。毓字子家。涿人。父植。有名於世。累遷吏部郎。尚書選舉。先性行而後言才。進司空。珽。咸熙中爲泰山太守。字子笏。位至尚書。士龍失色。既出戶。謂兄曰。何至如此。彼容不相知也。士衡正色曰。我父祖名播海內。寧有不知。鬼子敢爾。孔氏志怪曰。盧充者范陽人。家西三十里有崔少府墓。充先冬至一日出家西獵。見一麞。舉弓而射。即中之。麞倒而復起

充逐之不覺遠忽見一里門如府舍門中一鈴
下有唱客前充問此何府也答曰少府府也充
曰我衣惡那得見貴人即有人提襆新衣迎之
充著盡可體便進見少府展姓名酒炙數行崔
曰近得尊府君書爲君索小女婚故相延耳即
舉書示充充父亡時雖小然已見父手迹便歔
欷無辭崔即勑內令女郎莊嚴使充就東廊充
至婦已下車立席頭共拜爲三日畢還見崔崔
曰君可歸矣女有娠相生男當以相還生女當
留自養勑外嚴車送客崔送至門執手零涕離
別之感無異生人復致衣一襲被褥一副充使
上車去如電逝須臾至家家人相見悲喜推問
知崔是亡人而入其墓追以懊惋居四年三月
三日臨水戲忽見二犢車乍浮乍沒既上岸充
往開車後戶見崔氏女與三歲男兒共載充見
之忻然欲捉其手女舉手指後車曰府君見人
即見少府充往問訊女抱兒還充又與金鋺別
并贈詩曰煌煌靈芝質光麗何猗猗華豔當時

王云、士龍亦別有勝兄處。

顯嘉會表神奇。今英未及秀。中夏罹霜萎。榮耀長幽滅。世路永無施。不悟陰陽運。哲人忽來儀。會淺離別速。皆由靈與祇。何以贈余親。金鋺可顧兒。恩愛從此別。斷絶傷肝脾。充取兒鋺及詩。忽不見二車處。將兒還。四坐謂是鬼魅。僉遙唾之。形如故。問兒誰是汝父。兒徑就充懷。衆初怪惡傳省其詩。慨然歎死生之玄通也。充詣市賣鋺。高舉其價。不欲速售。冀有識者。歘有一老婢問充得鋺之由。還報其大家。卽女姨也。遣視之。果是。謂充曰。我姨姊崔少府女。未嫁而亡。家親痛之。贈一金鋺。著棺中。今視鋺甚似。得鋺本末可得聞不。充以事對。卽詣充家迎兒。兒有崔氏狀。又似充貌。姨曰。我外甥三月末間產。父曰春煖溫也。願休強也。卽字溫休。溫休。蓋幽婚也。其兆先彰矣。兒遂成爲令器。歷數郡二千石。皆著績。其後生植。爲漢尚書。植子毓爲魏司空。冠蓋相承至今也。議者疑二陸優劣。謝公以此定之。

劉云妙拂尔非方正

李云言語可非方正

王太尉夷甫不與庾子嵩交庾卿之不置王曰君不得爲爾庾曰卿自君我我自卿卿我自用我法卿自用卿法。

向雄爲河內主簿有公事不及雄而太守劉淮横怒遂與杖遣之雄後爲黄門郎劉爲侍中初不交言武帝聞之勑雄復君臣之好雄不得已詣劉再拜曰向受詔而來而君臣之義絕何如於是卽去武帝聞尚不和乃怒問雄曰我令卿復君臣之好何以猶絕。漢晉春秋曰雄字茂伯河內人世語曰雄有節

毛云若引孫盛晉書遂兩用之

劉云憾而已非方正之選也

槩。仕至黄門郎。護軍將軍。撫王隱孫盛不與故君相問議曰。昔在晉初。河內温縣領校向雄送御犧牛不先呈郡輒隨比送洛值天大熱郡送牛多暍死臺法甚重。太守吳奮召雄與杖雄不受杖曰。郡牛者亦死也呈牛者亦死也。奮大怒下雄獄將大治之。會司隷辟雄都官從事數年爲黄門侍郎。奮爲侍中同省。相避不相見武帝聞之。給雄酒醴使詣奮解雄乃奉詔。此則非劉准也。晉諸公贊曰。准字君平。沛國楡狄人少以清正稱累遷河內太守。侍中。尚書僕射。司徒。

雄曰。古之君子進人以禮退人以禮今之君子進人若將加諸膝退人若將墜諸淵臣於劉河內不爲戎首亦已幸甚安復爲君臣之好武帝從之。禮記曰。穆公問於子思曰。爲舊君反服古邪。子思曰。古之君子。進人以禮退人以禮。

劉云。斯人於倫好如此。尚足論名品邪。
王云。此稍近方正。然得無過邪。
應登云。仲智如惠弟之泣別。責兄之客傲。其言似正。亦不近人情。

故有舊君反服之禮。今之君子。進人若將加諸膝。退人若將墜諸淵。無爲戎首。不亦善乎。又何反服之有。鄭玄曰。爲兵主來攻伐。故曰戎首也。

○周伯仁爲吏部尚書。在省內夜疾危急。時刁玄亮爲尚書令。營救備親好之至。良久小損。虞預晉書曰。刁協字玄亮。勃海饒安人。少好學。雖不研精而多所博涉。中興制度。皆稟於協。協累遷尚書令。中宗信重之。爲王敦所忌。舉兵討之。奔至江南敗死。明旦報仲智。鄧粲晉紀曰。周嵩字仲智。顗弟也。性狡直果俠。每以才氣陵物。顗被害。王敦使人弔焉。嵩曰。亡兄天下有義人。爲天下無義人所殺。復何所弔。敦甚銜之。猶取爲從事中郎。因事誅嵩。晉陽秋曰。嵩事佛。臨刑猶誦經。仲智狼狽來。始入戶。刁下牀對之大泣。說伯仁昨危急之狀，仲智手批之，不爲辟易於戸側。既前，都不問病，直云：君在中朝，與和長輿齊名，那與佞人刁協有情？逕便出。世說曰：元帝以鄭后之寵，欲舍明帝而立簡文。議者咸謂舍長立少，既於理非倫，且明帝以聰亮英斷，宜爲儲嗣。周、王諸公並苦爭懇切，惟刁玄亮獨欲奉少主以阿上旨。

王敦既下，住船石頭，欲有廢明帝意。晉紀曰：帝諱紹，字道畿，元帝長子，明敏有機斷。賓客盈坐，敦知帝聰明，欲以不孝廢之，每言帝不孝之狀，而皆云溫太眞所說。溫嘗爲東宮率，後爲吾司馬，甚悉之。須臾溫來，敦

王云可稱方正 ○

侍一本待字

便奮其威容、問溫曰、皇太子作人何似。溫曰、小人無以測君子。敦聲色並厲、欲以威力使從己、乃重問溫、太子何以稱佳。溫曰、鉤深致遠、蓋非淺識所測。然以禮侍親、可稱爲孝。劉謙之晉紀曰、敦欲廢明帝、言於衆曰、太子子道有虧。溫司馬昔在東宮、悉其事。嶠既正言、敦忿而愧焉。

王大將軍既反至石頭、周伯仁往見之、謂周曰、卿何以相負。對曰、公戎車犯正、下官忝率六軍、而王師不振、以此負公。晉陽秋曰、王敦既下、六軍敗績。顗長史郝嘏及左右文武勸顗避難。顗曰、吾備位大臣、朝廷傾撓、豈可草間求活、投身胡虜邪。乃與朝士詣敦。

○○

舊一作仁

王云丞相末年大不滿人意在保存諸叛賊蓋渠於節義二字不太分曉

敦曰。近日戰有餘力不。對曰。恨力不足。豈有餘邪。

蘇峻時 王隱晉書曰。峻字子高。長廣掖人。少有才學。仕郡主簿。舉孝廉。値中原亂。招合流舊三千餘家。結壘本縣。宜示王化。收葬枯骨。遠近感其恩義。咸共宗焉。討王敦有功。封公。遷歷陽太守。峻外營將表曰。鼓自鳴。峻自斫鼓曰。我鄉里時有此。則空城。有頃。詔書徵峻。峻曰。臺下云我反。反豈得活邪。我寧山頭望廷尉。不能廷尉望山頭。乃作亂。**孔羣在橫塘爲匡術所逼。王丞相保存術。** 會稽後賢記曰。羣字敬休。會稽山陰人。祖竺。吳豫章太守。父奕。全椒令。羣有智局。仕至御史中丞。晉陽秋曰。匡術爲阜陵令。逃亡無行。庾亮徵蘇峻。術勸峻誅亮。遂與峻同反。後以苑城降。**因衆坐戲語令術勸羣酒以釋橫塘之憾。羣答曰。德非孔子。厄同**

劉云情哲甚真宜在朝廷之上

王云正氣語乃作爾許巧妙

○○

劉云丞相雅甚此年少不讓小伎自多宜飛

李云言語

王云語絕精似王公

匡人。家語曰。孔子之宋。匡簡子以甲士圍之。子路怒。奮戟將戰。孔子止之曰。夫詩書之不講。禮樂之不習。是丘之過也。若述先王之道。而爲咎者。非丘罪也。命也夫。歌予和汝。子路彈琴。孔子和之。曲三終。匡人解甲罷。雎陽和布氣。鷹化爲鳩。至於識者。猶憎其眼。禮記月令曰。仲春之月。鷹化爲鳩。鄭玄曰。鳩播穀也。夏小正曰。鷹則爲鳩。鷹也。若其殺之時也。鳩也者。非殺之時也。善變而之仁。故具之。

江僕射年少。王丞相呼與共棋。王手嘗不如兩道許。而欲敵道戲。試以觀之。江不即下。王曰。君何以不行。江曰。恐不得爾。徐廣晉紀曰。江虨字思玄。陳留人。博學知名。兼善弈。爲中興之冠。累遷尚書左僕射。護軍將軍。傍有客曰。此年少戲

劉云言伯仁以棟梁自居而絕人也

又云勸柱語柱自佳語又佳

○

李云今之恃勢者可羞也

劉云亂倫似謂不類耳

廼不惡。王徐舉首曰。此年少非惟圍棊見勝。范汪棊品曰。彪與王恬等。棊第一品。導第五品。

顧孟著嘗以酒勸周伯仁。伯仁不受。顧因移勸柱而語柱曰。詎可便作棟梁自遇。周得之欣然。遂爲衿契。徐廣晉紀曰。顧顯字孟著。吳郡人。驃騎榮兄子。少有重名。泰興中。爲騎郎。蚤卒。時爲悼惜之。

王丞相初在江左。欲結援吳人。請婚陸太尉。對曰。培塿無松柏。薰蕕不同器。杜預左傳注曰。培塿。小阜。松柏。大木也。薰。香草。蕕。臭草。玩雖不才。義不爲亂倫之始。夫婦

李云兄弟劉云少年陵忽大人以氣爲方正高矯取名所害心術王云仲智倣佷伯仁友愛正都無關方正

李云無味

周叔治作晉陵太守周侯仲智往別叔治以將別涕泗不止仲智恚之曰斯人乃婦女與人別惟啼泣便舍去鄧粲晉紀曰周謨字叔治周侯顗次弟也仕至中護軍獨留與飲酒言話臨別流涕撫其背曰奴好自愛阿奴謨小字

王丞相作女伎施設牀席蔡公先在坐不說而去王亦不留蔡司徒別傳曰謨字道明濟陽考城人博學有識避地江左歷左光祿錄尚書事揚州刺史薨贈司空

蘇峻既至石頭百僚奔散晉陽秋曰峻率衆二萬濟自横江至於蔣

山王師敗績。惟侍中鍾雅獨在帝側。或謂鍾曰。見可而進。知難而退。古之道也。君性亮直。必不容於寇讎。何不用隨時之宜。而坐待其斃耶。鍾曰。國亂不能匡。君危不能濟。而各遜遁以求免。吾懼董狐將執簡而進矣。雅別傳曰。雅字彥冑。潁川長社人。魏太傅鍾繇弟仲常曾孫也。少有才志。累遷至侍中。

補

王丞相名位隆重。百僚欲爲降禮。馮太常以問顏光祿。晉書曰。顏含字弘都。瑯琊莘人。祖欽。給事中。父默。汝陰太守。含少有操行。以孝聞。仕至光祿勳。晉中興書曰。顏含嫂病困。須蚺虵膽。不能得。含憂歎累日。忽有一童子。持青囊

劉云此却非周嵩也
又云恬不見話言以下

授含。乃虵膽也。童子化爲青鳥飛去。顏曰。王公雖重禮無偏敬降禮之言或是諸君事宜鄙人老矣不識時務既而告人曰吾聞伐國不問仁人向馮祖思問佞於我我其有邪德乎。

孔君平疾篤。王隱晉書曰。孔坦字君平。會稽山陰人。善春秋有文辨歷太子舍人累遷廷尉卿。庾司空爲會稽省之晉陽秋曰。庾冰字季堅。太尉亮之弟也。少有檢操。亮常器之曰。吾家晏平仲。累遷車騎將軍江州刺史。相問訊甚至爲之流涕庾既下牀孔慨然曰大丈夫將終不問安國寧家之術廼作兒女子相問庾聞回謝王云。當以使君爲稱自明。

劉云。如怒如笑。如馨即如此。

補

李云。古語。

之請其話言。王隱晉書曰。坦之方直而有雅望。

桓大司馬詣劉尹。臥不起。桓彎彈彈劉枕。丸迸碎牀褥間。劉作色而起曰。使君如馨地。寧可鬪戰求勝。中興書曰。溫曾爲徐州刺史。沛國屬徐州。故呼溫使君。鬪戰者。以溫爲將也。桓甚有恨容。

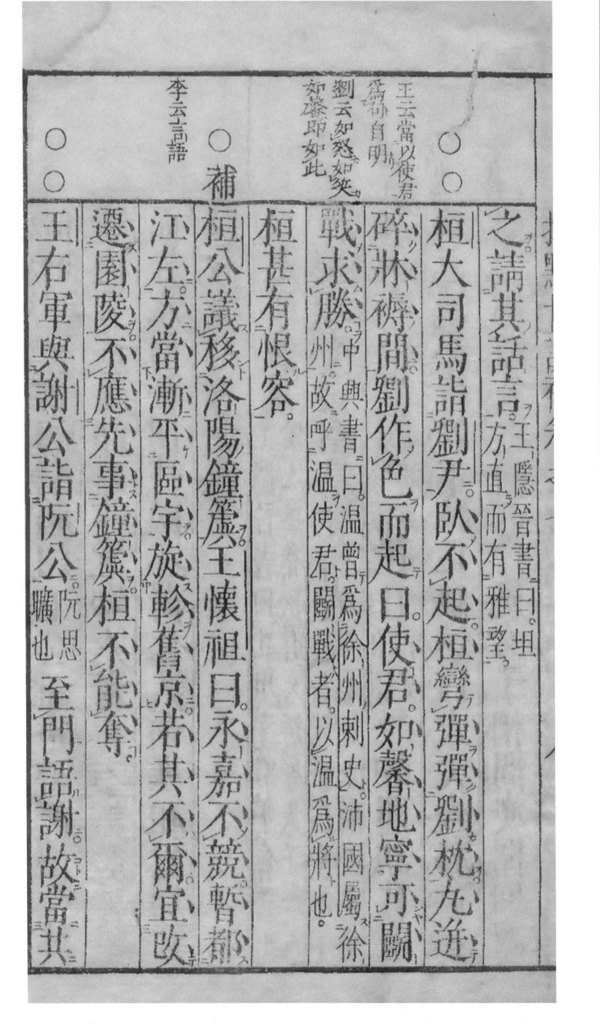

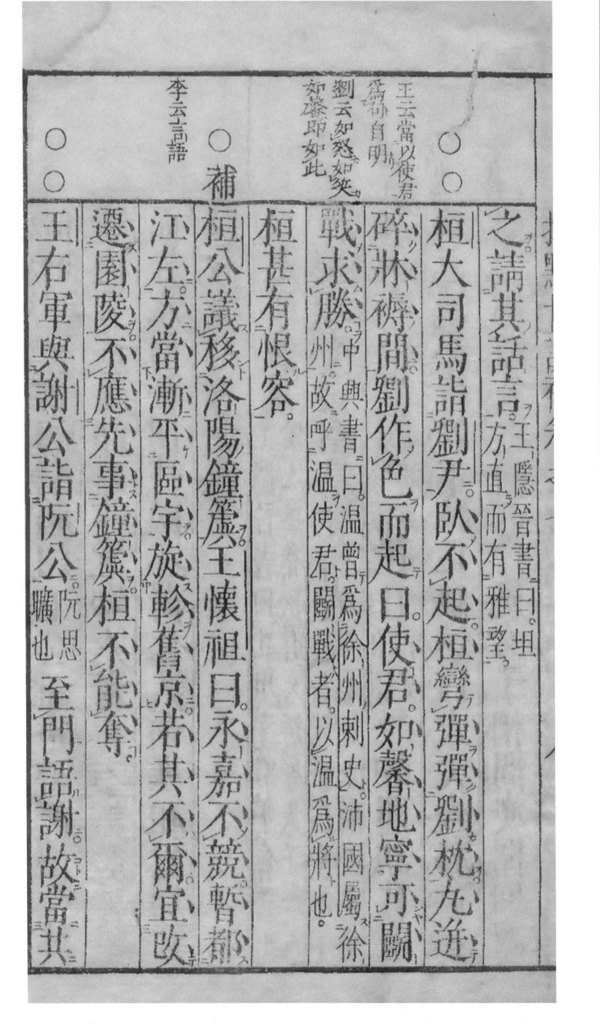

桓公議移洛陽鐘虡。王懷祖曰。永嘉不競。暫都江左。方當蕩平區宇。旋軫舊京。若其不爾。宜改遷園陵。不應先事鐘虡。桓不能奪。

王右軍與謝公詣阮公。阮思曠也。至門語謝。故當共王云、意未肯降。

李云言語

王云、孫多穢行、故又受此辱。

應登云、惡其自托諂交。

推主人謝曰、推人正自難。

王藍田拜揚州主簿、請諱。敎云、亡祖先君名播、海內遠近所知。內諱不出於外。禮記曰、婦人之諱不出門。餘無所諱。

孫興公作庾公誄、文多託寄之辭。續集載誄文曰、咨予與公、風流同歸。擬量託情、視公猶師。君子之交、相與無私。虛中納是、吐誠誨非。雖實不敏、敬佩弦韋。永戢話言、口誦心悲。旣成、示庾道恩。庾見、慨然送還之曰、先君與君自不至於此。徐廣晉紀曰、庾羲字叔和、亮第三子。拔尚率到、位建威將軍、吳國內史。道恩、羲小字。

○補

劉云謂從此作因緣

王云此語殊有益

會稽王道子專政委任羣小陸祖言晉書曰陸訥字祖言吳郡吳人父玩官侍中司空訥少有清操貞厲絶俗太原王述雅重之引為建威長史遷吏部郎出為吳興太守望闕歎曰好家居纖兒欲撞壞之邪朝士稱其忠亮

○劉眞長王仲祖共行日旰未食有相識小人貽其餐肴案甚盛眞長辭焉仲祖曰聊以充虛何苦辭眞長曰小人都不可與作緣

○王脩齡嘗在東山甚貧乏陶胡奴為烏程令胡奴陶範小字也陶侃別傳曰範字道則侃第十子也侃諸子中最知名歷尚書祕書監何法盛以

目一本作稱

劉云更無倫理 ○

爲第九子。送一船米遺之。卻不肯取。直答語王脩齡若饑。自當就謝仁祖索食。不須陶胡奴米。

○補 戴安道少有高名。晉安帝紀曰。戴逵字安道。譙國人也。少有清操。恬和通任。甚爲劉眞長所知。泰於娛生。好鼓琴。善屬文。尤樂遊宴。多與高門風流者遊。談者許其通隱。屢辭徵命。遂著高尚之目。武陵王司馬晞爲太宰。封武陵王。聞其善鼓琴。使人召之。安道就使者前打破琴。直語云。戴安道不能爲王矦伶人。

阮光祿赴山陵。至都。不往殷劉許。過事便還。諸人相與追之。阮亦知時流必當逐已。乃遄疾而

劉云安石渚會稽地名

○

劉云薄溫之詞

劉云亦且不成語

○

○

作耒

去至方山不相及。中興書曰。裕終日頹然。無所錯綜。而物自宗之。劉尹時爲會稽。乃歎曰。我入當泊安石渚下耳。不敢復近思曠傍。伊便能捉杖打人不易。

王劉與桓公共至覆舟山看。酒酣後。劉牽脚加桓公頸。桓公甚不堪。舉手撥去。既還。王長史語劉曰。伊詎可以形色加人不。溫別傳曰。溫有豪邁風氣也。

羅君章曾在人家。主人令與坐上客共語。答曰。相識已多。不煩復爾。羅府君別傳曰。含字君章。桂陽耒陽人。蓋楚熊姓之後。啓土羅國。遂氏族焉。後寓湘境。故爲桂陽人。含。臨海太守彥曾孫。滎陽太守綏少子也。桓宣

仕下一有加字

王云舊以面兵爲句而不可解今始讀所以言文度癡兒畏桓温面孔寔兵也那可嫁女與兵

武，辟爲別駕，以官廨諠擾，於城西池小洲上立茅茨，伐木爲牀，織葦爲席，布衣蔬食，晏若有餘。累遷散騎常侍，廷尉，長沙相，致仕，中散大夫，門施行馬，舍自在官舍，有一白雀棲集堂宇，及致仕還家，階庭忽蘭菊挺生，豈非至行之徵邪。

王文度爲桓公長史時，桓爲兒求王女，王許咨藍田。既還，藍田愛念文度，雖長大猶抱著膝上。文度因言桓求己女婚，藍田大怒，排文度下膝，曰，惡見文度已復癡，畏桓温面，兵，那可嫁女與之。文度還報云，下官家中先得婚處。桓公曰，吾知矣，此尊府君不肯耳。後桓女遂嫁文度兒。王氏劉云。謂薄待大臣。固可。然殿牌比之陵雲。擲去似為不可。

王云。註更委悉。

○○

譜曰。坦之子愷。娶桓溫第二女。字伯子。中興書曰。愷字茂仁。歷吳國內史。丹陽尹。贈太常。

太極殿始成。徐廣晉紀曰。孝武寧康二年。尚書令王彪之等。啓改作新宮。太元三年二月。內外軍六千人。始營築。至七月而成。太極殿高八丈。長二十七丈。廣十丈。尚書謝萬監視。賜爵關內侯。大匠毛安之。關中侯。王子敬時爲謝公長史。謝送版使王題之。王有不平色。語信云。可擲著門外。謝後見王曰。題之上殿何若。昔魏朝韋誕諸人亦自爲也。王曰。魏祚所以不長。謝以爲名言。宋明帝文章志曰。太元中。新宮成。議者欲屈王獻之題榜。以爲萬代寶。謝安與王語。次因及魏時起陵雲閣忘題榜。乃使韋仲將縣梯上題之。欲以此風動其意。王解其旨。正色曰。此奇事。韋仲將

劉云善對

○○

劉云事敗下似落一誅字

王云捷急語耳非方正

王云非方正豈詆邪

魏朝大臣。寧可使其若此。有以知魏德之不長。安知其心。迺不復逼之。

孝武問王爽。卿何如卿兄。王答曰。風流秀出。臣不如恭。忠孝亦何可以假人。中興書曰。爽字季明。恭第四弟也。忠孝質直。烈宗崩。王國寶夜開門入。爲遺詔。爽爲黄門郎。拒之曰。大行晏駕。太子未立。敢有先入者斬。國寶懼乃止。仕至侍中。恭事敗。贈太常。

王爽與司馬太傅飲酒。太傅醉。呼王爲小子。王曰。亡祖長史。與簡文皇帝爲布衣之交。亡姑亡姊伉儷二宮。何小子之有。中興書曰。王濛女諱穆之。爲哀帝皇后。王蘊女諱法惠。爲孝武皇后。

云法徐廣答謝晦劉裕受禪之時也此言桓玄纂立誤

補 桓玄簒立。徐野民獨哀感。涕泗交流。晉書曰。徐廣字野民。東莞姑臧人。世好學。至廣尤爲精純。謝玄爲兗州。辟從事。桓玄輔政。以爲大將軍祭酒。

謝宣明止之。收淚言曰。君爲宋朝佐命。身是晉室遺老。憂喜之事。固自不同。乃更歔欷。宋書曰。謝晦字宣明。陳郡陽夏人。祖朗。東陽太守。父重。司馬道子長史。晦爲孟昶中兵參軍。後爲宋高祖中領軍。少帝即位。加中書令。與徐羨之傅亮共輔政。以事伏誅。

補 殷仲文還姑熟。祖送傾朝。桓敬祖要王參軍同行。王弘之別見 王曰。餞離送別。必在有情。下官與殷風馬不接。無緣扈從。晉中興書曰。桓謙字敬祖。沖第三子。尚書僕射。中軍將軍。

○補　宋世吏部都令史咨執選事。陸東海慧曉在選任。已獨行。未嘗與語。帝遣人語陸云。都令史諳悉舊貫。可共參懷。陸曰。六十之年。不復能諮都令史。為吏部郎也。上若謂身不堪。便當拂衣而退。

○補　卞士蔚弱冠時。為上虞令。南史曰。卞彬。字士蔚。濟陰冤句人。祖嗣之。中領軍。父延之。上虞令。彬險拔有才。與物多忤。官車騎記室參軍。甚有剛氣。會稽太守孟顗以令長裁之。士蔚積不能容。脫幘投

謂語林南史作爲

○補

昌一作攸

地曰我所以屈卿者正謂此幘耳今已投之卿以一世勳門而傲天下國士拂衣竟去。顗別見

任彥升

劉璠梁典曰任昉字彥升樂安人四歲誦古詩數十篇十六擧秀才第一辭章之美冠絕當時好交結獎拔士友得其延譽率多升擢衣冠貴遊爭與交親坐上賓客恒有數十時人慕之號曰任君官至寧朔將軍新安太守

在齊紆意於梅蟲兒

南史曰梅蟲兒吳興人齊東昏時爲制局監甚見愛幸東昏敗伏法

用爲中書郎謝尚書令王亮亮曰卿宜謝梅那忽謝我彥升大慚

南史曰王亮字奉叔王瑩從父弟也父昌宋太宰中郎亮以名家宋末選尚公主齊竟陵王開西邸延才俊以爲士林使工圖其像亮亦與焉任中書監加散騎常

○補褚彥宣（南史曰。褚炤字彥宣。淵從父弟也。父法顯。鄱陽太守。炤少有高節。除國子博士。以一目眇不拜。）常非從兄彥回身事二姓。（蕭子顯齊書曰。褚淵字彥回。河南陽翟人。祖秀之。宋太常。父湛之。驃騎將軍。尚主。彥回少有世譽。復尚宋文帝女。湛之卒。彥回推財與弟。惟取書數千卷。仕宋為司空。後為齊朝佐命。官至侍中司徒。）彥回子賁（南史曰。淵長子賁。字蔚先。少耽介。父背袁粲等。附高帝。賁深執不同。終身愧恨。有棲遯之志。位侍中。）往問訊彥宣。彥宣問曰。司空今日何在。賁曰。奉璽紱在齊大司馬門。彥宣正色曰。不知汝家司空將一家物與一家。亦復何謂。彥回好戲詔以輜車給之。彥宣大怒曰。着此辱門戶。那可令人見。索火燒之。馭人奔車乃免。司馬光通鑑曰。宋主下詔禪位於齊。而不肯臨軒。王敬則勒兵入迎。宋主出就東邸。光祿大夫王琨在晉世已為郎中。至是攀車慟哭曰。人以壽為懽。老臣以壽為戚。既不能先驅螻蟻。乃復頻見此事。嗚咽不自勝。百官雨泣。司空褚淵等奉璽綬詣齊宮勸進。齊王即皇帝位。以褚淵為司徒。賀者滿座。炤歎曰。彥回少立名行。何意披猖至此。門戶不幸。乃復有今日之拜。使彥回作中書郎而死。不當為一名士邪。名德不昌。乃復有期頤之壽。

○補紀僧眞得幸於齊世祖。嘗請曰。臣出自本縣武吏。遭逢聖時。階榮至此。南史曰。紀僧眞建康人也。少事蕭惠開。惠開密謂曰。我子弟並無異才。政是蕭道成耳。僧眞乃請事齊高帝。備見親信。嘗令學上手迹。報答書疏皆付之。僧眞容貌言吐。雅有士風。武帝嘗目送之。笑曰。人生何必計門戸。紀僧眞堂堂貴人所不及也。無復所須。惟就陛下乞作士大夫。上曰。此由江斆別見謝瀹南史曰。瀹字義潔。陳郡人。謝莊子也。仕至太子詹事。我不得措意。可自詣之。僧眞承旨詣斆。登榻坐定。斆顧命左右曰。移吾牀遠客。僧眞喪氣而退。以告世祖。世祖曰。士大夫故非天子所命。

補 徐勉爲吏部尚書梁書曰。徐勉字脩仁。東海郯人。祖長宗。宋高祖霸府行參軍。父融。南昌相。勉幼孤貧。早勵淸節。六歲時屬霖雨。家人祈霽。率爾爲文。見稱耆宿。及長篤志

李云所言者何

好學起家國子生王儉爲祭酒稱勉有宰輔之量歷官侍中謚簡肅嘗與門人夜集客有求詹事五官勉正色答云今夕止可談風月不宜及公事時人服其無私勉嘗爲書戒子崧曰吾家世清廉常居貧素至產業之事所未嘗言非直不經營而已薄躬遭逢遂至今日尊官厚祿可謂備之每念叨竊若斯豈由才致仰藉先代風範故臻此耳古人以清白遺子孫不亦厚乎又曰遺子黃金滿籯不如一經詳求此言信非徒語吾實有本志庶得遵奉斯義不敢墜失所以顯貴以來門人故舊亟薦便宜或使創闢田園或勸興立邸店又欲舳艫運致亦令貨殖聚斂若此事皆距而不納非謂拔葵去織且欲省息紛紜中年聊於東田營小園者非在播藝以要利入正欲穿池種樹少寄情賞又以郊際閑曠終可爲宅儻獲懸車致事實欲歌哭於斯慧日

筆勢一作筆意。
李云。案顏說謬。
有假道學也。
又云。不情甚矣。

住等。既應營婚。又須住止。吾清明門宅。無相容處。所以爾者。亦復有以。前割西邊施宣武寺。既失西廂。不復方幅。意亦謂此逆旅舍耳。何事須華。常恨時人謂是我宅。古往今來。豪富繼踵。高門甲第。連闥洞房。宛其死矣。定是誰室。但不能不為培塿之山。雜以花卉。以娛休沐。用託性靈。隨便架立。不在廣大。所以內中逼促。無復房宇。近營東邊兒孫二宅。乃藉十住南還之資。既牽挽不至。又不可中塗而輟。郊間之園。遂不辨保。貨與韋黯。乃獲百金。成就兩宅。已消其半。尋園價所得。何以至此。由吾經始歷年。粗已成立。桃李茂密。桐竹成陰。塍陌交通。渠畝相屬。華樓迴榭。頗有臨眺之美。孤峰叢薄。不無糾紛之興。濆中並饒菰蒲。湖裏殊富芰蓮。雖云人外。城闕密邇。韋生欲之。亦雅有情趣。追述此事。非有吝心。蓋是筆勢所至耳。憶謝靈運山家詩云。中為天地物。今成鄙夫有。吾此園有之二十載矣。今為天地物。物之與我。相校幾何哉。此吾所餘。今

李文說治生去何也

以分汝營小田舍親累既多理亦須此且釋氏之教以財物謂之外命儒典亦稱何以聚人曰財況汝曹常情安得忘此聞汝所買姑熟田地甚爲舄鹵彌復可安孔子曰居家理治可移於官既以營之宜使成立進退兩亡更貽恥笑若有所收獲汝可自分贍內外大小宜令得所非吾所知又復應沾之諸女耳汝既居長故有此及凡爲人長殊復不易當使中外諧緝人無間言先物後已然後可貴老生云後其身而身先若能爾者更招巨利汝當自勗見賢思齊不宜忽略以棄日也棄日乃是棄身身名美惡豈不大哉今之所敕略言此意正謂爲家已來不事資產陳其始末無愧懷抱兼吾年時朽暮心力稍殫牽課奉公略不克舉其中餘暇裁可自休或復冬日之陽夏日之陰良辰美景文案間隙負杖躡屩逍遙陋館臨池觀魚披林聽鳥濁酒一杯彈琴一曲求數刻之暫樂庶居常以待終不宜復勞家間細務汝交關既定吾不復言及

田事汝亦勿復與吾言之假使堯水湯旱吾豈知如何若其滿庾盈箱爾之幸遇詎無俟令吾知也記云夫孝者善繼人之志善述人之事今且望汝全吾此志則無所恨矣

劉云世長是神宗時人公言高宗者誤也

○補

蘇世長從獵於高陵。唐書曰蘇世長雍州武功人。祖彤後魏散騎常侍父振。周宕州刺史。世長十餘歲。上書言事。周武帝問讀何書。對曰孝經論語。王世充僭號。署行臺僕射。世充平。以漢南歸國。是日大獲陳禽於旌門高祖顧謂羣臣曰今日畋樂乎蘇對曰陛下畋獵薄廢萬機不滿十旬未爲大樂高祖色變旣而笑曰狂態發邪對曰臣爲私計則狂爲陛下國計則忠

補

眞宗將立明肅后。宋史曰。劉后。華陽人指揮通第二女也。母龐夢月入懷而

李云無

娠。眞宗即位。入爲美人。進德妃。章穆皇后崩。欲
立爲后。大臣多以爲不可。卒立之。后性警悟。曉
書史。聞朝事能記其本
末。天下封奏。皆得預聞。

令丁謂

東都事略曰。丁
謂字公言。蘇州
人。嘗以文謁王禹偁。王比之韓柳。名遂振。眞宗
朝。拜相。以擅移皇堂。貶崖州司戶。東軒筆錄曰。
丁謂有才智。然多希合天下以爲姦邪。及稍進
用。卽啓眞宗以神仙之事。作玉清昭應宮。耗費
國帑。不可勝紀。

諭旨於楊大年令作冊文。丁云。此段不
憂不富貴。楊答曰。如此富貴。亦不願得。

東都事略曰。楊
億字大年。建州浦城人。七歲善屬文。十一以童
子召對。試詩賦五篇。下筆立成。太宗嘆異。以爲
秘書省正字。歷官
翰林學士。謚曰文。

○補

王介甫雅愛馮道。

五代史曰。馮道。字可道。瀛州
景城人。初事宦者張承業。得

薦於晉王唐莊宗即位拜戶部侍郎明宗時同中書門下平章事晉滅唐道又事晉加司徒侍中契丹滅晉道又事契丹漢高祖立乃歸漢周滅漢又事周太祖世宗時卒道少能矯行以取稱於世嘗事晉與梁夾河而軍道居軍中為一茅庵不設牀席臥一束芻而已諸將有掠得美女者以遺道寘之別室訪其主還之父喪居景城歲饑悉出所有以賙鄉里而退耕於野有力不能耕者夜往潛為之耕為大臣尤務持重以鎮物事四姓十君益以舊德自處當世亡皆仰為元老而喜為之稱譽

唐叅政曰道為宰相使朝易四姓身事十主此得為純臣乎王曰伊尹五就湯五就桀者正在安人而已唐曰有伊尹之志則可介甫為之變色東都事畧曰唐介字子方荊南人為御史裏行論文彥博交結宮禁

貶英州別駕彥博亦罷相後文復相上言召臣未召介臣不敢行仁宗即起介通判潭州尋至大用

雅量上

補　孔文舉在青州范曄後漢書曰融在北海六年劉備表為青州刺史為袁譚袁紹子所攻流矢雨集矛戟內接孔隱几安坐讀書論義自若豈有此理

補　諸葛武侯蜀志曰諸葛亮字孔明瑯琊陽都人父珪字君貢泰山郡丞亮早孤躬耕隴畝好為梁父吟身長八尺每自比管仲樂毅時人莫之許也唯博陵崔州平穎川徐元直謂為信然先主屯新野徐庶見先主先主曰諸葛孔明臥龍也將軍豈願見之乎先主曰君與俱來庶

曰。此人可就見。不可屈致也。先主遂詣亮。謂關羽張飛曰。孤之有孔明。猶魚之有水也。累遷丞相益州牧。率衆與司馬宣王北征。卒于渭南。晉紀曰。司馬懿字仲達。河内温人。猜忌多權數。魏武聞其有狼顧相。召使前行。令反顧。面正向後。而身不動。又嘗夢三馬同食一槽。甚惡焉。謂太子丕曰。司馬懿。非人臣也。必與汝家事。太子素與帝善。每相全佑。聖賢羣輔録曰。河内司馬懿仲達。穎川陳羣長文。譙朱鑠彦才。濟陰吳質季重。爲魏文帝四友。治軍渭濵。克日交戰。宣王戎服蒞事。使人視武侯。獨乘素輿葛巾毛扇。指麾三軍。隨其進止。宣王歎曰。諸葛君可謂名士矣。

○補

許司徒喪子。蜀志曰。許靖字文休。汝南平輿人。避亂交阯。依太守士燮。劉璋遣使招靖。靖入蜀。璋以爲廣漢太守。先主爲漢中王。拜太傅。靖年逾七十。愛樂人物。誘納後進。清談不倦。丞相諸葛亮皆爲之拜。

董休昭 蜀志曰。董允字休昭。南郡枝江人。父和。掌軍中郎將。允秉心公亮。丞相亮欲任以宮省之事。遷侍中。處事爲防制。甚得匡救之理。延熙中。守尚書令。華陽國志曰。蜀人以諸葛亮蔣琬費禕及允爲四相。

與費文偉 蜀志曰。費禕字文偉。江夏鄳人。遊學益土。與汝南許叔龍。南郡董允齊名。代蔣琬爲尚書令。

欲共會其葬所休昭白其父掌軍請車 蜀志曰。董和字幼宰。南郡枝江人。劉璋時。爲益州太守。先主定蜀。爲掌軍中郎將。與武侯並署大司馬府事。獻可替否。共爲交歡。和外牧殊域。內幹機衡。二十餘年。死之日。家無儋石之財。亮教與群下曰。夫參署者。集衆思廣忠益也。若遠小嫌難相違覆。曠闕損矣。違覆而得中。猶棄弊蹻而獲珠玉。然人心苦不能盡。

惟徐元直處茲不惑。又董幼宰參署七年，事有不至，至於十反，來相啓告。苟能慕元直之十一，幼宰之殷勤，有忠於國，則亮可少過矣。掌軍遣開後鹿車給之。休昭有難載之色。文偉便從前先上。及至喪所，諸葛亮及諸貴人悉集，車乘甚鮮。休昭猶神色未泰，文偉晏然自若。持車人還，掌軍問之，知其如此，謂休昭曰：吾常疑汝於文偉優劣未別也，自是吾意了矣。優劣不在此。

○豫章太守顧劭。環濟吳紀曰：劭字孝則，吳郡人。年二十七，起家爲豫章太守，舉善以教民，風化大行。是雍之子。劭在郡卒，雍盛集僚屬自圍棋外啓信至而無見書雖神氣不變而心了其故以爪掐掌血流沾褥賓客既散方歎曰已無延陵之高豈可有喪明之責。禮記曰延陵季子適齊及其反也其長子死葬於嬴博之間孔子曰延陵季子吳之習於禮者也往而觀其葬焉其坎深不至於泉其斂以時服既葬而封廣輪揜坎其高可隱也既封左袒右還其封且號者三曰骨肉歸復於土命也若魂氣則無不之也無不之也而遂行孔子曰延陵季子之於禮也其合矣乎子夏哭其子而喪其明曾子弔之曰朋友喪明則哭之曾子哭子夏亦哭曰天乎予之無罪也曾子怒曰商汝何無罪也吾與汝事夫子於洙泗之間退而老於西河之上使西河之民疑汝於夫子爾罪一也喪爾親使民未有聞焉爾罪二也喪爾子喪爾明爾罪三也子夏投其杖而拜曰吾過矣吾過矣。於是豁情散哀。顏色自若。

補

魏軍次于興勢。假費文偉節督師往禦。禕別傳曰。軍國多事。公務煩猥。禕識悟過人。每省讀書記。舉目暫視。已究其意旨。其速數倍於人。終亦不忘。常以朝晡聽事。其間接納賓客。飲食嬉戲。加之博奕。每盡人之歡。事亦不廢。董允為尚書令。欲斅禕之所行。旬日之中。事多愆滯。歎曰。吾人才力相懸若此。吾聽事終日。猶不暇爾。光祿大夫來敏至文偉許別。就求圍棋。于時羽檄交馳。嚴駕已訖。文偉留意對戲。色無厭倦。敏曰。聊觀試卿耳。信自可人。必能辦賊者。蜀志曰。來敏字敬達。義陽新野人。父豔。漢司空。敏涉獵書籍。善左氏春秋。尤精倉雅訓詁。先主署典學校尉。與孟光皆以樞機不愼。數見貶削。然敍東宮舊恩。特加優待。後爲執愼將軍。欲令以官自警。

○補

嵇中散嘗於夜中燈火下彈琴。有一人入室。初來時面甚小。斯須轉大。遂長丈餘。顏色甚黑。單衣草帶。嵇熟視既久。乃吹火滅。曰。恥與魑魅爭光。

嵇中散臨刑東市。神氣不變。索琴彈之。奏廣陵散曲終。曰。袁孝尼嘗請學此散。吾靳固不與。廣陵散於今絕矣。晉陽秋曰。初康與東平呂安親善。安嫡兄遜。淫安妻徐氏。安欲告遜遣妻。以咨於康。康喻而抑之。遜內不自安。陰告安撾母。表求徙邊。安當徙。訴自理。辭引康文士傳曰。呂安罹事。康詣獄以明之。鍾會庭論康曰。今皇道開明。四海風靡。邊鄙無詭隨之民。街巷無異口之議。而康上不臣天子。下不事王侯。輕時傲世。不為物用。無益於今。有敗於俗。昔太公誅華士。孔子戮少正卯。以其負才亂羣惑衆也。今不誅康。無以清潔王道。於是錄康閉獄。臨死。而兄弟親族。咸與共別。康顏色不變。問其兄曰。向以琴來不邪。兄曰。以來。康取調之。為太平引。曲成。歎曰。太平引於今絕也。

太學生三千人。上書請以為師。不許。文王亦尋悔焉。王隱晉書曰。康之下獄。太學生數千人請之。于時豪俊皆隨康入獄。悉解喻。一時散遣。康竟與安同誅。○此述康之死也。

裴遐晉諸公贊曰。裴遐字叔道。河東人。父綽長水校尉。遐少有理稱。辟司空掾。散騎郎。在周顗所。顗設主人。鄧粲晉紀曰。顗字祖宣。汝南人。代劉準為鎮東將軍。

劉云孫玄問譚峻聽闇書尼令平聲。又云闇當似是俗語與今人說熟當亦疑闇如諳當上聲。王云闇當之解似謂默受

鎮壽陽。移檄四方。欲奉迎天子。元皇使甘卓攻之。顧出奔。道卒。遐與人圍棊。顧司馬行酒。遐正戲不時爲飲。司馬恚。因曳遐墜地。遐還坐。舉止如常。顏色不變。復戲如故。王夷甫問遐。當時何得顏色不異。答曰。直是闇當。故耳。一作闇故當耳。一作眞是鬭將。故耳。

○補　阮德如嘗於廁見鬼。長丈餘。色黑而眼大。着皂單衣。平上幘。去之咫尺。德如心定。徐笑語之曰。人言鬼可憎。果然。鬼赧愧而退。阮侃別見。

○補　阮千里善彈琴。名士傳曰。阮瞻。字千里。夷任少嗜欲。不脩名行。自得於懷。讀書

王云夏侯故雖是魏猶得無懲之小過

不甚研求而識其要仕至太子舍人△人聞其能多往聽之千里不問貴賤長幼至輒與彈神氣沖和不知向人所在內兄潘安仁常令鼓琴終日達夜曾無忤色

夏侯太初嘗倚柱作書時大雨霹靂破所倚柱衣服焦然神色無變書亦如故賓客左右皆跌蕩不得住見顧愷之畫贊語林曰太初從魏帝拜陵陪列於松栢下時暴雨霹靂正中所立之樹冠冕焦壞左右覩之皆伏太初顏色不改臧榮緒又以為諸葛誕也

王夷甫嘗屬族人事經時未行遇於一處飲燕因語之曰近屬尊事那得不行族人大怒便舉

樏擲其面。夷甫都無言。盥洗畢。牽王丞相臂與共載去。在車中照鏡語丞相曰。汝看我眼光迺出牛背上。王夷甫蓋自謂風神英俊。不至與人校。

王夷甫與裴景聲志好不同。景聲惡欲取之。卒不能回。乃故詣王。肆言極罵。要王答已。欲以分謗。王不爲動色。徐曰。白眼兒遂作。晉諸公贊曰。邈。字景聲。河東聞喜人。少有通才。從兄頠器賞之。每與清言。終日達曙。自謂理構多如。輒每謝之。然未能出也。歷太傅從事中郎。左司馬。監東海王軍事。少爲文士。而經事爲將。雖非其才。而以罕重稱也。

劉慶孫在太傅府。于時人士多爲所搆。惟庾子

刘云極俗儐

嵩縱心事外無迹可間後以其性儉家富說太傅令換千萬冀其有吝於此可乘晉陽秋曰劉輿字慶孫中山人有豪俠才算善交結爲范陽王虓所暱虓薨太傅召之大相委仗用爲長史八王故事曰東海王越字元超高密王泰長子少尚布衣之操爲中外所歸累遷司空太傅太傅於衆坐中問庾庾時頹然已醉幘墮几上以頭就穿取徐答云下官家故可有兩娑千萬隨公所取於是乃服後有人向庾道此庾曰可謂以小人之慮度君子之心

補謝幼輿晉陽秋曰謝鯤字幼輿陳郡人父衡晉碩儒鯤性通簡好老易善音樂以琴書

爲業避乱江東王敦引爲長史初至東海王越太傅府坐家僮取官稿除名于時在事諸人並以謝初登宰府。便遭黜辱深爲之恨謝聞之方清歌鼓琴不以屑意時人服其達暢。

○有往來者云庾公有東下意或謂王公可潛稍嚴以備不虞王公曰我與元規雖俱王臣本懷布衣之好若其欲來吾角巾徑還烏衣。丹陽記曰。烏衣之起。吳時烏衣營處所也。江左初立琅琊諸王所居何所稍嚴。中興書曰於是風塵自消內外緝穆○丞相非高也。正著數也。

王丞相主簿欲檢校帳下。公語主簿。欲與主簿周旋。無爲知人几案閒事。

劉云。勝負本不待此。寫得祖士少慚惶殺人。

祖士少好財。阮遙集好屐。並恒自經營。同是一累。而未判其得失。祖約別傳曰。約字士少。范陽遒人。累遷平西將軍豫州刺史。鎮壽陽。與蘇峻反。峻敗。約投石勒。約本幽州冠族。賓客塡門。勒登高望見車騎。大驚。又使占奪鄉里先人田地。地主多恨。勒惡之。遂誅約。晉陽秋曰。阮孚字遙集。陳留人。咸第二子也。少有智調。而無儁異。累遷侍中。吏部尚書。廣州刺史。人有詣祖。見料視財物。客至屏當未盡。餘兩小簏。著背後。傾身障之。意未能平。或有詣阮。見自吹火蠟屐。因歎曰。未知

劉云茂弘語謬

一生當著幾量屐。神色閑暢。於是勝負始分。

許侍中晉百官名曰。許璪字思文。義興陽羨人。許氏譜曰。璪祖艶。字子良。永興長。父襲。字季顒。烏程令。璪仕至吏部侍郎。顧司空顧和字君孝。少知名。族人顧榮曰。此吾家騏驥也。必興吾宗。仕至尚書令。五子。治。淝。淳。履。之。俱作丞相從事。爾時已被遇。遊宴集聚。略無不同。嘗夜至丞相許戲。二人歡極。丞相便命使入己帳眠。顧至曉回轉不得快孰。許上牀便咍臺大鼾。丞相顧諸客曰。此中亦難得眠處。

戴公遠也從東出。謝太傅往看之。謝本輕戴。見但

刘云甚善長豈所未及

與論琴書戴既無吝色而談琴書愈妙謝悠然知其量

庾太尉風儀偉長不輕舉止時人皆以爲假亮有大兒數歲雅重之質便自如此人知是天性温太眞嘗隱幔怛之此兒神色恬然乃徐跪曰君侯何以爲此論者謂不減亮蘇峻時遇害庾氏譜曰會字會宗太尉亮長子年十九咸和六年遇害或云見阿恭知元規非假阿恭會小字也

褚公於章安令遷太尉記室參軍按庾亮啓參佐名裒時道

王云非王敦客也

吳人一作吳興

爲參軍掌記室也名字已顯而位微人未多識公東出
乘估客船送故吏數人投錢塘亭住錢塘縣記曰縣近海
爲潮漂沒縣諸豪姓斂錢雇人輦土爲塘因以爲名也爾時吳人沈充爲
縣令當送客過浙江客出亭吏驅公移牛屋下
潮水至沈令起彷徨問牛屋下是何物人吏云
昨有一傖父來寄亭中有尊貴客權移之令有
酒色因遙問傖父欲食餅不姓何等可共語褚
因舉手答曰河南褚季野遠近久承公名令於
是大遽不敢移公便於牛屋下脩刺詣公更宰

刘云晉人風致著此故爲第一在古今中莫不可無

王云晉人以使爲信

輿恐與誤晉書作相

殺爲饌具於公前鞭撻亭吏欲以謝慚公與之酌宴言色無異狀如不覺令送公至界

郗太傅在京口遣門生與王丞相書求女壻丞相語郗信君往東廂任意選之門生歸白郗曰王家諸郎亦皆可嘉聞來覓壻咸自矜持惟有一郎在東牀上坦腹卧如不聞郗公云正此好訪之乃是逸少因嫁女與焉王氏譜曰逸少羲之小字羲之妻太傅郗鑒女名璿字子房

過江初拜官輿飾供饌羊曼拜丹陽尹客來蚤

劉云仲智傲狠故無別淚

着並得佳設日晏漸罄不復及精隨客早晚不問貴賤曼別傳曰曼字延祖泰山南城人父暨陽平太守曼頹縱宏任飲酒誕節與陳留阮放等號兗州八達累遷丹陽尹為蘇峻所害羊固拜臨海竟日皆美供雖晚至亦獲盛饌時論以固之豐華不如曼之眞率明帝東宮僚屬名曰羊固字道安泰山人文字志曰固父坦車騎長史固善草行著名一時避亂渡江累遷黃門侍郎褒其清儉贈大鴻臚

周仲智飲酒醉瞋目還面謂伯仁曰君才不如弟而橫得重名須臾舉蠟燭火擲伯仁伯仁笑曰阿奴火攻固出下策耳孫子兵法曰火攻有五一曰火人二曰火

積。三曰火輜。四曰火庫。五曰火隊。凡軍必知五火之變。故以火佐攻者明也。

李卓吾批點世說新語補卷之七

扶縣志卷六十　三八

李卓吾批點世說新語補卷之八

宋　劉義慶　撰
梁　劉孝標　注
宋　劉辰翁　批
明　何良俊　增
王世貞　刪定
王世懋　批釋
李贄　批點
張文柱　校注

雅量下

顧和始爲揚州從事月旦當朝未入頃停車州門外周侯詣丞相歷和車邊語林曰周侯飲酒已醉著白袷憑兩人來詣丞相和覓蝨夷然不動周既過反還指顧心曰此中何所有顧搏蝨如故徐應曰此中最是難測地周侯既入語丞相曰卿州吏中有一令僕才中興書曰和有操量弱冠知名

劉云謂此箭者著賊則亦當慮

庾太尉與蘇峻戰敗率左右十餘人乘小船西奔晉陽秋曰蘇峻作逆詔亮都督征討戰於建陽門外王師敗績亮於陳攜二弟奔溫嶠

弦而倒矣謬喜其射藝之工以悅安之又云當時直復難處苟以悅安之矯情見謂雅量孰知其密○

亂兵相剝掠射誤中柂工應弦而倒舉船上咸失色分散亮不動容徐曰此手那可使著賊衆廼安。

宣武與簡文太宰武陵王晞共載密令人在輿前後鳴鼓大叫鹵簿中驚擾太宰惶怖求下輿顧看簡文穆然淸恬宣武語人曰朝廷閒故復有此賢。續晉陽秋曰帝性溫深雅有局鎭常與桓溫太宰武陵王晞同乘至板橋溫密敕令無因鳴角鼓譟部伍並驚馳溫陽駭異晞大震帝舉止自若音顔無變溫每以此稱其德量故論者謂溫服憚也。

○補 李云此非雅量退胡之計也琨本善嘯

○補

劉越石爲胡騎所圍數重城中窘迫無計劉始夕乘月登樓清嘯胡賊聞之皆悽然長歎中夜吹奏胡笳賊皆流涕人有懷土之切向曉又吹賊幷棄圍奔去或云是劉王喬曹嘉之晉紀曰劉疇字王喬彭城人父訥司隸校尉疇善談名理有重名永嘉中爲閻鼎所害

郗嘉賓嘗三伏之月詣謝公時炎暑熏赫諸人雖復當風交扇猶沾汗流離謝着故絹衣食熱白粥宴然無異曆忌釋曰伏者金氣伏藏之日也○禀性不同

桓公伏甲設饌廣延朝士因此欲誅謝安王坦

劉云桓自可人

之。晉安帝紀曰。簡文晏駕。遺詔桓溫依諸葛亮王導故事。溫大怒。以爲黜其權。謝安王坦之所建也。入赴山陵。百官拜于道側。在位望者戰慄失色。或云自此欲殺王謝。王甚遽問謝曰。當作何計。謝神意不變。謂文度曰。晉祚存亡。在此一行。相與俱前。王之恐狀。轉見於色。謝之寬容。愈表於貌。望階趨席。方作洛生詠。諷浩浩洪流。桓憚其曠遠。乃趣解兵。按宋明帝文章志曰。安能作洛下書生詠。而少有鼻疾。語音濁。後名流多敩其詠。弗能及。手掩鼻而吟焉。桓溫止新亭。大陳兵衛。呼安及坦之。欲於坐害之。王入失措。倒執手版。汗流霑衣。安神姿舉動。不異於常。舉目徧歷溫左右衛士。謂溫曰。安聞諸侯有道。守在四鄰。明公何有壁間著阿堵輩。溫笑曰。正自不

劉云古人嘗留此等與後人咲今人則不然

能不爾。於是矜莊之心頓盡。命部左右。促燕行觴。笑語移日。

王謝舊齊名於此始判優劣。

桓宣武與郗超議芟夷朝臣。條牒既定。其夜同宿。續晉陽秋曰。超謂溫雄武。常樂推之。遂深自委結。溫亦深相器重。故潛謀密計。莫不預焉。明晨起。呼謝安王坦之入。擲疏示之。郗猶在帳內。謝都無言。王直擲還。云多。宣武取筆欲除。郗不覺竊從帳中與宣武言。謝含笑曰。郗生可謂入幕賓也。帳一作帷

謝太傅盤桓東山時。與孫興公諸人汎海戲。中與

應登云並字作變

○補

書曰安元居會稽與支道林王羲之許詢共遊
處出則漁弋山水入則談說屬文未嘗有處世
意也風起浪涌孫王諸人色並遽便唱使還太傅
神情方王吟嘯不言舟人以公貌閑意說猶去
不止既風轉急浪猛諸人皆諠動不坐公徐云
如此將無歸衆人卽承響而回於是審其量足
以鎭安朝野
孟嘉爲桓宣武征西參軍九日宴龍山寮佐畢
集俄風至吹嘉帽落嘉不之覺宣武使左右勿
言以觀其舉止嘉良久如廁宣武令取還之命

劉云送一僧何至爭近至此子叔小人語更深狠

○○

孫盛作文嘲嘉著嘉坐處嘉還見卽答之其文甚美四坐嗟異

支道林還東高逸沙門傳曰遁爲哀帝所迎游京邑久心在故山乃拂衣王都還就巖穴時賢竝送於征虜亭丹陽記曰太安中征虜將軍謝安立此亭因以爲名蔡子叔前至坐近林公中興書曰蔡系字子叔濟陽人司徒謨第二子有文理仕至撫軍長史謝萬石後來坐小遠蔡暫起謝移就其處蔡還見謝在焉因合褥舉謝擲地自復坐謝冠幘傾脫乃徐起振衣就席神意甚平不覺瞋沮坐定謂蔡曰卿奇人殆壞我面蔡

劉云是道人語

答曰我本不爲卿面作計其後二人俱不介意

郗嘉賓欽崇釋道安德問餉米千斛修書累紙意寄殷勤道安答直云損米愈覺有待之爲煩

謝安南免吏部尚書還東晉百官名曰謝奉字弘道會稽山陰人謝氏譜曰奉祖端散騎常侍父鳳丞相主簿奉歷安南將軍廣州刺史吏部尚書謝太傅赴桓公司馬出西相遇破岡既當遠別遂停三日共語太傅欲慰其失官安南輒引以它端雖信宿中塗竟不言及此事太傅深恨在心未盡謂同舟曰謝奉故是奇士

劉云我輩人也

○○○劉云公如此本分本分
李云要緊着數

謝公與人圍棊俄而謝玄淮上信至看書竟默然無言徐向局客問淮上利害答曰小兒輩大破賊意色舉止不異於常。續晉陽秋曰初苻堅南寇京師大震謝安無懼色方命駕出墅與兄子玄圍棊夜還乃處分少日皆辦破賊又無喜容其高量如此謝車騎傳曰氐賊苻堅傾國大出衆號百萬朝廷遣諸軍距之凡八萬堅進屯壽陽玄爲前鋒都督與從弟琰等選精鋭決戰射傷堅俘獲數萬計得僞輦及雲母車寶器山積錦罽萬端馬牛驢騾駝十萬頭匹

○

王子猷子敬曾俱坐一室上忽發火子猷遽走避不遑取屐晉百官名曰王徽之字子猷中典書曰徽之羲之第五子卓犖不覊

欲爲傲達。仕至黃門侍郎。子敬神色恬然。徐喚左右扶憑而出。不異平常。續晉陽秋曰。獻之雖不修常貫。而容止不妄。世以此定二王神宇。神宇難定。獻難勝徽也。

劉云語都無取獨釣碣可用

○補 王子敬夜齋中臥。有羣偷入其室。盜物都盡。王徐曰。偷兒。靑氈我家舊物。可特置之。

○王僧彌珉小字也。謝車騎共王小奴許集。小奴王薈小字也。薈別傳曰。薈字敬文。丞相最小子。有清譽。夷泰無競。仕至鎮軍將軍。僧彌舉酒勸謝云。奉使君一觴。謝曰。可爾。謝玄曾爲徐州故云使君。僧彌勃然起。作色曰。汝故是吳興溪中釣碣耳。何敢王云此不可解。按衛軍或是。小奴豈即以僧彌小字為戲耶。

譸張。玄叔父安曾爲吳興。玄少時從之遊。故珉云然。謝徐撫掌而笑曰。衛軍僧彌殊不肅省。乃侵陵上國也。

劉云何等試法。

○王東亭爲桓宣武主簿。既承藉有美譽。公甚欲其人地爲一府之望。初見謝失儀。而神色自若。坐上賓客即相貶笑。公曰。不然。觀其情貌。必自不凡。吾當試之。後因月朝閣下伏。公於內走馬直出突之。左右皆宕仆。而王不動。名價於是大重。咸云是公輔器也。續晉陽秋曰。珣初辟太司馬掾。桓溫至重之。常稱王掾必爲黑頭公。未易才也。

王云心甚惡之此四字可除

劉云時字作曾

太元末。長星見。徐廣晉紀曰。泰元二十年九月有蓬星如粉絮。東南行歷須女至哭星。按太元末唯有此妖。不聞長星也。且漢文八年。有長星出東方。文穎注曰。長星有光芒或竟天。或長十丈。或二三丈。無常也。此星見多爲兵革事。此後十六年。文帝乃崩。益知長星。非關天子。世說虛也。孝武在位二十四年。爲張貴妃所弑心甚惡之。夜華林園中飲酒。舉杯屬星云。長星勸爾一杯酒。自古何時有萬歲天子。

殷荊州有所識。作賦。是束皙慢戲之流。文士傳曰。皙字廣微。陽平元城人。漢太子太傅疏廣後也。王莽末。廣曾孫孟達。自東海避難元城。改姓去疏之足。以爲束氏。皙博學多識。問無不對。太康中。有人自嵩高山下。得竹簡一枚。上兩行科斗書。司

劉云甚得体慢戲何足復譏

王云如見其稽狀

空張華以問皙。皙曰。此明帝顯節陵中策文也。檢校果然。皆爲歎賦諸文。文甚俳諧。三十九歲卒。元城爲之廢市。殷甚以爲有才。語王恭適見新文甚可觀。便於手巾函中出之。王讀。殷笑之不自勝。王看竟。既不笑。亦不言好惡。但以如意帖之而已。殷悵然自失。

○補

王江州宋書曰。王弘字休元。瑯琊臨沂人。曾祖導。晉丞相。祖洽。中領軍。父珣。司徒。弘少好學。以清悟知名。與尚書僕射謝混善。弱冠爲會稽王驃騎參軍。欲識陶淵明。不能致淵明。嘗往廬山。王令淵明故人龐通之齎酒具於半道栗里要之。淵明有脚疾。使一門生二兒舉籃輿既至欣然便共飲酌俄頃王至亦無忤也。梁昭明太子撰淵明傳曰淵明字元亮或云潛字淵明潯陽柴桑人曾祖侃晉太司馬潛少有高趣博學不羣親老家貧爲州祭酒少日自解歸州召主簿不就躬耕自資遂抱羸疾後復爲彭澤令不以家累自隨送一力給其子書曰此亦人子也可善遇之在官八十餘日郡遣督郵至縣吏請曰應束帶見之潛歎曰我豈能爲五斗米折腰向鄉里小兒郎即日解印綬去賦歸去來辭妻翟氏亦與同志能安勤若夫耕於前妻鋤於後潛自以先世爲晉宰輔恥復屈身後代自宋高祖王業漸隆不復肯仕是歲將復徵之會卒世號靖節先生晉書潛本傳曰潛既絕州郡覲謁未嘗有所造詣惟至田舍及廬山遊觀而已或有酒要之或要之共至酒家坐雖不識主人亦欣然無忤刺史王弘以元熙中臨州甚欽遲之潛稱疾不見弘每令人候之。密知當往廬山。遣其故人龐通之齎酒先於半途要之。便引酌欣然忘進。弘乃出與相聞。歡宴窮日。續晉陽秋曰。王弘造淵明無履。弘從人脫履以給之。弘語左右爲彭澤作履。左右請履度。淵明即衆坐伸脚。及履至著而不疑。吳正傳詩話曰。本傳潛故人龐通之。此有答龐參軍四言及後五言。皆叙鄰曲契好。明是此人。又有怨詩示龐主簿者。豈即龐參軍耶。半道栗里。亦可證。

移家之事。

○補

徐羨之沈密寡言。不以憂喜見色。頗工弈棊。觀戲常若未解。宋書曰。徐羨之字宗文。東海郯人。祖寧。吏部尚書郎。父祚之。上虞令。羨之歷官司空。錄尚書事。羨之起自布衣。又無學術。直以志力局度。一旦居廊廟。朝野推服。謂有宰臣之望。與謝晦傅亮同誅。

嘗與謝晦傅亮宋書曰。傅亮字季友。北地人。博

涉經史尤善文
離官散騎常侍
宴聚塲亮才學辯博羕之風度詳整時然後言鄭鮮之歎曰觀徐傅言論不復以學問爲長

沈約宋書曰鄭鮮之字道子滎陽開封人高祖渾魏將作大匠曾祖襲大司農父遵尚書郎襲初爲江乘令因居縣境鮮之下帷讀書絕交遊之務初爲桓偉輔國主簿歷官尚書右僕射

○○補宋明帝

宋書曰帝諱彧文帝第十一子

賜王景文死敕至之夜景文在江州方與客棊看敕訖置在局下神色恬然爭劫竟斂子納奩畢徐言奉勑見賜以死方以敕示客因舉賜鴆謂客曰此酒不可相勸

遂仰飲而絕 宋書曰。景文常以盛滿爲憂。屢辭位。宋主不許。詔報曰。人居貴要。但問心若爲耳。大明之世。巢徐二戴。位不過執戟。而權抗人主。今袁粲爲令僕。領選。而人往往不知有粲。以此居貴要。當有致憂競。否。夫有心於避禍。不若無心於任運。存亡之要。巨細一揆耳。至是慮晏駕後。皇后臨朝。景文或有異圖。遣使齎手敕。并藥賜死。

補　使氣一作仗氣

沈昭略 南史曰。昭略字茂隆。吳興武康人。祖慶之。宋車騎大將軍開府儀同三司。父文叔。侍中。昭略性狂儁。使酒使氣。齊高帝賞之。以爲中書郎。進侍中。永元中。徵召入華林省。飲藥酒死。

與徐孝嗣諸人同賜死華林省 南齊書曰。孝嗣字始昌。東海郯人。祖湛之。宋司空。父聿之。著作郎。孝嗣幼而挺立。風儀端簡。官至五兵尚書。明帝崩。受遺託。永元初。帝失德稍彰。不敢諫諍。内懷憂恐。有勸行廢立者。孝嗣遲疑久之。謂無用干戈。須少主

王云符子是後人書不當引證

出遊。閉城門。集百僚。議廢之。未決。羣小稍譖孝嗣。勸帝誅之。召孝嗣等入華林省。遣茹法珍賜藥酒。孝嗣飲至斗餘方卒。

孝嗣語昭略曰。見卿使人思夏侯太初。昭略曰。明府憶夏侯。便是方寸不能都豁。下官見龍逢比干。欣然相對。

符子曰。桀觀炮烙於瑤臺。顧龍逢曰。樂乎。曰。樂。桀曰。觀刑而樂。何無惻隱乎。對曰。刑固苦矣。然天下苦之。而君樂之。君心也。臣爲股肱。孰有心悅而股肱不悅者。桀曰。聽汝之諫。得我功之。不得我刑之。逢曰。觀君冠危石而履春冰也。未有冠危石而不壓。履春冰而不陷者。桀曰。汝知我亡。而不自知其亡。請就炮烙。使君觀汝亡。以知我之不亡。逢乃歌曰。休哉造化者。勞我以生。而休我以炮烙也。遂赴炮烙。史記曰。帝紂好酒淫樂。嬖於婦人。重刑辟。有炮烙之法。諸侯多叛。王子比干諫弗聽。微子乃與太師少師

諫遂去比干曰爲人臣者不得不以死爭乃強
諫紂怒曰吾聞聖人心有七竅剖比干觀其心

○補 齊高宗廢鬱林領兵入殿左右驚報謝侍中瀹也
謝與客圍棊每下子輒云其當有意竟局乃還
齋臥終不問外事南齊書曰高宗諱鸞始安貞王道生子也受世祖遺詔爲侍中尚書令鬱林王諱昭業文惠太子長子也世祖立爲太孫世祖崩卽位寵幸中書舍人朱隆之臣者徐龍駒鸞乃以計誅龍駒等王心忌之鸞慮變定謀廢立使蕭諶坦之等率兵入雲龍門引出西弄殺之而立海陵王昭文已又奉太后令廢海陵入纂大位

○補 張士簡嗜酒疎脫忘懷家務在新安遣家僮載
米三千斛還宅耗失太半士簡問其故答曰雀

鼠耗也士簡笑曰壯哉雀鼠不復研問南史張率字士簡吳郡吳人祖永宋征北將軍父瓌右光祿大夫率性寛雅十二能屬文歷黄門侍郎出爲新安太守

補

張黄門出爲封溪令蕭子顯齊書曰帝寵姬殷淑儀薨建齋僚佐襯者多至一萬融獨注襯百錢帝怒出爲封溪令廣越嶂險獠賊執張將殺食之張神色不動方作洛生詠

○補

牛弘弟弼好酒而酗嘗因醉射殺弘駕車牛弘還宅妻迎謂曰叔射殺牛弘聞之無所怪問直答曰作脯坐定其妻又言叔射殺牛大是異事

弘言已知顏色自若讀書不輟北史曰牛弘字里仁安定鶉觚
人襁褓時相者見之謂其父曰此兒當貴善愛
養之及長鬚貌甚偉性寬裕好學博聞開皇初
授祕書監大業中
進位上大將軍

○○補

則天朝宰相楊再思晨入朝值一重車將牽出
西門道滑牛不前馭者罵曰一羣癡宰相不能
和得陰陽而令我匯行如此辛苦時旱潦輒閉坊市南門以
禳之再思徐謂之曰爾牛亦自弱不得嗔他宰相
劉晌唐書曰再思鄭州原武人證聖初鳳閣侍
郎巧佞邪媚能得人主微旨恭慎畏忌未嘗忤
物或曰公名高位重何為屈折如此再思曰世
路艱難直者受禍苟不如此何以全身○是是

補

裴晉公不信術數。每語人曰。雞豬魚蒜。逢着則喫。生老病死。時至則行。唐書曰。裴度字中立。河東聞喜人。元和中以門下侍郎克彰義軍節度使。淮蔡平。封晉國公。

○補

司空表聖預爲壙。故人來者。引置內賦詩對酌。人或難之。表聖曰。我非止暫遊此中。公何不廣耶。宋祁唐書曰。司空圖字表聖。河中虞鄉人。累官中書舍人。昭宗召拜兵部侍郎。會遷洛陽。柳璨希賊意。誅天下才望。助喪王室。詔圖入朝。圖陽墮笏。意趣野耄。璨知無意於世。乃聽還居中條山王官谷。遂隱不出。

○補

韓魏公駐兵延安。忽夜有人攜匕首至臥內。魏公起問是誰曰某來殺諫議韓忠獻家傳曰公諱琦字稚圭相州人天聖五年進士第二方唱名太史奏日下雲見後相英神兩朝贈魏國忠獻王又問誰遣汝曰張相公夏國方張元用事也魏公復就枕曰取我首去其人曰某不忍得諫議金帶足矣遂取帶去魏公亦不治此事宋史曰趙元昊反琦適自蜀歸論西師形勢甚悉即命爲陝西安撫使琦與仲淹在兵間久人心歸之朝廷倚以爲重天下稱爲韓范

補

范忠宣謫居永州五朝名臣言行錄曰范純仁字堯夫文正公次子以恩補官相哲宗以書寄人云此中羊麪無異北方毎日閉門飡餺飥不知身之在遠猗覺寮襍記曰北人食麪名餺飥楊雄方

言餅謂之飥。齊民要術、青䴵麥麪堪作飯及餅飥、甚美。磨盡無麩。則飥之名已見於漢魏。五代史李茂貞傳、朕與宮人一日食粥、一日食不托。不托俗語、當以方言爲正、作餺飥字。

○補

范忠宣謫永州、夫人不如意。忠宣行狀曰、夫人王氏、天章閣待制質之女。輒罵章惇。宋史曰、惇字子厚、建州浦城人。豪雋博學、善文。嘗與蘇軾遊南山、抵仙遊潭。下臨萬仞、横木其上。惇平歩過之、濡筆書壁上、神彩不動。軾曰、君他日必能殺人。王安石秉政、悦其才、用爲三司條例官。尋拜参知政事、罷知蔡州。哲宗朝、起爲尚書僕射、專以紹述爲國是、誣宣仁后、追貶司馬光等。哲宗崩、論其罪、貶雷州司戸参軍。舟過橘洲、大風雨船破、僅得及岸。正平持蓋、正平字子夷、忠宣次子。公自負夫人以登、燎衣民舍。公顧曰、豈亦章惇所爲耶。宋史曰。初呂大防等既竄嶺表。會明堂肆赦。章惇言。此數十人當終身勿徙。純仁上言。乞將大防等引赦原放。悖意詆爲同罪。貶武安軍節度副使。安置永州。純仁坐貶。每戒諸子弟毋得小有不平。聞諸子怨章惇。必怒止之。江行赴貶所。舟覆。扶出。衣盡濕。顧謂諸子曰。此豈章惇爲之哉。

○正章惇之爲也。

識鑒

○補

鍾季明爲郡功曹時。陳太丘爲西門亭長。鍾深獨敬異太丘。少鍾十七歲。常禮待與同分義。會辟公府。臨辭。太守問鍾。誰可代君。鍾曰。明府必欲得其人。西門亭長可用。太丘曰。鍾君似不察人爲意不知何獨識我。

○補 李元禮一世龍門時同縣聶季寶小家子不敢見元禮杜周甫知季寶賢不能定名以語元禮元禮呼見坐置砌下牛衣上一與言即決曰此人當作國士後卒如元禮言范曄後漢書曰杜密字周甫潁川考城人少有厲俗志爲胡廣所辟桓帝徵拜尚書令黨事起與李膺俱坐而名行相次時人亦稱李杜

○補 許子將嘗到潁川多長者之游唯不詣陳仲弓又陳仲擧妻喪還葬鄉人俱至許獨不往或問

其故。子將曰。太丘道廣。廣則難周。仲舉性峻。峻則少通。故不造也。時人服其裁量。范曄後漢書曰。許劭字子將。汝南平輿人。少峻名節。好人倫。多所賞識。與兄靖俱有高名。好共論鄉黨人物。每月輒更其品題。汝南俗有月旦評焉。

補

衛子許先賢行狀曰。衛玆字子許。陳留襄邑人。不爲詭激之行。不徇流俗之名。明慮淵深。規略宏遠。爲車騎將軍何苗所辟。司徒楊彪再加旌命。漢室傾蕩。曹公到陳留。與玆相見。同議起兵。玆曰。亂生久矣。非兵無以整之。由是首讚洪謀。從太祖入滎陽。力戰終日。失利而歿。弱冠與同郡圈文生同稱盛德。郭林宗與二人俱到市子許買物。隨價讐直。文生訛呵減價。乃取林宗曰。子許少欲。文生多情。此二人非徒兄弟。乃父子也。後文生以穢貨見捐。子許以烈節致譽。如此看人。尚在皮毛。

○補

王叔優與弟季道。小時聞郭林宗有知人之鑒。共往候之。請問才行所宜以自處業。林宗曰。卿二人皆二千石才也。然叔優當以仕宦顯。季道宜以經術進。若違才易務。亦不至也。後叔優至北中郎將。季道代郡太守。王氏世譜曰。王裒字文舒。太原晉陽人。伯父柔字叔優。父澤字季道。

○○王云何奴中乃有此人然適足自禍

刘云謂追殺此使乃小說常情

○○補

魏武將見匈奴使自以形陋不足雄遠國（魏氏春秋曰武王姿貌短小而神明英發）使崔季珪代帝自捉刀立牀頭既畢令間諜問曰魏王何如匈奴使答曰魏王雅望非常（魏志曰崔琰字季珪清河東武城人聲姿高暢眉目疎朗鬚長四尺甚有威重）然牀頭捉刀人此乃英雄也魏武聞之追殺此使（此使不凡不可不殺）

夏侯仲權入蜀（魏志曰夏侯霸字仲權夏侯淵子素爲曹爽所厚爽誅自疑亡入蜀）姜伯約問之曰司馬公既得彼政還復有征伐之志不仲權曰此人方營立家門未遑外事

有鍾士季者。其人雖少。終爲呉蜀之憂。蜀志曰。維字伯約。天水冀人。少與母居。好鄭氏學。諸葛亮辟爲奉義將軍。與長史張裔。參軍蔣琬書曰。姜伯約忠勤時事。思慮精密。考其所有。永南季常諸人不如也。傳子曰。維好立功名。陰養死士。不修布衣之業。郤正論曰。姜伯約據上將之重。處羣臣之右。宅舍弊薄。資財無餘。側室無妾媵之褻。後庭無聲樂之娯。衣服取供。輿馬取備。飲食節制。不奢不約。官給費用。隨手消盡。察其所以然者。非激貪厲濁。抑情自割也。直謂如是爲足。不在多求。凡人之談。常譽成毀敗。扶高抑下。咸以姜維投厝無所。身死宗滅。以是貶削。不復料擿。異乎春秋褒貶之義矣。如姜維之樂學不倦。清素節約。自一時之儀表也。

何晏鄧颺夏侯玄竝求傅嘏交。而嘏終不許。諸王云據此傳藺頗先識嘏交故當勸與禍會而別傳乃云鍾會年少嘏以明智交會及太初不猶勝於交叛臣乎。

人乃因荀粲說合之。謂嘏曰。夏侯太初。一時之傑士。虛心於子。而卿意懷不可。交合則好成。不合則致隙。二賢若穆。則國之休。此藺相如所以下廉頗也。史記曰。相如以功大。拜上卿。位在廉頗右。頗怒欲辱之。相如每稱疾。望見引車避匿。其舍人欲去之。相如曰。夫以秦王之威。而吾廷叱之。何畏廉將軍哉。顧秦彊趙弱。秦以吾二人。故不敢加兵於趙。今兩虎鬪。勢不俱生。吾以公家急而後私讎也。頗聞謝罪。傅曰。夏侯太初志大心勞。能合虛譽。誠所謂利口覆國之人。何晏鄧颺有爲而躁。博而寡要。外好利而內無關籥。貴同惡異。多言而妬前。多言多

劉云名言

○○.

劉云兵不當麁何在孫呉

釁㑹前無親以吾觀之此三賢者皆敗德之人爾遠之猶恐罹禍況可親之邪後皆如其言

曰是時何晏以才辯顯於貴戚之間鄧颺好交通合徒黨鬻聲名於閭閻夏侯玄以貴臣子少有重名皆求交於嘏嘏不納也嘏友人荀粲有清識遠志然猶勸嘏結交云

晉武帝講武於宣武場帝欲偃武脩文親自臨幸悉召羣臣山公謂不宜爾因與諸尚書言孫呉用兵本意遂究論舉坐無不咨嗟皆曰山少傅乃天下名言

史記曰孫武齊人呉起衛人並善兵法竹林七賢論曰咸寧中呉既平上將爲桃林華山之事息役弭兵示天下以大安於是州郡悉去兵大郡置武吏百人

◎

小郡五十人。時京師猶講武。山濤因論孫吳用兵本意。濤為人常簡默。蓋以為國者不可以忘戰。故及之。名士傳曰。濤居魏晉之間。無所標明。嘗與尚書盧欽言。及用兵本意。武帝聞之曰。山少傅名言也。後諸王驕汰。輕搆禍難。於是寇盜處處蟻合。郡國多以無備不能制服。遂漸熾盛。皆如公言。時人以謂山濤不學孫吳。而闇與之理會。王夷甫亦歎云。公闇與道合。竹林七賢論曰。永寧之後。諸王搆禍。狄虜欻起。皆如濤言。名士傳曰。王夷甫推歎濤晻晻為與道合。其深不可測。皆此類也。

李云此公非清談之傑。何廢事也。

○補裴使君徽也問管公明。何尚書一代名士。其實何如。管曰。其才若盆盎之水。所見者清。不見者濁。

王云無咎而斥之誹謗是也。

潘陽仲見王敦小時。謂曰。君蜂目已露。但豺聲未振耳。必能食人。亦當爲人所食。晉陽秋曰。潘滔字陽仲。榮陽人。太常尼從子也。有文學才識。永嘉末爲河南尹。遇害。漢晉春秋曰。初王夷甫言東海王越轉王敦爲揚州。潘滔初爲太傅長史。言於太傅曰。王處仲蜂目已露。豺聲未發。今樹之江外。肆其豪彊之心。是賊之也。晉陽秋曰。敦爲太子舍人。與滔同僚。故有此言。習孫二說便小違異。春秋傳曰。楚令尹子上謂世子商臣蜂目而豺聲。忍人也。

褚期生少時。謝公甚知之。恒云。褚期生若不佳者。僕不復相士。期生褚爽小字也。續晉陽秋曰。爽字茂弘。河南人。太傅裒之孫。秘書監韶之子。太傅謝安見其少時。嘆曰。若期生不佳。我不復論士。及長果俊邁有風氣。好老

劉云此語別見幾微者也與劉真長說殷浩同
李云真率外見

故簡文見其真矯情為高故真長識其假

莊之言。當世榮譽弗之屑也。唯與殷仲堪善。累遷中書郎義興太守。女為恭帝皇后。

謝公在東山畜妓。簡文曰。安石必出。既與人同樂。亦不得不與人同憂。宋明帝文章志曰。安縱心事外。疎略常節。每畜女妓。攜持遊肆也。

郗超與傅瑗周旋。瑗見其二子並總髮。超觀之良久。謂瑗曰。小者才名皆勝。然保卿家。終當在兄。即傅亮兄弟也。傅氏譜曰。瑗字叔玉。北地靈州人。歷護軍長史安城太守。宋書曰。迪字長猷。瑗長子也。位至五兵尚書。贈太常。丘淵之文章錄曰。亮歷尚書令。任光祿大夫。元嘉三年。以罪伏誅。

劉云乂父致辭 ○

李云羊公退二歩是故々踏實地人也夷甫狂者自不相入安得便再輕重

劉云羊公識至

補

索靖有先識遠量知天下將亂指洛陽宮門銅駝歎曰會見汝在荊棘中晉書曰索靖字幼安敦煌人父湛北地太守靖少有逸羣之量與鄉人氾衷張甝索紾索永俱詣太學馳名海內稱敦煌五龍靖該博經史兼通內緯傅玄張華與靖一面皆厚與之相結出爲西域戊己校尉長史張勃表靖才藝絕人宜在臺閣武帝擢爲尚書郎與襄陽羅尚河南潘岳吳郡顧榮同官咸器服焉

王夷甫父乂爲平北將軍有公事使行人論不得時夷甫在京師命駕見僕射羊祜尚書山濤夷甫時總角姿才秀異敘致既快事加有理濤甚奇之既退看之不輟乃歎曰生兒不當如王

高千巨源

又云別史云二王當國羊公元德更崔

夷甫邪羊祜曰亂天下者必此子也晉陽秋曰夷甫父乂有簡書將免官夷甫年十七見所繼從舅羊祜申陳事狀辭甚俊偉祜不然之夷甫拂衣而起祜顧謂賓客曰此人必將以盛名處當世大位然敗俗傷化者必此人也漢晉春秋曰初羊祜以軍法欲斬王戎夷甫又忿祜言其必敗不相貴重天下爲之語曰二王當朝世人莫敢稱羊公之春德

石勒不知書 石勒傳曰勒字世龍上黨武鄉人匈奴之苗裔也雄勇好騎射晉元康中流宕山東與平原茌平人師歡家傭耳恒聞鼓角鞞鐸之音勒私異之初勒鄉里原上地中生石日長類鐵騎之象園中生人參花葉甚盛于時父老相者皆云此胡體貌奇異有不可知勒邑人厚遇之人多哂而不信汞嘉初豪傑並起與胡王陽等十八騎詣汲桑爲左前督桑

敗。共推勒為主。攻下州縣。都於襄國。後僭正號。又謚明皇帝。使人讀漢書。聞酈食其勸立六國後。刻印將授之。大驚曰。此法當失。云何得遂有天下。至留侯諫。迺曰。賴有此耳。鄧粲晉紀曰。勒手不能書。目不識字。每於軍中令人誦讀。聽之皆解其意。漢書曰。項羽急圍漢王於滎陽。漢王與酈食其謀撓楚權。食其勸立六國後。王令趣刻印。張良入諫。以為不可。輟食吐哺。罵酈生曰。豎儒幾敗乃公事。趣令銷印。

張季鷹辟齊王東曹掾。在洛見秋風起。因思吳中菰菜羹鱸魚膾。曰。人生貴得適意耳。何能羈宦數千里以要名爵。遂命駕便歸。俄而齊王敗。

王云：言敢可耳，何得使死塢壁間。傳會多如此。

時人皆謂爲見機。文士傳曰：張翰字季鷹，父儼學，善屬文，造次立成，辭義清新。大司馬齊王冏辟爲東曹掾。翰謂同郡顧榮曰：天下紛紛未已，夫有四海之名者，求退良難。吾本山林間人，無望於時久矣。子善以明防前，以智慮後。榮捉其手，愴然曰：吾亦與子採南山蕨，飲三江水爾。翰以疾歸，府以輒去除吏名。性至孝，遭母艱，哀毀過禮，自以年宿不營當世，以疾終於家。

王平子素不知眉子，曰：志大其量，終當死塢壁間。晉諸公贊曰：王玄字眉子，夷甫子也。東海王越辟爲掾，後行陳留太守，大行威罰，爲塢人所害。

周伯仁母冬至舉酒賜三子曰：吾本謂度江託

劉云語甚可悲

劉云英氣獨見爲之後來遂不自盡可傷可戒彬彬以不以滅親自詭不知舒復如何

足無所爾家有相爾等並羅列吾前復何憂嵩起長跪而泣曰不如阿母言伯仁爲人志大而才短名重而識闇好乘人之弊此非自全之道嵩性狼抗亦不容於世唯阿奴碌碌當在阿母目下耳

王大將軍既亡王應欲投世儒世儒爲江州王含欲投王舒舒爲荆州含語應曰大將軍平素與江州云何而汝欲歸之應曰此迺所以宜往也含别傳曰含字處弘琅琊臨沂人累遷徐州刺史與弟敦作逆誅晉陽秋曰應字安期含子

子也。敦無子。養爲嗣。以爲武衛將軍。用爲副貳。貳伏誅。江州當人彊盛時。能抗同異。此非常人所行。及覩衰危。必興慜惻。王彬別傳曰。彬字世儒。琅邪人。祖覽。父正。並有名德。彬爽氣出儕類。有雅正之韻。與元帝姨兄弟。佐佑皇業。累遷侍中。從兄敦下石頭。害周伯仁。彬與顗素善。往哭其尸。甚慟。既而見敦。敦怪其有慘容。而問之。答曰。向哭周伯仁。情不能已。敦曰。伯仁自致刑戮。汝復何爲者哉。彬曰。伯仁清譽之士。有何罪。因數敦曰。抗旌犯上。殺戮忠良。音辭抗慨。與淚俱下。敦怒甚。丞相在坐。代爲之解。命彬曰。拜謝。彬曰。有足疾。比來見天子。尚不能拜。何跪之有。敦曰。脚疾何如頸疾。以親故不害之。累遷江州刺史。左僕射。贈衛將軍。荊州守文。豈能作意表行事。含不從。遂共投舒。舒果沈含父子于江。王舒傳曰。舒字處明琅邪人。祖覽知名。父會御史。舒器業簡素。有文武幹。中宗用爲北中郎將。荊州刺史。尚書僕射。出爲會稽太守。以父名會。累表自陳。彬聞討蘇峻有功。封彭澤侯。贈車騎大將軍。

應嘗來。密具船以待之。竟不得來。深以爲恨。含之投舒。舒遣軍逆之。含父子赴水死。昔鄙寄貴友見識。況販兄弟以求安。舒非人矣。

武昌孟嘉作庾太尉州從事。已知名。褚太傅有知人鑒。罷豫章還過武昌。問庾曰。聞孟從事佳。今在此不。庾云。卿自求之。褚眄睞良久。指嘉曰。此君小異。得無是乎。庾大笑曰。然。于時既歎褚之默識。又欣嘉之見賞。嘉別傳曰。太傅褚裒有器識。亮正旦大會。裒問亮聞江州有孟嘉。何在。亮曰。在坐。卿但自覓。褒歷觀久之。指嘉曰。將無是乎。亮欣然而笑。喜褒得嘉。奇嘉爲褒所得。乃益器之。

○○補

劉眞長標寄清遠。小時。諸人比之袁羊。劉喜還告其母。母有識鑒。謂之曰。此非汝比。勿受之。又有方之范汪者。劉復喜。母又不聽。後眞長年德轉升。論者比之荀粲。范汪別傳曰。范汪字玄平。順陽人。左將軍略之孫。少有不常之志。通敏多識。博涉經籍。致譽於時。歷吏部尚書。晉書曰。汪少孤。六歲過江。依外家新野庾氏。王澄見而奇之。及長。好學。外氏家貧。無以資給。汪乃廬於園中。布衣蔬食。燃薪寫書。誦讀亦遍。博學多通。善談名理。

劉云眞長能識殷浩爲敗桓溫豈可王劉並稱

王仲祖謝仁祖劉眞長俱至丹陽墓所省殷揚州殊有確然之志中興書曰浩棲遲積年累聘不至既反王謝相謂曰淵源不起當如蒼生何深爲憂嘆劉曰卿諸人眞憂淵源不起邪。

小庾臨終自表以子園客爲代園客爰之小字也庾氏譜曰爰之字仲眞翼第二子中興書曰爰之有父翼風桓溫徙于豫章年三十六而卒朝廷慮其不從命未知所遣乃共議用桓溫劉尹曰使伊去必能克定西楚然恐不可復制陶侃別傳曰庾翼薨表其子爰之代爲荊州何充曰陶公重勳也臨終高讓丞相未薨斂豫爲四品將軍于今不改。

親則道恩優游散騎。未有超卓若此之授。乃以徐州刺史桓温。爲安西將軍荊州刺史。宋明帝文章志曰。翼表其子代任。朝廷畏憚之。議者欲以授桓温。時簡文輔政。然之。劉惔曰。温去必能定西楚。然恐不能復制。願大王自鎮上流。惔請爲從軍司馬。簡文不許。温後果如惔所筭也。

○○

桓公將伐蜀。在事諸賢咸以李勢在蜀既久。承藉累葉。且形據上流。三峽未易可克。唯劉尹云。伊必能克蜀。觀其蒲博。不必得則不爲。華陽國志曰。李勢字子仁。洛陽臨渭人。本巴西宕渠賓人也。其先李特。因晉亂據蜀。特子雄。稱號成都。勢祖驤特弟也。驤生壽。壽篡位自立。勢即壽子也。晉安西將軍伐蜀。勢歸降。遷之揚州。自起至亡六世。三十七年。温別傳曰。初朝廷以蜀處險遠。而温衆寡少。縣軍深入。甚以憂懼。而温直指成都。李

苻

王云、正史堅姓從苻、即蒲之変也。此云當應苻命、從竹非是。又云石虎時正姓蒲、不得云苻郎。

勢而縛、語林曰。劉尹見桓公每嬉戲必取勝。謂曰。卿乃爾好利、何不焦頭。及伐蜀、故有此言。

郗超與謝玄不善。苻堅將問晉鼎。既已狼噬梁岐。又虎視淮陰矣。

車頻秦書曰。苻堅字永固。武都氐人也。本姓蒲。祖父洪、誌稱讖文。改曰苻。言已當王。應符命也。堅初生。有赤光流其室。及誕背赤色隱起若篆文。幼有美度。石虎司隷徐正名知人。堅六歲時嘗戲於路。正見而異焉。問曰。苻郎、此官街。小兒行戲。不畏縛耶。堅曰。吏縛有罪。不縛小兒。正謂左右曰。此兒有王霸相。石氏亂。伯父健、及父雄、西入關。健夢天神使者朱衣冠。拜肩頭爲龍驤將軍。肩頭堅小字也。健即拜爲龍驤。以應神命。後健僭帝號。殁。子生立。凶暴。羣臣殺之而立堅。堅立十五年。遣長樂公丕攻沒襄陽。十九年大興師伐晉。衆號百萬。水陸俱進。次于項城。自項城至長安。連旗千里。首尾不絶。乃遣告晉曰。已爲晉君。於

長安城中。建廣夏之室。今故。大舉。渡江相迎。克日入宅。池

于時朝議遣玄北討。人間頗有異同之論。惟超曰。是必濟事。吾昔嘗與共在桓宣武府。見使才皆盡。雖履屐之間。亦得其任。以此推之。容必能立勳。元功既舉。時人咸歎超之先覺。又重其不以愛憎匿善。中興書曰。于時氐賊彊盛。朝議求文武良將可鎮靖北方者。謝大將軍安曰。唯兄子玄可任此事。中書郎郗超聞而嘆曰。安違衆舉親。明也。玄必不負其舉。

王恭隨父在會稽。恭父蘊別見。王大自都來拜墓。恭暫往墓下看之。二人素善。遂十餘日方還。父問

恭何故多。曰對曰。與阿大語蟬連不得歸。因語之曰。恐阿大非爾之友。終乖愛好。果如其言。范與恭爲王緒所間。終成怨隙。別見。

補 齊明帝廢立之際。明帝紀曰。廢帝子業疑畏諸父。拘之殿内。遇上無禮。將加害。上先與阮佃夫李道兒等密謀。殞之後堂。王思遠南史曰。王思遠。晏從父弟也。父羅雲。平西長史。思遠八歲。父卒。祖弘之。及外祖羊敬元。並棲退高尚。故思遠少無仕心。宋建平王景素辟主簿。深見禮遇。後至司徒左長史。謂從兄晏曰。兄荷武帝厚恩。今一旦贊人如此事。彼或可以權計相須。未知兄將何以自立。及此引決。猶可保全門戶。

不失後名晏曰方噉粥未暇此事及晏拜驃騎會子弟曰隆昌之末阿戎勸我自裁若用其語豈有今日思遠遽應曰如阿戎所見猶未晩也

阿戎思遠小字旬日晏及禍宋書曰晏字休默一字士彥武帝時爲丹陽尹位任親重明帝謀廢立晏便響應帝雖以事際須晏而心相疑斥晏無防意居朝事多專決數呼相工自視云當大貴與客語好屛人帝疑晏欲反乃密計召晏於華林省誅之

○補

瑯琊王元長才名甚盛欲與徐勉相識每於人召之徐謂人曰王郎名高望促難可輕襟衣裾俄而元長及禍時人服其幾鑒蕭子顯齊書曰王融字元長瑯

琊人、神明警惠、博涉有文才、為中書郎、帝疾篤、先欲立竟陵王子良、及即位、下廷尉獄、賜死。

補 李密（見別）乘一黃牛、被以蒲韉、將漢書一帙挂於角上、一手捉牛靷、一手翻漢書。越國公（楊素別見）過見於道、從後按轡躡之、既及、問何處書生、耽學如此。密識是越公、乃下牛再拜、自言姓名。又問所讀書。答云項羽傳。越公奇之、與語大悅。謂其子玄感等曰、吾觀李密識度、汝等不及。（隋書曰、楊玄感司徒素之子也。好讀書、便騎射。以父軍功位至柱國。）

補 路巖（唐書曰、巖字魯瞻、陽平冠氏人。祖季、諫議大夫。父羣、精經學、志行貞潔、為翰林學士。）

巖幼聰敏過人。登大中進士。以戶部侍郎同平章事。年始三十六。佐崔鉉於淮南爲支使。劉昫唐書曰。崔鉉字台碩。義成節度使元略子也。累官戶部侍郎。會昌末。以本官平章事。爲同列李德裕所嫉。罷相。鉉知其必貴。嘗曰。路十終須作彼一官。胡三省通鑑注曰。謂作相也。既而入爲監察御史。不出長安城十年。至宰相。其入翰林。日鉉猶在淮南。聞之曰。路十今已入翰林。如何得老。後皆如鉉言。

○補

韓熙載湘山野錄曰。韓熙載字叔言。本青社人。事江南三主。時謂之神仙中人。風彩照物。每縱轡春城秋苑。人皆隨觀。談笑則聽者忘倦。審音能舞。善八分及書。筆皆冠絕。簡介不屈。

舉朝未嘗拜一人每歲獻替多嘉納吉凶儀制不如式者隨事稽正制誥典雅有元和之風慶欲相之爲宋齊丘深忌終不進用在南唐多置女僕晝夜歌舞謔人云吾爲此行正欲避入相之命問何故至逆之曰中原常虎視於此一旦眞主出江南棄甲不暇吾不能爲千古笑端南唐書曰熙載在南唐盡忠直言後房妓妾不加檢束恣其出入後主屢欲相之而惡其如此乃左授右庶子分司於外熙載上表乞留盡出羣婢後主乃喜以爲秘書監羣婢復集如初

○補

李待制誠之宋史曰李師中字誠之楚丘人父緯爲涇原都監當責降師中詣宰相辯詰由是知名舉進士知洛川縣多善政歷知兗濟舒瀛等州在仁宗朝因

邸吏報包希仁參政或曰朝廷自此多事矣李曰包公無能爲今鄞令王安石者眼多白甚似王敦他日亂天下必此人呂氏家塾記曰包拯字希仁嘗爲京尹令行禁止天下皆呼爲包待制又曰包家故市井小民及田野之人見狗私者皆指笑之曰爾一箇包家見貪汚者曰爾一箇司馬家蓋當時亦稱司馬君實爲司馬家

李卓吾批點世說新語補卷之八

校正改刻
世說新語補
九十

◎

李卓吾批點世説新語補卷之九

宋　劉義慶　撰

梁　劉孝標　注

宋　劉辰翁　批

明　何良俊　增

王世貞　删定

王世懋　批釋

李　贄　批點

張文柱　校注

賞譽上

陳仲舉嘗歎曰。若周子居者眞治國之器。汝南先賢傳曰。周乘字子居。汝南安城人。天資聰朗。高峙嶽立。非陳仲舉黃叔度之儔則不交也。仲舉嘗歎曰。周子居者眞治國之器也。爲泰山太守。甚有惠政。譬諸寶劒則世之干將。吳越春秋曰。吳王闔閭請干將作劒。干將者吳人。其妻曰莫耶。干將采五山之精六金之英。候天地。何陰陽。百神臨觀。而金鐵之精未流。夫妻乃剪髮及爪而投之鑪中。金鐵乃濡。遂成二劒。陽曰干將而作龜文。陰曰莫耶而作漫理。干將匿其陽。出其陰以獻闔閭。闔閭甚寶重之。

世目李元禮謖謖如勁松下風。李氏家傳曰。膺嶽峙淵淸。峻貌

貴重華夏稱曰潁川李府君頵頵如玉山汝南陳仲舉軒軒如千里馬南陽朱公叔飂飂如行松栢之下

補

或問范孟博郭林宗何如人范曰隱不違親貞不絕俗天子不得臣諸侯不得友吾不知其他

范曄後漢書曰范滂字孟博汝南征羌人少厲清節舉孝廉登車攬轡有澄清天下之志後以黨事繫獄詔遣中常侍王甫以次辯詰孟博越次對曰臣聞仲尼之言見善如不及見惡如探湯欲使善善同其清惡惡同其汚謂王政之所願聞不悟更以爲黨甫問卿更相拔舉迭爲唇齒有不合者動見排斥其意云何孟博慷慨仰天曰古之循善自求多福今之循善身陷大戮身死之日願埋滂於首陽山側上不負皇天下不愧夷齊甫愍然爲之改容

○○補

脂元升以哭孔文舉尸魏太祖收欲治罪以其事直見原元升後見太祖陳謝前愆太祖呼其字曰元升卿故慷慨魚豢魏略曰脂習字元升京兆人公府辟舉高第天子西遷及詣許昌習常隨從與少府孔融親善太祖爲司空威德日盛融書疏倨傲習常責融欲令改節融被誅時許中百官與融親善者莫敢收恤習獨撫而哭之曰文舉卿舍我死我當復與誰語者

○

公孫度目邴原所謂雲中白鶴非燕雀之網所能羅也魏書曰度字叔濟襄平人累遷冀州刺史遼東太守邴原別傳曰原字根矩東管朱虛人少孤數歲時過書舍而泣師問曰童子何泣也原曰凡得學者有親也一則願其不

孤二則羨其得學中心感傷故泣耳師惻然曰苟欲學不須資也於是就業長則博覽洽聞金玉其行知世將亂避地遼東公孫度厚禮之中國既寧欲還鄉里爲度禁絶原密自治嚴謂部落曰移比近郡以觀其意皆曰樂移原舊有捕魚大船請村落皆令熟醉因夜去之數日度乃覺更欲追之度曰邴君所謂雲中白鶴非鶉鷃之網所能羅也魏王辟祭酒累遷五官中郎長史。

○鍾士季目王安豐阿戎了了解人意　王隱晉書曰戎少清明曉悟。

○補曹子建七步成章世目爲繡虎　魏志曰陳思王植字子建文帝同母弟也年十餘歳誦詩論及辭賦數萬言善屬文太祖嘗視其文曰汝倩人邪植跪曰言出

爲論。丁筆成章。顧當面試。奈何倩人。時鄴銅雀臺新成。太祖悉將諸子登之。使各爲賦。植援筆立成。可觀。性簡易。不治威儀。輿馬服飾不尚華麗。每見難問。應聲而答。太祖寵愛之。幾爲太子者數矣。文帝即位。封鄄城侯。後徙雍丘。復封東阿。植每求試不得。而國亟遷易。汲汲無懽。年四十一薨。

謝子微見許子將兄弟曰。平輿之淵有二龍焉。見許子政弱冠之時。歎曰。若許子政者有幹國之器。正色忠謇。則陳仲舉之匹。汝南先賢傳曰。謝甄字子微。汝南邵陵人。明識人倫。雖郭林宗不及甄之鑒也。見許子將兄弟弱冠時。則曰。平輿之淵有二龍。仕爲豫章從事。許虔字子政。平輿人。體尚高潔。雅正寬亮。謝子微見虔兄弟。嘆曰。若許子政者幹國之器也。虞弟劭、聲未發時、時人以謂不如虞。虞恒推服稱劭、自以爲不及也。釋褐爲郡功曹。黜姦發惡、一郡肅然。年三十五、卒。海內先賢傳曰、虞弟劭、山峙淵停、行應規表。邵陵謝子微高才遠識、見劭十歲時、歎曰、此乃希世之偉人也。初劭拔樊子昭於市肆、出虞承賢於客舍、召李叔才於無聞、擢郭子瑜於小吏。廣陵徐孟本來臨汝南、聞劭高名、召功曹。時袁紹以公族爲濮陽長、棄官還、副車從騎、將入郡界、乃歎曰、許子將秉持清格、豈可以吾輿服見之耶。遂單馬而歸。辟公府掾、數辟皆不就、避地江南、卒於豫章也。伐惡退不肖、范孟博之風。

○補 管公明言、與裴使君何鄧二尚書何晏鄧颺劉太常兄弟語、使人神思清發、昏不假寐、自此以還、殆

王云據晉史作汪翔蓋汪字訛而爲江翔音訛而爲廧也然汪廧亦甚實錯

白日欲寢矣 晉書曰劉寔字子眞平原高唐人家貧苦賣牛衣以自給好學讀書博通古今清身潔己行無玷缺初鍾會鄧艾伐蜀或問一將其平蜀乎寔曰破蜀必矣而皆不還竟如其言寔以世多進趣廉遜道缺作崇讓論以矯之弟智字子房貞素有兄風以儒行稱

裴令公目夏侯太初肅肅如入廊廟中不修敬而人自敬 禮記曰周豐謂魯哀公曰宗廟社稷之中未施敬而民自敬 一曰如入宗廟琅琅但見禮樂器見鍾士季如觀武庫但觀矛戟見傅蘭碩江廧靡所不有見山巨源如登山臨下幽然深遠

羊公還洛郭奕爲野王令 晉諸公贊曰郭奕字泰業太原陽曲人累世二

劉云少得此人

舊族奕有才望歷雍州刺史尚書。羊至界遣人要之郭便自往。既見歎曰羊叔子何必減郭泰。業復往羊許少息還又歎曰羊叔子去人遠矣羊既去郭送之彌日一舉數百里遂以出境免官復歎曰羊叔子何必減顏子。

補

山公目嵇叔夜巖巖如孤松之獨立。

王戎目山巨源如璞玉渾金人皆欽其寶莫知名其器。顧愷之畫贊曰濤無所標明淳深淵默人莫見其際而其器亦入道故見者莫能稱謂而服其偉量。

劉云妙絕舉詞

○○

○

山公舉阮咸爲吏部郎目曰清眞寡欲萬物不能移也

名士傳曰咸字仲容陳留人籍兄子也任達不拘當世皆怪其所爲及與之處少嗜欲哀樂至到過絕於人然後皆忘其向議爲散騎侍郎山濤舉爲吏部武帝不用太原郭奕見之心醉不覺歎服解音好酒以卒山濤啓事曰吏部郎史曜出處缺當選濤薦咸曰眞素寡欲深識清濁萬物不能移也若在官人之職必妙絕於時詔用陸亮晉陽秋曰咸行已多違禮度濤舉以爲吏部郎世祖不許竹林七賢論曰山濤之舉阮咸固知上不能用蓋惜曠世之儁莫識其意故耳夫以咸之所犯方外之意稱其清眞寡欲則迹外之意自見耳

羊長和

文字志曰忱字長和一名陶泰山平陽人世爲冠族忱歷太傅長史楊州刺史遷侍中永嘉五年遭亂被害年五十餘

父繇與太傅祜同堂相善

仕至車騎掾。蚤卒。長和兄弟五人幼孤。羊氏譜曰。繇字堪甫。泰山人。祖續。漢大尉。不拜。父祕。京兆太守。繇歷車騎掾。娶樂國楨女。生五子。秉。治。式。亮。悅也。祜來哭見長和哀容舉止宛若成人。迺歎曰。從兄不亡矣。

劉云。清倫亦不成語。

補　王戎目阮文業。清倫有鑒識。漢元以來未有此人。杜篤新書曰。阮武字文業。陳留尉氏人。父諶。侍中。武闊達博通。淵雅之士。陳留志曰。武。魏末河清太守。族子籍年。總角。未知名。武見而偉之。以為勝己。知人多此類。著書十八篇。謂之阮子。終於家。郭泰友人宋子俊稱泰自漢元以來。未有林宗之匹。

補　張茂先甚重成公簡。王隱晉書曰。成公簡字宗舒。東郡人。世二千石。性清

注云二陸即被
稱尚爲名賢億
慕如此蓋以得
見爲幸也

素不求榮利。潛心味道。罔有嘗曰。公簡清靜比
干其志者。由是默識過人。
揚子雲楊雄自敘曰。雄爲人簡易佚宕。清淨無
爲。不汲汲於富貴。不戚戚於貧賤。不修
廉隅以徼名當世。無擔石之儲。晏如也。自有大
度。非聖哲之書不好也。非其意雖富貴不事也。
默識擬張安世班固漢書曰。張安世字子孺。少
以父任爲郎。以善書給事尚書。
精力於職。休沐未嘗出。上幸河東。亡書三篋。詔
問莫能知。唯安世識之。具述其事。後以相校無
所遺失。上奇其
才。擢爲尚書令。
蔡司徒在洛。見陸機兄弟住參佐廨中。三間瓦
屋。士龍住東頭。士衡住西頭。士龍爲人文弱可
愛。士衡長七尺餘。聲作鐘聲。言多忼慨。文士傳曰。雲性

弘靜怡怡然爲士友所宗機清厲有風格爲鄉黨所憚

○庾子嵩目和嶠森森如千丈松雖磊砢有節目施之大厦有棟梁之用晉諸公贊曰嶠常慕其舅夏侯玄爲人故於朝士中峨然不羣時類憚其風節

○補

○王戎云太尉神姿高徹如瑤林瓊樹自然是風塵外物名士傳曰夷甫天形奇特明秀若神八王故事曰石勒見夷甫謂長史孔萇曰吾行天下多矣未嘗見如此人當可活不萇曰彼晉三公不爲我用雖然要不可加以鋒刃也夜使推牆殺之

○王汝南既除所生服遂停墓所兄子濟每來拜

墓略不過叔叔亦不候濟脫時過止寒溫而已後聊試問近事答對甚有音辭出濟意外濟極惋愕仍與語轉造精微濟先略無子姪之敬既聞其言不覺懍然心形俱肅遂留共語彌日累夜濟雖儁爽自視缺然乃喟然歎曰家有名士三十年而不知濟去叔送至門濟從騎有一馬絕難乘少能騎者濟聊問叔好騎乘不曰亦好爾濟又使騎難乘馬叔姿形既妙回策如縈名騎無以過之濟益歎其難測非復一事鄧粲晉紀曰王

王云。不言如父。而言勝己。居然有王子敬意。然濟寔有勝父處。

湛字處沖。太原人。隱德人莫之知。雖兄弟宗族亦以爲癡。唯父昶異焉。昶喪居墓次。兄子濟往省湛。見牀頭有周易。謂湛曰。叔父用此何爲。頗曾看不。湛笑曰。體中不佳時。脫復看耳。今日當與汝言。因共談易。剖析入微。妙言奇趣。濟所未聞歎不能測。濟性好馬。而所乘馬駿駃。意甚愛之。湛曰。此雖小駃。然力薄不堪苦。近見督郵馬當勝此。但養不至耳。濟取督郵馬。穀食十數日。與湛試之。湛未嘗乘馬。卒然便馳騁。步驟不異於濟。而馬不相勝。湛曰。今直行車路。何以別馬勝不。唯當就蟻封耳。於是就蟻封盤馬。果倒踣。其儁識天才乃爾。既還。渾問濟。何以暫行累日。濟曰。始得一叔。渾問其故。濟具歎述如此。渾曰。何如我。濟曰。濟以上人。武帝每見濟。輒以湛調之曰。卿家癡叔死未。濟常無以答既而得叔後、武帝又問如前。濟曰、臣叔不癡。稱其實美。常曰、誰比。濟曰、山濤以下、魏舒以上。

晉陽秋曰、濟有人倫鑒識。其雅俗是非、少所優潤。見湛歎服其德宇。時人謂湛上方山濤不足、下比魏舒有餘。湛聞之曰、欲以我處季孟之間乎。王隱晉書曰、魏舒字陽元、任城人。幼孤、爲外家寧氏所養。寧氏起宅、相者曰、當出貴甥。外祖母意以魏氏甥小而惠、謂應相也。舒曰、當爲外氏成此宅相。少名遲鈍、叔父衡使守水碓、每言舒堪八百戶長、我願畢矣。舒不以介意。身長八尺三寸、不脩常人近事。少工射、著韋衣入山澤、每獵大獲。爲後將軍鍾毓長史。毓與參佐射戲、舒常爲坐畫籌。後值朋人少、以舒充數。於是發無不中。加博措閑雅、殆盡其妙。毓歎謝之曰、吾之不足盡卿、如此射矣。轉相國參軍。晉王每朝罷、目送之曰、魏舒堂堂、人之領袖。累遷侍中、司徒。

於是顯名年二十八始官。

○補　世目鄧士載爲伏鸞陸士龍爲隱鵠。

○張華見褚陶語陸平原曰君兄弟龍躍雲津顧彦先鳳鳴朝陽謂東南之寶已盡不意復見褚生陸曰公未覩不鳴不躍者耳。褚氏家傳曰陶字季雅吳郡錢塘人褚先生後也陶聰惠絕倫年十三作鷗鳥水碓二賦兗陵嚴仲弼見而奇之曰褚先生復出矣弱不好弄淸淡閑默以墳典自娛語所親曰聖賢備在黃卷中舍此何求州郡辟不就吳歸命世祖補臺郎建忠校尉司空張華與陶書曰二陸龍躍於江漢彦先鳳鳴於朝陽自此以來常恐南金已盡而復得之於吾子故知延州之德不孤淵岱之寶不匱仕至中尉

補衛叔寶是樂彥輔壻並有海内之名裴叔道嘗稱之曰婦翁冰清女壻璧潤

有問秀才吳舊姓何如答曰吳府君聖王之老成明時之儁乂朱永長理物之至德清選之高望嚴仲弼九皐之鳴鶴空谷之白駒顧彥先八音之琴瑟五色之龍章張威伯歲寒之茂松幽夜之逸光陸士衡士龍鴻鵠之裴回懸鼓之待槌秀才蔡洪也集載洪與刺史周浚書曰一日侍坐言及吳士詢於芻蕘遂見下問造次承顏載辭不舉敕令條列名狀退輒思之今稱疏所知吳展字士季下邳人忠足矯非清足厲俗

信可結神才堪幹世仕呉爲廣州刺史呉郡太守呉平還下邳閉門自守不交賓客誠聖王之老成明時之儁乂也朱誕字永長呉郡人體履清和黄中通理呉朝舉賢良累遷議郎今歸在家誠理物之至德清選之高望也嚴隱字仲弼呉郡人禀氣清純思度淵偉呉朝舉賢良宛陵令呉平去職九皐之鳴鶴空谷之白駒也張暢字威伯呉郡人禀性堅明志行清朗居磨涅之中無淄磷之損歲寒之松栢幽夜之逸光也凡此諸君以洪筆爲鉏耒以紙札爲良田以玄默爲稼穡以義理爲豐年以談論爲英華以忠恕爲珍寶著文章爲錦繡蘊五經爲繒帛坐謙虚爲席薦張義讓爲帷幙行仁義爲室宇修道德爲廣宅按蔡所論士十六人無陸

晉書作常

李云如此人益宜慨賞

機兄弟。又無凡此諸君陵下。疑益之。

衛伯玉爲尚書令。見樂廣與中朝名士談議。奇之曰。自昔諸人沒已來。嘗恐微言將絶。今乃復聞斯言於君矣。命子弟造之曰。此人。人之水鏡也。見之若披雲霧覩青天。晉書曰。衛瓘字伯玉。河東安邑人。父覬魏尚書。瓘十歳喪父。至孝過人。性貞靜。有名理。在位以任職稱。鄧艾鍾會伐蜀。瓘以待中持節監艾會軍事。晉陽秋曰。尚書令衛瓘見廣曰。昔何平叔諸人沒。常謂清言盡矣。今復聞之於君。王隱晉書曰。瓘與何晏鄧颺等數共談講。見廣奇之曰。每見此人。則瑩然猶廓雲霧而覩青天。

人問王夷甫。山巨源義理何如。是誰輩。王曰。此人初不肯以談自居然不讀老莊時聞其詠往往與其旨合。顧愷之畫贊曰濤有而不恃皆此類也。

王太尉曰見裴令公精明朗然籠蓋人上非凡識也若死而可作當與之同歸或云王戎語禮記曰趙文子與叔譽觀于九原文子曰死者如可作也吾誰與歸鄭玄曰作起也。

王夷甫自歎我與樂令談未嘗不覺我言爲煩晉陽秋曰樂廣善以約言厭人心其所不知默如也太尉王夷甫光祿大夫裴叔則能清言常曰與樂君言覺其簡至吾等皆煩。

王平子目太尉阿兄形似道而神鋒太儁太尉

王云兄弟間品題略尽

答曰誠不如卿落落穆穆王隱晉書曰澄通朗好人倫情無所繫

太傅府有三才劉慶孫長才晉陽秋曰太傅將召劉輿或曰輿猶膩也近將汙人太傅疑而禦之輿乃密視天下兵簿諸屯戍及倉庫處所人穀多少牛馬器械水陸地形皆默識之是時軍國多事每會議事自潘滔以下皆不知所對輿便屈指籌計所發兵仗處所糧廩運轉事無凝滯於是太傅遂委仗之潘陽仲大才裴景聲清才八王故事曰劉輿才長綜覈潘滔以博學為名裴邈彊立方正皆為東海王所暱俱顯一府故時人稱曰輿長才滔大才邈清才也

王夷甫語樂令名士無多人故當容平子知王澄別傳曰澄風韻邁達志氣不羣從兄戎兄夷甫名冠當年四海人士一為澄所題目則二兄不

復措意云。已經平子。其見重如此。是以名聞益盛。天下知與不知。莫不傾注。澄後事迹不逮。朝野失望。及舊遊識見者。猶曰當今名士也。

○林下諸賢。各有儁才子。籍子渾器量弘曠。世語曰。渾字長成。清虛寡欲。位至太子中庶子。康子紹清遠雅正。濤子簡疎通高素。虞預晉書曰。簡字季倫。平雅有父風。與嵇紹劉漢等齊名。遷尚書。出爲征南將軍。咸子瞻虛夷有遠志。瞻弟孚爽朗多所遺。中興書曰。孚風韻疎誕。少有門風。初爲安東參軍。蓬髮飲酒。不以王務嬰心。秀子純悌並令淑有清流。竹林七賢論曰。純字長悌。位至侍中。悌字叔遜。位至御史中丞。晉諸公贊曰。洛陽敗。純悌出奔。爲賊所害。戎子萬子有大成之風。苗而不秀。晉諸公贊曰。王綏字萬子。辟太尉掾不就。年十九卒。晉書曰。戎子萬有美號。而太肥。戎令食糠。而肥愈甚也。唯伶子無聞。名士傳曰。劉伶字伯倫。沛郡人。肆意放蕩。以宇宙為狹。常乘鹿車。攜一壺酒。使人荷鍤隨之。云。死便掘地以埋。土木形骸。遨遊一世。竹林七賢論曰。伶處天地間。悠悠蕩蕩。無所用心。嘗與俗士相牾。其人攘袂而起。欲必築之。伶和其色曰。雞肋豈足以當尊拳。其人不覺廢然而返。未嘗措意文章。終其世。但著酒頌一篇而已。凡此諸子。唯瞻為冠。紹簡亦見重當世。

○司馬太傅府多名士。一時儁異。庾文康云。見子嵩在其中。常自神王。晉陽秋曰。嵩為太傅從事中郎。

○太傅東海王鎮許昌。以王安期為記室參軍。雅

劉云其意覺有味

相知重勑世子毗曰夫學之所益者淺體之所安者深閑習禮度不如式瞻儀形諷味遺言不如親承音旨王參軍人倫之表汝其師之或曰王趙鄧三參軍人倫之表汝其師之謂安期鄧伯道趙穆也趙吳郡行狀曰穆字季子汲郡人眞淑平粹不識清通歷尚書郎太傅參軍太傅越與穆及王承阮瞻鄧攸書曰禮八歲出就外傅十年曰幼學明可以漸先王之教也然學之所受者淺體之所安者深是以閑習禮度不如式瞻軌儀諷味遺言不如親承辭旨小兒毗既無令淑之資未聞道德之風欲屈諸君時以閑豫周旋燕誨也穆歷晉明帝師冠軍將軍吳郡太守封南鄉侯袁宏作名士傳直云王參軍或

云趙家先猶有此本。

○庾太尉少為王眉子所知。庾過江歎王曰。庇其宇下使人忘寒暑。晉諸公贊曰。玄少希慕簡曠。八王故事曰。玄為陳留太守。或勸玄過江投瑯琊王。玄曰。王處仲得志於彼。家叔猶不免害。豈能容我。謂其器宇。不容於敦也。

○王公目太尉。巖巖清峙。壁立千仞。顧愷之東甫畫贊曰。東甫天形瓌特。識者以為巖巖秀峙。壁立千仞。

○王長史是庾子躬外孫。王氏譜曰。濛父訥。娶潁川庾琮之女。字三壽也。丞相目子躬云。入理泓然。我已上人。子躬子嵩兄也。晉書曰。庾琮。字子躬。潁川人。太常峻第二子。仕至太尉掾。

庾子躬有廢疾。甚知名。家在城西。號曰城西公府。

○　補　○

周弼晉紀曰。弼咸寧中。爲御史中丞。稱裴逸民若武庫五兵。縱横。惠帝起居注曰。頠理甚淵博。贍於論難。

謝幼輿曰。友人王眉子清通簡暢。嵇延祖弘雅劭長。董仲道卓犖有致度。王隱晉書曰。董養字仲道。太始初。到洛。不干祿求榮。永嘉中。洛城東北角步廣里中地陷。中有二鵝。蒼者飛去。白者不能飛。問之博識者。不能知。養聞歎曰。昔周時所盟會狄泉。此地也。今有二鵞。蒼者胡象。後胡當入洛。白者不能飛。

雅作稚

王云逢萌梅福以上人豈眉子輩可擬

○ ○ ○

此國諱也。謝鯤元化論序曰。陳留董仲道於元康中見恵帝廢楊悼后。升太學堂歎曰。建此堂也將何爲乎。每見國家赦書。謀反逆皆赦。孫殺祖父母。子殺父母。不赦。以爲王法所不容也。奈何公卿處議。文飾禮典。以至此乎。天人之理既滅。大亂斯起。顧謂謝鯤阮孚曰。易稱知幾其神乎。君等可深藏矣。乃與妻荷擔入蜀。莫知其所終。

周侯於荊州敗績。還未得用。王丞相與人書曰。雅流弘器。何可得遺。鄧粲晉紀曰。顗爲荊州。始至。而建平民傅密等叛迎蜀賊。顗狼狽失據。陶侃救之得免。顗至武昌投王敦。敦更選侃代顗。顗還建康未即得用也。

劉琨稱祖車騎爲朗詣。曰。少爲王敦所歎。虞預晉書曰。逖字士雅。范陽遒人。豁蕩不修儀檢。輕財好施。晉陽秋曰。逖與司空劉琨。俱以雄豪著名。年

◎

劉云此神氣文似矜傲

二十四。與琨同辟司州主簿。情好綢繆。共被而寢。中夜聞雞鳴。俱起曰。此非惡聲也。每語世事。則中宵起坐。相謂曰。若四海鼎沸。豪傑共起。吾與足下相避中原耳。爲汝南太守。値京師傾覆。率流民數百家南渡。行達泗口。安東板爲徐州刺史。逖既有豪才。常慷慨以中原爲已任。乃說中宗雪復神州之計。拜爲豫州刺史。使自招募。逖遂率部曲百餘家北渡江。誓曰。祖逖若不淸中原而復濟此者。有如大江。攻城略地。招懷義士。屢摧石虎。虎不敢復闚河南。石勒爲逖母墓置守吏。劉琨與親舊書曰。吾枕戈待旦。志梟逆虜。常恐祖生先吾著鞭耳。會其病卒。先有妖星見豫州分。逖曰。此必爲我也。天未欲滅寇故耳。贈車騎將軍。

庾太尉目中郎。神氣融散。差如得上。晉陽秋曰。敳頹然淵放。莫有動其聽者。

○　　　　　　○劉云可倒　　　　　　○

時人目庾中郎善於託大長於自藏名士傳曰敳雖居職
任未嘗以事自嬰從容博暢寄通而已是時天
下多故機事屢起有為者拔奇吐異而禍福繼
之敳常默然故
憂喜不至也
王平子邁世有儁才少所推服每聞衛玠言輒
歎息絕倒玠別傳曰玠少有名理善通莊老琅耶王平子高氣不群邁世獨傲每聞
玠之語議至于理會之間要妙之際輒絕倒於
坐前後三聞為之三倒時人遂曰衛君談道平
子三
倒
時人欲題目高坐而未能桓廷尉桓彝桓溫之父桓彝別傳
曰彝字茂倫譙國龍亢人漢五更桓榮九世孫
也父顥有高名彝少孤識鑒明朗避亂渡江累

遷散騎常侍。以問周侯周侯曰可謂卓朗桓公曰精
神淵著。高坐傳曰庾亮周顗桓彝一代名士一見和尚披衿致契曾爲和尚作目久之
未得周云尸利密可稱卓朗於是桓始咨嗟以爲標之極似宣武嘗云少見和尚稱其精神淵
著當年出倫其爲名士所歎如此。
王敦爲大將軍鎭豫章衛玠避亂從洛投敦相
見欣然談話彌日于時謝鯤爲長史敦謂鯤曰
不意永嘉之中復聞正始之音阿平若在當復
絕倒。玠別傳曰玠至武昌見王敦敦與之談論彌日信宿敦顧謂僚屬曰昔王輔嗣吐金
聲於中朝此子今復玉振於江表微言之緒絕而復續不悟永嘉之中復聞正始之音阿平若

劉云傲也

○

王云賊何足道當是緣丞相保存意耳

劉云一様語病豈復可言

在當復絕倒

王平子與人書稱其兒風氣日上足散人懷永嘉流人名曰澄第四子微澄別傳曰微邁上有父風

殷中軍道右軍清鑒貴要晉安帝紀曰羲之風骨清舉也

何次道嘗送東人瞻望見賈寧在後輪中曰此人不死終爲諸侯上客晉陽秋曰寧字建寧長樂人賈氏孽子也初自結於王應諸葛瑤應敗浮遊吳會吳人咸侮辱之聞京師亂馳出投蘇峻峻甚暱之以爲謀主及峻聞義軍起自姑孰屯于石頭是寧之計峻敗先降仕至新安太守

謝公稱藍田掇皮皆眞徐廣晉紀曰述眞審眞意不顯

距晉書作岠
王云此須註乃
得然

阮光祿云王家有三年少右軍安期長豫。中興書曰王悅字長豫丞相導子也。仕至中書侍郎。

胡毋彥國吐佳言如屑後進領袖。言談之流靡靡如解木出屑也。

王丞相云刁玄亮之察察戴若思之巖巖。虞預晉書曰戴儼字若思廣陵人才義辯濟有風標鋒穎累遷征西將軍爲王敦所害贈右光祿大夫儀同三司。

卞望之之峰距卞壼別傳曰壼字望之濟陰寃句人父粹太常卿壼少以貴正見稱累遷御史中丞權門屛迹轉領軍尚書令蘇峻作亂率衆距戰父子二人俱死王難劉宋晉紀曰初咸和中貴遊子弟能談嘲者慕王平子謝幼輿等爲達壼厲色於朝曰悖

禮傷教。罪莫斯甚。中朝傾覆。實由於此。欲奏治之。王導、庾亮不從。乃止。其後皆折節爲名士。語林曰。孔坦爲侍中。密啓成帝。不宜往拜曹夫人。丞相聞之曰。王茂弘駑痾耳。若卞望之之巖巖。刁玄亮之察察。戴若思之峯岠。當敢爾不。此言殊有由緒。故聊載之耳。

大將軍語右軍。汝是我佳子弟。按王氏譜。羲之是敦從父兄子。當不減阮主簿。中興書曰。阮裕少有德行。王敦聞其名。召爲主簿。知敦有不臣之心。縱酒昏酣。不綜其事。

世目周侯嶷如斷山。晉陽秋曰。顗正情嶷然。雖一時儕類。皆無敢媟近。

何次道往丞相許。丞相以麈尾指坐。呼何共坐。曰。來來。此是君坐。晉陽秋曰。充導妻姊之子。明穆皇后之妹夫也。思韻淹濟。

王云殊得首祖傳鉢心事

有文義才情導深器之由是少有美譽遂歷顯位導有副貳已使繼相意故屢顯此指於上

諺曰揚州獨步王文度後來出人郗嘉賓續晉陽秋曰超少有才氣越世負俗不循常檢時人為一代盛譽者語曰大才槃槃謝家安江東獨步王文度盛德日新郗嘉賓其語小異

補

謝太傅云小時在殿廷會見王丞相便覺清風來拂人

謝公云長史語甚不多可謂有令音王濛別傳曰濛性和暢能清言談道貴理中簡而有會商略古賢顯默之際辭旨劭令往往有高致

○

殷允出西郗超與袁虎書云子思求良朋託好

劉云此語最勸務人殷勤甚美

足下勿以開美求之。中興書曰允字子思陳郡人太常康第六子恭素謙退有儒者之風歷吏部尚書

世目袁爲開美故子敬詩曰袁生開美度。

世稱荀子秀出阿興清和。阿興王蘊小字也蘊別見。

林公云王敬仁是超悟人。

○

王丞相拜司徒而歎曰劉王喬若過江我不獨拜公。曹嘉之晉紀曰疇有重名永嘉中爲閻鼎所害司徒蔡謨每歎曰若使劉王喬得南渡司徒公之美選也

補

謝鎭西稱羅君章可謂湘中之琳琅。含別傳曰或有人言

刘云以一字遣其人名，如譏如諷，更自高簡。

刘云此語甚不容易，不特包舉，多風刺。

羅君章可謂荊楚之杞梓，桓大司馬曰：此自江左之秀，豈唯荊楚而已。

簡文目敬豫爲朗豫。晉書曰：王恬字敬豫，導次子也。少卓犖不羈，疾學尚武，不爲導所重。至中軍將軍。多才藝，善隸書，與濟陽江彪以善奕聞。文字志曰：恬識理明貴，爲後進冠冕也。

庾公爲護軍，屬桓廷尉覓一佳吏，乃經年。桓後遇見徐寧而知之，遂致於庾公，曰：人所應有，其不必有；人所應無，己不必無。眞海岱清士。徐江州本事曰：徐寧字安期，東海郯人。通朗有德素，少知名。初爲輿縣令。譙國桓彝有人倫鑒識，嘗去職無事，至廣陵尋親舊，遇風停浦中，累日在船憂邑，上岸消遙，見一空宇，有似廨署。彝訪之，云輿縣解也。令姓徐名寧。彝既獨行。忠逢悟賞。聊造之。寧清惠博涉。相遇怡然。遂停宿。因留數夕。與寧結交而別。至都。謂庾亮曰。吾爲卿得一佳吏部郎。亮問所在。彝卽敍之。累遷吏部郎。左將軍江州刺史。

〇〇劉云。言褒上於衆人中。卽灼然玉舉之意。

劉萬安卽道眞從子。晉百官名曰。寶字道眞。高平人。晉書曰。寶嘗爲徒。扶風王駿以五百疋布贖之。用爲從事中郎。庾公所謂灼然玉舉。又云。千人亦見。百人亦見。劉氏譜曰。綏字萬安。高平人。祖奧。太祝令。父斌。著作郎。綏歷驃騎長史。

桓茂倫云。褚季野皮裏陽秋。謂其裁中也。晉陽秋曰。裒簡穆有器識。故爲彝所目也。

○○補

支道林談善標宗會而章句或有所遺時爲守文者所陋謝太傅聞而善之曰此乃九方歅之相馬略其玄黄取其駿逸

列子曰秦穆公謂伯樂曰子之年長矣子姓有可使求馬乎伯樂對曰良馬可以形容筋骨相也天下之馬者若滅若沒若亡若失臣之子皆下才也臣有所與九方皐其相馬非臣之比也穆公見之使行求馬三月而反報曰已得之在沙丘穆公曰何馬對曰牝而黄使人往取之牡而驪公不悅召伯樂曰敗矣子之所使求馬者色物牝牡弗能知又何馬之能知也伯樂曰若皐之所觀天機也得其精而忘其麤在其内而忘其外馬至果天下之良馬也

世稱庾文康爲豐年玉穉恭爲荒年穀

謂亮有廊廟之

劉云妙語有味

劉云問向客答向客可觀

○

王云刘君積不饒人一着

器翼有匡世之才各有用也庾家論云是文康稱恭爲荒年穀庾長仁爲豐年玉中興書曰庾統字長仁穎川人衛將軍懌子也少有令名仕至潯陽太守

世目杜弘治標鮮音陽秋曰杜乂字弘治京兆人祖預父錫有譽前朝乂少有令名仕丹陽丞早卒成帝納乂女爲后江左名士傳曰乂清標令上也季野穆少

謝太傅未冠始出西詣王長史清言良久去後苟子問曰向客何如尊長史曰向客亹亹爲來逼人。

王右軍語劉尹故當共推安石劉尹曰若安石

李云輕薄語甚鄙

劉云發難自相善名德不足道

○

王云英雄相識故不以成敗論

補

○

補

東山志立當與天下共推之。續晉陽秋曰初安家於會稽上虞縣優游山林六七年間徵召不至雖彈奏相屬繼以禁錮而晏然不屑也。

桓溫行經王敦墓邊過望之云可兒可兒。孫綽與庾亮牋曰王敦可人之目數十年間也。

王長史問孫興公郭子玄定何如孫曰詞致清雅奕奕有餘吐章陳文如懸河瀉水注而不竭

孫興公云庾太尉雅好所托常在塵埃之外雖柔心應世蠖屈其迹而方寸湛然固以玄對山水。

劉云空占故智

劉云不及前語

○王仲祖稱殷淵源非以長勝人處長亦勝人晉陽秋曰浩善以通和接物也

○王司州與殷中軍語歎云己之府奧蚤已傾寫而見殷陳勢浩汗衆源未可得測徐廣晉紀曰浩淸言妙玄致當時名流皆爲之美譽

○王長史道江道羣人可應有乃不必有人可應無己必無中興書曰江灌字道羣陳留人僕射彪從弟也有才器與從兄逌名相亞仕尚書中護軍

○王仲祖劉眞長造殷中軍談談竟俱載去劉謂

劉云有英有機

王曰淵源眞可王曰卿故墮其雲霧中中興書曰浩能言理談論精微長於老易故風流者皆宗歸之

劉尹每稱王長史云性至通而自然有節濛別傳曰濛之交物虛己納善恕而後行希見其喜慍之色凡與一面莫不敬而愛之然少孤事諸母甚謹篤義穆族不修小潔以淸貧見稱

劉云皆讚

王右軍道謝萬石在林澤中爲自遒上歎林公器朗神儁支遁別傳曰遁任心獨往風期高亮道祖士少風領毛骨恐沒世不復見如此人道劉眞長標雲柯而不扶疏劉尹別傳曰惔既令望婣婭帝室故屢居達官然性不偶俗心淡榮利雖身登

劉云行狀似盡
劉云與機及皆眞許
王云道盡蘊留
簡文妙於言乃

顯列。而每抱隆。閑靜自守而已。

簡文目庾赤玉。庾統小字省率治除。謝仁祖云。庾赤玉胸中無宿物。

殷中軍道韓太常曰。康伯少自標置。居然是出羣器。及其發言遣辭。往往有情致。續晉陽秋曰。康伯清和有思理。幼爲舅殷浩所稱。

簡文道王懷祖。才既不長。於榮利又不淡。直以眞率少許。便足對人多多許。晉陽秋曰。述少貧約。箪瓢陋巷。不求聞達。由是爲有識所重。

林公謂王右軍云。長史作數百語。無非德音。如恨不苦。（苦、謂窮人以辭。）王曰。長史自不欲苦物。

殷中軍與人書。道謝萬文理轉遒。成殊不易。（中興書曰。萬才器儁秀。善自衒曜。故致有時譽。兼善屬文。能談論。時人稱之。）

王長史云。江思悛思懷所通。不翅儒域。（徐廣晉紀曰。江惇字思悛。陳留人。僕射彪弟也。性篤學。手不釋書。博覽墳典。儒道兼綜。徵聘無所就。年四十九而卒。）

許玄度送母始出都。人問劉尹。玄度定稱所聞不。劉曰。才情過於所聞。（許氏譜曰。玄度母華軼女也、按詢集詢出都迎）

然於路賦詩。續晉陽秋亦然。而此言送母。疑謬矣。

謝公道豫章若遇七賢必自把臂入林。江左名士傳曰。鯤通簡有識。不修威儀。好迹逸而心整。形濁而言清。居身若穢。動不累高。隣家有女。嘗往挑女。女方織。以梭投折其兩齒。既歸。傲然長嘯曰。猶不廢我嘯歌。其不事形骸如此。

王長史歎林公尋微之功。不減輔嗣。支遁別傳曰。遁神心警悟。清識玄遠。嘗至京師。王仲祖稱其造微之功。不異王弼。

謝太傅爲桓公司馬。續晉陽秋曰。初安優游山水。以敷文析理自娛。桓溫在西藩。欽其盛名。諷朝廷請爲司馬。以世道未夷。志存匡濟。年四十。起家應務也。

桓詣謝值謝梳頭遽取衣幘。桓公云。何煩此。因下共

劉云即欲解不可而可稱數

劉云庾言自佳沐浴何物

語至暝既去謂左右曰頗曾見如此人不

世目謝尚為令達阮遙集云清暢似達或云尚自然令上晉陽秋曰尚率易挺達超悟令上也

孫興公為庾公參軍共遊白石山衛君長在坐衛氏譜曰永字君長成陽人位至左軍長史孫曰此子神情都不關山水而能作文庾公曰衛風韻雖不及卿諸人傾倒處亦不近孫遂沐浴此言

王右軍目陳玄伯壘塊有正骨

王長史云劉尹知我勝我自知濛別傳曰濛與沛國劉惔齊名

劉云此亦古人所未道

時人以濛比袁曜卿恢比荀奉倩而共交友甚相知賞也

王劉聽林公講王語劉曰向高坐者故是凶物復更聽王又曰自是鉢釪後王何人也

高逸沙門傳曰王濛恒尋遁遇祇洹寺中講正在高坐上每舉麈尾常領數百言而情理俱暢預坐百餘人皆結舌注耳濛云聽講衆僧向高坐者是鉢釪後王何人也

許玄度言琴賦嵇叔夜琴賦也所謂非至精者不能與之析理劉尹其人非淵靜者不能與之閑止簡文其人

魏隱兄弟少有學義魏氏譜曰隱字安時會稽上虞人歷義興太守御史

中丞弟邈黃門郎總角詣謝奉奉與語大悅之曰大宗雖衰魏氏已復有人

簡文云淵源語不超詣簡至然經綸思尋處故有局陳

桓公語嘉賓阿源殷浩也有德有言向使作令僕足以儀刑百揆朝廷用違其才耳

簡文語嘉賓劉尹語末後亦小異回復其言亦乃無過

王右軍道東陽我家阿林章清太出林應爲臨王氏譜曰

世說本註云一作家從談之祖從一作銅許一作辭

王云註已不能辨後史記殊之爲王沉沉舊註沉沉猶談談俗言深也談談二字見此意言深深見許也

臨之字仲產琅琊人僕射彪之子仕至東陽太守

庾太尉目庾中郎家從談談之許名士傳曰敳不爲辯析之談而舉其旨要太尉王夷甫雅重之也

謝太傅重鄧僕射常言天地無知使伯道無兒晉陽秋曰鄧攸既棄子遂無復繼嗣為有識傷惜

李卓吾批點世說新語補卷之九

李卓吾批點世說新語補卷之十

宋　劉義慶　撰

梁　劉孝標　注

宋　劉辰翁　批

明　何良俊　增

王世貞　刪定

王世懋　批釋

李　贄　批點

張文柱　校注

劉云賞辭說

劉云落魄

賞譽下

王長史與劉尹書道淵源觸事長易。

謝中郎云王修載樂託之性出自門風。王氏譜曰。耆之字修載。瑯琊人。荊州刺史廙第三子。歷中書郎。鄱陽太守。給事中。

謝太傅稱王修齡曰。司州可與林澤游。王胡之別傳曰。胡之常遺世務。以高尚為情。與謝安相善也。

人問王長史江虨兄弟羣從。王答曰。諸江皆復足自生活。虨及弟灇從灌。並有德行。知名於世。

謝太傅道安北見之乃不使人厭然出戶去不

劉云[illegible]儼韻。愛之則一見而慕

劉云不可解亦不足取

劉云何等語

劉云鏃鏃銳意正是病

復使人思。安先王坦之也。續晉陽秋曰。謝安初攜幼稚同好。養志海濱。襟情超暢。尤好聲律。然抑之以禮。在喪能至。弟萬之喪。不聽絲竹者將十年。及輔政而修室第園館。麗車服。雖朞功之慘。不廢妓樂。王坦之因苦諫焉。撥謝公荅以王坦之好直言。故不惡耳。○小人之腹

謝公云司州造勝遍決。宋明帝文章志曰。胡之性簡。好達玄言也。

劉尹云。見何次道飲酒。使人欲傾家釀。充飲酒能溫克。

謝太傅語眞長。阿齡胡之小字也。於此事故欲太厲。

劉曰。亦名士之高操者。胡之別傳曰。胡之治身清約。以風操自居。

謝鎮西道敬仁文學鏃鏃。無能不新。語林曰。敬仁有異才。時賢皆重之。王右軍在郡。迎敬仁。叔仁輒同車。常惡其遲。後以馬迎敬仁。雖復風雨。亦不以車。

也。

劉云言如茗之枝柯小實非外博而中虛也。王云據楊用脩辨當作茗艼。王云茗柯不可解。劉云此字最妙、大道之極而昏[illegible]　王云註駁是

劉尹道江道羣不能言而能不言。

簡文云劉尹茗柯有實理。柯一作杠。又作行。又作打。

謝公與王右軍書曰敬和棲託好佳。中興書曰王洽字敬和導第三子於公子中最知名與潁川荀羨俱有美稱累遷吳郡內史爲士民所懷徵拜中領軍尋加中書令不拜年二十六而卒。

謝公語王孝伯君家藍田舉體無常人事。按述雖簡而性不寬裕投火怒蠅方之未甚若非太傅虛相褒飾則世說謬設斯語也。

許掾嘗詣簡文爾夜風恬月朗乃共作曲室中

劉尹不說眞長說子敬言語之高

又云此等語不徒

王云不[illegible]劉尹

語襟情之詠偏是許之所長辭寄清婉有逾平日簡文雖契素此遇尤相咨嗟不覺造膝共叉手語達于將旦既而曰玄度才情故未易多有許。續晋陽秋曰詢能言理曾出都迎姊簡文皇帝劉眞長說其情旨及襟懷之詠每造膝賞對夜以繫日。

謝車騎問謝公眞長性至峭何足乃重答曰是不見耳阿見子敬尚使人不能已。語林曰羊綏因酒醉撫謝左軍謂太傅曰此家詎復後鎭西太傅曰汝阿見子敬便沐浴爲論兄輩推此言意則安以玄不見眞長故不重耳見子敬尚重之況眞長乎。

而言子敬最妙

劉云語本不足道而神情自近愈見其真補
王云謝公自知應荅云云又其言已得當故襟懷

謝公領中書監。王東亭有事應同上省。王後至。坐促。王謝雖不通。太傅猶斂膝容之。王謝不通事別見。王神意閑暢。謝公傾目。還謂劉夫人曰。向見阿瓜。故自未易有。按王珣小字法護。而此言阿瓜。未為可解。儻小名有兩耳。雖不相關。正是使人不能已已。

王子敬語謝公。公故蕭灑。謝曰。身不蕭灑。君道身最得。身正自調暢。續晉陽秋曰。安弘雅有氣。風神調暢也。

世目王苟子。曰流奕清舉。文字志曰。修明秀有美稱。

謝車騎初見王文度曰。見文度雖蕭灑。相遇其

自暢爾

復悟悟竟夕。

子敬與子猷書道兄伯蕭索寡會遇酒則酣暢忘反乃自可矜。

王恭始與王建武晉安帝紀曰忱初作荊州刺史後爲建武將軍甚有情後遇袁悅別見之間遂致疑隟晉安帝紀曰初忱與族子恭少相善齊聲見稱及並登朝俱爲主相所待內外始有不咸之論恭獨深憂之乃告忱曰悠悠之論頗有異同當由驃騎簡於朝覲故也將無從容切言之邪若主相諧睦吾徒得戮力明時復何憂哉忱以爲然而慮弗見令乃令袁悅具言之悅每欲間恭乃於王坐責讓恭曰卿何妄生同異疑誤朝野其言切厲恭雖惋悵謂悅爲搆已也忱雖心不負恭而無以自亮於是情好大

劉云名流自別
王云佳句似賦
劉云物像如此而想其精神也
劉云羅羅傀語
劉云正是刺譏
劉云若語痛事

離而怨
隟成矣
然每至興會故有相思時恭嘗行散至京口射堂于時淸露晨流新桐初引恭目之曰王大故自濯濯

司馬太傅爲二王目曰孝伯亭亭直上阿大羅羅淸疎
恭正亮流烈
忱通朗誕放

王恭有淸辭簡旨能叙說而讀書少頗有重出
中興書曰恭雖才
不多而淸辯過人
有人道孝伯常有新意不覺爲煩

殷仲堪喪後桓玄問仲文卿家仲堪定是何似

人仲文曰。雖不能休明一世。足以映徹九泉。續晉陽秋曰。仲堪。仲文之從兄也。少有美譽。

○補 謝叔源與從子靈運並有美名。時人謂叔源風韻爲高。目望蔡蕭如寒風振松。叔源襲爵。望蔡侯。目康樂凜凜如霜臺籠日。臧榮緒晉書曰。謝混字叔源。陳郡人。司空琰少子也。少有美譽。善屬文。爲尚書左僕射。以黨劉毅誅。

○補 王令明素不與謝靈運相識。嘗得一交言。靈運辯博。辭義鋒起。令明時然後言。時荀伯子在坐退而告人曰。靈運固自蕭散直上。王郎如萬頃

陂沈約宋書曰荀伯子潁川潁陰人祖羨驃騎將軍父猗秘書郎伯子少好學博覽經傳而通率好戲遨遊閭里故失清塗解褐駙馬都尉仕至東陽太守

○補宋世爲之語曰王光祿如屏風屈曲從俗能蔽風露南史曰王遠字景舒太保弘弟光祿大夫孺之子也仕至光祿勳

○補王僧祐少便聰悟南史曰王僧祐字胤宗琅琊人父遠光祿勳僧祐雅博古善老莊不尚繁華工草隸善鼓琴然獨立不交當世負天子至侯伯未嘗與一人遊率於黃門郎叔父景玄撫其首曰兒神明意用當不作率爾人王智深宋紀曰王微字景玄太保弘之弟少好學無不通覽善屬文能書十六舉秀才除右軍諮議微素無宦情微不就

補

王瓚之歷官五兵尚書。未嘗詣一朝貴。南史曰。瓚之。王敬弘子也。官吏部尚書。謚貞子。江湛南史曰。江湛字徽深。濟陽考城人。父夷右僕射。湛居喪以孝聞。愛文義。善彈棊鼓琴。爲彭城王主簿。司空檀道濟。爲子求娶湛妹。不許。義康有命。又不從。時人重其立志。所畜牛餓。御人求草。湛良久曰。可與飲。在選頗有刻覈之譏。而公平無私。不受請謁。論者稱焉。謂何偃曰。王瓚之今便是朝隱。宋書曰。何偃字仲弘。廬江灊人。司空尚之中子。舉秀才。除中軍參軍。歷官吏部尚書。

補

益州獻蜀柳數株。枝條甚長。狀若絲縷。武帝植於太昌靈和殿前。嘗嗟賞之曰。楊柳風流可愛。似張緒當年。

補　袁尹在郡。粲也嘗於後堂夜集。劉祭酒在坐。劉是眞長六世孫。袁指庭中柳樹謂劉曰。人謂此是劉尹時樹。每想高風。今復見卿。可謂清德不衰。吳均齊春秋曰。劉瓛字子圭。沛國相人。晉丹陽尹惔六世孫也。五歲聞舅孔熙先讀管寧傳欣然更請讀。因聽受曰。可及此耳。

○補　褚司徒淵也嘗集袁粲舍。初秋涼夕。風月甚美。彦回援琴奏別鵠之曲。宮商既調。風神諧暢。王彧謝莊並在坐。歎曰。以無累之神。合有道之器。宮商暫離。不可得已。崔豹古今注曰。別鶴操。商陵牧子所作。琴譜曰。琴曲有四大曲。別鶴操其一也。

補 袁尹見江叔文歎曰。風流不墜。政在江郎。南史曰。江斆字叔文。濟陽考城人。祖夷。右僕射。父湛。吏部尚書。斆母。宋文帝女。淮陽長公主。幼以戚屬召見。孝武謂謝莊曰。此小兒方當為名器。少有美譽。尚孝武女臨汝公主。拜駙馬都尉。為丹陽丞。

補 謝參軍超宗也。一日。請東府門自通。爾時風寒慘厲。太祖謂四座曰。此客至使人不衣自煖。

補 世目何散騎曰。人中爽爽何子朗。

補 何點嘗目陸慧曉。心如明鏡。遇形觸物。無不朗然。王思遠常如懷冰。暑月亦有霜氣。南史曰。何點。字子晳。

廬江人。祖尚之。父鑠。點十一。居父母憂。幾至滅性。及長。感家禍。遂絕婚宦。宋徵太子洗馬。梁徵中書侍郎。並不就。

補

釋慧亮過江。止何園寺。梁慧皎高僧傳曰。慧亮姓董。先為東阿靖公弟子。後立寺於臨菑。講法華大小品。十地等。學徒雲集。千里命駕。顏延之張緒眷德留連。每歎曰。安汰吐珠玉於前。道安。竺法汰。亮振金聲於後。清言妙緒。將絕復興。高僧傳曰。釋曇斌姓蘇。南陽人。十歲出家。事道禕為師。後住江陵辛寺。袁粲請為毋師。

○補

劉孝標劉孝標自序曰。峻字孝標。平原人。生於秣陵縣。朞月歸故鄉。八歲遇桑梓顛覆。身充僕圉。永明四年。逃還京師。後為蕭豫州刑獄參軍。天監中。詔掌石渠閣。以病乞骸骨。隱東陽金華山。余嘗自比馮敬通。而有同之者三。異之者四。何則。敬通雄才冠世。志剛金石。余雖不及之。而節亮慷慨。此一同也。敬通逢中興明君。而終不試用。余逢命世英主。亦擯斥當年。此二同也。敬通有忌妻。至於身操井臼。余有悍室。亦令家道轗軻。此三同也。敬通當更始世。手握兵符。躍馬肉食。余自少迄長。戚戚無懽。此一異也。敬通有子仲文。官成名立。余禍同伯道。永無血胤。此二異也。敬通膂力剛強。老而益壯。余有犬馬之疾。溘死無時。此三異也。敬通雖芝殘蕙焚。終填溝壑。而爲名賢所慕。其風流郁烈芬芳。久而彌盛。余聲塵寂寞。世不吾知。魂魄一去。將同秋草。此四異也。所以力自爲序。遺之好事云。

目劉訏超然越俗。如半天朱霞。何佟之梁典曰。劉訏字彥度。平原人。與陳留阮孚李紳。申金蘭之契。築室鍾阜之儔。共聽內義。鑽尋典奧。

劉歊矯矯出塵。如雲中白鶴。梁書曰。劉

歊。字士光。劉懷慰之子。生夕。有香氣滿室。幼有識慧。十二。讀莊子逍遙篇曰。此可解耳。客問之。隨問而荅。皆有情理。家人異之。謂爲神童。及長。博學有文。不娶不仕。與族弟訏隱居求志。遨遊林澤。以山水書籍相娛。謚貞節處士。

皆儉歲之粱稷。寒年之纖纊。

補 周彥倫。南齊書曰。周顒。字彥倫。汝南安城人。晉僕射顗七世孫。祖虎頭員外常侍。父恂。歸鄉。相顒少爲族祖朗所知。淸貧寡欲。終日常蔬食。雖有妻子。獨處山舍。解褐海陵國侍郎。轉著作。撰起居注。

曰慧隆道人曰。隆公蕭散森疎。若霜下之松竹。

高僧傳曰。釋慧隆。姓成。陽平人。學無師友。卓然自悟。

補 劉長史幼聰敏善屬文。

南史曰。劉孝綽。字孝綽。本名冉。幼聰敏。七歲能屬文。舅王融深賞異之。與同載。以適親友。曰號曰神童。起家著作郎。在遷臨賀王長史。下曰

書融深賞異之。嘗歎曰。天下文章若無我當歸
阿士。孝緯小字。

補衛尉趙知禮見袁德章少時歎曰袁生舉止詳
中。南史曰。袁憲字德章。幼聰敏好學。梁武帝開五館。其一館在憲宅西。憲招引諸生與之談論新義。出人意表。同輩咸嗟服焉。武帝撰孔子正言章句。詔下國學。憲十四被召爲正言生。祭酒到漑愛其神采。博士周弘正謂憲父君正曰。賢子欲策試不。君正曰。未敢令試。居數日君正遣門客與憲候弘正。會弘正將升講坐。延憲入室。授以麈尾。令憲豎義。時謝岐何妥在坐。弘正曰。二賢雖窮奧賾。得無憚此後生耶。何謝遞起義端。深極理致。憲酬對閑敏。弘正謂妥曰。恣卿所問。勿以童幼欺之。時觀者重沓。憲神色自若。辯論有餘。弘正亦起數難。終不能屈。因告客曰。卿

還諮袁史郡此郞已堪見代博士矣。故有陳汝之風。氏族志曰袁出胡公之後陳留汝南彭城三望。

○○補

陳後主有玉柄麈尾至佳。手執之曰。當今雖復多士如林。堪執此者。獨張譏耳。即授譏。陳書曰。後主諱叔寶。宣帝嫡長子。在位七年。爲隋所滅。

○○補

崔司徒北史曰。浩字伯深。清河東武城人。父宏仕魏。拜天部大人。進爵爲公。浩少好學。經史玄象陰陽百家之言。無不該覽。明元好術數。命浩筮吉凶。參觀天文。考定疑惑。多有應驗。性不好老莊之書。不長屬文。而留心於制度科律。纖姸白晳。如美婦人。長於謀計。自比張良。謂稽古過之。初拜博士祭酒。至特進撫軍大將軍左光祿大夫。每與盧玄談輒歎曰。對子貞。使我懷古之情更深。北史曰。盧玄。字子貞。范陽涿人。曾祖諶。晉司空從事中郎。祖偃。父邈。仕慕容氏。俱以儒雅稱。神䴥四年。太后辟召儒儁。以玄爲首。授中書博士。遷侍郎。崔浩欲整齊人倫。分明姓族。玄曰。創制立事。各有其時。樂爲此者。詎幾人也。宜三思。浩不納。後終以此敗。

○○補

劉子翼峭直有行。大業雜記曰。劉子翼。字小心。劉禕之之父。仕隋至著作郎。

○○補

常面折僚友之短。退無餘訾。李百藥嘗語人曰。劉小四雖復罵人。人多不憾。宋祁唐書曰。李百藥。字重規。定州安平人。隋内史令德林子也。七歲能屬文。貞觀初。拜中書舍人。官至散騎常侍。

太宗嘗出行。有司請載副書以從。上曰。不須虞世南在此行祕書。劉昫唐書曰。虞世南字伯施。越州餘姚人。父荔。陳太子中庶子。叔父寄無子。以世南繼後。性沉靜寡欲。篤志勤學。少與兄世基。學於顧野王。經十餘年。精思不倦。或累旬不盥櫛。善屬文。祖述徐陵。陵亦言世南得己之意。又沙門智永。善羲之書。世南師焉。妙得其體。由是聲名籍甚。太宗朝。官祕書監。爵永興縣子。

○補

太宗征遼東。太宗紀曰。貞觀十八年。命英國公李勣等。發天下甲士。伐高麗。明年五月。車駕度遼。親率鐵騎。圍遼城。高麗別將高延壽。以其衆降。因名所幸山爲駐蹕山。刻石紀功。拜楊弘禮爲兵部侍郎。唐書曰。楊弘禮。隋尚書令素弟岳之子。高祖受禪。襲爵清河郡公。太宗征遼。以弘禮有文武材。擢兵部侍郎。專典兵機之務。駐蹕之役。領馬步二十四軍。跳出賊背。所向摧靡。帝

自山上望見其袍仗精整人人盡力歎曰越公兒郎故有家風隋書曰楊素兼文武之資志懷遠大以功名自許高祖龍飛功臣莫居其右封越國公

○補

玄宗嘗早朝謂左右曰每見張九齡精神頓生劉昫唐書曰張九齡字子壽一名博物曾祖君政韶州別駕因家始興九齡幼聰敏善屬文十三以書干刺史王方慶賞之曰此子必能致遠玄宗在東宮舉文藻之士親加策問九齡對策高第遷右拾遺累官中書令

○補

劉捷卿在都宋祁唐書曰劉迅字捷卿知幾第五子也歷京兆功曹參軍事上元中避地安康卒嘗寢疾房太尉聞而憂之通夕不寐顧

語賓從曰捷卿有不諱可謂無復有神理。劉昫唐書曰房琯字次律河南人平章事融之子少好學風儀沉整性好隱遁與東平呂向於陸渾伊陽山讀書凡十餘歲玄宗幸蜀拜吏部尚書同平章事肅宗既立抗疏請自將兵戰敗於陳濤斜

○補 房太尉言見紫芝眉宇使人名利之心都盡。劉昫唐書曰元德秀字紫芝河南人性純朴無緣飾動師古道父爲延州刺史德秀少孤貧事母以孝聞開元中遊京師不忍離親每行則自負板輿與母詣長安母亡廬於墓所食無鹽酪藉無茵席刺血畫像寫佛經久之以孤幼牽於祿仕授邢州南和尉佐治有惠政召補龍武參軍終魯山令

補 韋氏孝友文學有承慶嗣立。劉昫唐書曰韋承慶字延休嗣立承

慶異母弟也父思謙則天朝納言母王氏遇承
慶甚嚴每有杖罰嗣立必解衣請代母不聽延
自私杖母察知之漸加
恩貸議者比王祥王覽

遂音樂有萬石

劉昫唐書曰萬石韋挺之子有學業而善音律為太常

達禮儀

卿增損郊廟燕會樂調時以為稱職

則叔夏

劉昫儒學傳曰韋叔夏左僕射安石兄也精通三禮官國子祭酒撰五禮要記

史才博識有述

劉昫唐書曰述勤成國史一百十三卷事簡而記詳有良史才
蕭穎士以為譙周陳壽之流述以儒術進當代
宗仰而純厚長者澹於勢利聚書二萬卷皆自
校定雖御府不逮也兼古今朝臣圖歷代知名
人畫魏晉以來草隸真跡數百卷古碑古器藥
方格式錢譜璽譜之類當代名公尺題無不畢
備祿山之亂兩京陷賊玄宗幸蜀述抱國史藏
於南山經籍資產焚剽
殆盡述亦陷於賊庭

時趙冬曦

唐詩紀事曰趙冬曦定州

人。開元初監察御史。坐事流岳州。召還復官。兄弟亦有美名。宋祁唐書曰。冬曦兄夏日。弟和璧安貞居貞頤貞彙貞皆擢進士第。張燕公劉昫唐書曰。張說字道濟。其先范陽人。代居河東。後徙洛陽。弱冠對策。授太子校書。預修三教珠英。開元中。召說及禮官學士。賜宴集賢殿。授說集賢院學士。封燕公。嘗語人曰。韋趙兄弟人之杞梓。春秋傳曰。晉大夫皆卿材也。如杞梓皮革。

補

宋景文云。東都事略曰。宋祁字子京。與兄庠同試禮部。奏名第一。章獻曰。弟可先兄乎。乃以庠第一。而祁爲第十。修唐書成。拜翰林學士承旨。諡景文。歐陽公歸田錄曰。宋祁兄弟自布衣時。名動天下。時稱二宋。左太冲詩振衣千仭岡濯足萬里流。左思詠史詩。使人飄飄有世表意。不減嵆康目劉云。世說之作。正在識鑒品藻兩語乎。今備門類。不待下有。亦不盡然。

送飛鴻語。康送兄秀才入軍詩曰。息徒蘭圃。秣馬華山。流磻平皐。垂綸長洲。目送歸鴻。手揮五絃。俯仰自得。遊心太玄。嘉彼釣叟。得魚忘筌。郢人逝矣。誰可盡言。

品藻上

汝南陳仲舉潁川李元禮二人。共論其功德。不能定先後。蔡伯喈評之曰。陳仲舉彊於犯上。李元禮嚴於攝下。犯上難。攝下易。張璠漢紀曰。時人爲之語曰。不畏彊禦陳仲舉。天下模楷李元禮。仲舉遂在三君之下。謝沈漢書曰。三君者。一時之所貴也。竇武。劉淑。陳蕃。少有高操。海內尊而稱之。故得因以爲目。元禮居八俊之上。薛瑩漢書曰。李膺。王暢。荀緄。朱寓。魏朗。劉佑。杜楷。趙典。爲八俊。英雄記曰。

○劉云。不濁易見。不清難知。故是能言。王云。叔度直是難窺。究竟雅量第一。

補

先是張儉等相與作衣冠糺彈。彈中有相調言。我彈中。誠有八俊八人。猶古之八元八凱也。謝沈書曰。俊者。卓出之名也。姬信士緯曰。陳仲舉體氣高烈。有王臣之節。李元禮忠壯正直。有社稷之能。海內論之未決。蔡伯喈抑一言以變之。疑論乃定也。

郭林宗至汝南。造袁奉高。車不停軌。鸞不輟軛。詣黃叔度。乃彌日信宿。人問其故。林宗曰。叔度汪汪如萬頃之陂。澄之不清。擾之不濁。其器深廣。難測量也。泰別傳曰。薛恭祖問之。泰曰。奉高之器。譬諸氾濫。雖清易挹也。

或問汝南許章曰。叔慈皇甫謐高士傳曰。荀靖字叔慈。潁川潁陰人。父淑。朗陵侯相。靖少有俊才。動止以禮。及卒。學士製誄者二十六人。潁陰令丘禎追謚曰玄行先

劉云有懷其人
劉云伏作伏
古本伏作伏

生慈明孰賢許曰二荀皆玉也慈明外朗叔慈內潤

顧劭嘗與龐士元宿語問曰聞子名知人吾與足下孰愈曰陶冶世俗與時浮沉吾不如子吳志曰劭好樂人倫自州郡庶幾及四方人士往來相見或諷議而去或結友而別風聲流聞遠近稱之論王霸之餘策覽倚伏之要害吾似有一日之長劭亦安其言吳錄曰劭安其言更親之

補邊文禮才辯俊逸孔北海嘗薦於曹公曰邊讓爲九州之被則不足爲單衣襜褕則有餘范曄後漢

書曰蔡中郎深重讓荐於何進曰伏惟幕府初開博選清英華髮舊德並爲元龜雖振鷺之集西雍濟濟之在周庭無以或加竊見陳留邊讓天授逸才聰明賢智髫齔夙孤不盡家訓及就學廬便受大典初涉諸經見本知義授者不能對其問章句不能逮其意心通性達口辯辭長若處狐疑之論定嫌審之分經典交至檢括參合衆夫寂焉莫之能奪使讓生在唐虞則元凱之次運値仲尼則顏冉之亞豈徒俗之凡偶近器而已階級名位亦宜超然若復隨輩而進非所以章瓌偉之高價昭知人之絕明也傳曰函牛之鼎以烹雞多汁則淡而不可食少汁則熬而不可熟此言大器之於小用固有所不宜也邕竊悒邑怪此寶鼎未受犧牛大羹之和久在煎熬臠割之間願明將軍回謀垂慮裁加少納貢之機密展之力用若以年齒爲嫌則顏回不得貫德行之首子奇終無阿宰之功苟堪其事古今一也

○補陳元龍使功曹陳季弼詣許謂之曰許下論議待吾不足足下相為觀察還以見誨季弼還曰聞遠近之論頗謂明府驕而自矜元龍曰夫閨門雍穆有德有行吾敬陳元方兄弟淵清玉潔有禮有法吾敬華子魚清修疾惡有識有義吾敬趙元達當即趙達也吳志曰趙達河南人少從單甫受學用思精密謂東南有王者氣可以避難脫身渡江治九宮一筭之術博能應機立成對問若神自筭亡日如期焉聞強記奇逸卓犖吾敬孔文舉雄姿傑出有王伯之略吾敬劉玄德所敬如此何驕之有魏志曰陳

王云後兩語正自推尊武侯

矯字季弼廣陵東陽人初爲陳登功曹太祖辟爲司空掾歷官侍中司徒

諸葛瑾弟亮及從弟誕 吳書曰瑾字子瑜其先葛氏琅邪諸縣人後徙陽都陽都先有葛姓者時人謂諸葛因爲氏瑾少以至孝稱累遷豫州牧六十八卒魏志曰誕字公休爲吏部郎人有所屬託輒顯其言而承用之後有當否則公議其得失以爲褒貶自是羣寮莫不愼其所舉累遷揚州刺史鎭東將軍司空謀逆伏誅竝有盛名各在一國於時以爲蜀得其龍吳得其虎魏得其狗誕在魏與夏侯玄齊名瑾在吳吳朝服其弘量 吳書曰瑾避亂渡江大皇帝取爲長史遣使蜀但與弟亮公會相見退無私面而又有容貌思度時人服其弘量

補

陳太丘子紀。紀子羣。竝有高名。後漢書曰。寔少著清德。連辟徵命。閉門懸車。棲遲養老。中平四年。卒于家。傅子曰。寔亡。天下致弔。會葬者三萬人。制衰麻者百數。後漢書曰。紀亦以至德稱。兄弟孝養。閨門雍和。魏志曰。魯國孔融。才高倨傲。年在羣紀之間。先與紀友。後與羣交。更爲紀拜。由是顯名。

天下以爲公慚卿。卿慚長。博物記曰。太丘長陳寔。寔子鴻臚紀。紀子司空羣。羣子泰。四世。于漢魏二朝。並有重名。而其德漸減。時人爲其語曰。公慚卿。卿慚長。

龐士元至吳。吳人竝友之。蜀志曰。周瑜領南郡。士元爲功曹。瑜卒。士元送喪至吳。吳人多聞其名。及當還西。並會閶門。與士元言。

見陸績文士傳曰。績字公紀。幼有儁朗才。數博學多通。龐士元年長於績。共爲交友。仕至鬱林太守。自知亡日。年三十

劉云亦捷急變化語即駿馬所致亦如此耳

而顧劭全琮環濟吳紀曰琮字子黃吳郡錢塘人有德行義槩為大司馬卒而為之目曰陸子所謂駑馬有逸足之用顧子所謂駑牛可以負重致遠或問如所目陸為勝邪曰駑馬雖精速能致一人耳駑牛一日行百里所致豈一人哉吳人無以難全子好聲名似汝南樊子昭蔣濟萬機論曰許子將褒貶不平以拔樊子昭而抑許文休劉曄難曰子昭拔自賈豎年至七十退能守靜進不苟競濟荅曰子昭誠自幼至長容貌完潔然觀其插齒牙樹頰頦吐脣吻自非文休之敵

補

張輔吳人吳紀曰張昭字子布彭城人少好學從白侯子安受左氏春秋博覽衆書與琅

邪趙昱東海王朗俱發名友善官輔吳將軍。

在孫權坐

吳志曰孫權字仲謀兄策既定諸郡以權爲陽羨長郡察孝廉行奉義校尉漢遣劉琬加策錫命琬語人曰吾觀孫氏兄弟雖各才秀明達然皆祿祚不終唯中弟孝廉形貌奇偉骨體不恒有大貴之表年又最壽江表傳曰堅爲下邳丞時生權方頤大口目有精光堅異之以爲有貴象及策起事江東權常隨從性度弘朗仁而多斷好俠養士每參同計謀策自以爲不及。

嘗論劉子初褊隘不當拒張飛太甚。

三國志曰劉巴字子初零陵烝陽人少知名先主定益州辟爲左將軍西曹掾陳羣嘗與諸葛亮書問巴消息稱曰劉君子初甚敬重焉零陵先賢傳曰張飛嘗就巴宿巴不與語飛忿恚亮謂巴曰張飛雖武人敬慕足下主公方收合文武以定大事足下雖天素高亮宜少降意巴曰大丈夫處世當交四海英雄如何與兵子共語備聞

之怒曰。孤欲定天下。而予初專亂之。其欲還北。假道於此。豈欲成孤事邪。備又曰。予初才智絕人。如孤可任用之。非孤者難獨任也。亮亦曰。運籌策於帷幄之中。吾不如子初。若提枹鼓。會軍門。使百姓喜勇。當與人議之耳。

權曰。若令子初隨世沉浮容悅

翼，語林作玄。

翼德交非其人。何足稱高士。蜀志曰。張飛字翼德。涿郡人。少與關羽俱事先主。先主為漢王。拜右將軍。為帳下所殺。

王朗每以識度推華歆。歆蜡日。禮記曰。天子大蜡八。伊耆氏始為蜡。蜡。索也。歲十二月。合聚萬物而索饗之。五經要義曰。三代名臘。夏曰嘉平。殷曰清祀。周曰大蜡。總謂之臘。晉博士張亮議曰。蜡者。合聚百物。索饗之歲終。休老息民也。臘者。祭宗廟五祀傳曰。臘。接也。祭則新故交接也。秦漢已來。臘之明日為祝歲。古之遺語也。

嘗集子姪

王云亦似得之但未及其正骨耳

燕飲王亦學之有人向張華說此事張曰王之學華皆是形骸之外去之所以更遠

司馬文王問武陔虞預晉書曰陔字元夏沛郡竹邑人父周魏光祿大夫陔及二弟韶茂總角見稱並有器望鄉人諸父未能覺其多少時同郡劉暴名知人嘗造周周見其三子暴曰皆國士也元夏器量最優有輔佐之風展力仕宦可爲亞公叔夏季夏不減常伯納言也陔仕至僕射陳玄伯何如其父司空陔曰通雅博暢能以天下聲教爲己任者不如也明練簡至立功立事過之魏志曰陔與泰善故文王問之

補

晉武與胡威語次因及其父清德遂問威曰卿

劉云、政自長入、知耳。善推其父。

○

○

自謂孰與父清。威曰。威乃何敢望臣父。帝又問卿父以何爲勝耶。威荅曰。臣父清、常恐人知。臣清、常恐人不知。

晉陽秋曰。胡威字伯虎。淮南人。父質以忠清顯。質爲荊州。威自京師往省之。及告歸。質賜威絹一疋。威跪曰。大人清高。於何得此。質曰。是吾俸祿之餘。故以爲汝糧耳。威受而去。每至客舍。自放驢取樵爨炊。食畢。復隨旅進道。質帳下都督陰齎糧要之。因與爲伴。每事相助經營之。又進少飯。威疑之。密誘問之。乃知都督也。謝而遣之。後以白質。質杖都督一百。除其吏名。父子清慎如此。○醜

冀州刺史楊淮。

世語曰。淮字始立。弘農華陰人。曾祖彪。祖脩。有名前世。父囂。典軍校尉。淮。元康末爲冀州刺史。荀綽冀州記曰。淮見王綱不振。遂縱酒。不以官事規意。逍遙卒

云、世說意已
猶樂優於裴

歲而已。成都王知淮不治、猶以其名士、惜而不遣。召爲軍咨議祭酒。府散停家。關東諸侯欲以淮補三事。以示懷賢尚德之事。未施行而卒。時年二十有七。二子喬與髦俱總角爲成器。淮與裴頠樂廣友善。遣見之。頠性弘方。愛喬之有高韻。謂淮曰。喬當及卿。髦小減也。廣性清淳。愛髦之有神檢。謂淮曰。喬自及卿。然髦尤精出。淮笑曰。我二兒之優劣。乃裴樂之優劣。論者評之。以爲喬雖高韻。而檢不匝。樂言爲得。然並爲後出之儁。荀綽冀州記曰。喬字國彥。爽朗有遠意。髦字士彥。淸平有貴識。並爲後出之儁。爲裴頠樂廣所至。晉諸公贊曰。喬似淮而疎。位至爲二千石。髦爲

○王云或作太鮮明

○○

石勒所害。

劉令言始入洛。劉氏譜曰。納字令言。彭城叢亭人。祖瓛。樂安長。父虓。魏洛陽令。納歷司隸校尉。見諸名士而歎曰。王夷甫太解明。樂彥輔我所敬。張茂先我所不解。周弘武巧於用短。王隱晉書曰。周恢字弘武。汝南人。祖斐。永寧少府。父隆。州從事。恢仕至秦相。秩中二千石。杜方叔拙於用長。晉諸公贊曰。杜育字方叔。襄城鄢陵人。杜襲孫也。育幼便岐嶷。號神童。及長。美風姿。有才藻。時人號曰杜聖。累遷國子祭酒。洛陽將沒。爲賊所殺。

補 王平子嘗行經陳留郡界。陳留時爲大郡。名有人士。太宗遣吏迎王。王問吏曰。此郡人士爲誰。

王云蔡文姬傳謂邕公痛邕無嗣今安得有孫

王云亦未可便謂不然

吏曰有蔡子尼江應元是時郡人多居大位者王以其姓名問曰甲乙等非君郡人耶何位稱此二人吏曰向謂君侯問人不謂問官位王笑而止到郡以語太守曰舊名此邦有風俗果然小吏亦復知此晉諸公贊曰蔡充字子尼陳留雍丘人蔡充別傳曰充祖睦蔡邕孫也充少好學有雅尚體貌尊嚴莫有褻媟於其前者高平劉整俊才白衣車服奢麗嘗語人曰紗穀吾常服耳遇蔡子尼在坐而經日不自安見憚如此充歷成都王東曹掾故稱東曹江氏家傳曰江統字應元東海王越辟爲別駕時從事中郎庾子嵩以風韻見重雅敬君德每云當今可以爲司徒允中民望者江生其人也

○刘云、謂在洛時、敦尚畏顗、過江後敦漸得志、不復憚矣、故歎曰、不知是我進乎、伯仁退乎。○劉云、未嘗不能知之。○王云、觀此註、則沈書之前駁語、似非劉筆。

王大將軍在西朝時、見周侯、輒扇障面不得住。敦性彊梁。自少及長、季倫輒殺、曾無異色。若斯傲狠、豈憚於周顗乎。其言不然也。後度江左、不能復爾。王歎曰。不知我進、伯仁退。沈約晉書曰。周顗王敦素憚之。見輒面熱。雖復臘月。亦扇面不休。其憚如此。

補

衛洗馬天韻標令。論者以爲出王眉子平子武子之右。世人爲之語曰。諸王三子。不如衛家一兒。

○

會稽虞騑虞光祿傳曰。騑字思行。會稽餘姚人。虞翻曾孫。右光祿潭兄子也。雖機幹不及潭而至行過之。歷吏部郎吳興守。徵爲金紫光祿大夫。卒。元皇時朱鳳晉書曰帝諱睿。字景文。祖伷封琅邪王。父恭王覲。嗣襲爵爲琅邪王。少而明惠。因亂過江。起義。遂即皇帝位。謚法曰。始建國都曰元。

與桓宣武同俠。其人有才理勝望。王丞相嘗謂駿曰。孔愉有公才而無公望。

孔愉別傳曰。愉字敬康。會稽山陰人。初辟中宗參軍。討華軼有功。封餘不亭侯。愉少時嘗得一龜。放於餘不溪中。龜中路左顧者數過。及後鑄印而龜左顧。更鑄猶如此。印師以聞。愉悟。取而佩焉。累遷尚書左僕射。贈車騎將軍。

丁潭有公望而無公才。

會稽後賢記曰。潭字世康。山陰人。吳司徒固曾孫也。沈婉有雅望。少與孔愉齊名。仕至光祿大夫。晉陽秋曰。孔敬康。丁世康。張偉康。俱著名。時謂會稽三康。偉康名茂。嘗夢得大象。以問萬推。推曰。君當爲大郡。而不善也。象大獸也。取其音。狩。故爲大郡。兼然象以齒喪身。後爲吳郡。果爲沈充所殺。

劉云自稱不及耳

劉云兩語各可觀

○○

劉云此語庾目中無王王目中無庾

之者其在卿乎顗未達而喪虞光祿傳曰。顗未登台鼎。時論稱恨。

明帝問周伯仁卿自謂何如郗鑒周曰鑒方臣

如有功夫復問郗郗曰周顗比臣有國士門風

鄧粲晉紀曰。伯仁清正嶷然。以德望稱之。

王大將軍下庾公問聞卿有四友何者是荅曰

君家中郎我家太尉阿平胡毋彥國八王故事曰。胡毋輔之少有雅俗鑒識。與王澄庾敳王敦王夷甫為四友。今故荅也。阿平故當最劣

庾曰似未肯劣庾又問何者居其右王曰自有

人又問何者是王曰噫其自有公論左右躡公

劉云嵯櫱猶今言牙搓

又云得體

公乃止。敦自謂若者在己也。

人問丞相周侯何如和嶠答曰長輿嵯櫱虞預晉書曰嶠厚自封植嶷然不羣。

李卓吾批點世說新語補卷之十

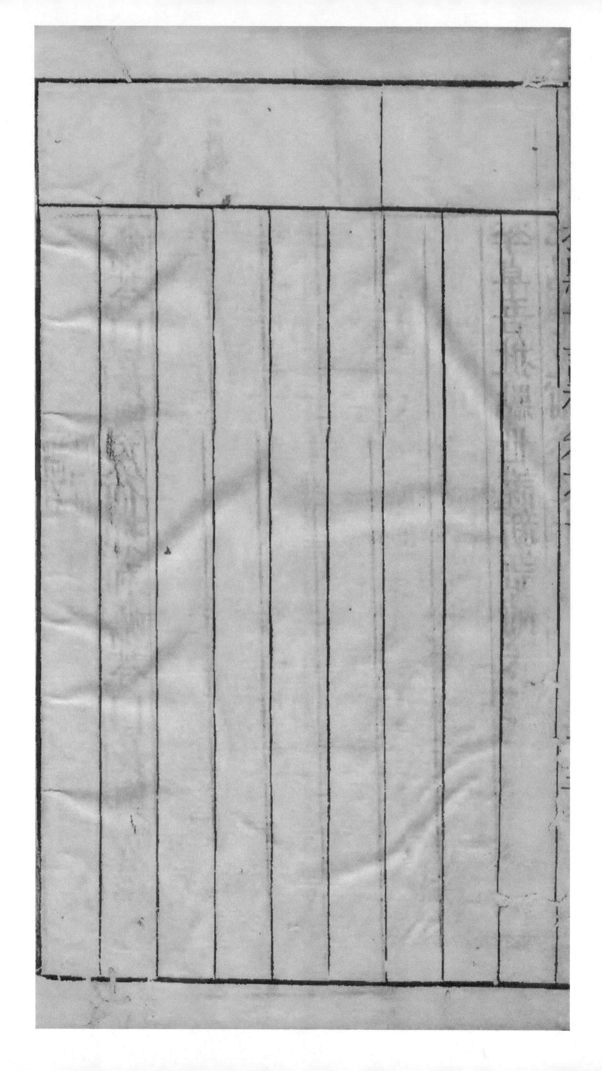

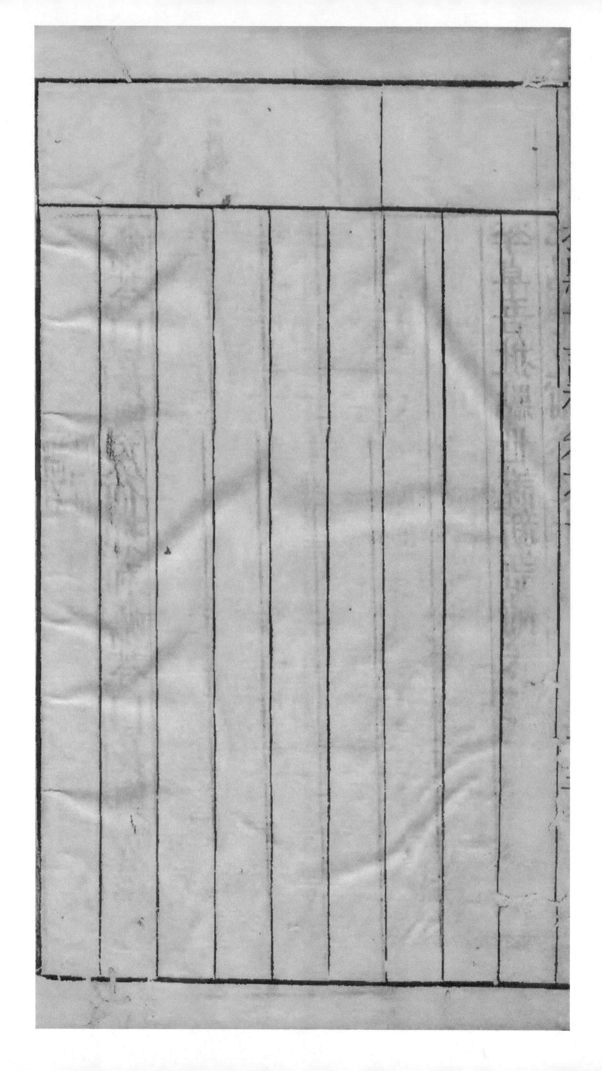

李卓吾批點世説新語補

2

宋 劉義慶 著

日本安永八年刊

第二册

校正
校刻

世說新語補

十一十二、

李卓吾批點世說新語補卷之十一

宋　劉義慶　撰
梁　劉孝標　注
宋　劉辰翁　批
明　何良俊　增
王世貞　刪定
王世懋　批釋
李贄　批點
張文柱　校注

○

○慶豈忍不色

品藻下

明帝問謝鯤。君自謂何如庾亮。答曰。端委廟堂。使百僚準則。臣不如亮。一丘一壑。自謂過之。晉陽秋曰。鯤隨王敦下。入朝見太子於東宮。語及夕。太子從容問鯤曰。論者以君方庾亮。自謂孰愈。對曰。宗廟之美。百官之富。臣不如亮。縱意丘壑。自謂過之。鄧粲晉紀曰。鯤與王澄之徒。慕竹林諸人。散首披髮。裸袒箕踞。謂之八達。故鄰家之女折其兩齒。世為謠曰。任達不已。幼輿折齒。鯤有勝情遠槩。為朝廷之望。故時以庾亮方焉。

世論溫太眞是過江第二流之高者。時名輩共說人物第一將盡之間。溫常失色。溫氏譜曰。晉大夫郤至

○補
○補
○
○劉云語强然有思

封於溫子孫因氏居太原祁縣爲郡著姓。

補支道林目會稽王有遠體而無遠神。簡文初封會稽王。

補或問江左諸人優劣顏光祿曰周伯仁之正鄧伯道之清卞望之之節餘則吾不知。

王丞相辟王藍田爲掾庾公問丞相藍田何似。王曰眞獨簡貴不減父祖然曠澹處故當不如爾。以穰祖猾濫故也。

或問林公司州何如二謝林公曰故當攀安提萬。王胡之別傳曰胡之好談諧善屬文辭爲當世所重。

孫興公許玄度皆一時名流或重許高情則鄙孫穢行或愛孫才藻而無取於許宋明帝文章志曰綽博涉經史長於屬文與許詢俱與負俗之談詢卒不降志而綽嬰綸世務焉續晉陽秋曰綽雖有文才而誕縱多穢行時人鄙之。

王孝伯道謝公濃至又曰長史虛劉尹秀謝公融謂條暢也。

王孝伯問謝公林公何如右軍謝曰右軍勝林公林公在司州前亦貴徹不言若羲之而言勝胡之。

庾道季云思理倫和吾愧康伯志力彊正吾愧

王云道季北中郎傖儜

世説元本繹作緯

劉云人人同○

應登云得上亦足以發也○

劉云有尊謝鄙何之意

文度自此以還吾皆百之庾龢已見

世目殷中軍思繹淹通比羊叔子羊祜德高一世才經夷險淵源蒸燭之曜豈喻日月之明也

下望之云郗公體中有三反方於事上好下佞己一反治身清貞大修計校二反自好讀書憎人學問三反按太尉劉寔論王肅方於事上好下佞己性嗜榮貴不求苟合治身不穢尤惜財物王郗志性儻亦同乎

王丞相云見謝仁祖恒令人得上與何次道語唯舉手指地曰正自爾馨並前篇及諸書皆云王公重何充謂必代己

王云此方言意云也只如此被非憐之也
劉云謂更勝耳
劉云傖奴北人又云語甚有意
王云劉尹大是佻薄人
○劉云如此更高

相而此章以手指地意如輕詆或凊言析理何不遜謝故邪。

郗司空家有傖奴知及文章事事有意王右軍向劉尹稱之劉問何如方回郗愔別傳曰愔字方回高平金鄉人太宰鑒長子也淵靖純素無執無競簡私暱罕交游歷會稽內史侍中司徒王曰此正小人有意向耳何得便比方回劉曰若不如方回故是常奴耳。

時人道阮思曠骨氣不及右軍簡秀不如真長韶潤不如仲祖思致不如淵源而兼有諸人之美中興書曰裕以人不須廣學正應以禮讓為先故終日頹然無所修綜而物自宗之

〇刘云、儁論。

〇〇麗云、此不肯遜、又不激競之辭。王云、妙於自誇。晉書改一卿字、何啻千里。

簡文云、何平叔巧累於理、嵇叔夜儁傷其道。理本眞率。巧則乖其致。道唯虛澹。儁則違其宗。所以二子不免也。

撫軍問殷浩、卿何如裴逸民。良久答曰、故當勝耳。

桓公少與殷侯齊名、常有競心。桓問殷、卿何如我。殷云、我與我周旋久。寧作我。

撫軍問孫興公、劉眞長何如。曰、清蔚簡令。王仲祖何如。曰、溫潤恬和。徐廣晉紀曰、凡稱風流者、皆舉王劉爲宗焉。桓溫何如。曰、高爽邁出。謝仁祖何如。曰、清易令達。

◎

劉云語煩

阮思曠何如。曰。弘潤通長。袁羊何如。曰。洮洮清便。殷洪遠何如。曰。遠有致思。卿自謂何如。曰。下官才能所經。悉不如諸賢。至於斟酌時宜。籠罩當世。亦多所不及。然以不才。時復託懷玄勝。遠詠老莊。蕭條高寄。不與時務經懷。自謂此心無所與讓也。

劉云矜而無味

桓大司馬下都。問真長曰。聞會稽王語奇進。爾邪。桓溫別傳曰。興寧元年。以溫克復舊京。肅清華夏。進都督中外諸軍事。侍中。大司馬。加黃鉞。使入參朝政。劉曰。極進。然故是第二流中人耳。桓曰。

刘云此語能長人榰價

第一流復是誰。劉曰。正是我輩耳。

殷侯既廢。桓公語諸人曰。少時與淵源共騎竹馬。我棄去。己輒取之。故當出我下。續晉陽秋曰。簡文輔政。引殷浩爲揚州。欲以抗桓。桓素輕浩。未之憚也。

人問撫軍。殷浩談竟何如。答曰。不能勝人。差可獻酬羣心。

簡文云。謝安南淸令不如其弟。謝氏譜曰。奉弟聘。字弘遠。歷侍中。廷尉卿。學義不及孔巖。中興書曰。巖字彭祖。會稽山陰人。父倫。黃門侍郎。巖有才學。歷丹陽尹。尚書。西陽侯在朝。多所匡正。爲吳興太守。大得民和。後卒于家。居然自勝。言奉任天眞也。

劉丹陽王長史在瓦官寺集。桓護軍亦在坐。續晉陽秋曰：桓伊字叔夏，譙國銍人。父景，護軍將軍。伊少有才藝，又善聲律，加以標悟省率，爲王濛、劉惔所知。累遷豫州刺史，贈右將軍。共商略西朝及江左人物。或問杜弘治何如衛虎。桓答曰：弘治膚淸，衛虎奕奕神令。王劉善其言。虎，衛玠小字。玠別傳曰：永和中，劉眞長、謝仁祖共商略中朝人。或問杜弘治可方衛洗馬不。謝曰：安得比。其間可容數人。江左名士傳曰：劉眞長曰：吾請評之。弘治膚淸，叔寶神淸。論者謂爲知言。

劉尹撫王長史背曰：阿奴比丞相但有都長。阿奴

劉云劉與丞相不相得故為優濛之言謂皆勝之也

劉云非謝公問弘度答那如許

濛小字也都美也司馬相如傳曰閑雅甚都語林曰劉眞長與丞相不相得每曰阿奴比丞相條達清長。

劉尹王長史同坐長史酒酣起舞劉尹曰阿奴今日不復減向子期（類秀之任率也。）

桓公問孔西陽安石何如仲文（西陽卽嚴也。）孔思未對反問公曰何如答曰安石居然不可陵踐其處故乃勝也。

謝公與時賢共賞說遏（玄小字也）胡兒並在坐公問李弘度曰卿家平陽何如樂令（晉諸公贊曰李重字茂曾江夏

事王云樂令素著重名忽有此論然極是扶植世教語

鍾武人。少以清尚見稱。歷吏部郎。平陽太守。於是李潛然流涕曰趙王篡逆樂令親授璽綬。晉陽秋曰趙王倫篡位。樂廣與滿奮崔隨進璽綬。亡伯雅正恥處亂朝遂至仰藥恐難以相比此自顯於事實非私親之言。晉諸公贊曰。趙王爲相國。取重爲左司馬。重以倫將篡。辭疾不就。敦諭之。重不復自治。至於篤甚。扶曳受拜。數日卒。時人惜之。贈散騎常侍。

謝公語胡兒曰有識者果不異人意。

王脩齡問王長史我家臨川何如卿家宛陵長史未答脩齡曰臨川譽貴長史曰宛陵未爲不貴。中興書曰。羲之自會稽王友改授臨川太守。王述從驃騎功曹出爲宛陵令。述之爲宛陵

劉云韶令亦儁務持

劉云自佳

多脩爲家之具初有勞苦之聲丞相王導使人
喻之曰名父之子屈臨小縣甚不宜爾述答曰
足自當止時人未之達也後屢
臨州郡無所造作世始歎服之

劉尹至王長史許清言時苟子年十三倚牀邊
聽既去問父曰劉尹語何如尊長史曰韶音令
辭不如我往輒破的勝我劉惔別傳曰惔有儁才其談詠虛勝理會所歸王濛畧同而叙致過之其詞當也

有人問謝安石王坦之優劣於桓公桓公停欲
言中悔曰卿喜傳人語不能復語卿

王右軍問許玄度卿自言何如安石許未答王

劉云似悖其子而黨於林公

劉云外貌

因曰安石故相爲雄阿萬當裂眼爭邪中興書曰萬器量不及安石雖居藩任安在私門之時名稱居萬上也

王僧恩輕林公藍田曰勿學汝兄汝兄自不如伊僧恩王禕之小字也王氏世家曰禕之字文劭述次子少知名尚尋陽公主仕至中書郎未三十而卒坦之悼念與桓溫稱之贈散騎常侍

簡文問孫興公袁羊何似答曰不知者不負其才知之者無取其體言其有才而無德也

蔡叔子云韓康伯雖無骨幹然亦膚立

郗嘉賓問謝太傅曰林公談何如嵇公謝云嵇

劉云便是爭名處

王云道季此言亦殊有生氣

公勤著腳裁可得去耳。支遁傳曰遁神悟機發風期所得自然超邁也。

又問殷何如支謝曰正爾有超拔支乃過殷然亹亹論辯恐口欲制支。

庾道季云廉頗藺相如雖千載上死人懍懍恒如有生氣史記曰廉頗者趙良將也以勇氣聞諸侯藺相如者趙人也趙惠文王之時得楚和氏璧秦昭王請以十五城易之趙遣相如送璧秦受之無還城意相如請璧示其瑕因持璧卻立倚柱怒髮上衝冠曰王欲急臣臣頭今與璧俱碎秦王謝之後秦王使趙王鼓瑟相如請秦王擊缶趙以相如功大拜上卿位在廉頗上曹蜍蜍曹茂之小字也曹氏譜曰茂之字永世彭城人也祖韶鎭東將軍司馬父曼少府卿茂之仕至尚書郎李志晉百官名

王云此註殊不似孝標定爲後人攙入

王云此言亦非公論

曰。志字温祖。江夏鍾武人。李氏譜曰。志祖重散騎常侍。父慕純陽令。志仕至員外常侍南康相。

雖見在厭厭如九泉下人。人皆如此。便可結繩而治。但恐狐狸猯貉噉盡。

言人皆如曹李質魯淳慤。則天下無姦民。可結繩致治。然才智無聞。功迹俱滅。身盡於狐狸。無擅世之名也。

謝遏諸人共道竹林優劣。謝公云。先輩初不臧貶七賢。

魏氏春秋曰。山濤通簡有德。秀咸戎伶朗達有儁才。於時之談。以阮爲首。王戎次之。山向之徒。皆其倫也。若如盛言。則非無臧貶。此言謬也。

謝太傅謂王孝伯。劉尹亦奇自知。然不言勝長史。

王黃門兄弟三人俱詣謝公子猷子重多說俗事王氏譜曰。操之字子重。羲之第四子。歷秘書監侍中尚書。豫章太守。子敬寒溫而已既出坐客問謝公向三賢孰愈謝公曰小者最勝客曰何以知之謝公曰吉人之辭寡放屈

謝公問王子敬君書何如君家尊答曰固當不同公曰外人論殊不爾王曰外人那得知宋明帝文章志曰。獻之善隸書。變右軍法為今體。字畫秀媚。妙絕時倫。與父俱得名。其章草疎弱。殊不及父。或訊獻之云。羲之書勝不。莫能判。有問羲之云。世論卿書不逮獻之。答曰。殊不爾也。它日見獻之。問尊君書何如。獻之不答。又問論者云。君固當不如。獻之笑而答曰。人那得知之也。

王孝伯問謝太傅林公何如長史太傅曰長史韶興問何如劉尹謝曰噫劉尹秀王曰若如公言並不如此二人邪謝云身意正爾也

人有問太傅子敬可是先輩誰比謝曰阿敬近撮王劉之標續晉陽秋曰獻之文義並非所長而能撮其勝會故擅名一時爲風流之冠也

王子猷子敬兄弟共賞高士傳人及贊子敬賞井丹高潔子猷云未若長卿慢世嵇康高士傳曰丹字大春扶風郿人博學高論京師爲之語曰五經紛綸井大春未嘗書刺謁一人北宮五王更請莫能

致新陽侯陰就使人要之不得已而行侯設麥
飯葱菜以觀其意丹推卻曰以君侯能供美膳
故來相過何謂如此乃出盛饌侯起左右進輦
丹笑曰聞桀紂駕人車此所謂人車者邪侯即
去輦越騎梁松貴震朝廷請交丹丹不肯見後
丹得時疾松自將醫視之病愈久之松失大男
磊丹一往弔之時賓客滿庭丹裘褐不完入門
坐者皆悚望其顏色丹四向長揖前與松語客
主亂畢後長揖徑出莫得與語不肯為吏徵出
後遂隱遁其贊曰井丹高潔不慕榮貴抗節五
王不交非類顯譏輦車左右失氣披褐長揖義
陵羣萃司馬相如初為郎事景帝梁孝王來朝
從遊說士鄒陽等相如說之因病免遊梁後過
臨邛富人卓王孫女文君新寡好音相如以琴
心挑之文君奔之俱歸成都後居貧至臨邛買
酒舍文君當罏相如著犢鼻褌滌器市中為人
口吃善屬文仕宦不慕高爵常託疾不與公卿
大事終于家其贊曰長卿慢世越禮自放犢鼻

居市不恥其狀託疾避官蔑此卿相乃賦大人超然莫尚

○有人問袁侍中袁氏譜曰恪之字元祖陳郡陽夏人祖王孫司徒從事中郎父綸臨汝令恪之仕黄門侍郎義熈初爲侍中曰殷仲堪何如韓康伯答曰理義所得優劣乃復未辯然門庭蕭寂居然有名士風流殷不及韓故殷作誄云荊門晝掩閑庭晏然

○王子敬問謝公嘉賓何如道季答曰道季誠復鈔撮清悟嘉賓故自上謂超拔也

劉云鈔撮猶掇拾

○補中朝人共論少正卯孔子家語曰孔子爲魯司寇七日而誅亂政大夫少

正卯戮之于兩觀之下，尸於朝三日。子貢進曰。夫少正卯魯之聞人也。今夫子爲政而始誅之。或者爲失乎。孔子曰。居，吾語汝以其故。天下有大惡者五。而竊盜不與焉。一曰心逆而險。二曰行僻而堅。三曰言僞而辯。四曰記醜而博。五曰順非而澤。此五者有一於人。則不免君子之誅。而少正卯皆兼有之。其居處足以撮徒成黨。其談說足以飾褒榮衆。其強禦足以反是獨立。此乃人之姦雄者也。不可以不除。**盜跖**莊子襍篇曰。柳下季之弟名曰盜跖。盜跖徒卒九千人。橫行天下。侵暴諸侯。穴室樞戶。驅人牛馬。取人婦女。貪得忘親。不顧父母兄弟。不祭先祖。所過之邑。大國守城。小國入保。萬民苦之。孔子往說之。盜跖乃方休卒徒泰山之陽。膾人肝而餔之。孔子前見謁者。盜跖大怒。目如明星。髮上指冠。曰。子之罪大極重。疾走歸。不然將以子肝益晝餔之膳。**其惡孰深。有人云少正卯雖姦不至剖人**

王云散是五石散行藥也

充膳盜跖爲甚顏光祿曰爲惡彰露人思加戮隱伏之姦非聖不誅由此言之少正卯爲甚衆莫能屈

○○司馬太傅問謝車騎惠子其書五車何以無一言入玄謝曰故當是其妙處不傳莊子曰惠施多方其書五車其道舛駁其言不中謂卵有毛雞三足馬有卵犬可爲羊火不熱目不見龜長於蛇丁子有尾白狗黑連環可解能勝人之口不能服人之心荅辯者之囿也

王孝伯在京行散至其弟王睹戶前睹王爽小字也問古詩中何句爲最睹思未荅孝伯詠所遇無故

王云亦自尊其父耳。王中郎詎可復勝。

物焉得不速老。此句爲佳。

王珣疾臨困。問王武岡曰。（中興書曰。謐字雅遠。丞相導孫。車騎劭子。有才器。襲爵武岡侯。位至司徒。）世論以我家領軍比誰。武岡曰。世以比王北中郎。東亭轉臥向壁。嘆曰。人固不可以無年。（領軍王洽。珣之父也。年三十六卒。意以其父名德過坦之而無年。故致此論。）

桓玄問劉太常曰。我何如謝太傅。（劉瑾集敘曰。瑾字仲璋。南陽人。祖遐。父暢。暢娶王羲之女。生瑾。瑾有才力。歷尚書太常卿。）劉答曰。公高。太傅深。又曰。何如賢舅子敬。答曰。樝梨橘柚。各有其美。莊子曰。樝梨橘柚。其味相反。皆可於口也。

舊以桓謙比殷仲文。晉安帝紀曰。仲文有器貌才思。桓玄時。仲文入。桓於庭中望見之。謂同坐曰。我家中軍。那得及此也。

補　王季琰與兄元琳並有美稱。季琰又出元琳右。時人爲之語曰。法護非不佳。法護。珣小字。僧彌難爲兄。僧彌。珉小字。

補　齊太祖奇愛張思光。時與款接。笑曰。此人不可無一。不可有二。南史曰。融風止詭越。坐常危膝。行則曳步。翹身仰首。見者驚異。

○補。齊神武言崔㥄應作令僕。恨其神明太遒。魏書曰。㥄字長孺。清河東武城人。狀貌偉麗。善於容止。歷覽羣書。兼有詞藻。自中興迄於孝武。詔令皆㥄所爲。仕至東兗州刺史。

○補。霍王元軌。唐書曰。元軌唐高祖第十四子也。始封吳王。少多才藝。太宗嘗問羣臣。朕子弟中孰賢。魏徵曰。唯吳王數與臣言。未嘗不自失。上問前代誰比。徵曰。經學文雅。漢之閒平也。改封霍王。臨徐州與處士劉玄平爲布衣之交。或問玄平王之所長。玄平答以無長。人問其故。玄平曰。夫人有短。所以見長。

補。中宗正月晦日。幸昆明池。西京雜記曰。武帝作昆明池。欲伐昆吾夷。

教習水戰。因而于上遊戲池周迴四十里。長安志曰。昆明池在上林苑中。賦詩羣臣

應制百餘篇。帳殿前結綵樓。命上官昭容唐詩紀事曰。昭容。名婉兒。西臺侍郎儀之孫。父廷芝死。母鄭方娠。夢巨人畀大秤。曰。持此秤量天下。昭容生踰月。母戲曰。稱量者豈爾邪。輒啞然應。後內秉機政。符其夢云。自通天來。內掌詔命。中宗立。進昭容。帝引名儒賜宴賦詩。婉兒常代帝及后長寧安樂二公主。衆篇並作。采麗益新。又差第羣臣所賦。賜金爵。朝廷靡然成風。當時屬辭大抵浮靡。然皆可觀。昭容力也。韋后之敗。斬闕下。

選一首爲新翻御製曲。紙落如飛。從臣各認其名而懷之。唯沈宋二詩不下。唐詩紀事曰。宋之問。字延清。汾州人。與沈佺期。劉允濟。媚附易之。及敗。貶瀧州參軍。逃歸。景龍中。諂事太平公主。後安樂公主權盛。

復往諧結中宗將用爲中書舍人太平發其贓
遷越州長史賦詩流傳京師睿宗立以獪險盈
惡流欽州賜死沈佺期字雲卿相州人除給事
中考功郎受賕劾未究會張易之敗長流驩州
稍遷台州錄事參軍入計召見拜修文直學士
侍宴爲弄辭悅帝賜牙緋尋爲太子詹事唐書
曰佺期善屬文尤長七言
與宋之問齊名時稱沈宋又移時一紙飛墜乃
沈詩也昭容評曰二詩工力悉敵沈落句微臣
雕朽質羞覩豫章材蓋辭氣已竭宋猶陡健舉
沈詩曰法駕乘春轉神池象漢迴雙星遺舊石
孤月隱殘灰戰鷁逢時去恩魚望幸來山花綻
騎遶堤柳幔城開思逸橫汾唱歌流宴鎬杯微
臣雕朽質羞覩豫章材宋詩曰春豫靈池會滄
波帳殿開舟凌石鯨度槎拂斗牛迴節晦蓂全
落春遲柳暗催象溟看浴景燒劫辨沈灰鎬飲

周文樂。汾歌漢武材。不
愁明月盡。自有夜珠來。

○補

宋世嘗曰。莊周爲道家之儀秦。王通孔門之王
莽。高似孫子略曰。道德五千言。辭潔旨澹然
六經之外。其用則易也。莊周則不然。浚滌沉
濳若老於玄者。而泓崢蕭瑟。乃欲超遙一方。老氏
之表。是以其說意空一塵。倜儻峻拔。無一毫蹈
襲沿仍之陋。極天之荒。窮人之僞。放肆迤演。如
長江長河。滾滾灌注。泛濫乎天下。又如萬籟怒
號。澎湃洶湧。聲沉影滅。不可控摶。率以荒怪詭
誕。狂肆虛眇。不近人情之說。瞽亂而自呼。至於
法度森嚴。文辭雋健。自作瓌新。亦一代之奇才
乎。戰國多奇士。荀卿之學。有志斯世者也。魯連
之辯。獨善其身者也。寓言一書。非深乎道者。未
易造此。顧獨以滑稽發之。士至於無所用其才
而猶區區於矯拂世俗之弊者。不亦慹慹乎。方
是時。天下大壞。蕩蕩不可支。攘奪爭凌。斬然一律。

其意思有以激之回之矯之矢之。肆意無忌。以放乎辭。矯世之私。嘗不一二。而亂天下之過。特不可免於中。若其言托孔子。以自致其過者。二十有九章。又言堯禹文王太公之事。皆非詩書所見。而竊快其無稽之論。侮聖侮道。茲亦甚矣。

杜淹撰文中子世家曰。文中子。王氏。諱通。字仲淹。六代祖玄則。爲宋弘儒。江左號王先生。受其道者曰王先生業。文中子之父。銅川府君。諱隆。傳先王之業。教授門人千餘。開皇四年。文中子生。府君筮之。遇坤之師。曰素王之封也。何爲而來。地二化爲天一。上德而居下位。能以衆正。可以王矣。雖有君德。非其時乎。是子必能通天下之志。名之曰通。既冠。慨然有濟蒼生之心。見隋文帝。奏太平十二策。不用。作東征之歌而歸。後再徵不至。謂所親曰。我高祖始家於河汾。有墳壠於茲四代矣。有敝廬在。茅簷土堦。撮如也。道之不行。欲安之乎。退志其道而已。乃續詩書。正禮樂。脩元經。讚易道。九年而六經大就。門人自

李云王某子自過

李云此言大謬見在過後矣

遠而至。咸北面受王佐之道焉。大業十三年。有疾。謂門人曰。吾夢顏回稱孔子之命曰。歸休乎。殆夫子召我也。寢疾七日而終。門人諡曰文中子。悉次其書。還於王氏。禮論二十五篇。樂論二十篇。續書一百五十篇。續詩三百六十篇。元經五十篇。贊易七十篇。共列爲八十卷。朱熹論曰。仲淹生乎百世之下。讀古聖賢之書。而粗識其用。然未嘗深探其本。而盡力於其實。不勝其好名欲速之心。汲汲乎以著書立言爲己任。及其無以自託。乃捃拾兩漢以來文字言語之陋功名事業之卑。而求其天資之偶合與其近似者。依倣六經。次第采輯。因以牽挽其人强而躋之五帝三王之列。今考之中說而得其規模之大略。則彼之贊易。是豈足以知先天後天之相爲體用。而高文武皇之制。是豈有精一執中之傳。曹劉顏謝之詩。是豈有物則秉彜之訓。叔孫通公孫述曹褒荀勗之禮樂。又孰與伯夷后夔周公之懿。至於宋魏以來。一南一北。校功度德蓋未有以相君臣也則其天命人心之向背統緒繼承之偏正亦何足論而欲攘臂其間奪彼予此以自列於孔子之春秋哉蓋既不自知其學之不足以爲周孔不知兩漢之不足爲三王而獨以是區區者比而效之於形似影響之間傲然自謂足以承千聖而紹百王矣而不知其適以是而自納於吳楚僭王之誅使夫後世知道之君子雖或有取於其言而終不能無恨於此

規箴上

○○補嚴子陵范曄後漢書曰嚴光字子陵會稽餘姚人少有高名與光武同遊學及光武卽位變姓名隱身不見帝令以物色訪之齊國上言有一男子披羊裘釣澤中帝疑是光安車聘之三反而後至終不能屈與侯司徒書曰君房足下位至鼎足甚善懷仁輔義天下悅阿諛順旨腰領絕侯

得書封奏之。帝笑曰。此狂奴故態。皇甫謐高士傳曰。霸與光素舊。使西曹屬侯子道奉書。光不起。於牀上箕踞抱膝。發書讀訖。問子道曰。君房素癡。今為三公。寧少差否。子道曰。位已鼎足。不癡也。光曰。遣卿來何言。子道傳霸言。光曰。卿言不癡。是非癡語也。天子徵我三。乃來。人主尚不見。當見人臣乎。子道求報。光曰。我手不能書。乃口授之。使者嫌少。可更足。光曰。買菜乎。求益也。

京房與漢元帝共論。因問帝。幽厲之君何以亡。所任何人。答曰。其任人不忠。房曰。知不忠而任之。何邪。曰。亡國之君。各賢其臣。豈知不忠而任之。房稽首曰。將恐今之視古。亦猶後之視今也。

漢書曰。京房。字君明。東郡頓丘人。尤好鐘律。知
音聲。以孝廉爲郎。是時中書令石顯專權。及友
人五鹿充宗爲尚書令。與房同經。議論相是非。
而此二人用事。房嘗宴見。問上曰。幽厲之君何
以亡。所任何人。上曰。君亦不明。而臣巧佞。房曰。
知其巧佞而任之邪。將以爲賢邪。上曰。賢之。房
曰。然則今何以知其不賢。上曰。以其時亂而君
危知之。房曰。是任賢而理。任不肖而亂。自然之
道也。幽厲何不覺悟而蚤納賢。何爲卒任不肖
以至亡。於是上曰。亂亡之君。各賢其臣。令皆覺
悟。安得亂亡之君。房曰。齊桓二世。何不以幽厲
疑之。而任豎刁趙高。政治日亂邪。上曰。唯有道
者能以往知來耳。房曰。自陛下即位。盜賊不禁。
刑人滿市。云云。問上曰。今治也。亂也。上曰。然愈
於彼。房曰。前二君者然。臣恐後之視今。猶今之
視前也。上曰。今爲亂者誰。房曰。上所親與圖事
帷幄中者。房指謂石顯及充宗。顯等乃建言。宜
試房以郡守。遂以房爲東郡。顯發其私事。坐棄

市。

補

高義方造馬季長辭不見義方覆剌爲書曰伏聞高問爲日已久冀一見龍光小雅曰既見君子爲龍爲光。叙腹心之願不圖辟之以疾昔周公父兄文武九命作相以尹華夏猶握沐吐食以接白屋之士天下歸德史記曰伯禽就封周公戒之曰我文王之子武王之弟成王之叔父我於天下亦不賤矣然我一沐三握髮一飯三吐哺起以待士猶恐失天下之賢人子之魯愼無以國驕人。歷載邈矣今君不能相見宜哉季長大媿追請徑去漢雜事曰高彪字義方吳郡人志尚甚高遊太學博覽經史善屬文

補

魏文爲五官將時臨淄侯才名甚盛幾有奪嫡之議三國志曰陳思王植建安十九年徙封臨淄侯植既以才見異而丁儀丁廙楊脩等爲之羽翼幾爲太子而植任性不自彫勵文帝御之以術宮人左右並爲之說故定爲嗣曹公一月諮於賈詡魏略曰詡字文和武威姑臧人少時人莫知唯漢陽閻忠異之謂有良平之奇太祖領冀州牧以爲太中大夫是時文帝爲五官將而臨淄侯才名方盛各有黨與有奪宗之議文帝使人問詡自固之術詡曰願將軍恢崇德度躬素士之業朝夕孜孜不違子道如此而已詡默然不對曹公問不對何也詡曰屬有所思問何思答曰思袁本初劉景升父子也於是太子遂定魏志曰紹愛少子尚欲以爲後而未顯審配逢紀與

辛評郭圖等爭權配紀與尚比評圖與譚比紹卒配等奉尚代紹位譚至不得立由是譚尚有隙太祖軍至西平譚尚舉兵相攻皆敗走劉表及妻愛少子琮欲以爲後而蔡瑁張允爲之支黨乃出長子琦爲江夏太守表死衆遂奉琮爲嗣琦與琮遂爲讐隙至於傾覆

○○

補 蜀先主嘗因旱儉禁酒刑吏於人家檢得釀具欲令與釀酒者同罰時簡雍從先主遊見一男女行道謂先主曰彼人欲行淫何以不縛先主曰卿何以知之雍曰彼有淫具與欲釀同先主大笑命原欲釀者 蜀志曰簡雍字憲和涿郡人少與先主有舊隨從周旋先主至荊州與糜竺孫乾同爲從事中郎常爲談客往來使命後拜昭德將軍優游諷議性簡傲

劉云乃是有風

劉云忠臣之言

跣宕。在先主坐。猶箕踞傾倚。適諸葛亮已下則獨摳一榻傾枕卧語。無所爲屈。

孫休好射雉。至其時則晨去夕反。羣臣莫不止諫此爲小物何足甚耽。休曰。雖爲小物。耿介過人。朕所以好之。環濟吳紀曰。休字子烈。吳大帝第六子。初封琅邪王。夢乘龍上天。顧不見尾。孫綝廢少主。迎休立之。銳意典籍。欲畢覽百家之言。頗好射雉。至春晨出莫反。唯此時舍書。崩。謚景皇帝。條列吳事曰。休在位烝烝。無有遺事。唯射雉可譏。

孫皓皓別見問丞相陸凱曰。卿一宗在朝有幾人。陸曰。二相五侯將軍十餘人。皓曰盛哉。陸曰。君賢臣忠。國之盛也。父慈子孝。家之盛也。今政荒

建忠一作建武

○○

氏弊覆亡是懼臣何敢言盛吳錄曰凱字敬風吳人丞相遜族子忠鯁有大節篤志好學初爲建忠校尉雖有軍事手不釋卷累遷左丞相時後主暴虐凱正直彊諫以其宗族彊盛不敢加誅也

何晏鄧颺令管輅作卦云不知位至三公不卦成輅稱引古義深以戒之颺曰此老生之常談輅別傳曰輅至洛陽何尚書問易中九事皆明因謂輅曰聞君非徒善論易至於分蓍思爻亦爲神妙試爲作一卦知位當至三公不又頃夢青蠅數十來鼻頭上驅之不去有何意故輅曰鴟鴞天下賤鳥也及其在林食桑椹則懷我好音况輅心過草木注情葵藿敢不盡忠唯察之爾昔元凱之相重華宣慈惠和仁義之至也周公之翼成王坐以待旦敬慎之至也故能流光

一云何晏悅而不繹辭勝於鄧颺無救敗亡

六合萬國咸寧然後據鼎足而登金鉉調陰陽而濟兆民此履道之休應非卜筮之所明也今君侯位重山嶽勢若雷霆望雲赴景萬里馳風而懷德者少畏威者衆殆非小心翼翼多福之主又鼻者艮也此天中之山高而不危所以長守貴也今靑蠅臭惡之物而集之焉位峻者顚輕豪者亡必至之分也夫變化雖相生極則有害虛滿雖相受溢則有竭聖人見陰陽之性明存亡之理損益以爲衰抑進以爲退是故山在地中曰謙雷在天上曰大壯謙則裒多益寡大壯則非禮不履伏願君侯上尋文王六爻之旨下思尼父彖象之義則三公可決靑蠅可驅鄧曰此老生之常談輅曰夫老生者見不生常談者見不談也　晏曰知幾其神乎古人以爲難交疎吐誠今人以爲難今君一面盡二難之道可謂明德惟馨詩不云乎中心

藏之何日忘之。名士傳曰。是時曹爽輔政。識者慮有危機。晏有重名。與魏姻戚。内雖懷憂。而無復退也。著五言詩。以言志。曰。鴻鵠比翼遊。羣飛戲太清。常畏大網羅。憂禍一旦并。豈若集五湖。從流唼浮萍。永寧曠中懷。何爲怵惕驚。盍因輅言。懼而賦詩。

○

嵇康遊於汲郡山中。遇道士孫登。遂與之遊。康臨去。登曰。君才則高矣。保身之道不足。康集序曰。孫登者。不知何許人。無家。於汲郡北山土窟住。夏則編草爲裳。冬則被髮自覆。好讀易。鼓一絃琴。見者皆親樂之。魏氏春秋曰。登性無喜怒。或沒諸水。出而觀之。登復大笑。時時出入人間。所經家設衣食者。一無所辭。去皆舍去。文士傳曰。嘉平中。汲縣民共入山中。見一人。所居懸巖百仞。叢林鬱茂。而神明甚察。自云孫姓。登名。字公和。康聞乃從遊三年。問其所圖。終不答。然神謀所存良久。康每蕭然歎息。將別謂曰。先生竟無言乎。登乃曰。子識火乎。生而有光。而不用其光。果然在於用光。人生有才。而不用其才。果然在於用才。故用光在乎得薪。所以保其燿。用才在乎識物。所以全其年。今子才多識寡。難乎免於今之世矣。子無多求。康不能用。及遭呂安事。在獄爲詩自責云。昔慚下惠。今愧孫登。王隱晉書曰。孫登即阮籍所見者也。嵇康執弟子禮而師焉。魏晉去就。易生嫌疑。貴賤並沒。故登或默也。

晉武帝既不悟太子之愚。必有傳後意。諸名臣亦多獻直言。帝嘗在陵雲臺上坐。衛瓘在側。欲申其懷。因如醉跪帝前。以手撫牀曰。此坐可惜。帝悟。因笑曰。公醉邪。晉陽秋曰。初惠帝之爲太子。咸謂不能親政事。衛瓘每欲陳啓廢之而未敢也後因會醉遂跪牀前曰臣欲有所啓帝曰公所欲言者何耶瓘欲言而復止者三因以手撫牀曰此坐可惜帝意乃悟因謬曰公真大醉也帝後悉召東宮官屬大會令左右齎尚書疑事以示太子令處決太子不知所對賈妃以問外人代太子對多引古詞義給使張泓曰太子不學陛下所知宜以見事斷不宜引書也妃從之泓具草奏令太子書呈帝大說以示瓘於是賈充語妃曰衛瓘老奴幾敗汝家妃由是怨瓘後遂誅之

王夷甫婦郭泰寧女晉諸公贊曰郭豫字泰寧太原人仕至相國參軍知名早卒才拙而性剛聚斂無厭干豫人事夷甫患之而不能禁時其鄉人幽州刺史李陽京都大俠晉百官名曰陽字景祖高尚人武帝時爲幽州刺史語林曰陽性遊俠盛暑一日詣數

劉云非矣。

劉云但意不在錢言錢何害。王云人性不同廉貪不敢盜盤。王隱此言非也。如隱言王安豐豈貪吝夷甫耶。

家別賓客與別常塡門遂死於几下故懼之。猶漢之樓護漢書遊俠傳曰護字君卿齊人學經傳甚得名譽母死送葬車三千兩仕至天水太守。郭氏憚之。夷甫驟諫之，乃曰：非但我言卿不可，李陽亦謂卿不可。郭氏小爲之損。

王夷甫雅尚玄遠，常嫉其婦貪濁，口未嘗言錢字。晉陽秋曰夷甫善施舍父時有假貸者皆與焚券未嘗謀貨利之事。王隱晉書曰夷甫求富貴得富貴資財山積用不能消安須問錢而世以不問爲高不亦惑乎。婦欲試之，令婢以錢遶牀，不得行。夷甫晨起，見錢閡行，呼婢曰：舉卻阿堵物。

劉云一酣諺

補石季倫嘗與長水校尉孫季舒酣宴孫慢傲過度季倫欲表免之裴叔則聞而謂之曰季舒酒狂四海所知足下飲人狂藥責人正禮不亦乖乎王隱晉書曰石崇字季倫石苞子生於青州故小名齊奴爲荊州刺史劫奪殺人以致巨富後爲趙王倫所殺

元帝過江猶好酒王茂弘與帝有舊常流涕諫帝許之命酌酒一酣從是遂斷鄧粲晉紀曰上時務性素好酒將渡江王導深以諫帝乃令左右進觴飲而覆之自是遂不復飲克己復禮宜修其方而中興之業隆焉

王云此乃眞名言

劉云終是晉人

謝鯤爲豫章太守從大將軍下至石頭敦謂鯤曰余不得復爲盛德之事矣鯤曰何爲其然但使自今已後日亡日去耳鯤別傳曰鯤之諷切雅正皆此類也敦又稱疾不朝鯤諭敦曰近者明公之舉雖欲大存社稷然四海之內實懷未達若能朝天子使君臣釋然萬物之心於是乃服仗民望以從衆懷盡沖退以奉主上如斯則勳侔一匡名垂千載時人以爲名言晉陽秋曰鯤爲豫章太守王敦將肆逆以鯤有時望逼與俱行既克京邑將旋武昌鯤曰不就朝覲鯤懼天下私議也敦曰君能保無變乎對曰鯤近日

王云即此量亦自可作司空

王云此規大有益交道

入覲主上側席遲得見公官省穆然必無不虞之慮公若入朝鯤請侍從敦曰正復殺君等數百何損於時遂不朝而去。

○陸玩拜司空玩別傳曰是時王導郗鑒庾亮相繼薨殂朝野憂懼以玩德望乃拜司空玩辭讓不獲乃歎息謂朋友曰以我為三公是天下無人矣時人以為知言有人詣之索美酒得便自起瀉箸梁柱間地祝曰當今乏才以爾為柱石之用莫傾人棟梁玩笑曰戢卿良箴。

○王右軍與王敬仁許玄度並善二人亡後右軍為論議更克孔嚴誡之曰明府昔與王許周旋

有情。及逝沒之後。無愼終之好。民所不取。右軍甚愧。

○補

謝萬就太傅乞裘。自云畏寒。太傅答曰。君妄語。正欲以爲豪具耳。若畏寒無復勝綿者。乃以三十斤綿與萬。

李卓吾批點世說新語補卷之十一

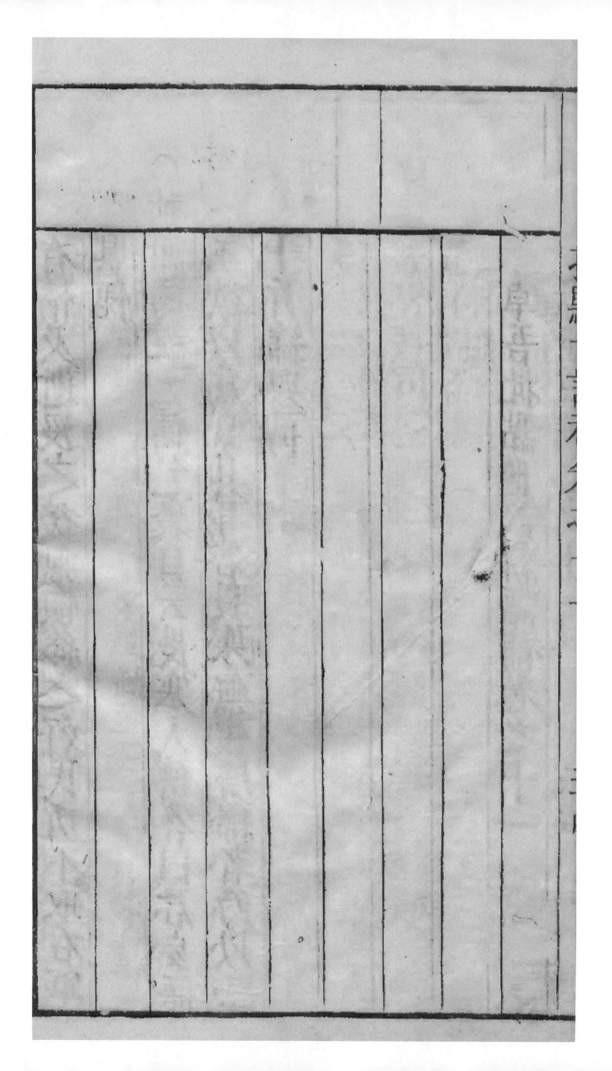

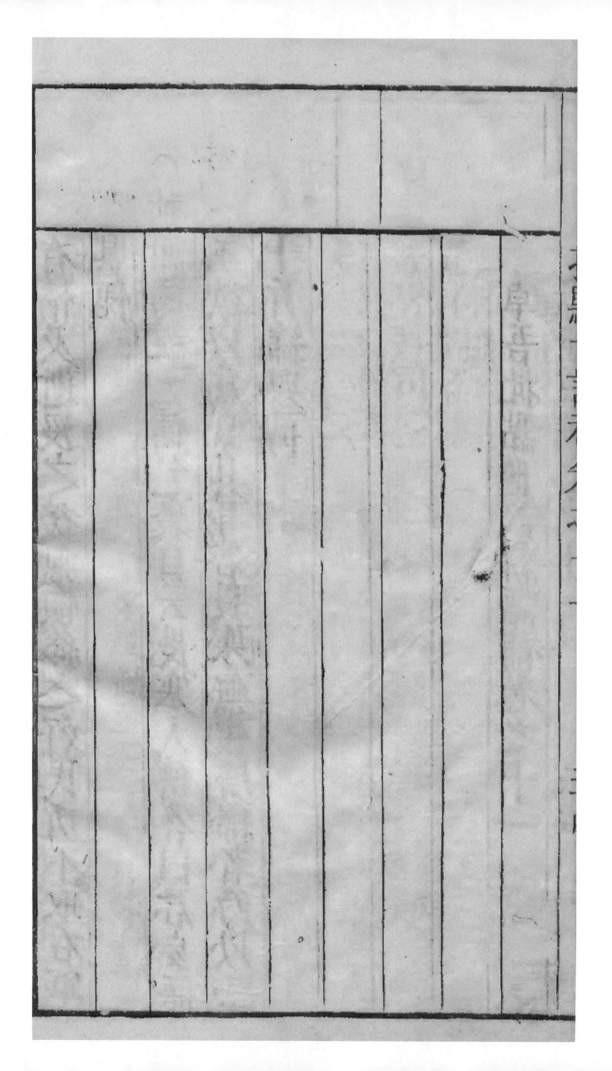

李卓吾批點世說新語補卷之十二

宋 劉義慶 撰

梁 劉孝標 注

宋 劉辰翁 批

明 何良俊 增

王世貞 刪定

王世懋 批釋

李贄 批點

張文柱 校注

規箴下

○補

祖士言深好奕棋王處叔晉書曰王隱字處叔陳郡陳人世寒素父銓少好學有著述之志每私錄晉事及功臣行狀未就而卒隱以儒素自守不交勢援博學多聞受父遺業西都舊事多所諳究家貧無資依征西將軍庾亮於武昌亮供其紙筆書成詣闕上之隱雖好著述而文辭鄙拙蕪舛不倫其書次第可觀者皆父所撰文體混漫義不可解者隱之作也謂之曰禹惜寸陰帝王世紀曰禹有聖德堯命以爲司空繼鯀治水乃勞身涉勤不重徑尺之璧而愛日之寸陰不聞數棋祖云聊用忘憂耳處叔曰古人遺時則以功達其道不遇則以言達其才故否泰不窮也今晉未有書而天

下傾覆舊事蕩滅君少長王都游宦四方華夷成敗皆在耳目何不記述使有裁成答應仲遠作風俗通。漢藝文志曰應劭篤學多聞撰風俗通以辯物名號釋時嫌疑崔子眞作政論後漢書曰崔寔字子眞少沈靜好典籍以郡舉徵詣公車除爲郎論當世事數十條名爲政論指切時要言辯而确當世稱之仲長統曰凡爲人主宜寫一通置之坐側蔡伯喈作勸學篇後漢書曰邕所著獨斷勸學釋誨詩賦碑誄凡百四篇傳於世唐藝文志小學類有蔡邕勸學篇一卷史游作急就章漢書注曰游元帝時爲黃門令凡書三十二章雜記姓名諸物五官等字以教童蒙急就者謂字之難知者緩急可就而求焉便爲沒而不朽當其同時人豈少哉而

○○

劉云寫得鄭重可懷

王云冰衿二字未解又云敍得形狀如畫

皆無聞由無所述也故君子疾沒世而名不稱況國史明乎得失之迹何必博奕而後忘憂哉祖遂發書薦隱修史帝以問鍾雅事遂不行

郗太尉晩節好談既雅非所經而甚矜之中興書曰鑒少好學博覽雖不及章句而多所通綜後朝覲以王丞相末年多可恨每見必欲苦相規誡王公知其意每引作它言臨還鎮故命駕詣丞相丞相翹須厲色上坐便言方當乖別必欲言其所見意滿口重辭殊不流王公攝其次曰後面未期亦欲盡所懷

願公勿復談。郗遂大瞋。冰衿而出。不得一言。

○

桓南郡好獵。每田狩車騎甚盛。五六十里中旌旗蔽隰。騁良馬馳擊若飛。雙甄所指不避陵壑。或行陳不整。麏兎騰逸。參佐無不被繫束。桓道恭玄之族也。桓氏譜曰。道恭字祖猷。彝同堂弟也。父赤之太學博士。道恭歷淮南太守。僞楚江夏相。義熙初伏誅。時爲賊曹參軍。頗敢直言。常自帶絳綿繩著腰中。玄問此何爲。答曰。公獵好縛人士。會當被縛。手不能堪芒也。玄自此小差。

○

遠公在廬山中。雖老講論不輟。弟子中或有墮

癰疽云見半面瘡狀也消息瘡患令善治療

者。遠公曰。桑榆之光。理無遠照。但願朝陽之暉。與時並明耳。執經登坐。諷誦朗暢。詞色甚苦。高足之徒。皆肅然增敬。

○殷顗病困。看人政見半面。殷荊州興晉陽之甲。春秋公羊傳曰。晉趙鞅取晉陽之甲。以逐荀寅。士吉射。寅。吉射者。君側之惡人。往與顗別。涕零。屬以消息所患。顗答曰。我病自當差。正憂汝患耳。晉安帝紀曰。殷仲堪舉兵。顗弗與同。且以己居小任。唯當守局而已。晉陽之事。非所宜豫也。仲堪每邀之。顗輒曰。吾進不敢同。退不敢異。遂以憂卒。

王緒王國寶相為脣齒。並上下權要。緒。王氏譜曰。緒字仲業。

太原人。祖延。父乂。撫軍。晉安帝紀曰。緒爲會稽王從事中郞。以佞邪親幸。王珣。王恭。惡國寶與緒亂政。與殷仲堪克期同舉。內匡朝廷。及恭表至。乃斬緒以說諸侯。國寶平北將軍坦之第三子。太傅謝安國寶婦父也。惡而抑之不用。安薨相王輔政。遷中書令。有妾數百。從弟緒有寵于王深爲其說。國寶權動內外。王珣。王恭。殷仲堪爲孝武所待。不爲相王所昵。恭抗表討之。車胤又爭之。會稽王既不能拒諸侯兵。遂委罪國寶。付廷尉賜死。

王大不平。其如此。乃謂緒曰。汝爲此欻欻。曾不慮獄吏之爲貴乎。史記曰。有上書告漢丞相勃。及文帝下之廷尉。勃既出歎曰。吾嘗將百萬之軍。安知獄吏之爲貴也。

○○○補

王國寶構謝太傅於孝武帝。太傅患之。帝一日召桓子野飲太傅亦在坐帝命桓吹笛桓神色無忤即吹爲一弄乃放笛云臣於箏分乃不及笛然自足以韻合歌管請以箏歌并請一吹笛人帝善其調達乃勅御妓吹笛桓又言御府人於臣必自不合臣有一奴善相便串帝令召之奴既吹笛桓便撫箏而歌曹子建怨詩詩曰爲君既不易爲臣良獨難忠信事不顯乃有見疑患周旦佐文武金縢功不刊推心輔王室二叔反流言轂節慷慨俯仰可觀太傅泣下沾襟乃越席就之捋其鬚曰使君於此處不凡

○○

桓玄欲以謝太傅宅爲營。謝混曰、召伯之仁、猶惠及甘棠。韓詩外傳曰、昔周道之隆、召伯在朝、有司請召民。召伯曰、以一身勞百姓、非吾先君文王之志也。乃暴處於棠下而聽訟焉。詩人見召伯休息之棠、美而歌之曰、蔽芾甘棠、勿翦勿伐、召伯所茇。文靖之德、更不保五畝之宅。玄慚而止。

○補

王司徒謐與遠公書曰、身年始四十、而衰同耳順。遠答曰、古人不愛尺璧而重寸陰。觀其所存、似不在長年耳。檀越既履順而遊性、乘佛理以御心。因此而推、復何羨於遐齡邪。聊想斯理久已得之爲復酬來信耳。人皆稱公善誘。

○補

謝康樂父不慧早亡。南史曰。靈運父瑍。生而不慧。位秘書郎。早亡。康樂好臧否人物。叔混患之。欲加裁折。未有方也。謂宣遠曰。非汝莫能。王儉七志曰。謝瞻字宣遠。陳郡人。幼能屬文。宋黃門郎。幼童傳曰。瞻幼而聰悟。五歲能通玄理。乃與晦曜南史曰。曜。小字阿多。弘微之兄。歷御史中丞。彭城王義康驃騎長史。弘微等。宋書曰。弘微。初名密。曾祖萬。晉西中郎將。祖韶。車騎司馬。父思。武昌太守。弘微居身清約。歷位中庶子。加侍中。共遊戲。命瞻與靈運共車。既上。便商較人物。宣遠謂之曰。秘書早亡。談者亦互有同異。靈運默然。言論自此

補

褒止。

王仲寶小時。叔父僧虔南史曰。僧虔光祿大夫僧綽弟也。父曇首太子詹事。僧虔釋褐太子舍人。退默少交接。與袁淑謝莊善。淑每歎曰。卿文情鴻麗。學解深拔。而韶光潜實物莫之窺。雖魏陽元之射。王汝南之騎。無以加焉。撫之曰。我不患此兒無名。政恐名太盛。手書崔子玉座右銘貽之後漢書曰。崔瑗字子玉。涿郡人。早孤。銳志好學。盡能傳其父業。銘曰。無道人之短。無說己之長。施人愼勿念。受施愼勿忘。世譽不足慕。唯仁爲紀綱。隱心而後動。謗議庸何傷。無使名過實。守愚聖所臧。在涅貴不淄。暖暖内含光。柔弱生之徒。老氏誡剛強。行行鄙夫志。悠悠故難量。愼言節飲食。知足勝不祥。行之苟有恒。久久自芬芳。

〇〇〇補

補

顏延之兒竣既貴重權傾一朝凡所資供延之一無所受器服不改宅宇如舊常乘羸牛敝車逢竣鹵簿即屏往道側嘗語竣曰吾平生不喜見要人今不幸見汝竣起大宅延之謂曰善爲之無令後人笑汝拙也

孔中丞二弟在官覬弟道存從弟徽頗營贓賄嘗請假還東中丞出渚迎之輜重十餘船皆是綿絹紙席中丞僞喜曰我比困乏得此甚要因命上置岸側既而正色語曰汝輩忝預士流何至還東

作賈客邪。命左右取火燒畫。乃去。南史論曰。覩持身之節。亦曰一時之良。而聽言則悖。晩致覆沒。

○補

齊武帝時。諸弟皆無寵。嘗於御坐曲宴。武陵因醉伏地。以貂抄肉柈。帝笑曰。汙貂。武陵答曰。陛下何愛其羽毛。而疏其骨肉。南齊書曰。武陵昭王曄。高帝第五子也。母以罪誅。曄年四歲。思慕不異成人。高帝雖爲方伯。而居處甚貧。諸子學書無紙筆。曄常以指畫空中學字。遂工篆法。性剛頴儁出。武帝即位。歷中書令。祠部尚書。巫覡或言曄有非常之相。以此自負。故無寵。未嘗處方岳。

○補

王長史至性凝簡。不狎當世。嘗從容語諸子曰。

吾家門戸所謂素族自可隨流平進不須苟求

南史曰王騫字思寂太尉儉之子也性凝簡慕樂廣之爲人諸女子侄皆嬪王尚主輜軿塡咽非所欲也有田八十餘頃與諸宅及故舊共佃之常曰我不如鄭公業有田四百頃而食常不周以此爲愧仕至度支尚書加給事中

◯補　齊高宗從弟季敞性頗豪縱上心非之南史曰輔國將軍蕭季敞麤猛無行善於彌縫嘗語之曰卿可數詣王思遠南史曰思遠立身簡約

◯補　陳江州諸子多事豪侈江州不悅休尚爲郢府主簿過九江拜別顗達語之曰麈尾蠅拂是王

謝家物。汝不須捉此。卽取於前燒除之。南齊書曰、陳顯達彭城人。仕宋以軍功封彭澤縣子。武帝徵爲侍中進征南大將軍江州刺史。謙厚有智計。自以人微位重。每遷官有愧懼之色。子十餘人、家既豪富。與敬則諸兒並精車牛麗服飾。顯達識之曰。我本意不及此。汝勿以富貴凌人。豫廢鬱林之勳進爵爲公。東昏立。內懷疑怖。舉兵襲建鄴。敗死。子皆伏誅。

○補

湘東王繹。梁書曰、元帝諱繹。武帝第七子也。初封湘東王。簡文被弒。乃卽位於江陵。

入援臺城頓軍武城淹留不進。按司馬光通鑑。梁大寶元年。湘東王繹移檄討侯景。遣王僧辯次巴陵。繹有他志。僧辯一再有功。復令且頓尋陽以待兵集。及綱弒棟廢。始遣東下。中記室叅軍蕭賁以繹不早下心甚非之。嘗與繹雙陸，食子未卽下，賁斂手言曰：殿下都無下意。南史曰：蕭賁字文奐，形不滿六尺，有文才，能書善畫。起家爲湘東王法曹參軍。梁書侯景傳曰：賁骨鯁士也，每恨湘東不入援。嘗與王雙陸，食子未下，賁曰：殿下都無下意。王深爲憾，遂因事害之。

〇〇補

王方慶在政府。劉昫唐書曰：王方慶，雍州咸陽人，周石泉公褒之曾孫，官至太子左庶子，博學好著述，尤精三禮。其子爲眉州司士參軍。唐書曰：方慶長子光輔，開元中，官至潞州刺史。武后嘗問卿在相位，何子之遠。方慶答曰：盧陵是陛下愛子，今尚在遠，臣之子庸敢相近。唐紀曰：則天嗣聖元年二月，廢皇帝爲盧陵王，幽於別所，仍改賜名哲。夏四月，遷廬陵王哲於均州。
明年三月，遷廬陵王哲於房州。

○補 高宗出獵遇雨，問諫議大夫谷那律曰，油衣若爲不漏。對曰，以瓦爲之則不漏。上因此不復出獵。唐書曰，谷那律魏州人，淹識羣書，褚遂良目爲九經庫，官至弘文館學士。

○補 蕭至忠依太平公主。唐詩紀事曰，至忠蕭德言之曾孫，相中宗，後從太平公主謀逆伏誅。明皇曰，至忠誠國器，但晩謬耳。唐書曰，神龍初，武三思擅權，至忠輔之，擢御史中丞。太平公主用事，至忠遣使申意，求爲京職，召拜刑部尚書。至忠清儉刻己，然簡約自高，無所賑施，及籍沒財産甚豐。復當國，遇宋璟於道。宋曰，非所望於蕭傅。唐詩紀事曰，太平公主武后所生，后愛之，傾諸女。唐書曰，太平公主以誅二張

王云此用潘安仁賦語當註出

功加號鎭國。睿宗誅韋氏。公主與謀。由此權震天下。宰相七人。五出其門。

○補呂大乙爲戶部員外郎。戶部與吏部鄰司。吏部移牒戶部。令墻宇悉樹棘。以防令史交通。太乙報牒曰。眷彼吏部。銓綜之司。當須簡要清通。裴楷清通。王戎簡要。何必設籬種棘。省中賞其俊拔。大唐新語曰。太乙初爲御史裏行。自負才華而不即眞。詠院中叢竹以寄意曰。擢擢當軒竹。青青重歲寒。心貞徒見節。籜小未成竿。後遷戶部員外。

○○補憲宗初。徵柳宗元劉禹錫至京。俄皆貶謫。柳得州。宋祁唐書曰。柳宗元字子厚。父鎭。肅宗時。柳州殿中侍御史。宗元第進士博學宏詞科。爲御史裏行。善。王叔文韋執誼。二人者奇。其才。及得政。引。內禁近。欲大進用。俄而叔文韋敗。貶。永州司馬。徙柳州刺史。宗元既放斥。其文思益深。堙厄感鬱。一寓諸文。世號柳柳州。年四十七卒。

劉得播州。柳以禹錫須待老親。播州最為惡處。請以柳州換。上不許曰。但要與惡郡。豈繫母在。裴晉公進曰。陛下方侍太后。不合發此言。唐書曰。順宗莊憲皇后王氏。元和元年尊為皇太后。冊禮畢。憲宗御紫宸殿宣赦。太后居興慶宮。

○補

韓魏公執政。監司有非其人者。崔公孺進曰。公居陶鎔之地。宜以造化為心。造化以蛇虎害人。故置蛇於藪澤。置虎於山林。公今何乃置之通

新涑水紀聞曰、崔公孺諫議大夫立之子。韓魏
衢公夫人之弟。性亮直。喜面折人。魏公甚嚴憚
之。

○○補

陳恭公宋史曰、陳執中。字昭譽。以父恕任為秘書省正字。累遷平章事。卒。贈侍中。禮官
韓維議諡。言諡法寵祿光大曰榮。不勤成名曰
靈。執中出入將相。以一品就第。寵祿光大矣。得
位行政。士大夫無述焉。不可不謂不勤。
成名矣。請諡為榮靈。詔諡恭。判亳州遇生日。親
族多獻老人星圖。春秋元命苞曰、嘉罝弧北指一大星為老人星。治平則見。
見則主壽昌。常以秋分候之南郊。姪世修獨獻范蠡遊五湖圖
且贊曰。賢哉陶朱。霸越平吳。名隨身後。扁舟五
湖。公即日納節。趙曄吳越春秋曰、范蠡既佐越滅吳。為書遺大夫種曰、吾聞天

有四時。春生冬伐。人有盛衰。泰終必否。知進退存亡而不失其正。惟賢人乎。蠡雖不才。明知進退。高鳥已散。良弓將藏。狡兎已盡。良犬就亨。夫越王爲人。長頸鳥喙。鷹視狼步。可與共患難。而不可共處樂。可與履危。不可與安。子若不去。將害於子。明矣。文種不信。蠡遂辭於王。乘扁舟。出入三江五湖。人莫知其所適。後有讒文種於王者。王賜種以屬盧之劍。

捷悟

楊德祖爲魏武主簿。時作相國門。始構榱桷。魏武自出看。使人題門作活字。便去。楊見。卽令壞之。旣竟曰。門中活闊字。王正嫌門大也。文士傳曰。魏武爲丞相。修常白事。知必有反覆。教豫爲答對數紙。以次牒之而行。勑守者曰。向白事。必教出相反覆若披此次第連荅之。已而風吹紙次亂。宋者不別而遂錯誤。公怒推問修。慚懼然以所白甚有理。終亦是修。

○○

人餉魏武一桮酪。魏武噉少許。蓋頭上題合字以示衆。衆莫能解。次至楊修。修便噉曰。公教人噉一口也。復何疑。

○○

魏武嘗過曹娥碑下。楊修從碑背上見題作黃絹幼婦外孫虀臼八字。魏武謂修曰。解不。荅曰。解。魏武曰。卿未可言。待我思之。行三十里。魏武乃曰。吾已得。令修別記所知。修曰。黃絹色絲也。

劉云雖經論註猶覺難辨不知古人何見作此

◎

於字爲絶。幼婦少女也。於字爲妙。外孫女子也。於字爲好。虀臼受辛也。於字爲辭。所謂絶妙好辭也。魏武亦記之。與脩同。乃歎曰。我才不及卿乃覺三十里。

會稽典錄曰。孝女曹娥者。上虞人。父盱能撫節按歌。婆娑樂神。漢安二年。迎五君神。泝濤而上。爲水所淹。不得其尸。娥年十四。號慕思盱。乃投衣于江。存其父尸曰。父在此衣當沉。旬有七日。衣偶沉。遂自投於江而死。縣長度尚悲憐其義。爲之改葬。命其弟子邯鄲子禮爲之作碑。按曹娥碑在會稽中。而魏武楊修未嘗過江也。異苑曰。陳留蔡邕避難過吳。讀碑文。以爲詩人之作。無詭妄也。因刻石旁作八字。魏武見而不能了。以問羣僚。莫有解者。有婦人浣於汾渚。曰第四車解。既而禰正平也。衡即以離合義解之。或謂此婦人即娥靈也。

○補

楊德祖爲主簿。時操既平漢中。欲討劉備而不得進。欲守又難爲功。護軍不知進止。操出教唯曰雞肋。外曹莫能曉。德祖曰。夫雞肋食之則無所得。棄之則如可惜。公歸計決矣。乃令白外稍嚴。俄操廻師。時人服其幾決。

○

王敦引軍埀至大桁。明帝自出中堂。溫嶠爲丹陽尹。帝令斷大桁。故未斷。帝大怒。瞋目。左右莫不悚懼。按晉陽秋鄧紀皆云。敦將至。嶠燒朱雀橋以阻其兵。而云未斷大桁。致帝怒。大爲譎謬。一本云。帝自勸嶠入。一本作嗽飲帝怒。此則近也。召諸公來。嶠至不

一云未見橋當斷不當斷亦非求酒炙時也

劉云此等後人不能免也哀哉

劉云嘉賓入幕豈得已哉覩其處父子間有足取者

謝但求酒炙王導須臾至徒跣下地謝曰天威在顏遂使溫嶠不容得謝嶠於是下謝帝乃釋然諸公共嘆王機悟名言

郗司空在北府桓宣武惡其居兵權南徐州記曰徐州人多勁悍號精兵故桓溫常曰京口酒可飲箕可用兵可使郗於事機素暗遣牋詣桓方欲共獎王室修復園陵世子嘉賓出行於道上聞信至急取牋視竟寸寸毀裂便回還更作牋自陳老病不堪人間欲乞閑地自養宣武得牋大喜即詔轉公督五郡會稽太守晉陽

秋曰。大司馬將討慕容暐。表求申勸平北將軍
愔及袁眞等嚴辦。愔以羸疾求退。詔以大司馬領
愔所任。按中興書。愔辭此行。溫
責其不從。轉授會稽。世說爲謬。

○補宋文帝時。到彥之北伐。甲兵資實甚盛。南史曰。到彥之
字道豫。彭城武原人。楚大夫屈到後也。爲豫州
刺史。鎭歷陽。元嘉七年。侵魏。敗軍焚舟。步至彭
城。及敗還。委棄蕩盡。武庫一空。一日上與群臣
宴。有荒外降人在列。上問庫部郎顧琛。庫中仗
猶有幾許。琛詭對有十萬人仗。上旣問而悔。得
琛對甚喜。沈約宋書曰。顧琛字弘暐。吳郡吳人。
晉司空和之曾孫。祖履之。父惔。並爲
司徒左西曹掾。琛謹確。不尚浮華。起家
州從事。駙馬都尉。累遷尚書庫部郎。卒。

○補 梁時有沙門訟田武帝大署曰貞有司不辨徧問莫知劉顯曰貞文字爲與上人帝忌出之梁書曰劉顯字嗣芳沛國相人父鬷晉安內史顯幼聰敏當世號曰神童好學博涉多通仕至平西諮議參軍

○補 蕭彥瑜嘗與御宴醉伏筵中武帝以棗投之彥瑜取栗擲上正中面帝動色言汝那得如此豈有說也彥瑜答曰陛下投臣以赤心臣敢不報以戰栗上悅南史曰蕭琛字彥瑜南蘭陵人祖僧珍宋廷尉卿父惠訓齊巴東相琛少明悟有才辯與梁武有舊仕至特進金紫大夫

○補

○補 王云勰誤道悲彭城亦竟成讖

劉士章爲南康相 南史曰劉繪字士章彭城安上里人劉勔子也機悟多能初爲齊高帝行參軍仕梁爲大司馬從事中郎 郡人有姓賴居穢里投刺謁士章士章嘲之曰君有何穢而居穢里此人應聲答曰未審孔丘何闕而居闕里 括地志曰兗州曲阜西南三里有闕里中有孔子宅水經註曰孔廟東南五百步有雙石闕故名闕里

祖元珍 北史曰祖瑩字元珍范陽遒人祖嶷馮翊太守父季眞中書侍郎瑩八歲能誦詩書父母恐其躭書成疾瑩密藏火父母寢然火讀書以才名拜太學博士歷國子祭酒黃門侍郎以文學見重一時 爲彭城王參軍 北史曰彭城王勰獻文皇帝子敏而躭學雅好屬文 時尚書令王肅曾於省中詠悲平城詩

詩云悲平城驅馬入雲中陰山常晦雪荒松無罷風彭城甚嗟其美欲使更詠乃失語云悲彭城詩肅因戲云何意悲平城爲悲彭城也祖在坐卽云有所悲彭城王公自未見耳肅云可爲誦之卽應聲曰悲彭城楚歌四面起屍積石梁亭血流睢水裏彭城退謂祖曰卿定是神口今日不得卿幾爲吳子所屈

○補

張說女嫁盧氏女嘗爲其舅求官說不語但指搘牀龜史記龜筴傳曰南方老人用龜支牀足行二十餘歲老人死移牀龜尚生不死龜能行氣導引也示之歸告其夫曰舅得詹事矣龜筴傳曰

灼龜觀兆變化無窮是以擇賢而用占焉易曰占事知來以龜示知爲占事也。

○補

令狐相鎮淮海曰。唐書曰令狐綯字子直父楚官至僕射綯太和四年登進士第開成初爲左拾遺累官至吏部尙書右僕射咸通三年節度淮南嘗遊大明寺西壁題云。一人堂堂二曜同光泉深尺一點去氷傷二人相連不欠一邊三梁四柱烈火燃除却雙鈎兩日全諸賓幕莫能辨有支使班蒙曰。一人非大字乎。二曜者日月非明字乎。尺一者十一寸非寺字乎。點去氷傷水字。二人相連天字。不欠一邊下字。三梁四柱而烈火無字。兩日除雙勾比字。得非大明寺水。天下無比乎。衆皆洗然。張又新水記載。陸羽次第二十水。揚州大明寺第十二。

○補

湖南馬希範。五代史楚世家曰。馬希範字寶規。馬殷第四子。殷卒。希範襲爵楚王。好學。善詩。文士廖光圖。徐仲雅。李皐。拓拔常等十八人。皆故殷時學士也。唐同光中入貢莊宗。五代史曰。莊宗。諱存勗。本沙陀之種。祖國昌。唐咸通中。以功賜姓李氏。父克用。封晉王。存勗有奇表。善騎射。代梁有天下。問洞庭廣狹。山海經曰。洞庭。乃沅澧之交。瀟湘之淵。九江之口。楚志曰。洞庭湖闊數百里。對曰。洞庭至狹。若車駕南巡。止可飲馬。莊宗擿背嘉之。三楚新錄曰。莊宗反正。下詔徵諸侯入覲。武穆以年老不行。命長子希範入朝。希範多辯。善應對。及至。莊宗謂曰。朕

聞卿部內有洞庭湖其波無際有之乎對曰有之陛下一旦南巡狩則此湖不足以飲馬耳莊宗大悅

夙惠

賓客詣陳太丘宿太丘使元方季方炊客與太丘論議二人進火俱委而竊聽炊忘著箄飯落釜中太丘問炊何不餾元方季方長跪曰大人與客語乃俱竊聽炊忘著箄飯今成糜太丘曰爾頗有所識不對曰彷彿志之二子俱說更相易奪言無遺失太丘曰如此但糜自可何必飯

王云小兒語故自方正

劉云此語極未易正是玄勝

○○

也

陳太丘與友期行期日中過中不至太丘舍去去後乃至元方時年七歲門外戲客問元方尊君在不答曰待君久不至已去友人便怒曰非人哉與人期行相委而去元方曰君與家君期日中日中不至則是不信對子罵父則是無禮友人慚下車引之元方入門不顧

徐孺子年九歲嘗月下戲人語之曰若令月中無物當極明邪五經通議曰月中有兎蟾蜍者何月陰也蟾蜍亦陰也而與兎

並明陰繫於陽也徐曰不然譬如人眼中有瞳子無此必不明

王云注恐誤子琰不下獄

○補黄子琰少節辯惠建和中嘗日食京師不見子琰祖太尉以狀聞太后詔問所食多少太尉思其對而未知所況子琰年七歳時在側曰何不言日食之餘如月之初東觀漢記曰黄琬字子琰江夏安陸人琬少失父曾祖香祖瓊並有高名後漢書曰瓊爲司徒琬以公孫拜童子郎時司空盛允有疾太尉遣子琰候問會江夏上蠻賊事副府允發書視畢微戯子琰曰江夏大邦而蠻多士少子琰奉手對曰蠻夷猾夏責在司空因拂衣辭去官至司徒太尉與王允謀誅董卓不遂下獄死

孔文舉年十歲隨父到洛時李元禮有盛名為司隸校尉詣門者皆儁才清稱及中表親戚乃通文舉至門謂吏曰我是李府君親既通前坐元禮問曰君與僕有何親對曰昔先君仲尼與君先人伯陽有師資之親是僕與君奕世為通好也元禮及賓客莫不奇之太中太夫陳韙後至人以其語語之韙曰小時了了大未必佳文舉曰想君小時必當了了韙大踧踖融別傳曰融四歲與兄食梨輒引小者人問其故答曰小兒法當取小者年十歲隨父詣京師河南尹李膺有重名

王云注不如

○○

王云語自可傷

融欲觀其爲人遂造之膺問高明父祖嘗與僕周旋乎融曰然先君孔子與君先人李老君同德比義而相師友則融與君累世通家也衆坐莫不歎息僉曰異童子也太中大夫陳韙後至同坐以告韙曰人小時了了者長大未必能奇融應聲曰即如所言君之幼時豈實慧乎膺大笑顧謂融曰長大必爲偉器

孔融被收中外惶怖時融兒大者九歳小者八歳二兒故琢釘戲了無遽容融謂使者曰冀罪止於身二兒可得全不兒徐進曰大人豈見覆巢之下復有完卵乎尋亦收至魏氏春秋曰融對孫權使有訕謗之言坐棄市二子方八歳九歳融見收弈棋端坐不起左右曰而父見執二子曰安有巢覆

王云此論甚正可據

而卵不破者哉。遂俱見殺。世語曰。魏太祖以歲儉禁酒。融謂酒以成禮。不宜禁。由是惑衆。太祖收寘法焉。二子齡齔見收。顧謂二子曰。何以不辟。二子曰。父尚如此。復何所辟。裴松之以爲世語云。融兒不辟。知必俱死。猶差可安。孫盛之言。誠所未譬。八歲小兒。能懸了禍患。聰明特達。卓然既遠。則其憂樂之情。固亦有過成人矣。安有見父被執。而無變容。奕棊不起。若在暇豫者乎。昔申生就命。言不忘父。不以己之將死。而廢念父之情也。父安尚猶若茲。而況顚沛哉。盛以此爲美談。無乃賊夫人之子與。蓋由好奇情多。而不知言之傷理也。

○○○補

孔北海被收時。男方九歲。女纔七歲。以幼弱得全寄住他舍。主人遺以肉汁。男飲之。女曰。今日之禍。豈得久活。何賴知肉味乎。或有言於曹操

收之將加戮女謂兒曰若死而有知得見父母豈非至願乃延頸就刑

○○補孫策年十四詣袁術俄而外通劉豫州蜀志曰先主東屯齊徐州牧陶謙表爲豫州刺史來孫便求去袁曰劉豫州何若吝曰英雄忌人旣出下東堦劉玄德從西堦上但得轉顧視孫足下行殆不復能前

○○補張純吳書曰張純字元基惇之子吳錄曰純少厲操行學博才秀切問捷對容止可觀拜郎中補廣德令治有異迹擢太子輔義都尉張儼吳錄曰張儼字子節吳人弱冠知名以博聞多識拜大鴻臚使于晉皓曰今南北通好以君有出境之才故相屈行對曰皇皇者華

蒙其榮耀，無古人延譽之美，磨厲鋒鍔，思不辱命。既至，賈充、裴秀、荀勗等欲傲以所不知而不能屈。僕射羊祜、尚書何禎並結縞帶之好。朱異吳志曰：朱異字季文，吳郡吳人，朱桓子也。以父任爲郎，拜騎都尉，代桓領兵。孫權與論攻戰，辭對稱意。權謂異從父驃騎將軍據曰：本知季文膽定，見之復過所聞。

俱董少知名，嘗同詣驃騎將軍朱據。吳志曰：朱據字子範，吳郡吳人。有姿貌膂力，又能論難。黃武初，拜五官郎中。時選曹尚書暨豔疾貪汙在位，欲沙汰之。據以爲天下未定，宜以功覆過，棄瑕取用，舉清厲濁，足以沮勸。若一時貶黜，懼有後咎。豔不聽，卒敗。權咨嗟將率，追思呂蒙、張溫，以據才兼文武，可以繼之，拜建義校尉。

據欲試之，語曰：老鄙相聞，饑渴甚矣。夫驟褭以迅驟爲功，鷹隼以輕疾爲妙，其爲吾各賦

劉云字形語勢皆緜奇

一物然後入坐三人皆隨目賦成據大笑悅。儼賦笑曰宗則有嚴出則有獲韓盧宋鵲書名竹帛純賦席曰席以冬設簟爲夏施揖讓而坐君子攸宜異之賦弩曰南嶽之幹鍾山之銅應機命中獲隼高墉

何晏七歲明惠若神魏武奇愛之因晏在宮内欲以爲子晏乃畫地令方自處其中人問其故荅曰何氏之廬也魏武知之即遣還魏略曰晏父蚤亡太祖爲司空時納晏母其時秦宜祿兒阿[魚+且]亦隨母在宮並寵如子常謂晏爲假子也

王戎年七歲時嘗與諸小兒遊矚看道邊李樹有子扳折諸小兒競走之惟戎不動人問之荅

曰樹在道邊而多子此必苦李取之信然

鍾毓兄弟小時值父晝寢因共偷服藥酒其父時覺且託寐以觀之毓拜而後飲會飲而不拜既而問毓何以拜毓曰酒以成禮不敢不拜又問會何以不拜會曰偷本非禮所以不拜

梁國楊氏子九歲甚聰惠孔君平詣其父父不在乃呼兒出為設果果有楊梅孔指以示兒曰此是君家果兒應聲荅曰未聞孔雀是夫子家禽

○補憨懷太子少便聰慧武帝甚愛之六七歲時宮中嘗夜失火武帝登樓望之太子牽上衣裾使入闇中上問其故太子對曰暮夜倉卒宜備非常不宜親近火光令照見人主晉書曰憨懷太子遹字熙祖惠帝長子幼聰慧武帝愛之恒在左右嘗從帝觀豕牢言於帝曰豕甚肥何不殺以享士而使久費五穀帝嘉其意即使烹之因撫其背謂廷尉傅祗曰此兒當興我家嘗對羣臣稱太子似宣帝於是令譽流於天下

○晉明帝數歲坐元帝膝上有人從長安來元帝問洛下消息潸然流涕明帝問何以致泣具以

王六年歲與後矛盾

東渡意告之因問明帝汝意謂長安何如日遠答曰日遠不聞人從日邊來居然可知元帝異之明日集群臣宴會告以此意更重問之乃答曰日近元帝失色曰爾何故異昨日之言邪答曰舉目見日不見長安

○○司空顧和與時賢共清言張玄之顧敷是中外孫年並七歲顧愷之家傳曰敷字祖根吳郡吳人滔然有大成之量仕至著作郎二十三卒在牀邊戲於時聞語神情如不相屬瞑於燈下二兒共敘客主之言都無遺失顧公越席

應登云被皆作彼字

劉云非小兒語

王云不辨優劣使人自見注引經論又恰破的

而提其耳曰不意衰宗復生此寶
張玄之顧敷皆少而聰惠和並知之而嘗謂顧勝親重偏至張頗不歴于時張年九歲顧年七歲和與俱至寺中見佛般泥洹像弟子有泣者有不泣者和以問二孫玄之謂被親故泣不被親故不泣敷曰不然當由忘情故不泣不能忘情故泣大智度論曰佛在陰菴羅雙樹間入般涅槃臥北首大地震動諸三學人默然不樂郁伊交涕諸無學人但念諸法一切無常
孫齊由齊莊二人小時詣庾公公問齊由何字

荅曰字齊由公曰欲何齊邪曰齊許由晉百官名曰孫潛字齊由太原人中興書曰潛盛長子也豫章太守殷仲堪下討王國寶潛時在郡逼爲咨議參軍固辭不就遂以憂卒齊莊何字荅曰字齊莊公曰欲何齊曰齊莊周公曰何不慕仲尼而慕莊周對曰聖人生知故難企慕庾公大喜小兒對孫放別傳曰放字齊莊監君次子也年八歲太尉庾公召見之放清秀欲觀試乃授紙筆令書放便自疏名字公題後問之曰爲欲慕莊周邪放書荅曰意欲慕之公曰何故不慕仲尼而慕莊周放曰仲尼生而知之非希企所及至於莊周是其次者故慕耳公謂賓客曰王輔嗣應荅恐不能勝之卒長沙王相

劉云竟是小兒

王云子敬故慕此二人

孫盛爲庾公記室參軍從獵將其二兒俱行庾公不知忽於獵場見齊莊時年七八歲庾謂曰君亦復來邪應聲荅曰所謂無小無大從公于邁。

王子敬數歲時嘗看諸門生樗蒲見有勝負因曰南風不競春秋傳曰楚伐鄭師曠曰不害吾驟歌南風南風不競多死聲楚必無功杜預曰歌者吹律以詠八風南風音微故曰不競也門生輩輕其小兒迺曰此郎亦管中窺豹時見一斑子敬瞋目曰遠慚荀奉倩近愧劉眞長遂拂衣而去。

應劭云兒作乃

韓康伯數歲家酷貧至大寒止得襦母殷夫人自成之令康伯捉熨斗謂康伯曰且著襦尋作複褌兒云已足不須複褌也母問其故荅曰火在熨斗中而柄熱今既著襦下亦當煖故不須耳母甚異之知爲國器

簡文崩孝武年十餘歲立至暝不臨左右啓依常應臨帝曰哀至則哭何常之有

晉孝武年十二時冬天晝日不著複衣但著單練衫五六重夜則累茵褥謝公諫曰聖體宜令

劉云。不書著而具。

有常。陛下晝過冷。夜過熱。恐非攝養之術。帝曰。晝動夜靜。老子曰。躁勝寒。靜勝熱。此言夜靜寒。宜重肅也。謝公出歎曰。上理不減先帝。簡文帝善言理也。

桓宣武薨。桓南郡年五歲。服始除。桓車騎與送故文武別。桓沖別傳曰。冲字玄叔。溫弟也。累遷車騎將軍都督七州諸軍事。因指語南郡。此皆汝家故吏佐。玄應聲慟哭。酸感傷人。車騎每自目己坐曰。靈寶成人。當以此坐還之。鞠愛過於所生。

○補王養字奉小。年數歲時。祖母集諸孫姪。散棗栗於牀。群兒競取之。泰獨不動。祖母問其故。曰。不取自當得賜。梁書曰。王泰字仲通。幼敏悟好學。手所抄寫二千許卷。及長通温和雅。家人不見喜慍之色。與王錫齊名。沈約常曰。王有養炬。謝有覽舉。炬即錫小字也。

補　李百藥七歲時。中書舍人陸乂嘗過其父德林。有讀徐陵文者云。刈琅琊之稻。坐客並不識其事。百藥進曰。傳稱鄅人藉稻。左傳昭公注云。鄅國在琅琊開陽縣。人皆服其機穎。

補　謝元正幼便聰惠。陳書曰。謝貞字元正。陳郡陽夏人。晉大傅安九世孫。父藺仕始興王録事參軍。以孝義稱。貞少有至性。八歲爲春日閒居詩從舅尚書王筠。梁書曰。王筠字元禮。瑯琊臨沂人。祖僧虔。齊司空。父揖。太中大夫。筠年十六。爲芍藥賦。甚美。官至太子詹事。奇其有隹致。謂所親曰。此兒方當大成。至如風定花猶落。乃追步惠連矣。南史曰。惠連十歲能屬文。鍾嶸詩品曰。小謝才思富捷。恨其蘭玉早凋。故長轡未騁。

○○補

蘇頲年五歲。唐詩紀事曰。蘇頲字廷碩。幼敏悟。一覽至千言。吏侍馬載曰。否稱一、卬千里蘇生是也。長安中。爲中書舍人。父子同在禁筦。榮之。開元中。爲相。裴談孟啓本事詩曰。談中宗朝。爲御史大夫。崇奉釋氏。妻悍妒。談畏如嚴君。常過其父。唐詩紀事曰。頲父瓌字昌容。武功人。以正立朝。相中睿二宗。頲方誦庾信枯樹賦。避談字諱。因易其韻曰。昔年移柳。依依漢陰。今

看搖落悽愴江潭樹猶如此人何以任周書曰
庾信與
徐陵文並綺豔世號徐庾體枯樹賦曰昔年移
柳依依漢南今看搖落悽愴江潭樹猶如此人
何以
堪
皆歎異之
鄭棨開天傳信記曰瓌初未知
頲處頲於馬廄中與傭僕雜作
一日有客詣瓌頲擁篲趨庭遺墜文書客取視
之乃詠崑崙奴詩也瓌出客問何人非足下宗
族庶孽耶若加禮收舉必蘇氏之令子也瓌喜自
是稍親之適有人獻兔瓌乃召頲詠之立呈詩
瓌大驚驟加禮敬由是學問日新文章蓋代
及上平內難制詔無非頲出代稱小許公也

○○補高定是貞公郢之子年七歲時
劉昫唐書曰高
定小字董二聽
明絕倫人以其幼惠多以小字呼之
尤精王氏易著易外傳二十二卷
讀書至牧
誓孔氏疏曰牧在朝歌南武王
誓軍於牧野臨戰誓衆之言
問奈何以臣伐

君貞公曰應天順人耳。易曰湯武革命應乎天而順乎人。又問用命賞於祖不用命戮於社豈是順人貞公不能對。唐書曰高郢字公楚渤海蓨人九歲通春秋能屬文登茂才異行科授華陰尉嘗以魯不合用天子禮樂疏引公羊傳著魯僭議累官中書侍郎

○○補嚴挺之薄妻而愛其子武年八歲詢其母曰大人常厚玄英挺之妾未嘗慰省何至於斯母曰汝父嫌吾寢陋枕席數宵即懷汝自後相棄語罷悽咽武亦憤惋候父出玄英方睡持小鐵鎚擊破其首挺之歸驚愕左右抵言小郎君戲運

鎚而致此挺之呼武曰汝何戲之甚武曰爲有天朝人士厚其侍妾困辱兒之母乎故須擊殺非戲也父曰眞嚴挺之兒劉昫唐書曰嚴挺之華陰人體質昂藏雅有吏幹姚崇深器異之又與張九齡善張欲引之同居相位謂之曰李尚書深承聖眷足下宜一造門挺之素負氣竟不肯詣深爲林甫所嫉子武神氣雋爽敏於聞見幼有成人之風賞劍南西川節度使

○
○補開元間悉召能言佛道孔子者相荅禁中有員俶九歲升座詞辯注射坐人皆屈帝異之曰半千孫固應爾劉昫文苑傳曰員半千晉州臨汾人本名餘慶王義方謂之曰五百

年十一。賢促下當之。因改名半千。睿宗朝崇文館學士。因問童子豈有類若者乎。俶跪奏有臣舅子李泌。帝即馳召之。泌至。帝方與張說觀奕。因使說試其能。說請賦方圓動靜。泌逡巡曰。願聞其略。說因曰。方若棋局。圓若棋子。動若棋生。靜若棋死。泌即荅曰。方若行義。圓若用智。動若騁材。靜若得意。說因賀帝得奇童。帝大悅曰。是子精神要大於身。劉昫唐書曰。李泌字長源。少聰敏。博涉經史。精究易象。善屬文。以王佐自負。天寶中上書。召見待詔翰林。楊國忠忌之。潛遁名山。以習隱自適。肅宗至靈武。泌自嵩潁赴行在。陳古今成敗之機。延致臥內。動皆顧問泌稱山人固辭官秩特以散官寵之。

○○補

王元澤數歲時客有以一獐一鹿同籠以獻問元澤何者是獐何者爲鹿元澤實未識良久對曰獐邊者是鹿鹿邊者是獐客大奇之宋史曰雱字元澤安石之子安石執政除太子中允崇政殿說書。

○○補

岳柱年八歲時元史曰岳柱字止所一字兼山自幼容止端嚴性穎達有遠識至大中授集賢學士觀畫師何澄圖繪寶鑑曰何澄長沙人工畫神佛畫陶母剪髮圖陶母事別見指陶母手中金釧詰之曰有此可易酒何用剪髮何大驚即易之。

李卓吾批點世說補卷之十二

校正
改刻

世說新語補

十三十四

李卓吾批點世說新語補卷之十三

宋　劉義慶　撰
梁　劉孝標　注
宋　劉辰翁　批
明　何良俊　增
王世貞　刪定
王世懋　批釋
李贄　批點
張文柱　校注

豪爽

○補　趙溫居常歎曰大丈夫當雄飛安能雌伏范曄後漢書曰溫字子柔蜀郡成都人先是趙典爲衛尉典兄子謙謙弟溫相繼爲三公

○○補　孔北海居家失勢賓客日滿其門愛才樂士常若不足每歎曰坐上客常滿尊中酒不空吾無憂矣

劉云王敦楚語○　王大將軍年少時舊有田舍名語音亦楚武帝喚時賢共言伎藝事人皆多有所知唯王都無所關意色殊惡自言知打鼓吹帝令取鼓與之

於坐振袖而起揚槌奮擊音節諧捷神氣豪上傍若無人舉坐歎其雄爽

劉云自是可傳傳之者少

王處仲世許高尚之目嘗荒恣於色體為之弊左右諫之處仲曰吾乃不覺爾如此者甚易耳乃開後閤驅諸婢妾數十人出路任其所之時人歎焉鄧粲晉紀曰敦性簡脫口不言財其存尚如此

劉云四則皆處仲至此欲盡

王云老賊故自豪此意尤可憐

王處仲每酒後輒詠老驥伏櫪志在千里烈士暮年壯心不已魏武帝樂府詩以如意打唾壺壺口盡缺

劉云如此復何讀爲

劉云似謂猛致之耳古言俗字容有通用

劉云馥心不服桓故稱王以劣

晉明帝欲起池臺。元帝不許。帝時爲太子。好養武士。一夕中作池。比曉便成。今太子西池是也。丹陽記曰。西池孫登所創。吳史所稱西苑也。明帝脩復之耳。

王大將軍始欲下都。處分樹置。先遣參軍告朝廷。諷旨時賢。祖車騎尚未鎮壽春。瞋目厲聲語使人曰。卿語阿黑。敦小字也。何敢不遜。催攝回去。須臾不爾。我將三千兵。槊脚令上。王聞之而止。

桓宣武平蜀。集參僚置酒於李勢殿。巴蜀縉紳。莫不來萃。桓既素有雄情爽氣。加爾日音調英

桓然桓宣勝王王云敦雖敗猶令人有餘畏桓溫所以嘆為可見

劉云溪刻雖不可知要是苦語

發叙古今成敗由人存亡繫才其狀磊落一坐歎賞既散諸人追味餘言于時潯陽周馥曰恨卿輩不見王大將軍中興書曰馥周撫孫也字湛隱有將略曾作敦掾

桓公讀高士傳至於陵仲子便擲去曰誰能作此溪刻自處皇甫謐高士傳曰陳仲子字子終齊人兄戴相齊食祿萬鍾仲子以兄祿為不義乃適楚居於陵曾乏糧三日匍匐而食井李之實三咽而後能視身自織屨令妻擗纑以易衣食嘗歸省母有饋其兄生鵝者仲子嚬顣曰惡用此鶂鶂為哉後母殺鵝仲子不知而食之兄自外入曰鶂鶂肉邪仲子出門哇而吐之楚王聞其名聘以為相乃夫婦逃去為人灌園

補

王世將高朗豪率王丞相庾太尉遊于石頭會世將至爾日迅風飛颿世將倚船樓長嘯神氣甚逸丞相謂太尉曰世將爲復識事太尉曰正足舒其逸耳王廙王廙別傳曰廙字世將祖覽父正廙性倨傲不合己者面拒之故爲物所疾加平南將軍

○補

桓宣武與殷劉談不如甚喚左右取黃皮袴褶上馬舞矟數廻或向殷或擬劉意氣始得雄

○補

王右軍爲會稽內史謝公就乞牋紙右軍檢校庫中有九萬悉以乞謝公桓宣武聞之曰逸少

不節

劉云可嘆

陳林道在西岸。陳逵別傳曰：逵字林道，潁川許昌人。祖淮，太尉。父畛，光祿大夫。逵少有幹，以清敏立名，襲封廣陵公，黃門郎，西中郎將，領梁淮南二郡太守。晉陽秋曰：逵為西中郎將，領淮南太守，戍歷陽。都下諸人共要至牛渚會。陳理既佳，人欲共言折，陳以如意拄頰，望雞籠山歎曰：孫伯符志業不遂。吳錄曰：長沙桓王策少有雄姿風氣，年十九而襲業，衆號孫郎，平定江東。為許貢客射破其面，引鏡自照，謂左右曰：面如此，豈可復立功乎。乃謂張昭曰：中國方亂，夫以吳越之衆，三江之固，足以觀成敗。公等善相吾弟。呼大皇帝授以印綬曰：舉江東之衆，決機於兩陳之間，卿不如我；任賢使能，各盡其心，我不如卿。慎勿北渡。語畢而薨。

劉云小名鎮惡遂能斷瘧弟不知當時桓温媿此兒不

劉云此復何足語人

年二十有六。於是竟坐不得談。

桓石虔司空豁之長庶也。豁別傳曰。豁。字朗子。温之弟。累遷荊州刺史。贈司空。小字鎮惡。年十七八。未被舉。而童隸已呼爲鎮惡郎。嘗住宣武齋頭。從征枋頭。車騎沖没陳。左右莫能先救。宣武謂曰。汝叔落賊。汝知不。石虔聞之。氣甚奮。命朱辟爲副。策馬於數萬衆中。莫有抗者。徑致沖還。三軍歎服。河朔後以其名斷瘧。中興書曰。石虔有才幹。有史學。累有戰功。仕至豫州刺史。贈後軍將軍。

王司州在謝公坐。詠入不言兮出不辭。乘回風兮載雲旗。離騷九歌少司命之辭。語人云。當爾時覺一坐無人。

○○

劉云以此爲遠可笑

○○補

桓玄西下。入石頭。外白司馬梁王奔叛。續晉陽秋曰。梁王珍之字景度。中興書曰。初桓玄篡位。國人有孔璞者。奉珍之奔壽陽。義旗既興。歸朝廷。仕至太常卿。以罪誅。玄時事形已濟。在平乘上笳鼓並作。直高詠云。簫管有遺音。梁王安在哉。阮籍詠懷詩也。

宗元幹小時。叔父少文問其所志。元幹答曰。願乘長風破萬里浪。李○卓○老○孫巖宋書曰。宗愨字元幹。南陽涅陽人。兄泌娶妻。始入門。夜被劫。愨年十四。挺身與拒。賊皆披散。叔少文素著高節。子弟以文義爲業。愨任氣好勇。不爲鄉曲所知。

○○補　李永和杜門却掃。絕迹下帷。棄產營書。手自刪削。每歎曰。丈夫擁書萬卷。何假南面百城。亦李卓老。

北史曰。李謐字永和。少好學。周覽百氏。初師小學博士孔璠。數年後。璠還就謐請業。同門生爲之語曰。青成藍。藍謝青。師何常。在明經。徵拜著作佐郎。辭以授弟郁。詔許之。州再舉秀才。公府二辟。並不就。唯以琴書爲業。有絕世之心。及卒。博士孔璠等奏謐爲貞靜處士。

○○補　裴寬罷郡西歸。

宋祁唐書曰。寬聞喜人。性通敏。景雲中。爲潤州參軍。刺史韋詵登樓見人於後圃有所瘞藏者。訪是裴參軍居。問狀。荅曰。寬義不以苞苴汚家。適有人以鹿爲餉。致而去。不敢自欺。故瘞之。詵嗟異。妻以女。天寶中。歷仕至戶部尚書。御史大夫。李林甫惡之。

◎

貶睢陽太守。遷東海。入爲禮部尚書。見一士坐樹下甚貧。與語奇之。舉一船金帛盡與之。此人不辭。登舟奴婢偃蹇者輒鞭之。乃張徐州也。唐書曰。張建封字本立。鄧州南陽人。客隱兗州。父价。建封少喜文章。能辯論。慷慨尚氣。自許以功名顯。湖南觀察使韋之晉辟授兵曹參軍。不樂職。輒去。馬燧雅知之。表爲判官。擢監察御史。李希烈平。以功進御史大夫。徐泗濠節度使。治徐凡十年。一軍大治。下皆畏悅。士往往如歸。

○○補李白 錢希白南部新書曰。李白山東人。父任城尉。因家焉。少與魯中諸生孔巢父。韓準。裴政。張叔明。陶沔。隱於徂徠山。號竹溪六逸。天寶中。遊會稽。與吳筠隱剡中。筠徵赴闕。薦之於朝。待詔翰林。唐書曰。白有逸才。志氣宏放。飄然有超世之心。玄宗欲造樂府新詞。召白。白已醉臥酒肆。召入。以水灑面。卽秉筆成十餘章。上嘉之。嘗沈醉殿上。引足令高力士脫靴。由是斥去。浪迹江湖。嘗月夜乘舟。自采石達金陵。衣宮錦袍。舟中笑傲。傍若無人。後坐永王璘事。長流夜郎。遇赦還。卒於宣城。

登華山落鴈峰。山海經曰。泰華之山。削成而西方。高五千仞。華山志曰。三峰直上。晴霽可觀。

曰此處呼吸之氣想通帝坐。史記曰。中端門。門左右掖門。門內六星。諸侯也。其內五星。五帝座。

恨不攜謝朓驚人詩來搔首問青天爾。詩品曰。朓奇章秀句。往往警遒。至爲後進士子之所嗟慕。

○○補

滕達道微時。東都事略曰。滕元發。字達道。東陽人。范仲淹見而奇之。神宗朝。拜翰林學士。性踈達。在上前論事。如家人父子。言無文飾。洞見肝膈。神宗知其誠藎。後力言新法之

◎

俠疑挾誤

害落職。知筠州。或以爲且有後命。元發曰。天知吾直。上知吾忠。吾何憂哉。上章自訟。有曰。樂羊有功。謗書滿篋。即墨何罪。毀言日聞。上覽之。釋然。改知揚州。謚章敏。

爲范文正館客。常私就俠邪飲。范病之。一夕候其出。徑坐達道書室。明燭讀書。以俟其至。達道大醉。竟入長揖。問范公讀何書。曰漢書。復問。漢高帝何如人。范逡巡走入。文正公年譜曰。公諱仲淹。字希文。蘇州人。仁宗朝。官至參知政事。諡文正。

○○補

蘇子美豪放不羈。好飲酒。宋史曰。蘇舜欽。字子美。參知政事易簡之孫。慷慨有大志。范仲淹薦。試集賢校理。監進奏院。舜欽娶宰相杜衍女。衍時與仲淹富弼在政

◎

李云祁公頗通祁公不應如此

府多引用一時聞人御史中丞王拱辰等不便其所爲會進奏院祠神舜欽輒鬻故紙公錢召妓樂會賓客拱辰廉得之諷其屬劾奏因搖動衍舜欽坐自盜除名既放廢寓居吳中買水石作滄浪亭益讀書自喜時發憤懣於歌詩往往驚人

在外舅杜祁公家

宋史曰杜衍字世昌越州山陰人父遂良尚書員外郎衍苦志厲操尤篤於學擢進士甲科歷龍圖學士刑部待郎樞密副使

每夕讀書以一斗爲率公深以爲疑密使覘之子美讀漢書張良傳至良與客狙擊秦皇帝撫掌曰惜乎擊之不中遂滿引一大白又讀至良曰始臣起下邳與上會於留此天以授陛下又撫案曰君臣相遇其難如此復舉

一大白公笑曰有如此下物一斗不足多也史記曰張良其先五世相韓秦滅韓良悉以家財求客刺秦王嘗學禮淮陽東見滄海君得力士為鐵椎重百二十斤秦皇帝東遊良與客狙擊秦皇帝博浪沙中誤中副車更名姓亡匿下邳漢六年封功臣良未嘗有戰鬭功高帝曰運籌策帷幄中決勝千里外子房功也自擇齊三萬戶良曰始臣起下邳與上會留此天以臣授陛下臣願封留足矣乃授張良為留侯

○補

容止

陸子春姿容如玉威儀秀異吳地記曰陸閎字子春吳郡吳人陸暢之子光武嘗登臺見而偉之歎曰南方故多佳人謝承後漢書曰陸閎建武中為尚書令美姿貌喜着越布單衣上見而好之自是常敕會

稽郡獻越布。

○魏明帝使后弟毛曾與夏侯玄共坐。時人謂蒹葭倚玉樹。魏志曰。玄爲黃門侍郞。與毛曾並坐。玄甚恥之。曾說形於色。明帝恨之。左遷玄爲羽林監。

○○何平叔美姿儀。面至白。魏明帝疑其傅粉。正夏月。與熱湯餅。既噉。大汗出。以朱衣自拭。色轉皎然。魏略曰。晏性自喜。動靜粉白不去手。行步顧影。按此言。則晏之妖麗。本資外飾。且晏養自宮中。與帝相長。豈復疑其形姿。待驗而明也。

劉云晏養在宮中時尚未有明帝註駁未當

○補劉季和嘗言。荀令君典略曰。荀彧字文若。潁川人。爲漢侍中。守尚書令。彧

爲人美偉。折節待士。坐不累席。其在臺閣。問不
以私欲撓意。年五十薨。謚曰敬侯。以其名德高

追贈太尉至人家。坐處常三日香。襄陽記曰。劉季和性愛香。嘗上廁還過香鑪上。主簿張坦曰。人名公作俗人。不虛也。季和曰。荀令君至人家。坐處三日香。爲我如何令君。而惡我愛香也。坦曰。古有好婦人。患而捧心顰眉。見者皆以爲好。其鄰醜婦法之。見者走公便欲使下官遁走邪。季和大笑。以是知坦。

劉云何其開爽

○時人目夏侯太初朗朗如日月之入懷。李安國頹唐如玉山之將崩。魏略曰。李豐字安國。衛尉李義子也。識別人物。海內注意。明帝得吳降人。問江東聞中國名士爲誰以安國對之。是時豐爲黃門郎。改名宣。上問安國所在。左右公卿即具以豐對。上曰。豐名乃被於吳越邪。仕至中書令。爲晉王所誅。

刘云理不犯毫嫗何至委頓

嵇康身長七尺八寸、風姿特秀。康別傳曰、康長七尺八寸、偉容色、土木形骸、不加飾厲、而龍章鳳姿、天質自然、正爾在羣形之中、便自知非常之器。見者歎曰、蕭蕭肅肅、爽朗清舉。或云、肅肅如松下風、高而徐引。山公曰、嵇叔夜之爲人也、巖巖若孤松之獨立。其醉也、傀俄若玉山之將崩。

裴令公目王安豐、眼爛爛如巖下電。王戎形狀短小、而目甚清炤、視日不眩。

潘岳妙有姿容、好神情。岳別傳曰、岳姿容甚美、風儀閒暢。少時挾彈出洛陽道、婦人遇者、莫不連手共縈之。左

王云未聞醜人必為羣嫗所唾好事者之談也語林亦然

太沖絶醜。續文章志曰。思貌醜顇。不持儀飾。亦復效岳遊遨。於是羣嫗齊共亂唾之。委頓而返。語林曰。安仁至美。每行。老嫗以果擲之滿車。張孟陽至醜。每行。小兒以瓦石投之。亦滿車。二説不同。

王夷甫容貌整麗。妙於談玄。恒捉白玉柄麈尾與手都無分別。

潘安仁夏侯湛並有美容。喜同行。時人謂之連璧。八王故事曰。岳與湛著契。故好同遊。

裴令公有儁容姿。一旦有疾至困。惠帝晉書曰。帝諱衷武帝太子。在位十七年。中毒而崩。使王夷甫往看。裴方向壁臥。

聞王使至强回視之王出語人曰雙眸閃閃若巖下電精神挺動體中故小惡名士傳曰楷病困詔遣黃門郎王夷甫省之楷回眸屬夷甫云竟未相識夷甫還亦歎其神儁

裴令公有儁容儀脫冠冕麤服亂頭皆好時人以爲玉人見者曰見裴叔則如玉山上行光映照人

有人語王戎曰嵇延祖卓卓如野鶴之在雞羣答曰君未見其父耳康也

劉伶身長六尺貌甚醜顇而悠悠忽忽土木形

骸。梁祚魏國統曰。伶形貌醜陋。身長六尺。然肆
骨意放蕩。悠焉獨暢。自得一時。常以宇宙爲狹。

劉云。覺見甥之好

○補陸士龍好笑。嘗著縗幘上船。水中自見其影。便大笑不已。幾落水。

○驃騎王武子是衛玠之舅。儁爽有風姿。見玠輒歎曰。珠玉在側。覺我形穢。玠別傳曰。驃騎王濟玠之舅也。嘗與同遊。語人曰。昨日吾與外生共坐。若明珠之在側。朗然來照人。

劉云。謂候見者多徒欲看耳

○衛玠從豫章至下都。人久聞其名。觀者如堵牆。玠先有羸疾。體不堪勞。遂成病而死。時人謂看殺衛玠。玠別傳曰。玠在羣伍之中。寔有異人之望。齠齔時。乘白羊車於洛陽市上。咸曰。

劉云婦人語

誰家璧人。於是家門州黨。號爲璧人。按永嘉流人名曰。玠以永嘉六年五月六日。至豫章。其年六月二十日卒。此則玠之南度豫章四十五日。豈暇至下都而亡乎。且諸書皆云玠亡在豫章。而不云在下都也。

王丞相見衛洗馬曰。居然有羸形。雖復終日調暢。若不堪羅綺。玠別傳曰。玠素抱羸疾。西京賦曰。始徐進而羸形。似不勝乎羅綺。

有人詣王太尉。遇安豐大將軍丞相在坐。往別屋。見季胤平子。石崇金谷詩叙曰。王詡字季胤。瑯邪人。王氏譜曰。詡夷甫弟也。仕至修武令。還語人曰。今日之行。觸目見琳琅珠玉。

劉云太白全用此語似切似倫

劉云諸許猶言一切

○補庾公道王尼非唯事事勝人布置須眉亦勝人我輩皆出其轅下。晉中興書曰王尼字孝孫洛陽覆沒避亂江夏王澄時爲荊州見之欣喜厚供給之

周伯仁道桓茂倫嶔崎歷落可笑人或云謝幼輿言。

庾子嵩長不滿七尺腰帶十圍頹然自放。

周矦說王長史父王氏譜曰訥字文開太原人祖默尚書父祐散騎常侍訥始過江仕至新淦令形貌既偉雅懷有槩保而用之可作諸許物也。

○○

劉云觀此語元規嵬峩可想

王云王意重處

祖士少見衛君長云此人有旄仗下形。

庾太尉在武昌秋夜氣佳景清佐吏殷浩王胡之之徒登南樓理詠音調始遒聞函道中有屐聲甚厲定是庾公俄而率左右十許人步來諸賢欲起避之公徐云諸君少住老子於此處興復不淺因便據胡牀與諸人詠謔竟坐甚得任樂後王逸少下與丞相言及此事丞相曰元規爾時風範不得不小穨右軍荅曰唯丘壑獨存

王敬豫有美形問訊王公王公撫其肩曰阿奴

刘云英物爾醜

恨才不稱。又云敬豫事事似王公

王右軍見杜弘治歎曰面如凝脂眼如點漆此

神仙中人。江左名士傳曰永和中劉眞長謂仁祖共商略中朝人士或曰杜弘治清標令上爲後來之美又面如凝脂眼如點漆粗可得方諸衛玠時人有稱王長

史形者蔡公曰恨諸人不見杜弘治耳

劉尹道桓公鬢如反猬皮眼如紫石稜自是孫

仲謀司馬宣王一流人。宋明帝文章志曰溫爲溫嶠所賞故名溫吳志曰孫權字仲謀策弟也漢使者劉琬語人曰吾觀孫氏兄弟雖並有才秀明達皆祿祚不終唯中弟孝廉形貌魁偉骨體不恒有大貴之表晉陽秋曰宣王天姿傑邁有英雄之略。

王敬倫風姿似父，作侍中，劭別傳曰：劭字敬倫，丞相導第五子。清貴簡素，研味玄賾。大司馬桓溫稱爲鳳雛。累遷尚書僕射、吳國內史。加授桓公，服從大門入。桓公望之曰：大奴固自有鳳毛。大奴，劭也。中興書曰：劭美姿容，持儀操也。

林公道王長史：斂衿作一來，何其軒軒韶舉。語林曰：王仲祖有好儀形，每覽鏡自照曰：王文開那生如馨兒。時人謂之達也。

時人目王右軍：飄如遊雲，矯若驚龍。

王長史嘗病，親疏不通。林公來，守門人遽啓之曰：一異人在門，不敢不啓。王笑曰：此必林公。按語

劉云俗語

林曰諸人嘗要阮光祿共詣林公阮曰欲聞其言惡見其面此則林公之形信當醜異

或以方謝仁祖不乃重者桓大司馬曰諸君莫輕道仁祖企腳北窻下彈琵琶故自有天際眞人想晉陽秋曰尚善音樂裴子云丞相嘗曰堅石挈腳枕琵琶有天際想堅石尚小名

劉云雪中宜爾

劉云尚書下有一省字

王長史爲中書郎往敬和許爾時積雪長史從門外下車步入尚書著公服敬和遥望歎曰此不復似世中人

簡文作相王時與謝公共詣桓宣武王珣先在内桓語王卿嘗欲見相王可住帳裏二客既去

王云此東亭媚語安石恐未肯便沒

劉云不然作不如自沒作自是

○

劉云與神君語訣

○

劉云意態略似但不成語

○

桓謂王曰定何如王曰相王作輔自然湛若神君續晉陽秋曰帝美風姿舉止端詳公亦萬夫之望不然僕射何得自沒僕射謝安

海西時諸公每朝朝堂猶暗唯會稽王來軒軒如朝霞舉海西公奕別見

謝車騎道謝公遊肆復無乃高唱但恭坐捻鼻顧睞便自有寢處山澤閒儀

謝公云見林公雙眼黯黯明黑孫興公云見林公稜稜露其爽

劉云庾亮為是

○庾長仁與諸弟入吳欲往亭中宿諸弟先上見羣小滿屋都無相避意長仁曰我試觀之乃策杖將一小兒始入門諸客望其神姿一時退匿一說是庾亮。

○有人歎王恭形茂者云濯濯如春月柳。

○補 謝晦美風姿善言笑眉目分明鬢髮如墨時謝混風鑑為江左第一常與晦同在宋武帝前帝目之曰一時頓有兩玉人。

○補 有人詣謝益壽言向在劉丹陽坐見一客殊毛

謝曰正是我家阿瞻益壽混小字

○補王景文風姿為一時之冠袁粲歎曰景文非但風流可悅乃餔啜亦復可觀有客及識謝混者曰景文方謝叔源則為野父矣粲惆悵曰恨眼中不見如此人續世說曰宋孝武選侍中四人並以風貌王彧謝莊為一雙阮韜何偃為一雙

○補張思曼吐納風流聽者皆忘饑疲見者肅然如在宗廟

○補梁武平建業朝士皆造之謝景滌時年二十意

氣閒雅、瞻視聰明。梁武目送良久、謂徐勉曰、覺此生芳蘭竟體。南史曰、謝覽字景滌、陳郡陽夏人。父瀹、太子詹事。覽選尚齊錢唐公主、仕梁爲吳興太守。

○補 陶隱居身長七尺四寸。神儀明秀、朗目疏眉、細形長耳。雖在朱門、閉影不交外物。南史曰、陶弘景字通明、丹陽秣陵人。高其志節、累辭徵命、隱於句容之句曲山。中山立館、自號華陽隱居。人間書札、以隱居代名。卒諡貞白先生。

補 李密目瞳子正方、黑白明澈。隋書曰、密字法主、眞鄉公衍之從孫也。才兼文武、志氣雄遠、散財養客。後更折節下帷、躭學。楊玄感舉兵、以爲謀主。屢戰克捷、上號

魏公設壇卽位歸身於唐封邢國公煬帝見之隋書曰帝諱廣文帝第二子弑父自
立承富强之業慨然慕秦皇漢武之爲人窮後擬欲巡狩楊州爲宇文化及所弑謂宇
文述隋書曰宇文述字伯通代郡武川人周武帝時以父軍功起家拜開府開皇初拜右
衛大將軍曰左仗下黑色小兒爲誰云是蒲山公李
寬子帝曰此小兒瞻視異常無令入衛密傳曰密父寬
驍勇善戰幹略過人自周及隋數經將領

補

朱泚之亂唐書曰泚幽州昌平人以父資從軍代宗朝拜幽州盧龍節度使留京師
涇原兵作亂奉泚爲主居白華殿自稱大秦皇帝官軍收復京師斬之裴佶與衣
冠數人佯爲奴求出城佶最寢陋自稱甘草門

兵曰此數子定非人奴如甘草者不疑 劉昫唐書曰裴佶字弘正裴耀卿之孫能屬文弱冠擧進士德宗南狩奔詣行在拜拾遺佶淸勁溫敏所交皆當時第一流與鄭餘慶特相友善佶沒餘慶行朋友之服縉紳美之

補

趙匡凝毎整衣冠使人持巨鑑前後照微覺有塵即令持紅拂去之 五代史記曰趙匡凝字光儀蔡州人氣貌甚偉性方嚴喜自修飾頗好學問聚書數千卷爲政有威惠

○○自新

周處年少時兇彊俠氣爲鄕里所患 處別傳曰處少孤不治細行晉陽秋曰處輕果薄行州郡所棄 又義興水中有蛟山中有

邅跡一作白額虎竝皆暴犯百姓義興人謂爲三橫
而處尤劇或說處殺虎斬蛟實冀三橫唯餘其
一處卽刺殺虎又入水擊蛟蛟或浮或沒行數
十里處與之俱經三日三夜鄉里皆謂已死更
相慶竟殺蛟而出聞里人相慶始知爲人情所
患有自改意孔氏志怪曰義興有邪足虎溪渚長橋有蒼蛟並大噉人郭西周時謂郡中三害周卽處也乃自吳尋二陸平原不在正見淸
河具以情告幷云欲自修改而年已蹉跎終無
所成淸河曰古人貴朝聞夕死況君前途尚可

且人患志之不立亦何憂令名不彰邪處遂改勵終爲忠臣孝子。晉陽秋曰處仕晉爲御史中丞多所彈糾氐人齊萬年反乃令處距萬年伏波孫秀欲表處母老處曰忠孝之道何當得兩全乃進戰斬首萬計弦絕矢盡左右勸退處曰此是吾授命之日遂戰而沒。

戴淵少時遊俠不治行檢嘗在江淮閒攻掠商旅陸機赴假還洛輜重甚盛淵使少年掠劫淵在岸上據胡牀指麾左右皆得其宜淵既神姿峰穎雖處鄙事神氣猶異機於船屋上遙謂之曰卿才如此亦復作劫邪淵便泣涕投劍歸機

辭厲非常、機彌重之、定交作筆薦焉。虞預晉書曰、機薦淵於趙王倫曰、蓋聞繁弱登御、然後高墉之功顯、孤竹在肆、然後降神之曲成、伏見處士戴淵、砥節立行、有井渫之潔、安窮樂志、無風塵之慕、誠東南之遺寶、朝廷之貴璞也、若得寄跡康衢、必能結軼驪騄、耀質廊廟、必能垂光璵璠、夫枯岸之民、果於輸珠、潤山之客、烈於貢玉、蓋明暗呈形、則庸識所甄也、倫卽辟淵。

過江、仕至征西將軍。

○補

齊高帝有故吏竺景秀、乃嘗以過繫作部、高帝語荀伯玉、卿比看景秀否、荅曰、數往候之、備加責誚、景秀言、若許某自新、則吞刀刮腸、飲灰洗胃、帝善其言、乃釋之。南史曰、伯玉字弄璋、廣陵人、祖永、南譙太守、父闡之、給事巾。伯玉仕宋。爲晉安王參軍。高帝爲南兗州。伯玉從轉驃騎中兵參軍。忠勤盡心。常衛左右。見親信。永明元年。以事伏誅。

○補

張延符少不拘檢。肆意畋遊。父思曼請假還吳。始入西郭。延符正獵。左手臂鷹。右手牽犬。遥望見思曼。乃放鷹紲犬。向舟而拜。思曼曰。一身兩役。無乃勞乎。延符跪對曰。充聞三十而立。今二十九矣。請至來歲。終身折節。思曼曰。過而能改。乃顏子矣。明年翻然易操。尋師就學。博覽古籍。鬱爲名士。劉璠梁典曰。張充字延符。父緒官特進。有重名。充該通老易。能清言。與從

叔稷俱有令譽歷殿中郎終吳郡太守

企羡

○補 郭林宗遊京師當還鄉里送車千許乘李膺亦在焉衆人皆詣大槐客舍而别獨膺與林宗共載乘薄笨車上大槐坂觀者數百人引領望之眇若松喬之在霄漢

○補 庾徵君少給事縣庭郭林宗見而拔之勸遊學宮遂爲諸生傭後能講論自以卑第每處下坐諸生博士皆就讐問由是學中以下坐爲貴 范曄

後漢書曰。庾乘字世遊。潁川鄢陵人。徵辟並不起。世號徵君。

○補裴國寶晉諸公贊曰。裴瓚字國寶。楷之子。才氣爽儁。終中書郎。世說曰。正始中。人士比論。以五荀方五陳。八裴方八王。以裴瓚方王敦。是裴叔則子。風神高邁特為王萬子所重。每從之遊。萬子父安豐謂之曰。國寶初不來。汝那得數往。萬子曰。國寶雖不知。綏綏自知國寶。

王丞相拜司空。桓廷尉作兩髻葛帬策杖。路邊窺之。歎曰。人言阿龍超。阿龍故自超。阿龍丞相小字。不覺至臺門。

○○

劉云王無緊要語懷抱相似

王云今非得其人但欲得其時而不可得故云

○○

劉云敵石崇亦何等語

王丞相過江自說昔在洛水邊數與裴成公阮千里諸賢共談道羊曼曰人久以此許卿何須復爾王曰亦不言我須此但欲爾時不可得耳。欲一作歎。

王右軍得人以蘭亭集序方金谷詩序又以已敵石崇甚有欣色。王羲之臨川敘曰永和九年歲在癸丑暮春之初會于會稽山陰之蘭亭脩禊事也羣賢畢至少長咸集此地有崇山峻嶺茂林脩竹又有清流激湍映帶左右引以爲流觴曲水列坐其次是日也天朗氣清惠風和暢娛目騁懷信可樂也雖無絲竹管絃之盛一觴一詠亦足以暢敘幽情矣故列序時人錄其所述右將軍司馬太原孫丞公等三十六人賦詩如左前餘姚令會稽謝勝等十五人不能賦詩罰酒各三斗石崇金谷詩序曰余以元康六年從太僕卿出爲使持節監青徐諸軍事征虜將軍有別廬在河南縣界金谷澗中或高或下有清泉茂林衆果竹柏藥草之屬莫不畢備又有水碓魚池土窟其爲娛目歡心之物備矣時征西大將軍祭酒王詡當還長安余與衆賢共送往澗中晝夜遊宴屢遷其坐或登高臨下或列坐水濱時琴瑟笙筑合載車中道路並作及住令與鼓吹遞奏遂各賦詩以敘中懷或不能者罰酒三斗感性命之不永懼凋落之無期故具列時人官號姓名年紀又寫詩著後後之好事者其覽之哉凡三十人

王司州先爲庾公記室參軍後取殷浩爲長史始到庾公欲遣王使下都王自啓求住曰下官

希見盛德淵源始至猶貪與少日周旋。

孟昶未達時家在京口。晉安帝紀曰昶字彥達平昌人父馥中護軍昶矜嚴有志局少爲王恭所知豫義旗之勲遷丹陽尹盧循既平昶慮事不濟仰藥而死嘗見王恭乘高輿被鶴氅裘于時微雪昶於籬間窺之歎曰此眞神仙中人

袁彥道袁耽別見有二妹一適殷淵源一適謝仁祖袁氏譜曰耽大妹名女皇適殷浩小妹名女正適謝尚語桓宣武云恨不更有一人配卿

補王曇首李延壽南史曰王曇首太保弘之弟幼有素尚兄弟分財曇首唯取圖書而已

辟瑯琊王大司馬屬。年十四五便歌。諸妓向謝公靈運稱歎。公甚欲聞之。而王名家年少。無由得聞。諸妓又向王說謝公意。謝後出東府土山上。作伎。王時作兩丸髻。著袴褶騎馬。往土山下庾家墓林中。作一曲歌。于時秋月。王因擧頭看北林。卒曲便去。妓白謝公。公曰。此是王郎歌。

補 謝叔源誅後。及宋武受禪。謝晦言曰。陛下應天受命登壇。日恨不得謝益壽奉璽紱。帝亦歎曰。吾甚恨之。使後生不得見其風流。

○補 張新安少與顏光祿延之鄰居顏談議飲酒喧呼不絕新安靜默無言聲後顏於籬邊聞其與客語設胡牀坐聽辭義清玄顏指謂坐賓曰此中有人由此不復酣叫南史曰張演四弟鏡永辯岱俱知名時謂張氏五龍鏡名最高仕至新安太守

○補 崔瞻才學風流為後來之秀北史曰瞻字彥通㥄之子也潔白善容止神彩嶷然言不妄發才學風流後來之秀魏孝靜嘗入日登雲龍門㥄瞻皆侍宴有應詔詩帝問邢劭曰瞻詩何如其父劭曰㥄博雅弘麗瞻氣調清新並詩人之冠讌罷共嗟賞之咸曰今日之讌并爲崔瞻父子

侍中李神儁晚年無子語邢劭

曰昨見崔儦兒便爲後生第一我遂無此物使人傷懷

○補　仲長子光　王績仲長先生傳曰先生諱子光字不耀自云洛陽人往來河東傭力自給無室廬絶妻子開皇末始庵河渚間以息身焉賣藥爲業人莫之知也汾陰生遊河渚一覩而伏曰東方朔管輅不如也由是顯重守令至者皆親謁先生辭以瘖疾未嘗交語著獨遊頌河渚先生傳以自喩識者知其懸解人也有詩道者斂書老易二字示之彈琴餌藥以終其世王通中說曰薛收問仲長子光子曰天人也收曰何謂天人子曰眇然小乎所以屬於人曠哉大乎獨能成其天

隱居北渚　王無功愛其貞素徒與相近　唐書曰王績字無功絳州龍門人大業中授楊州六合縣丞棄官結廬河渚以琴酒自樂

嘗躬耕東皐。時人號東皐子。或過酒肆。動經數日。往往題壁作詩。多爲好事者諷詠。臨終遺命薄葬。預自爲墓誌。

○○補

歐陽率更行見古碑。張懐瓘書斷曰。歐陽詢字信本。長沙汨羅人。官至太子率更令。善書。筆力勁險。篆體尤妙。高麗國王愛其書。遣使請焉。神堯曰。不意詢之書名遠播夷狄。是索靖所書。羊愔能書人姓名曰。燉煌索靖。張芝之姉之孫。官至征南司馬。善草書。抱朴子曰。善書者。中州則有索靖。用古體。飄乎若起鴻之乘勁風。騰鱗之躍鷲雲。駐馬觀之。良久而去。數百步。復還下馬佇立。疲倦則布毯坐觀。三日乃去。

○○補

閻立本善畫。朱景玄唐朝名畫録曰。閻立本。太宗朝官宰相。畫入神品。與兄立德。

劉云嘉話闕立本留宿其下十日不罷去張僧繇遂作醉僧圖每以此嘲之於是諸僧聚議十萬資闕令並傳於世

齊名於世。至荊州見張僧繇舊迹曰定虛得名耳明日又往曰猶近代佳手明日又往曰名下定無虛士因坐臥觀之留宿其下。宣和畫譜曰張僧繇吳人天監中官右將軍以丹青馳譽于時嘗於金陵安樂寺畫四龍不點目睛謂點之則騰驤而去人以爲誕固請點之因為落墨纔及二龍果雷電破壁徐視畫已失矣獨二龍未點睛者在焉世謂僧繇畫骨氣奇偉規模宏逸六法精備當與顧陸並馳爭先。

○○補

蕭穎士 李華撰穎士文集序曰蘭陵蕭穎士字茂挺十九進士擢第淮南連帥表爲揚州功曹君以文章制度爲己任時人咸以此許之及卒門人謚爲文元先生唐詩紀事曰穎士以拔奬後進爲任如李陽冰皇甫冉陸渭皆由奬目爲名士天下推知人稱蕭功曹與李華齊

名世。號蕭李。有一僕事之十餘年。每加箠楚輒百餘。不堪其苦。人或激之使去。其僕曰。我非不能他從。所以遲留者。特愛慕其博奧耳。李冗獨異志曰。穎士常使一傭僕。名杜亮。

○補

蘇司業杜工部集曰。蘇源明。天寶中。守東平。召爲國子司業。祿山陷京師。源明以病不受僞官。肅宗復兩京。擢考功郎中。知制誥。每謂當時名士曰。僕不幸生於衰俗。所不恥者。識元紫芝。

○補

寇萊公出入宰相三十年。不營私第。處士魏野贈詩曰。有官居鼎鼐。無地起樓臺。公南遷時。北使至內宴歷視諸宰執語譯者曰孰是無地起樓臺相公王聖塗澠水燕談錄曰陜右處士魏野與蒲中李瀆俱有高節以吟詠相善野於東郊鑿土室方丈蔭以修竹泉流其前曰樂天洞

李卓吾批點世說新語補卷之十三

李卓吾批點世說新語補卷之十四

宋　劉義慶　撰

梁　劉孝標　注

宋　劉辰翁　批

明　何良俊　增

王世貞　刪定

王世懋　批釋

李　贄　批點

張文柱　校注

傷逝

○補 龔勝死。漢書曰、龔勝字君賓。楚人。王莽徵之、不食而死。楚父老來弔哭甚哀。既而嘆曰、薰以香自燒、膏以明自銷。嗟哉龔生、竟夭天年。非吾徒也。徐州先賢傳曰、楚老者、彭城之隱人也。

○補 陳蕃竇武爲中官所害。後漢書曰、竇武字游平。扶風平陵人。安豐戴侯融之玄孫也。父奉、定襄太守。武少以經行著稱。桓帝拜城門校尉。在位多辟名士。清身疾惡。賄賂不通。時國政多失。內官專寵。李膺杜密等爲黨事考逮。武上疏出之。靈帝立。拜大將軍。封聞喜侯。武既輔政。有誅剪宦官之意。與太傅陳蕃共謀。天下雄俊莫不延頸企踵思奮其力。於是盡收諸狡猾無狀者。送北寺獄。會曹節等共劫太后奪璽書。率五營士討武。武走。圍殺之。梟首洛亭。陽都郭林宗哭之於野檀弓曰所知吾哭諸野。於野則已疏慟。旣而歎曰人之云亡邦國殄瘁大雅瞻卬詩。瞻烏爰止不知於誰之屋小雅正月詩。

○○補

范巨卿與張元伯爲友范曄後漢書曰。張劭字元伯。汝南人。與范巨卿交。二人告歸鄉里。式謂元伯曰。後二年當還。將過拜尊親見孺子焉。共剋期日。後期至。元伯具以白母。請設饌候之。母曰。千里結言。爾何相信之審耶。對曰。巨卿信士。必不乖違。母曰。若然當爲爾醞酒。至日。巨卿果到。升堂拜飮。盡歡而別。後元伯寢疾同郡郅君章殷子徵晨夕省視元伯臨盡歎曰恨不見吾死友子徵曰吾與君章盡心於子是非死友復欲讙求元伯曰若二子者吾生友耳山陽范巨卿所謂死友也元伯尋卒范忽夢見元伯玄冕垂纓屣履而呼曰巨卿吾以某日死當以爾時葬永歸黃泉子未我忘豈能相及范恍然覺寤便往奔喪未及到而喪已發引柩不肯前其母撫之曰元伯豈有望耶遂停移時見有素車白馬號哭而來母云是必范巨卿也巨卿既至叩棺言曰行矣元伯死生異路永從此辭會葬千人皆爲揮涕范執紼引柩喪乃得前謝承後漢書曰式少

尚節義、游學京師、同業有長沙陳平子、與式未
相見、被病將亡、謂其妻曰、范巨卿烈士、可託死、
吾歿後、以尸埋巨卿戶前、裂素為書、以遺巨卿、
時式出行適還、省書愴然、向墳揖哭、以為死友、
營護平子妻兒、身自送喪於臨湘、未至四五里、
委素書於柩上、哭別而去、其兄弟尋求不復見、

○補

孔北海與蔡中郎素厚、蔡亡後、有虎賁士貌類於蔡、北海每酒後、引與共坐曰、雖無老成人、且有典刑。大雅蕩詩。

王云世說唯傷逝獨妙無一語不解損神
劉云不應送客

○王仲宣好驢鳴、魏志曰、王粲字仲宣、山陽高平人、曾祖龔、父暢、皆為漢三公、粲至長安、見蔡邕、邕奇之、倒屣迎之、曰此王公孫、有異才、吾不及也、吾家書籍盡當與之、避亂荊州、依劉表、以粲貌寢通脫、不甚重之、太祖以從征吳、道中卒、既葬、文帝臨其

盡能驢鳴

王云劉語太疏

裒顧語同遊曰。王好驢鳴。可各作一聲以送之。赴客皆一作驢鳴。按戴叔鸞母好驢鳴。叔鸞每為驢鳴以說其母。人之所好。儻亦同之。

王濬沖為尚書令。著公服乘軺車。經黃公酒壚下過。韋昭漢書注曰。壚酒肆也。以土為墮。四邊高。似壚也。顧謂後車客。吾昔與嵇叔夜阮嗣宗共酣飲於此壚。竹林之遊。亦預其末。自嵇生夭阮公亡以來。便為時所羈紲。今日視此雖近。邈若山河。竹林七賢論曰。俗傳若此。潁川庾爰之嘗以問其伯文康。文康云。中朝所不聞。江左忽有此論。蓋好事者為之耳。

○補

羊太傅好山水每風景必造峴山（南雍州記曰峴山臨漢水上望之隱然盖諸山之小者而其名特著）置酒言詠終日不倦嘗慨然歎息顧謂從事中郎鄒湛（別見）曰自有宇宙便有此山由來賢達勝士登此遠望如我與卿者多矣皆湮滅無聞使人悲傷如百歳後有知吾魂魄猶應登此（十道志曰祜沒襄陽人感其德立祠刻碑其上過者莫不流涕杜預名其碑爲墮淚碑）

○○孫子荊以有才少所推服唯雅敬王武子武子喪時名士無不至者子荊後來臨屍慟哭賓客

王云妙語實覺

新書作體似聲眞

莫不垂涕哭畢向靈牀曰卿常好我作驢鳴今爲卿作體似眞聲賓客皆笑孫舉頭曰使君輩存令此人死語林曰王武子葬孫子荊哭之甚悲賓客莫不垂涕既作驢鳴賓客皆笑孫曰諸君不死而令武子死乎賓客皆怒

○王戎喪兒萬子山簡往省之王悲不自勝簡曰孩抱中物何至於此王曰聖人忘情最下不及情情之所鍾正在我輩王隱晉書曰戎子綏欲取裴遁女綏既蚤亡戎過傷痛不許人求之遂至老無敢取者簡服其言更爲之慟一說是王夷甫喪子山簡弔之

有人哭和長輿曰峨峨若千丈松崩。

衛洗馬以永嘉六年喪謝鯤哭之感動路人。永嘉流人名曰玠以六年六月二十日亡葬南昌城許徵墓東玠之薨謝幼輿發哀於武昌感慟不自勝人問子何卹而致哀如是答曰棟梁折矣何得不哀。咸和中丞相王公教曰衛洗馬當改葬此君風流名士海內所瞻。可修薄祭以敦舊好。玠別傳曰玠咸和中改塋於江寧丞相王公教曰洗馬明當改葬此君風流名士海內民望可修三牲之祭以敦舊好。

顧彥先平生好琴及喪家人常以琴置靈牀上。張季鷹往哭之不勝其慟遂徑上牀鼓琴作數

曲竟撫琴曰顧彥先頗復賞此不因又大慟遂不執孝子手而出

○○庾亮兒遭蘇峻難遇害諸葛道明女爲庾兒婦恢別傳曰恢字道明琅邪陽都人祖誕司空父靚亦知名恢少有令聞稱爲名賢避難江左中宗召補主簿累遷尚書令庾氏譜曰庾亮子會娶恢女名文彪既寡將改適與亮書及之亮答曰賢女尚少故其宜也感念亡兒若在初沒

王云聲聲有餘痛

○○庾文康亡何揚州臨葬云埋玉樹著土中使人情何能已已搜神記曰初庾亮病術士戴洋曰昔蘇峻時公於白石祠中許賽牛

劉云皆無據獨遺此來資後人

書耳

下生從來未解為此鬼所考不可救也明年亮果亡靈鬼志謠徵曰文康初鎮武昌出石頭百姓看者於岸歌曰庾公上武昌翩翩如飛鳥庾公還揚州白馬牽旐旐又曰庾公初上時翩翩如飛鴟庾公還揚州白馬牽旐車後連徵不入尋薨下都葬焉

○王長史病篤寢臥燈下轉麈尾視之歎曰如此人曾不得四十及亡劉尹臨殯以犀柄麈尾著柩中因慟絕蒙別傳曰蒙以永和初卒年三十九沛國劉惔與蒙至交及卒惔深悼之雖友于之愛不能過也

○支道林喪法虔之後精神霣喪風味轉墜支遁傳曰法虔道林同學也儁朗有理義遊甚重之常謂人曰昔匠石廢斤於

王云支公乃纖邪名理何在

郢人莊子曰。郢人堊漫其鼻端若蠅翼使匠石運斤斲之。至盡而鼻不傷。郢人立不失容。牙生輟弦於鍾子。韓詩外傳曰。伯牙鼓琴鍾子期聽之。方鼓琴志在泰山。子期曰。善哉乎鼓琴巍巍乎若泰山。莫景之間志在流水。子期曰。善哉乎鼓琴洋洋乎若流水。鍾子期死。伯牙擗琴絕弦。終身不復鼓之。以爲在者無足爲之鼓琴也。推己外求良不虛也。冥契既逝。發言莫賞。中心蘊結。余其亾矣。郤後一年支遂殞。

戴公見林法師墓支遁傳曰。遁太和元年終于剡之石城山。因葬焉。曰。德音未遠而拱木已積。冀神理緜緜不與氣運俱盡耳。王珣法師墓下詩序曰。余以寧康二年命駕之剡石城山。即法師丘也。高墳鬱

應登云刁乃謝公部下吏

爲荒楚丘隴化爲宿莽遺跡未滅而其人已遠感想平昔觸物悽懷其爲時賢所惜如此

王子敬與羊綏善綏清淳簡貴爲中書郎少亡王深相痛悼語東亭云是國家可惜人羊氏譜曰綏字仲彥泰山人父楷尚書郎綏仕至中書侍郎

王東亭與謝公交惡中興書曰珣兄弟皆壻謝氏以猜嫌離婚太傅旣與珣絕婚又離珉妻由是二族遂成仇釁王在東聞謝喪便出都詣子敬道欲哭謝公子敬始臥聞其言便驚起曰所望於法護王於是往哭督帥刁約不聽前曰官平生在時不見此客王亦不與語直前哭甚慟

不執末婢手而退。末婢謝琰小字。琰字瑗度。安少子。開率有大度。為孫恩所害。贈侍中司空。

○補

羊曇少為謝太傅所知。晉書曰。羊曇者。泰山人。知名士也。為謝公所愛重。太傅亡後。羊輟樂彌年。行不由西州路。嘗因石頭大醉。扶路唱樂。不覺至州門。左右白曰。此西州門。羊悲感不已。以馬策叩扉。詠曹子建詩曰。生存華屋處。零落歸山丘。曹子建箜篌引。慟哭而去。

羊孚年三十一卒。羊氏譜曰。孚年四十一而卒。桓玄與羊欣書曰。賢從情所信寄。暴疾而殞。宋書曰。欣字敬元。泰山南城人。

少懷靜默秉操無競美姿容善笑言長於草隸羊氏譜曰孚郎欣從祖祝予之歎如何可言公羊傳曰顏淵死子曰噫天喪予子路亡子曰噫天祝予何休曰祝者斷也天將亡夫子耳

補 王東亭亡後桓敬道與會稽王道子書曰元琳神情朗悟經史明徹風流之美公私所寄忽爾喪失歎悼之深豈惟風流相悼而已

○孝武山陵夕王孝伯入臨告其諸弟曰雖榱桷惟新便自有黍離之哀中興書曰烈宗喪會稽王道子執政寵幸王國寶委以機任王恭入赴山陵故有此歎

○○

王子猷子敬俱病篤而子敬先亡獻之以泰元十三年卒年四十五。子猷問左右何以都不聞消息此已喪矣。語時了不悲便索輿來奔喪都不哭子敬素好琴便徑入坐靈牀上取子敬琴彈弦既不調擲地云子敬子敬人琴俱亡因慟絕良久月餘亦卒。幽明錄曰泰元中有一師從遠來莫知所出云人命應終有生樂代者則死者可生若逼人求代亦復不過少時人聞此咸怪其虛誕王子猷子敬兄弟特相和睦子敬疾屬纊子猷謂之曰吾才不如弟位亦通塞請以餘年代弟師曰夫生代死者以己年限有餘得以足亡者耳今賢弟命既應終君侯筭亦當盡復何所代子猷先有背疾子敬疾篤恒禁來往聞亡便撫心

悲惋都不得一聲背即潰

裂推師之言信而有實

補

范蔚宗既被繫上有白團扇甚佳送令出詩賦美句曄攬筆書曰去白日之昭昭襲長夜之悠悠上爲循覽悽然沈約宋書曰范曄字蔚宗順陽人也少好學善爲文章曉音律爲高祖相國椽稍遷太子詹事坐與孔熙先等謀逆誅事別見

補

張愍憂亾後從弟融齎酒於靈前酌酒慟哭曰阿兄風流頓盡

補

王威明亾後昭明與湘東王繹書曰威明風韻遒上神峰標映千里絕迹百尺無枝實俊人也

一爾過隙永歸長夜金刀掩鈕長淮絕涸去歲冬中已傷劉子謂孝綽也今茲寒孟復悼王生俱往之傷信非虛說南史曰王規字威明尚書騫之子也幼稱孝童年十二通五經起家秘書郎天監中除中書黃門侍郎侍東宮爲昭明太子所禮任至太子中庶子

補梁簡文梁書曰帝諱綱字世纘武帝第三子侯景克建康帥兵入殿幽於永福省尋弑之爲侯景幽縶南史曰侯景字萬景魏之懷朔鎭人也初事爾朱榮高歡誅爾朱氏遂爲歡用歡死叛歸於梁太清二年陷石頭城自稱漢王湘東王繹起兵斬之題壁自叙云有梁正士蘭陵蕭世纘立身行道終始如一風雨如晦雞鳴不已弗欺暗室豈况三光

數至於此。命也如何。三國典略曰。簡文爲侯景所幽。作連珠曰。吾聞道行則五福俱湊。運閉則六極所鍾。是以麟出而悲。豈唯孔子。途窮則慟。寧止嗣宗。

○補 崔浩誅後。北史曰。浩作國書。立石銘以彰直筆。北人忿毒。構浩於帝。使有司案誅之。

眭夸爲之素服。受鄉人弔唁。歎曰。崔公死。誰能更容眭夸。北史隱逸傳曰。眭夸一名旭。趙郡高邑人。父邃。慕容寶中書令。夸少有大度。就好書傳。未嘗以世務經心。高尚不仕。與崔浩爲莫逆之交。浩爲司徒。奏徵爲中郎。州郡逼遣入京。與浩相見。惟飲酒談敘平生。不及世利。浩投詔書於夸懷。夸曰。何足以此勞國士也。吾便將別。浩以夸所乘騾內之廄中。冀相維縶。夸遂託鄉人輸租者。謬爲御車。出關。時朝法甚峻。夸既私還。將有私歸之咎。浩仍相左右。始得無坐。經年浩送夸本騾。兼遺以所乘馬。爲書謝之。

奏不受其騾馬亦不復書及浩浚爲之素服受卿大弔唁經二時乃止

○補 咸陽王窮極驕奢姬妾數十猶遠有簡娉以恣其情後以叛誅宮人爲之歌曰可憐咸陽王奈何作事悞金牀玉几不能眠夜蹋霜與露洛水湛湛彌岈長行人那得渡其歌流傳江表北人在南者雖至富貴弦歌奏之莫不灑泣 北史曰咸陽王禧魏獻文皇帝子也。

○補 雷宣徽頻涉道書因讀史廢書流涕曰功名者貪夫之鈎餌橫戈開邊杖劍討叛死生食息之

不顧及其死也一棺戢身萬事都已悲夫東都事略曰雷有終同州郃陽人殿中御史德驤子也以父任爲萊蕪尉有平賊功授保信軍留後契丹入寇眞宗幸澶州有終赴援威聲甚震召拜宣徽北院使

棲逸

○

○補王君公遭亂不去儈牛自隱儈謂平會兩家賣買之價時人爲之語曰避世牆東王君公嵇康高士傳曰君公明易爲郎數言事不用乃自污與官婢通免歸詐狂儈牛口無二價也後漢逢萌傳曰萌與平原王君公友善

○補蔣元卿舍中三徑唯羊仲求仲從之遊二仲皆挫廉逃名之士司馬彪續漢書曰蔣詡字元卿父喪弔者盈門後母疾之不得

止舊廬自作小菴於側往如舊。

○補張仲蔚隱居平陵蓬蒿滿宅唯開一行徑三輔決錄曰仲蔚扶風人少與同郡魏景卿隱身不仕。明天官博物好爲詩賦所居蓬蒿沒人。

○補向子平讀易至損益卦易損卦曰二簋可用享損益盈虛與時偕行益卦曰損上益下民說無疆也。喟然歎曰吾已知富不如貧貴不如賤但不知死何如生耳爲子嫁娶畢敕家事斷之云當如我已死與同好禽子夏俱遊五嶽名山不知所終。魏隸高士傳曰向長字子平禽慶字子夏二人相善長慶隱避不仕王莽通老易安貧樂道好事者更饋遺輒受之自足還餘如有不取也舉措必於中和

司空王邑辟之連年乃欲薦之於莽固辭乃止後漢書曰向長河內朝歌人

○補

韓伯休采藥名山賣於長安市口不二價三十餘年時女子從韓買藥守價不移女子怒曰公是韓伯休那乃不二價伯休歎曰我本避名今女子皆知有我何用藥爲乃遁入灞陵山中范曄

後漢書曰韓康字伯休京兆灞陵人桓帝以安車聘之康辭安車自乘柴車冒晨先使者發至亭亭長以韓徵君當過方發人牛修道及見康柴車幅巾以爲田叟也使奪其牛康即釋駕與之有頃使者至奪牛翁乃徵君也使者欲奏殺亭長康曰此自老子與之亭長何罪乃止康因道遁以壽終

王云有爲之教四字甚深

阮步兵嘯聞數百步蘇門山中忽有眞人樵伐者咸共傳說阮籍往觀見其人擁膝巖側籍登嶺就之箕踞相對籍商略終古上陳黃農玄寂之道下考三代盛德之美以問之仡然不應復叙有爲之教棲神導氣之術以觀之彼猶如前凝矚不轉籍因對之長嘯良久乃笑曰可更作籍復嘯意盡退還半嶺許聞上噆然有聲如數部鼓吹林谷傳響顧看迺向人嘯也 魏氏春秋曰阮籍嘗率意獨駕不由徑路車跡所窮輒慟哭而反嘗遊蘇門山有隱者莫知姓名有竹實數斛杵臼

劉云超云禮者

而已籍聞而從之談太古無爲之道論五帝三王之義蘇門先生翛然曾不眄之籍乃嘐然長嘯韻響寥亮蘇門先生乃逌爾而笑籍既降先生喟然高嘯有如鳳音籍素知音乃假蘇門先生之論以寄所懷其歌曰日沒不周西月出丹淵中陽精晦不見陰光代爲雄亭亭在須臾厭厭將復隆富貴俛仰間貧賤何必終竹林七賢論曰籍歸遂著大人先生論所言皆胷懷間本趣大意謂先生與己不異也觀其長嘯相和亦近乎目擊道存矣

○

李廞是茂曾第五子淸貞有遠操而少羸病不肯婚宦居在臨海住兄侍中墓下既有高名王丞相欲招禮之故辟爲府掾廞得牋命笑曰茂弘乃復以一爵假人文字志曰廞字宗子江夏鍾武人祖康秦州刺史父

重。平陽太守。世有名望。廞好學。善草隸。與兄式齊名。躄疾不能行坐。常仰臥彈琴。讀誦不輟。河間王辟太尉掾。以疾不赴。後避難隨兄南渡。司徒王導復辟之。廞曰。茂弘乃復以一爵加人。永和中卒。廞嘗爲二府辟。故號李公府也。式字景則。廞長兄也。思理儒隱。有平素之譽。渡江。累遷臨海太守。侍中。年五十四而卒。

阮光祿在東山。蕭然無事。常內足於懷。阮裕別傳曰。裕居會稽剡山。志存肥遁。有人以問王右軍。右軍曰。此君近不驚寵辱。老子曰。寵辱若驚。得之若驚。失之若驚。雖古之沈冥。何以過此。揚子曰。蜀莊沈冥。李軌注曰。沈冥猶玄寂。泯然無迹之貌。

○何驃騎弟以高情避世。而驃騎勸之令仕。答曰。

劉云古無此語

苻

○

劉云乞音氣

予第五之名何必減驃騎中興書曰何準字幼道廬江灊人驃騎將軍充第五弟也雅好高尚徵聘一無所就充位居宰相權傾人主而準散帶衡門不及世事于時名德皆稱之年四十七卒有女爲穆皇帝后贈光祿大夫子惔讓不受

南陽劉驎之高率善史傳隱於陽岐于時苻堅臨江荊州刺史桓沖將盡訏謨之益徵爲長史遣人船往迎贈貺甚厚驎之聞命便升舟悉不受所餉緣道以乞窮乏比至上明亦盡一見沖因陳無用翛然而退居陽岐積年衣食有無常與村人共値己匱乏村人亦如之甚厚爲鄉閭

王云註左崔

王云按此語似深似淺甚有味

所安。鄧粲晉紀曰：驎之字子驥，南陽安衆人。少尚質素，虛退寡欲，好遊山澤間，志存遁逸。桓沖嘗至其家，驎之方條桑，謂沖：使君既枉駕光臨，宜先詣家君。沖遂詣其父，父命驎之，然後乃還，拔裋褐與沖言。父使驎之自持濁酒葅菜供賓。沖敕人代之，父辭曰：若使官人，則非野人之意也。沖為慨然，至昏乃退。因請為長史，固辭。居陽岐，去道在近，人士往來，必投其家。驎之身自供給，贈致無所受。去家百里，有孤嫗疾將死，謂人曰：唯有劉長史當埋我耳。驎之身往候之，値終，為治棺殯。其仁愛皆如此。以壽卒。

南陽翟道淵與汝南周子南少相友，共隱于尋陽。庾太尉說周以當世之務，周遂仕。翟秉志彌固。其後周詣翟，翟不與語。晉陽秋曰：翟湯字道淵，南陽人。漢方進之

湯書中語能謙已無能為光客誤知而陰刺庾公不能自別被光也

○○

劉云少孤名陋皆惟萬年何辜家云偽病何死

後立篤行任素義讓廉潔饋贈一無所受值亂多寇聞湯名德皆不敢犯尋陽記曰初庾亮臨江州聞翟湯之風束帶躡屐而詣焉亮禮甚恭湯曰使君直敬其枯木朽株耳亮稱其能言表薦之徵國子博士不赴主簿張玄曰此君臥龍不可動也終于家

孟萬年及弟少孤居武昌陽新縣萬年遊宦有盛名當世少孤未嘗出京邑人士思欲見之乃遣信報少孤云兄病篤狼狽至都時賢見之者莫不嗟重因相謂曰少孤如此萬年可死袁宏孟處士銘曰處士名陋字少孤武昌陽新人吳司空孟宗後也少而希古布衣蔬食棲遲蓬蓽之下絕人間之事親族慕其孝大將軍會稽王命辟之稱疾不至相府歷年虛位而澹然無悶卒不

○補

降志時人奇之

王右軍既去官與東土人士營山水弋釣之娛又與道士許邁共修服食偏采名藥不遠千里遊東中諸郡名山泛滄海歎曰我卒當以樂死

道學傳曰許邁字叔玄清虛接眞遐棲表志所在往而不返故改名遠遊與王右軍父子爲世外之交

○○

康僧淵在豫章去郭數十里立精舍旁連嶺帶長川芳林列於軒庭清流激於堂宇乃閑居研講希心理味庾公諸人多往看之觀其運用吐

納屢流轉佳加已處之怡然亦有以自得聲名乃興後不堪遂出僧淵氏族所出未詳疑是胡人尚書令沈約撰晉書亦稱其有義學

○

○

戴安道既厲操東山續晉陽秋曰逵不樂當世以琴書自娛隱會稽剡山國子博士徵不就而其兄欲建式遏之功戴氏譜曰逯字安丘譙國人祖碩父綏有名位逯以武勇顯有功封廣陵侯任至大司農謝太傅曰卿兄弟志業何其太殊戴曰下官不堪其憂家弟不攺其樂

范宣未嘗入公門韓康伯與同載遂誘俱入郡

王云此評故未易得

范便於車後趨下。續晉陽秋曰。宣少尚隱遁。家于豫章。以清潔自立。

○許掾好遊山水。而體便登陟。時人云。許非徒有勝情。實有濟勝之具。

○補張薦隱居顯志。家有苦竹數十頃。張於竹中爲屋。常居其中。王右軍聞而造之。張逃避竹中。不與相見。永嘉郡記曰。樂成縣民張薦隱居顯志。不應辟命。一郡號爲高士。

○郗尚書中興書曰。郗恢字道胤。高平人。父曇北中郎將。恢長八尺。美鬚髯。風神魁梧。烈宗器之。以爲藩伯之望。自大子率。擢爲雍州刺史。與謝居士善。常稱謝慶緖識見雖不絕人。可以累心處都盡。檀道鸞續晉陽秋曰謝敷字慶緒會稽人崇信釋氏初入太平山中十餘年以長齋供養爲業招引同事化納不倦以母老還南山若邪中内史郗愔表薦之徵博士不就初月犯少微少微一名處士星占者以處士當之時戴逵居剡既美才藝而交遊貴盛先敷著名時人憂之俄而敷死會稽人士以嘲吳人云吳中高士便是求死不得

○○王子猷常暫寄人空宅住便令種竹或問暫住何煩爾王嘯詠良久直指竹曰何可一日無此君

（中興書曰徽之卓犖不羈欲爲傲達放肆聲色頗過度時人欽其才穢其行也）

補 郭元瑜少有拔俗之韻

（晉書曰郭瑀字元瑜敦煌人隱於臨松薤谷）

張天錫遣使備禮徵之元瑜指翔鴻示使人曰

此鳥安可籠哉。天錫遺瑀書曰。先生潛光於皐懷眞獨遠。心與至境冥符。志與四時消息。豈知蒼生倒懸。四海待拯。孔聖車不停軌。墨子駕焉不俟旦。皆以黔首之禍不可不救。先生懷濟世之才。故遣使者虛左授綬。

補　陶徵士嘗言。五六月北窗下臥。遇涼風暫至。自謂是羲皇上人。

○補　宗少文好山水。愛遠遊。西陟荊巫。南登衡嶽。因結宇衡山。欲懷尚平向平。高士傳作尚平之志。有疾還江陵。歎曰。老疾俱至。名山恐難徧覩。唯當澄懷觀道。臥以遊之。凡所遊履。皆圖之於室。謂人曰。撫琴動操欲令衆山皆響宋書曰宗炳字少文南陽涅陽人祖承宜都太守父繇之湘鄉令母同郡師氏聰辯有學義教授諸子炳居喪過禮爲鄉閭所稱宋高祖辟主簿荅曰棲丘飲谷三十餘年刺史殷仲堪桓玄屢辟並不就

○補

孔淳之居會稽剡縣性好山水每有所遊必窮其幽峻或旬日忘歸宋書曰孔淳之字彦深魯郡人祖惔尚書祠部郎父粲秘書監徵不就淳之少高尚愛好墳籍與徵士戴顒王弘之及王敬弘等共爲人外之遊元嘉初徵散騎郎不到嘗遊山遇沙門釋法崇因留共止遂停三宿法崇歎曰緬想人外三十年矣今乃傾蓋於茲不覺老之將至淳之還反不告以姓會稽

舊志曰。竺法崇。有律學。精於法華經。居剡之葛峴山。茅茨澗飲。孔淳之訪之。信宿不去。神思傾豁。

補

江湛舉王景玄爲吏部郎。王與湛書曰。君平有言。生我名者殺我身。天爵猶滅。名安用吏部郎哉。其舉可陋。其事不經。非獨縉紳者不道。僕妾皆笑之。因與湛告絕。足不踰閾十餘年。棲遲環堵之室。苔草沒階。皇甫謐高士傳曰。嚴遵字君平。蜀人。隱居不仕。賣卜於成都市。日得百錢自給。卜訖則閉肆下簾。以著書爲事。有富人羅沖。爲具車馬衣糧。君平曰。吾非不足也。子奈何以不足。助有餘。沖曰。吾有萬金。子無儋石。乃云有餘。不亦謬乎。君平曰。不然。吾宿。予家人不定。而役未息。晝夜汲汲。未嘗有定。今我以下為業。不下床而錢自至。猶餘數百。不知所用。此非我有餘而予不足耶。冲大慚。君平歎曰。益我貨者損我神。生我名者殺我身。時人服之。

○補

顧長孺有隱操。齊書曰。顧黯字長孺。吳郡人。有隱操。與顧景怡南史曰。顧歡字景怡。一字玄平。吳興鹽官人。好黃老通陰陽。為術數多驗。隱居不仕。於天台山開館聚徒受業者常百人。俱不就徵。景怡晚節服食不與人通每旦出戶。山鳥集其掌取食。

○補

魚復侯南史曰。魚復侯子響。武帝第四子。初封巴東王。貶為魚復侯。為江州厚餉遺宗慤。慤辭曰。少有狂疾。尋山採藥遠來至此量腹而進松术度形而衣薜蘿淡然已足豈容當此橫施南史曰測字敬微南陽涅人炳之孫也性靜退不樂人間居江陵欲遊名山齋老子莊子自隨子孫拜辭悲泣測長嘯不視遂往廬山

○補庾杲之清素自業食唯有韮葅瀹韮生韮雜菜或戲之曰誰謂庾郎貧食鮭常有二十七種蕭子顯齊書曰杲之字景行新野人祖深之雍州刺史父粲司空參軍杲之少貞立節令和潤於音吐學涉文義起家奉朝請太子右衛率

○○補孔稚圭風韻清疎門庭之內草萊不剪中有蛙鳴稚圭曰以此當兩部鼓吹南齊書曰孔稚圭字德璋會稽人少

○○補

王弘之性好釣魚上虞江有一處名三石頭弘之常垂綸於此。會稽志曰上虞江源出剡縣東流入江又北流至三江入海

涉學有美譽仕至太子詹事

或問漁師得魚賣否弘之答曰釣亦不得得復不賣日夕載魚入上虞郭經親故門各以一兩頭置門內而去。沈約宋書曰王弘之字方平瑯邪人宣訓衛尉鎮之弟少孤貧爲外祖何準所養從叔獻之及太原王恭甚貴重之後謝靈運顏延之並相欽重靈運與廬陵王義真牋曰會境既豐山水江左嘉遁並多居之但季世慕榮幽棲者寡或復不爲時求弗獲從志若王弘之拂衣歸耕踰歷三紀孔淳之隱約窮岫自始迨今阮萬齡辭事就閒纂成先業

浙河之外。棲遲山澤。如斯而已。既違同義。唐亦激貪厲競。殿下愛素好古。常若布衣。每意昔聞虛想巖穴。若遺一介。有以相存。眞可謂千載盛美也。初爲衛軍參軍。後屢徵太子庶子。散騎常侍。不就。卒。

補

陶貞白幼有異操。年十歲得葛洪神仙傳。晝夜研尋便有養生之志。謂人曰。仰青雲覩白日。不爲遠矣。

神仙傳曰。洪弟子滕升常問洪曰。古之仙者。豈有其人乎。洪曰。秦阮倉所記數百人。劉向所纂又七十一人。今錄集以傳眞識之士。

補

王沙彌

沙彌。王晞小字也。北史曰。晞字叔朗。北海劇人。淹雅有器度。好學不倦。美容儀有風則。齊亡。周武帝以爲儀同大將軍。

母終後遨遊鞏洛。悅其山

水圖經曰洛水出洛南縣冢嶺山經華縣入於河蘇軾曰洛陽古帝都山川風氣清明盛麗居之可樂平川廣衍東西數百里嵩山少室天壇王屋岡巒靡迤四顧可挹伊洛瀍澗流出平地故其山川之勝泉流之潔雖其閭閻之人與公卿共之一畝之宮上矚青山下聽流水奇花修竹布列左右而其貴家巨室園圃亭觀之盛實甲天下

與范陽盧元明

北史曰元明字幼章范陽涿人涉歷羣書兼有文義風采閑潤進退可觀中山王熙博識之士見而嘆曰盧郎有如此風神唯須誦離騷飲美酒自爲佳士太平中副李諧使梁南人稱之

鉅鹿魏季景結侶同契往天陵山浩然有終焉之志

北齊書曰魏季景收族叔也父鸞有容儀爲奉車都尉季景少孤清苦自立有文才官至大司農卿

補 王無功有田十六頃在河渚間奴婢數人自課種黍春秋釀酒養鳧鴈蒔藥草自供與仲長子光服食養性欲見兄弟輒渡河還家遊北山東皐著書自號東皐子

補 朱桃椎隱居不仕披裘帶索浮沈人間（宋祁唐書曰桃椎益州成都人澹泊無爲隱居不仕高士廉在益州屢遣人存問見輒走椓草自匿）竇益州遺以衣服逼爲鄉正（劉昫唐書曰竇軌字士則周雍州牧酇國公恭之子也武德三年爲益州道行臺左僕射）桃椎不言而退逃入山中夏則裸形冬則樹皮自覆贈遺一無所受每織

云此爲今人種菖蒲之祖

芒屩置路傍見者皆言朱居士屩也易米置本處桃椎至夕取之終不見人

○補　孔極侍郎朝廻遇雨避於一叟之廡下延入廳事叟烏帽紗巾逢迎甚恭因備酒饌一一精好孔公借油衣叟曰某寒不出熱不出風不出雨不出未嘗置油衣也孔公不覺頓忘宦情

○補　王摩詰貯蕙蘭用黄磁斗養以綺石累年彌盛

劉昫唐書曰王維字摩詰太原祁人與弟縉俱有俊才博學多藝閨門友悌兄弟奉佛居常蔬食不茹葷血晩年長齋不衣文綵得宋之問藍田別墅在輞口輞水周於舍下竹洲花塢與道

友裴廸。浮舟往來。彈琴賦詩。嘯詠終日。在京師。日飯十數名僧。以玄譚爲樂。齋中無所有。唯茶鐺藥臼。經案繩牀而已。退朝之後。焚香獨坐。以禪誦爲事。妻亡不再娶。三十年。孤居一室。屏絶塵累。

〇補

顏眞卿爲湖州刺史　唐書曰。眞卿。字清臣。瑯琊臨沂人。五代祖之推。北齊黄門侍郎。眞卿少有詞藻。工書。開元中進士。四命爲監察御史。出爲平原太守。祿山反。與從父兄杲卿。討賊。代宗立。改尚書右丞。封魯郡公。以正直立朝。爲楊炎盧杞所忌。遣諭李希烈。不屈遇害。張志和來謁眞卿。以其舟敝漏。請更之。志和曰。願爲浮家泛宅。往來苕霅間。輿地志曰。苕溪源自獨松嶺。合浮玉山水。至吳興。入于太湖。霅溪者。以其合苕溪。前溪。餘不溪。北溪。四水。爲一溪。故曰雪也。又云。西水激射。雪然有聲。謂之雪溪。

王云。宋人諱愼。故以謹代。何元朗所見乃宋刻本。何說不為政

○補 許謹選。放曠不拘小節。與親友結宴花圃中。未嘗張幄設坐。只使僮僕聚落花鋪坐下。曰。吾自有花裀。愼選而語林作謹選。未知何據。

評。張又謂未知何據。特為拈出。以釋觀者之疑。

○補 种明逸至性嗜酒。嘗種秫自釀。每曰。空山清寂聊以養和。王聖塗澠水燕談曰。种放字明逸。舉進士不第。隱於南山豹林谷。學行高古。性頗嗜酒。躬耕種秫以自釀。所居有林泉之勝。景德中。召至闕。眞宗欲大用。固辭還山。

○補 林逋隱居孤山。嘗畜兩鶴。縱之則飛入雲霄。盤旋久之。復入籠中。逋常泛小艇西湖諸寺有客

至逋所居則一童子應門延客坐爲開籠縱鶴良久逋必棹小船而歸蓋常以鶴飛爲客至之驗歸田録曰林逋字君復居杭州西湖之孤山眞宗聞其名賜號和靖處士詔長吏歲時勞問逋工書畫善爲詩如草泥行郭索山木吽鈎輈頓爲士夫所稱。

○補

蘇養直隱京口荃翁貴耳集曰蘇庠字養直父伯固。從東坡遊東坡我夢扁舟遊震澤之詞爲伯固作也。養直屬玉雙飛水滿塘之句亦見賞于坡坡呼爲吾家養直紹興間與徐師川同召養直不起師川造朝時便道過養直留飲甚歡二公平日對奕徐高於蘇是日養直拈一子笑視師川曰今日還須讓老

◎

天下此一着。師川有愧色。宋史曰。徐俯字師川。洪州分寧人。以父禧死事。授通直郎。張邦昌僭位。遂致仕。時工部侍郎何昌言。與弟昌辰。避邦昌諱。皆改名。俯買婢爲昌奴。客至。即呼前驅使之。高宗朝。胡直孺汪藻迭薦之。召爲諫議大夫。周煇清波雜志曰。師川。紹興初。由諫垣遷翰苑。贊機命。

李卓吾批點世說新語補卷之十四

校正
改刻
世說新語補
十五十六

◎

李卓吾批點世說新語補卷之十五

宋　劉義慶　撰

梁　劉孝標　注

宋　劉辰翁　批

明　何良俊　增

王世貞　刪定

王世懋　批釋

李贄　批點

張文柱　校注

媛美女也人所援也

賢媛

○補樂羊子遊學七年。妻常躬勤養母。又遠饋羊子。常有他舍雞。飛入園中。姑盜殺而食之。妻對雞泣而不餐。姑怪問其故。對曰。自傷居貧。使食有他肉。姑亦感悟棄去。列女傳曰。河南樂羊子之妻。不知何氏之女。有盜欲犯之。先刼其姑。妻舉刃自刎而死。太守以聞。以禮葬之。號曰貞義。

○補樂羊子嘗行路得遺金一餅。還以與妻。妻曰。妾聞志士不飲盜泉之水。論語撰考讖曰。水名盜泉。仲尼不漱。廉者不受嗟來之食。禮記曰。齊大饑。黔敖為食于路。以待餓者。有蒙袂戢屨貿貿而

一本呪字作祝

來曰。嗟來食。曰。余唯不食。嗟來之食。以至于斯。從而謝之。不食而死。曾子曰。其嗟也可去。其謝也可食。況拾遺求利以汙其行乎。牟子大慚。乃捐金於野。

陳嬰者東陽人。少修德行。著稱鄉黨。秦末大亂。東陽人欲奉嬰爲主。母曰。不可。自我爲汝家婦。少見貧賤。一旦富貴不祥。不如以兵屬人。事成少受其利。不成禍有所歸。史記曰。嬰故東陽令史。居縣素信爲長者。東陽人欲立長。乃請嬰。嬰母止之。乃以兵屬項梁。梁以嬰爲上柱國。

漢成帝幸趙飛燕。飛燕讒班婕妤呪詛。於是考問辭曰妾聞死生有命富貴在天修善尚不蒙福爲邪欲以何望若鬼神有知不受邪佞之訴若其無知訴之何益故不爲也漢書外戚傳曰成帝趙皇后本長安宮人初生父母不舉三日不死乃收養之及壯屬陽阿主家學歌舞號曰飛燕成帝微行過王見而說之召入宮大得幸立爲后班婕妤者鴈門人成帝初選入宮大得幸立爲婕妤帝遊後庭嘗欲與同輦婕妤辭之趙飛燕譖許皇后及婕妤婕妤對有辭致上憐之賜黃金百斤飛燕驕妒婕妤恐見危中求供養太后於長信宮帝崩婕妤充奉園陵薨葬園中

○

○

補

袁隗妻後漢書袁安傳曰隗字次陽少歷顯官獻帝初爲太傅馬倫是季長女列女傳曰班昭作女誡七篇馬融善之令妻女習焉倫有名於世妹芝亦有才義。

少有才辯。融家世豐豪。裝遣甚盛。隗問曰。婦奉箕帚而已。何乃過珍麗乎。對曰。慈親垂愛。不敢逆命。君若欲慕鮑宣梁鴻之高。妾亦請從少君孟光之事矣。

列女傳曰。鮑宣妻桓氏女也。字少君。宣嘗就少君父學。父奇其清苦。以女妻之。裝送甚盛。宣不悦。謂妻曰。少君生富驕。習美飾。而吾實貧賤。不敢當禮。妻曰。大人以先生修德守約。故使賤妾侍執巾櫛。既奉承君子。唯命是從。宣笑曰。能如是。是吾志也。妻乃悉歸侍御服飾。更着短布裳。與宣共挽鹿車歸鄉里。拜姑禮畢。提甕出汲。修行婦道。鄉邦稱之。

隗又曰。弟先兄舉。世以爲笑。今處姊未適。先行可乎。對曰。妾姊高行殊邈。未遭良匹。不似鄙薄

◎

苟然而已又問曰南郡學窮道奧文爲辭宗融爲南郡太守而所在之職輒以貨財爲損何邪對曰孔子大聖不免武叔之毁子路至賢猶有伯寮之愬家君獲此固其宜耳隗默然不能屈

○補

曹公問蔡文姬聞夫人家先多墳籍猶能憶識之不文姬曰昔亡父賜書四千許卷流離塗炭罔有存者今所誦憶裁四百餘篇曹公言當使十吏就夫人寫之文姬曰妾聞男女之別禮不親授乞給紙筆眞草唯命於是繕寫送上文無

劉云。賦詩悲憤。少此幽咽。○

云銅雀臺上妓亦復在耶

遺誤。范曄後漢書曰。蔡伯喈女名琰。字文姬。博學有才辯。妙於音律。適河東衛仲道。夫亡無子。興平中喪亂。爲胡騎所獲。沒於南匈奴左賢王十二年。生二子。曹公素與伯喈善。遣使以金璧贖之。

嫁與董祀。

魏武帝崩。文帝悉取武帝宮人自侍。及帝病困卞后出看疾。太后入戶。見直侍並是昔日所愛幸者。太后問何時來邪。云正伏魄時過。因不復前而歎曰。狗鼠不食汝餘。死故應爾。至山陵亦竟不臨。魏書曰。武宣卞皇后。琅琊開陽人。以漢延熹三年。生齊郡白亭。有黃氣滿室移日。父敬侯怪之。以問卜者王越。越曰。此吉祥也。年二十。太祖納於譙。性約儉。不尚華麗。有母儀

王云何必減莊子

德行

趙母嫁女女臨去敕之曰愼勿爲好女曰不爲好可爲惡邪母曰好尚不可爲其況惡乎 列女傳曰趙姬者桐鄕令東郡虞韙妻潁川趙氏女也才敏多覽韙既沒文皇帝敬其文才詔入宮省上欲自征公孫淵姬上疏以諫作列女傳解號趙母注賦數十萬言赤烏六年卒淮南子曰人有嫁其女而教之者曰爾爲善善人疾之對曰然則當爲不善乎曰善尚不可爲而況不善乎景獻羊皇后曰此言雖鄙可以命世人

許允婦是阮衛尉女德如妹 魏畧曰允字士宗高陽人少與清河崔贊俱發名於冀州仕至領軍將軍陳留志名曰阮共字伯彥尉氏人清眞守道動以禮讓仕

魏至衛尉卿。少子偘字德如。有俊才而飭以名理。風儀雅潤。與嵇康爲友。仕至河內太守。奇醜。交禮竟。允無復入理。家人深以爲憂。會允有客至。婦令婢視之。還答曰。是桓郎。桓郎者桓範也。魏略曰。範字允明。沛郡人。仕至大司農。爲宣王所誅。婦云。無憂。桓必勸入。桓果語許云。阮家既嫁醜女與卿。故當有意。卿宜察之。許便回入內。既見婦。即欲出。婦料其此出。無復入理。便捉裾停之。許因謂曰。婦有四德。卿有其幾。周禮。九嬪掌婦學之法。以教九御。婦德婦言婦容婦功。鄭注曰。德謂貞順。言謂辭令。容謂婉娩。功謂絲枲。婦曰。新婦所乏唯容爾。然士有百行君有幾許云皆備婦曰夫百行以德爲首君好色不好德何謂皆備允有慚色遂相敬重王云。得婦如此、故當耐其奇醜。

○許允爲吏部郎多用其鄉里魏明帝遣虎賁收之其婦出誡允曰明主可以理奪難以情求既至帝覈問之允對曰舉爾所知臣之鄉人臣所知也陛下檢校爲稱職與不若不稱職臣受其罪既檢校皆官得其人於是乃釋允衣服敗壞詔賜新衣初允被收舉家號哭阮新婦自若云

事疑書誤

勿憂。尋還。作粟粥待。頃之允至。魏氏春秋曰、初允爲吏部郎、選遷郡守。明帝疑其所用非次、將加其罪。允妻阮氏跣出謂曰、明主可以理奪、不可以情求。允頷之而入。帝怒詰之。允對曰、某郡太守雖限滿、文書先至。年限在後。日限在前。帝前取事視之、乃釋然。遣出。望其衣敗、曰、淸吏也。

許允爲晉景王所誅。門生走入告其婦。婦正在機中、神色不變。曰、蚤知爾耳。魏志曰、初領軍與夏侯玄李豐親善。有詐作尺一詔書、以玄爲大將軍、允爲太尉、共錄尚書事。無何有人天未明乘馬以詔版付允門吏曰、有詔。因便驅走。允投書燒之、不以關呈景王。魏略曰、明年李豐被收。允欲往見大將軍。已出門、允回遑不定。中道還取袴。大將軍聞而怪之曰、我自收李豐、士大夫何爲怱怱乎。會鎭

王云牘不載其書

又云高識至此幾可與司馬宣王對

北將軍劉靜卒以允代靜大將軍與允書曰鎮北雖少事而都典一方念足下震華鼓建朱節歷本州此所謂著繡晝行也會有司奏允前擅以厨錢穀乞諸俳及其官屬減死徙邊道死魏氏春秋曰允之爲鎮北喜謂其妻曰吾知免矣妻曰禍見於此何免之有晉諸公贊曰允有正情與文帝不平遂幽殺之婦人集載阮氏與門允書陳允禍患所起辭甚酸愴文多不録

人欲藏其兒婦曰無豫諸兒事後徙居墓所景王遣鍾會看之若才流及父當收兒以咨毋毋曰汝等雖佳才具不多率胷懷與語便無所憂不須極哀會止便止又可少問朝事兒從之會反以狀對卒免世語曰允二子奇字子太猛字子豹並有治理晉諸公贊曰奇

王云註駮大迂且忽下臣字謂是孝標語

王云讀史至王章妻王經母未

泰始中。爲太常丞。世祖嘗祠廟。奇應行事。朝廷以奇受害之門。不令接近。出爲長史。世祖下詔述允宿望。又稱奇才。擢爲尚書祠部郎。猛禮學儒博。加有才識。爲幽州刺史。

王公淵娶諸葛誕女。入室言語始交。王謂婦曰。新婦神色卑下。殊不似公休。婦曰。大丈夫不能彷彿彥雲。而令婦人比蹤英傑。魏氏春秋曰。王廣字公淵。王淩子也。有風量才學。名重當世。與傅嘏等論才性同異。行於世。魏志曰。廣有志尚學行。淩誅並死。臣謂王廣名士。豈以妻父爲戲。此言非也。

王經少貧苦。仕至二千石。母語之曰。汝本寒家子。仕至二千石。此可以止乎。經不能用。爲尚書

嘗不流涕也

王云是

助魏不忠於晉被收涕泣辭母曰不從母敕以至今日母都無慽容語之曰爲子則孝爲臣則忠有孝有忠何負吾邪

世語曰經字彥緯清河人高貴鄉公之難王沈王業馳告文王經以正直不出因沈業申意後誅經及其母晉諸公贊曰沈業將出呼經不從曰吾子行矣漢晉春秋曰初曹髦將自討司馬昭經諫曰昔魯昭不忍季氏敗走失國爲天下笑今權在其門久矣朝廷四方皆爲之致死不顧逆順之理非一日也且宿衛空闕兵甲無有陛下何所資用而一旦如此無乃欲除疾而更深之邪髦不聽後殺經并及其母將死垂泣謝母母顏色不變笑而謂曰人誰不死往所以止汝者恐不得其所也以此并命何恨之有于寶晉紀曰經正直不忠於我故誅之按傳暢于寶所記則是經實忠貞於魏而世語旣謂其一直

復云因沈業中意何其相反乎故二家之言深得之

山公與嵇阮一面契若金蘭山妻韓氏覺公與二人異於常交問公公曰我當年可以爲友者唯此二生耳妻曰負羈之妻亦親觀狐趙意欲窺之可乎春秋傳曰晉公子重耳及曹曹共公聞其駢脅欲觀其裸浴薄而觀僖負羈之妻曰吾觀晉公子之從者皆足以相國若以相夫子必反其國得志於諸侯而誅無禮曹其首也子盍蚤自貳焉乃饋盤飧寘璧焉公子受飧反璧他日二人來妻勸公止之宿具酒肉夜穿墉以視之達旦忘反公入曰二人何如妻曰君才致殊不如正當以識

宣晉書作成

度相友耳。公曰、伊輩亦常以我度爲勝。晉陽秋曰、濤雅素恢達、度量弘遠。心存事外、而與時俛仰。嘗與阮籍嵇康諸人、著忘言之契。至於羣子屯蹇於世、濤獨保浩然之度。王隱晉書曰、韓氏有才識。濤未仕時、戲之曰、忍寒。我當作三公、不知卿堪爲夫人不耳。

○

賈充前婦、是李豐女。豐被誅、離婚徙邊。婦人集曰、充妻李氏名婉、字淑文。豐誅、徙樂浪。後遇赦得還。充先已取郭配女。賈氏譜曰、郭氏名玉璜、即廣宣君也。武帝特聽置左右夫人。李氏別住外、不肯還充舍。晉諸公贊曰、世祖踐阼、李氏赦還、而齊獻王妃欲令充遣郭氏、更納其母。充不許、爲李氏築宅、而不往來。充母柳氏將亾、充問所欲言者。柳曰、我敎

汝迎李新婦尚
不肯。安問他事

郭氏語充欲就省李。充曰。彼剛介有才氣。卿往不如不去。

充別傳曰。李氏
有淑性令才也

郭氏於是盛威儀。多將侍婢。既至入戶。李氏起迎郭。郭不覺脚自屈。因跪再拜。既反語充。充曰。語卿道何物。

按晉諸公贊曰。世祖以李豐得罪晉室。又
郭氏是太子妃母。無離絕之理。乃下詔敕
斷。不得往還。而王隱晉書亦云。充既與李絕婚。
更取城陽太守郭配女。名槐。李禁錮解。詔充置
左右夫人。充母柳亦敕充迎李。槐怒攘臂責充
曰。刋定律令。爲佐命之功。我有其分。李那得與
我並。充乃架屋永年里中以安李。槐晚乃知。充
出輒使人尋充。詔許充置左右夫人。充答詔以
謙讓不敢當盛禮。晉贊既云世祖下詔。不遣李
還。而王隱晉書及充別傳。並言詔聽置立左右

王云駁是

劉云咸語大妻家事

夫人充憚郭氏。不敢迎李。三家之說並不同。未詳孰是。然李氏不還。別有餘故。而世說云自不肯還。謬矣。且郭槐彊狠。豈能就李。而為之拜乎。皆為虛也。

李平陽秦州子。永嘉流人名曰。重。字茂曾。江夏人。魏秦州刺史中夏名士于時以比王夷甫。孫秀初欲立威權。咸云樂令民望不可殺。減李重者。又不足殺。晉諸公贊曰。孫秀字俊忠。瑯邪人。初趙王倫封瑯邪。秀給為近職小吏。倫數使秀作書疏。文才稱倫意。倫封趙。秀從戶為趙人。用為侍郎。信任之。晉陽秋曰。倫篡遂位。秀為中書令。事皆決於秀。為齊王所誅。逼重自裁。初重在家。有人走從門入。出髻中疏示重。重看之色動。入內示其女。女直叫絕。了其意出則自裁。按諸書皆云。重知趙王倫作亂。有疾不治。遂以致卒。而此書乃言自裁。甚乖謬。且倫秀兇虐。動加誅夷。欲立威權。自當顯戮。何爲逼令自裁。此女甚高明重舞咨焉。

○○周浚作安東時。行獵值暴雨。過汝南李氏。李氏富足。而男子不在。有女名絡秀。聞外有貴人。與一婢於內宰豬羊。作數十人飲食。事事精辦。不聞有人聲。密覘之。獨見一女子。狀貌非常。浚因求爲妾。父兄不許。絡秀曰。門戸殄瘁。何惜一女。若連姻貴族。將來或大益。父兄從之。八王故事曰。浚字開

劉云幅者四面看得一樣也

李云好女子與文君奚殊也有好女便立家何必男兒

劉云[illegible]猶幅員也即天下也

○○

林。汝南安城人。少有才名。太康初。平吳。自御。遂史中丞。出爲揚州刺史。元康初。加安東將軍。生伯仁兄弟。絡秀語伯仁等。我所以屈節爲汝家作妾。門戶計耳。按周氏譜。浚取同郡李伯宗女。此云爲妾。妄耳。汝若不與吾家作親親者。吾亦不惜餘年。伯仁等悉從命。由此李氏在世得方幅齒遇。

王汝南少無婚。自求郝普女。郝氏譜曰。普字道匡。太原襄城人。仕至洛陽太守。司空以其癡。會無婚處。任其意便許之。魏氏志曰。王昶字文舒。仕至司空。既婚。果有令姿淑德。生東海遂爲王氏母儀。或問汝南何以知之。曰。嘗見井上取水舉動容止不失常未嘗忤觀以此節之汝南別傳曰襄城郝仲將門至孤陋非其所偶也君嘗見其女便求聘焉果高朗英邁母儀冠族其通識餘裕皆此類。

○○

王渾妻鍾氏生女令淑武子為妹求簡美對而未得有兵家子有俊才欲以妹妻之乃白母王氏譜曰鍾夫人名琰之太傅繇曾孫。曰誠是才者其地可遺然要令我見武子乃令兵兒與羣小雜處使母帷中察之既而母謂武子曰如此衣形者是汝所擬者非邪武子曰是也母曰此才足以拔萃然地

劉云兩婦著言爲娣姒

寒不有長年不得申其才用觀其形骨必不壽不可與婚武子從之兵兒數年果亡

王司徒婦鍾氏女太傅曾孫王氏譜曰夫人黃門侍郎鍾徽女亦有俊才女德婦人集曰夫人有文才其詩賦頌誄行于世鍾郝爲娣姒雅相親重鍾不以貴陵郝郝亦不以賤下鍾東海家内則郝夫人之法京陵家内範鍾夫人之禮晉書曰渾初襲父爵京陵侯

陶公少有大志家酷貧與毋湛氏同居同郡范逵素知名舉孝廉投侃宿于時氷雪積日侃室

辨

如懸磬而逵馬僕甚多。偘母湛氏語偘曰。汝但出外留客。吾自爲計。湛頭髮委地。下爲二髲。一作髢。賣得數斛米。斫諸屋柱。悉割半爲薪。剉諸薦以爲馬草。日夕遂設精食。從者皆無所乏。逵既歎其才辯。又深愧其厚意。明旦去。偘追送不已。且百里許。逵曰。路已遠。君宜還。偘猶不返。逵曰。卿可去矣。至洛陽。當相爲美談。偘迺返。逵及洛遂稱之於羊晫顧榮諸人。大獲美譽。晉陽秋曰。偘父丹娶新淦湛氏女。生偘。湛虔恭有智算。以陶氏貧賤紡績以資給偘。使交結勝己。偘少爲尋陽吏。鄱

王云註顧榮下有刑落

○○

劉云眞陶母

陽孝廉范逵嘗過侃宿。時大雪。侃家無草。湛徹所臥薦剉給。陰截髮賣以供調。逵聞之歎息。逵去。侃追送之。逵曰。豈欲仕乎。侃曰。有仕郡意。逵曰。當相談致。過廬江向太守張蘷稱之。召補吏。舉孝廉除郎中。時豫章顧榮或責羊晫曰。君奈何與小人同輿。晫曰。此寒俊也。王隱晉書曰。侃母既截髮供客。聞者歎曰。非此母不生此子。乃進之於張蘷。羊晫亦簡之。後晫爲本郡中正。舉侃爲鄱陽小中正。始得上品也。

陶公少時作魚梁吏。嘗以坩鮓餉母。母封鮓付使。反書責侃曰。汝爲吏以官物見餉。非唯不益乃增吾憂也。侃別傳曰。母湛氏賢明有法訓。侃在武昌與佐吏從容飲燕。常有飲限。或勸猶可少進。侃悽然良久曰。昔年少曾有飲酒失。二親見約。故不敢踰限。及侃丁母憂在墓

劉云何其頹吐

下怨有二客來形不哭而退儀服鮮異知非常人遣隨視之但見雙鶴冲天而去幽明錄曰陶公在尋陽西南一塞取魚自謂其池曰鶴門按吳司徒孟宗為雷池監以鮓餉母母不受非侃也疑後人因孟假為此說

桓宣武平蜀以李勢妹為妾甚有寵常著齋後主始不知既聞與數十婢拔白刃襲之續晉陽秋曰溫尚明帝女南康長公主正值李梳頭髮委藉地膚色玉曜不為動容徐曰國破家亡無心至此今日若能見殺乃是本懷主慚而退妒記曰溫平蜀以李勢女為妾郡主凶妒不卽知之後知乃拔刃往李所因欲斫之見李在窗梳頭姿貌端麗徐徐結髮斂手向主神色

應登云。言足短不能自行。因人而行。明其無他。然子婦稱其小字。

閒正。辭甚悽惋。玉於是擲瓜前抱之曰。阿子。我見汝亦憐。何况老奴。遂善之。

庾玉臺希之弟也。希誅。中興書曰。希字始彥。司空冰長子。累遷徐兗二州刺史。希兄弟貴盛。桓溫忌之。諷免希官。遂奔于暨陽。初郭璞筮冰子孫必有大禍。唯固三陽可以有後。故希求鎮山陽。弟友爲東陽。希自家暨陽。及溫誅希弟柔倩。希聞難逃于海陵。後還京口聚衆。事敗。爲溫所誅。將戮玉臺。玉臺庾友小字。庾氏譜曰。友字惠彥。司空冰第三子。歷中書郎。東陽太守。玉臺子婦宣武弟桓豁女也。庾氏譜曰。宣字弘之。友長子。娶宣武弟桓豁之女。字女幼。徒跣求進。閽禁不內。女厲聲曰。是何小人。我伯父門不聽我前。因突入。號泣請曰。庾玉臺常因人。脚短三寸。當復能作不以爲怪。

王云此直妬耳何足称賢。

刘云語悉世情可以有省。

應登云一本作縱。

賊不宜武笑曰。壻故自急。遂原玉臺一門。中興書曰。桓温殺庾希弟倩希聞難而逃希弟友當伏誅。子婦桓氏女。請温得宥。

謝公夫人幃諸婢使在前作伎使太傅暫見便下幃。太傅索更開。夫人云恐傷盛德。

王右軍郗夫人謂二弟司空中郎曰。司空愔也。郗曇別傳曰。曇字重熙。鑒少子。性韻方質。和正沈簡。累遷丹陽尹。北中郎將。徐兖二州刺史。王家見二謝傾筐倒庋。二謝安萬。見汝輩來平平爾汝可無煩復往。

韓康伯母隱古几毀壞。卞鞠見几惡欲易之。卞鞠範之母之外孫也。別見。答曰:我若不隱此,汝何以得見古物。

桓車騎不好着新衣。浴後,婦故送新衣與。桓氏譜曰:冲娶琅邪王恬女,字女宗。車騎大怒,催使持去。婦更持還,傳語云:衣不經新,何由而故?桓公大笑,着之。

郗嘉賓喪,婦兄弟欲迎妹還,終不肯歸。郗氏譜曰:超娶汝南周閔女,名馬頭。曰:生縱不得與郗郎同室,死寧不同穴。毛詩曰:穀則異室,死則同穴。鄭玄注曰:穴,謂壙中也。

謝太傅寒雪日內集,與兒女講論文義。俄而雪

劉云有女子風致愈見撒鹽之俗

王云此是女弟待也注誤矣妹當為姊 ○○補

驟。公欣然曰。白雪紛紛何所似。兄子胡兒曰。撒鹽空中差可擬。兄女曰。未若柳絮因風起。公大笑樂。即公大兄無奕女。左將軍王凝之妻也。王氏譜曰。凝之字叔平。右將軍羲之第二子也。歷江州刺史。左將軍。會稽內史。晉安帝紀曰。凝之事五斗米道。孫恩之攻會稽。凝之謂民吏曰。不須備防。吾已請大道。許遣鬼兵相助。賊自破矣。既不設備。遂為恩所害。

王江州夫人語謝遏曰。汝何以都不復進。夫人玄之妹為是塵務經心。天分有限。

王江州為孫恩所害。謝夫人嫠居會稽。太守劉柳聞其名，請與談義。夫人素聞劉名，亦不自阻。乃簪髻素褥，坐在帳中。劉束修整帶，造於別榻。夫人風韻高邁，叙致清雅，先及家事，慷慨流漣，徐酬問旨，詞理無滯。劉退而嘆曰：「實頃所未見，瞻察言氣，使人心形俱服。」夫人亦云：「親從渭亾，始遇此士，聽其所問，殊開人心。」晉書曰：劉柳字叔惠，南陽人，劉喬之曾孫。少登清宦，歷尚書左右僕射。時右丞傅廸好廣讀書，而不解其義，柳唯讀老子而已，廸每輕之。柳云：「卿讀書雖多，而無所解，可謂書簏矣。」時人重其言。

謝遏絕重其姊，張玄常稱其妹，欲以敵之。有濟

劉云恐時尼輩亦能如是

應登云惠爲孫族

尼者並遊張謝二家。人問其優劣。答曰。王夫人神情散朗。故有林下風氣。顧家婦清心玉映。自是閨房之秀。

王尚書惠嘗看王右軍夫人。問眼耳未覺惡不。（婦人集載謝表曰。妾年九十。孤骸獨存。願蒙哀矜。賜其鞠養。）答曰。髮白齒落。屬乎形骸。至于眼耳。關于神明。那可便與人隔。

韓康伯母殷。隨孫繪之之衡陽。（韓氏譜曰。繪之。字季倫。父康伯。太常卿。繪之仕至衡陽太守。）於闔廬洲中逢桓南郡。卞鞠是其外孫。時來問訊。謂鞠曰。我不死。見此豎二世作賦在衡陽數年繪之遇桓景眞之難也續晉陽秋曰桓亮字景眞太司馬溫之孫父濟給事中叔父玄篡逆見誅亮聚衆於長沙自號湘州刺史殺太宰甄恭衡陽前太守韓繪之等十餘人爲劉毅軍人郭珍斬之殷撫屍哭曰汝父昔罷豫章徵書朝至夕發汝去郡邑數年。爲物不得動遂及於難夫復何言。

補

宋明帝嘗於內宮大集臝婦人以爲歡笑明恭后獨以扇障面帝曰外舍家寒乞今共爲咲樂何獨不視后曰爲樂之事其方自多豈有姑姊妹集聚而臝婦人形體以此爲樂外舍之爲歡

適與此不同。帝怒遣后令起。后兄景文謂人曰。后在家爲儜弱婦人。不知今段遂爲剛正如此。沈約宋書曰。明恭王皇后諱貞風。瑯邪王僧朗之女。元嘉五年。拜淮陽王妃。太宗即位。立爲皇后。

○補

劉孝綽三妹嫁瑯瑘王叔英呉郡張嵊南史曰。嵊字四山。呉郡人。張稷子也。方雅有志操。能清言。爲湘東王長史。東海徐悱梁書曰。徐悱字敬業。東海郯人。徐勉子也。幼有聰敏。能屬文。仕至晉安内史。並有文才。徐妻尤爲清拔。孝綽傳曰。悱妻。所謂劉三娘者也。悱卒。妻爲祭文。辭甚悽愴。勉本欲爲哀文。既覩此文。于是閣筆。

○補

肅宗宴於宮中。時有蕃將阿布思伏法。其妻配掖庭。因隷樂工。是日爲假官之長。宮中女優。有弄假官戲。其緑衣秉簡者。謂之參軍樁。上及侍宴者笑樂。政和公主獨俛首不視。上問其故。公主曰。禁中侍女不少。何必須得此人。使阿布思眞逆人。其妻亦同刑人。不合近至尊之座。果寃邪。豈忍使其妻與羣優雜處。爲笑謔之具。妾深以爲不可。上亦憫惻爲之罷戲。趙璘因話録曰。政和公主。肅宗第三女。降柳潭。

○補

元相得罪。唐書曰。元載。鳳翔岐山人。唐詩紀事曰。載羇旅到京。屢陳時務。深符上旨。

擢拜中書。以貪惏伏法。夫人王氏韞秀。少有識量節槩。頗
聞掖庭代宗欲令入宮備彤管箴規之任。王歎
曰。王家十三娘。二十年太原節度使女。十六年
宰相妻。誰能書得長信昭陽之事。得罪亦幸矣。
堅不從命。范攄雲溪友議曰。韞秀。王縉相公之
女。右丞維之姪。初王公鎮北京。以韞
秀嫁元載。久而見輕。韞秀謂元曰。何不增學。所
有奩幌資裝。盡爲紙墨之費。元到京。屢陳時務。
深契上旨。肅宗擢拜中書。按通鑑。及劉昫唐書。
載妻王忠嗣女。且王縉與載同時作相。史言縉
卑體附之。故縉終以載得罪。不應翁壻同時俱
在政府。又無應婦翁卑體于女壻。則載妻爲忠
嗣女無疑。而雲溪友議與杜陽雜編。以爲韞秀
縉女也。夫范攄蘇鶚皆唐時人。其所載唐事。尚

相牴牾如此。乃知野史所書。固多謬妄也。

○補

中和間。時溥既平黃巢。獻俘於朝。唐書曰。時溥。彭城人。黃巢據長安。詔徵天下兵進討。武寧節度使支詳遣溥趣難。及巢攻陳州。溥出師討之。戰屢捷。巢之敗也。其將尚讓。以數千人降溥。并巢姬妾百數。僖宗御太玄樓受之。宣問姬妾。汝等皆勳貴子女。世受國恩。何爲從賊。其居首曰。狂賊凶逆。國家以百萬之衆失守宗祧。播遷巴蜀。今陛下以不能拒賊責一女子。置公卿將相於何地乎。僖宗不復問。皆戮於市。人爭與之酒。衆皆悲慟。昏醉。居首者獨不飲不泣。至於就刑。神色肅然。唐書曰。黃巢曹州寃句人。初依尚君長爲亂。踰五嶺。犯湖湘江浙。攻陷京師。僭號大齊。

補

宋太祖將北征。京師諠言軍中欲立點檢爲天子。太祖告家人曰。外間詾詾如此。將若之何。太祖姊方在廚。引麪杖擊太祖。逐之曰。丈夫臨大事。可否當自決胷懷。乃來家間恐怖婦女何爲邪。太祖默然而出。何氏曰。太祖姊即魏國長公主。公主太祖女也。不應以杖擊父。按宋公主傳。秦國大長公主。太祖同母姊也。有姊一人。未笄而夭。追封陳國長公主。豈即此乎。

術解

○○補張平子作地動儀精銅以鑄其器圓徑八尺形似酒尊尊中有都柱旁行八道施關發機外有八龍首銜銅丸下設蟾蜍承之地或動則隨其方面一龍吐丸其機關巧制皆在尊中

范曄後漢書曰張衡字平子南陽西鄂人祖堪蜀郡太守衡少善屬文後游太學遂通五經善機巧尤致思於天文陰陽歷筭之學作渾天儀復造候風地動儀如有地動尊則振龍機發吐丸而蟾蜍銜之振聲激揚伺者因此覺知雖一龍發機而七首不動尋其方面乃知震之所在合契若神嘗一龍機發而地不動咸恠其無徵後數日驛至果地震隴西于是皆服其妙官太史令出爲河間

相徵尚書。

○○

補蔡中郎在陳留鄰人召中郎飲比往酒已酣客有彈琴於屏中郎至門潛聽之曰以樂召我而有殺心何也遂反將命者告主人以蔡君至門而去中郎素為鄉邦所宗主人自起追問其故中郎具以告莫不憮然彈琴者曰我見螳螂方向鳴蟬蟬將去而未飛螳螂為之一前一郤吾心聳然唯恐螳螂之失蟬也此豈為殺心而形於聲者乎中郎笑曰此足以當之矣范曄後漢書曰吳人

燒桐以爨。邕聞火烈聲。知其良木。因裁爲琴。果有美音。而尾猶焦。時人名焦尾琴。

○補 蔡中郎告吳人曰。吾昔嘗經會稽高遷亭。見屋椽竹東間第十六可以爲笛。取用。果有異聲。伏滔長笛賦序云。柯亭之觀。以竹爲椽。邕取爲笛。奇聲獨絕。

○補 蔡文姬年六歲時。父中郎於夜中鼓琴絃絕。文姬曰。第二絃。中郎復故斷一絃以問之。文姬言是第四絃。並不差謬。中郎云偶得之耳。文姬曰。季札觀樂。知興亡之國。師曠吹律。識南風之不競。由此觀之。何足不知。春秋傳曰。吳公子札來聘。請觀周樂。使工爲之。

王云注引季札。又何不注師曠。

◎

歌周南召南曰美哉始基之矣猶未也然勤而
不怨矣為之歌邶鄘衛曰美哉淵乎憂而不困
者也吾聞衛康叔武公之德如是是其衛風乎
為之歌王曰美哉思而不懼其周之東乎為之
歌鄭曰美哉其細已甚民弗堪也是其先亡乎
為之歌齊曰美哉泱泱乎大風也哉表東海者
其太公乎國未可量也為之歌豳曰美哉蕩乎
樂而不淫其周公之東乎為之歌秦曰此之謂
夏聲夫能夏則大大之至也其周之舊乎為之
歌魏曰美哉渢渢乎大而婉險而易行以德輔
此則明主也為之歌唐曰思深哉其有陶唐氏
之遺民乎不然何憂之遠也非令德之後誰能
若是為之歌陳曰國無主其能久乎自鄶以下
無譏焉為之歌小雅曰美哉思而不貳怨而不
言其周德之衰乎猶有先王之遺民焉為之歌
大雅曰廣哉熙熙乎曲而有直體其文王之德
乎為之歌頌曰至矣哉直而不倨曲而不屈邇
而不偪遠而不攜遷而不淫復而不厭哀而不

愁樂而不荒用而不匱廣而不宣施而不費取
而不貪處而不底行而不流五聲和八風平節
有度守有序盛德之所同也見舞象箾南籥者
曰美哉猶有憾見舞大武者曰美哉周之盛也
其若此乎見舞韶濩者曰聖人之弘也而猶有
慙德聖人之難也見舞大夏者曰美哉勤而不
德非禹其誰能修之見舞韶箾者曰德至矣哉
大矣如天之無不幬也如地之無不載也雖甚
盛德其蔑以加於此矣觀止矣若有他樂吾不
敢請已其出聘也通嗣君也故遂聘于齊說晏
平仲謂之曰子速納邑與政無邑無政乃免於
難齊國之政將有所歸未獲所歸難未歇也故
晏子因陳桓子以納政與邑是以免於欒高之
難聘於鄭見子產如舊相識與之縞帶子產獻
紵衣焉謂子產曰鄭之執政侈難將至矣政必
及子子爲政慎之以禮不然鄭國將敗適衛說
蘧瑗史狗史鰌公子荊公叔發公子朝曰衛多
君子未有患也自衛如晉將宿於戚聞鐘聲焉

曰異哉我聞之也辯而不德必加於戮夫子獲
罪於君以在此懼猶不足而又何樂夫子之在
此也猶燕之巢於幕上君又在殯而可以樂乎
遂去之文子聞之終身不聽琴瑟適晉說趙文
子韓宣子魏獻子曰晉國其萃於三族乎說叔
向將行謂叔向曰吾子勉之君侈而多良大夫
皆富政將在家吾子
好直必思自免於難

○○補

管公明過清河時適大旱太守問何當有雨公
明曰今夕當大雨至日向暮了無雲氣衆人並
譁嗤公明言樹中已有少女微風陰鳥和鳴若
少女反風陰鳥亂翔其應至矣須臾雲氣四起
大雨傾注

○○

補蒲元性多奇思。於斜谷口爲諸葛武侯鑄刀三千口。自言漢水鈍弱不任淬用。水經注曰江水自漢以上至微弱所謂發源濫觴者也蜀江爽烈是謂大金之元精。水經注曰蜀中錦工織錦濯之江流則錦至鮮明命人於成都取江水。蒲以淬刀言雜涪水。涪水出廣元涪縣西北不可用。取水者捍言不雜。蒲以刀畫水言雜八升。取水者叩頭云於涪津覆水。遂以涪水八升益之。叉當以竹筩納鐵珠滿中。擧刀斷之應手虛落。因曰神刀。元別傳曰。君性多奇思得之天然。陶弘景刀劍錄曰。蜀主劉備嘗令蒲元造刀五千口。

荀勖善解音聲時論謂之闇解遂調律呂正雅樂每至正會殿庭作樂自調宮商無不諧韻阮咸妙賞時謂神解每公會作樂而心謂之不調既無一言直勖意忌之遂出阮為始平太守後有一田父耕於野得周時玉尺便是天下正尺荀試以校已所治鐘鼓金石絲竹皆覺短一黍於是伏阮神識晉後略曰鐘律之器自周之末廢而漢成哀之間諸儒修而治之至後漢末復隳矣魏氏使協律知音者杜夔造之不能考之典禮徒依于時絲管之聲時之尺寸而制之甚乖失禮度於是世祖命中書監荀勖依典制定鐘律既鑄律管募求古器得周

劉云薪苦易知微而烟氣亦異邪

時玉律數枚比之不差又諸郡舍倉庫或有漢時故鐘以律命之皆不叩而應聲響韻合又若俱成晉諸公贊曰律成散騎侍郎阮咸謂勗所造聲高高則悲夫亡國之音哀以思其民困今聲不合雅懼非德政中和之音必是古今尺有長短所致然今鐘磬是魏時杜夔所造不與勗律相應音聲舒雅而久不知夔所造時人為之不足改易勗性自矜乃因事左遷咸為始平太守而病卒後得地中古銅尺校度勗今尺短四分方服咸果解音然無能正者干寶晉紀曰荀勗始造正德大象之舞以魏杜夔所制律呂校大樂本音不和後漢至魏尺長於古四分有餘而夔據之是以失韻乃依周禮積粟以起度量以度古器符於本銘遂以為式用之郊廟

荀勗嘗在晉武帝坐上食筍進飯謂在坐人曰此是勞薪炊也坐者未之信密遣問之實用故

○○劉云馬猶惜物

○○反開無理 故能家耳

車脚。

王武子善解馬性。嘗乘一馬、著連錢障泥。前有水、終日不肯渡。王云、此必是惜障泥。使人解去、便徑渡。語林曰、武子性愛馬、亦甚別之。故杜預道王武子有馬癖、和長輿有錢癖。武帝問杜預、卿有何癖。對曰、臣有左傳癖。

晉明帝解占塚宅。聞郭璞爲人葬、帝微服往看。因問主人、何以葬龍角。此法當滅族。主人曰、郭云、此葬龍耳、不出三年、當致天子。帝問、爲是出天子邪。答曰、非出天子、能致天子問耳。青烏子相塚書

（曰葬龍之角暴富貴後當滅門）

郭景純過江居于暨陽墓去水不盈百步時人以爲近水景純曰將當爲陸（璞別傳曰璞少好經術明識卜筮永嘉中海內將亂璞投策嘆曰黔黎將同異類矣便結親暱十餘家南渡江居于暨陽）今沙漲去墓數十里皆爲桑田其詩曰北阜烈烈巨海混混壘壘三墳唯母與昆

王丞相令郭璞試作一卦卦成郭意色甚惡云公有震厄王問有可消伏理不郭曰命駕西出數里得一栢樹截斷如公長置牀上常寢處災

可消矣王從其語數日中果震柏粉碎子弟皆稱慶王隱晉書曰璞消災轉福扶危擇勝時人咸言京管不及大將軍云君乃復委罪於樹木

補王大將軍嘗坐武昌釣臺聞行船打鼓嗟稱其能俄而一槌小異王以扇柄撞几曰可恨時王應侍側曰不然此是回颿槌使視之云船人入夾口世云敦善識鼓節則應識鼓又善於敦也

桓公有主簿善別酒有酒輒令先嘗好者謂青州從事惡者謂平原督郵青州有齊郡平原有

劉云。診之似遊戲。方文謚無益盛德。

鄢縣從事。言到府督郵。言在鄢上住。

殷中軍妙解經脉。中年都廢。有常所給使。忽叩頭流血。浩問其故。云有死事。終不可說。詰問良久。乃云。小人母年垂百歲。抱疾來久。若蒙官一脉。便有活理。訖就屠戮無恨。浩感其至性。遂令舁來。爲診脉處方。始服一劑湯便愈。於是悉焚經方。

補　樂人王令言妙解音律。大業末。煬帝將幸江都。令言子當從。忽於戶外彈胡琵琶。作翻調安公子曲令言時臥室中聞之大驚蹶然而起曰變變急呼其子問曰此曲興自早晚其子言頃來有之令言歔欷流涕謂其子曰汝慎無從行帝必不返子問其故令言曰此曲宮聲往而不返宮者君也吾是以知之帝果於江都遇害大業拾遺記曰大業十二年煬帝將幸江都命越王侗留守東都宮女半不隨駕爭泣留帝言遼東小國不足煩大駕帝意不回因戲飛白題二十字賜守宮女云我夢江都好征遼亦偶然但存顏色在離別只今年車駕遂行迷樓記曰帝將幸江都有迷樓宮人抗聲夜歌云河南楊柳謝河北李花榮楊花飛去落何處李花結子自然成帝召宮女問汝自爲之邪曰道途兒童都唱此

歌。帝默然曰。天啓之也。因索酒自歌曰。宮木陰濃燕子飛。興亡自古漫成悲。他日迷樓更好景。宮中吐艷戀紅輝。後唐帝提兵入京。見迷樓。曰。此皆民膏血所爲。命焚之。經月火不滅。

○○補

趙耶利善鼓琴。嘗云。吳聲清婉。若長江廣流。綿綿徐逝。國士之風。蜀聲躁急。若激浪奔雷。亦一時俊決。樂纂曰。趙師。字耶利。天水人。以琴道見重海内。帝王賢貴。靡不欽風。舊錯謬十五弄。皆削凡歸雅。述胡笳五弄譜。弟子達者數人。並當代翹楚。卒於貞觀十年。

○○補

李龜年。楊太眞外傳曰。上選梨園弟子中尤者。得樂十六色。李龜年以歌擅一代之名。嘗至岐王宅。唐書曰。惠文太子範。睿宗第四子。封岐王。好學工書。雅愛文章之士。士又多聚書畫古蹟。爲時所稱。聞琴曰。此秦聲。良久又曰。此楚

聲。主人入問之則前彈者隴西沈妍後彈者揚
州薛滿。

○○補 太常缺黃鐘鑄不能成李嗣眞居崇業里疑土
中有之。弗得其所道逢一車鐸聲甚厲嗣眞曰
官聲也。市以歸振於空地若有應者掘之得鐘
衆樂遂和。劉昫唐書曰李嗣眞滑州匡城人博學曉音律兼善陰陽推筭之術永昌中拜御史中丞爲來俊臣所陷配流嶺南。

○○補 李贊皇作相日有親知奉使京口贊皇曰金山
泉揚子江中泠水。張又新水記載陸羽品第天下二十水揚子江南零水第

貞元元文作太和

也。各置一壺，其人舉棹，醉而忘之。至石頭城方憶，乃汲一瓶歸獻。李飲之，曰：「江南水味大異頃歲，此頗似建業石頭城下水。」其人謝過，不敢隱。

唐書曰：李德裕字文饒，趙郡人。祖栖筠，御史大夫。父吉甫，元和初宰相。德裕幼有壯志，苦心力學，年纔及冠，志業大成。貞元中以兵部尚書平章事，封贊皇伯。後爲朋黨所構，貶崖州司戶。

李卓吾批點世說新語補卷之十五終

李卓吾批點世說新語補卷之十六

宋　劉義慶　撰
梁　劉孝標　注
宋　劉辰翁　批
明　何良俊　增
王世貞　删定
王世懋　批釋
李　贄　批點
張文柱　校注

補

王云紀駁皆極精

○

巧藝

蔡中郎性沉審志好琴道嘉平中入淸溪訪鬼谷先生故居山五曲曲有靈迹中郎每一曲制一弄三年曲成出呈馬季長王子師輩皆嘆異之范曄後漢書曰王允字子師太原祁人少好大節有志於立功郭林宗見而竒之曰王生一日千里王佐才也後與士孫瑞結謀同誅董卓

彈棊始自魏宮內用粧奩戲傅玄彈棊賦叙曰漢成帝好蹴踘劉向以謂勞人體竭人力非至尊所宜御乃因其體作彈棊今觀其道蹴踘道也按玄此言則彈棊之戲其來久矣且梁冀傳云冀善彈棊格五而此云起魏世謬矣文帝於此戲

特妙用手巾角拂之無不中有客自云能帝使
爲之客著葛巾角低頭拂棊妙踰於帝 典論帝自叙曰

戲弄之事少所喜唯彈棊畧盡其妙少時嘗爲之賦昔京師妙工有二焉合鄉侯東方世安張公子常恨不得與之對也博物志曰帝善彈棊能用手巾角時有一書生又能低頭以所冠葛巾角撇棊也

凌雲臺樓觀精巧先稱平衆木輕重然後造構乃無錙銖相負揭臺雖高峻常隨風搖動而終無傾倒之理魏明帝登臺懼其勢危別以大材扶持之樓卽頹壞論者謂輕重力偏故也 洛陽宮殿

簿曰、凌雲臺上壁方十三丈、高九丈、樓方四丈、高五丈、棟去地十三丈五尺七寸五分也。

韋仲將能書。魏明帝起殿、欲安榜、使仲將登梯題之。既下、頭鬢皓然。因敕兒孫、勿復學書。文章敍錄曰、韋誕字仲將、京兆杜陵人。太僕端子。有文學、善屬辭、以光祿大夫卒。衛恒四體書勢曰、誕善楷書。魏宮觀多誕所題。明帝立凌霄觀、誤先釘榜、乃籠盛誕、轆轤長絙引上、使就題之、去地二十五丈。誕甚危懼、乃戒子孫絕此楷法、著之家令。

鍾會是荀濟北從舅。二人情好不協。荀有寶劍可直百萬、常在母鍾夫人許。孔氏志怪曰、勗以寶劍付妻。會善書。學荀手跡、作書與母取劍、仍竊去不還。世語

日會善學人書伐劉之役於劍閣要鄧艾章表皆約其言令詞旨倨傲多自矜伐艾由此被收

也荀勗知是鍾而無由得也思所以報之後鍾

兄弟以千萬起一宅始成甚精麗未得移住荀

極善畫乃潛往畫鍾門堂作太傅形象衣冠狀

貌如平生二鍾入門便大感慟宅遂空廢孔氏志怪日于是咸謂勗之報會過於所失數十倍彼此書畫巧妙之極

戴安道就范宣學中興書曰逵不遠千里往豫章投范宣宣見逵異之以兄女妻焉視范所為范讀書亦讀書范抄書亦抄書

唯獨好畫范以為無用不宜勞思於此戴乃畫

南都賦圖范看畢咨嗟甚以爲有益始重畫

戴安道中年畫行像甚精妙庾道季看之語戴云神明太俗由卿世情未盡戴云唯務光當免卿此語耳列仙傳曰務光夏時人也耳長七寸好鼓琴服菖蒲韮根湯將伐桀謀於光光曰非吾事也湯曰伊尹何如務光曰彊力忍詬不知其它湯克天下讓於光光曰吾聞無道之世不踐其土況讓我乎負石自沈於盧水

顧長康畫裴叔則頰上益三毛人問其故顧曰裴楷儁朗有識具正此是其識具看畫者尋之定覺益三毛如有神明殊勝未安時愷之歷畫古賢皆爲

之贊也。

顧長康畫人或數年不點目精人問其故顧曰四體妍蚩本無關於妙處傳神寫照正在阿堵中。

顧長康畫謝幼輿在巖石裏人問其所以顧曰謝云一丘一壑自謂過之此子宜置丘壑中。

顧長康好寫起人形續晉陽秋曰愷之圖寫特妙欲圖殷荊州殷曰我形惡不煩爾顧曰明府正爲眼爾仲堪眇目故也。但明點童子飛白拂其上使如輕雲之蔽

白日。作月

○王中郎以圍棊是坐隱。支公以圍棊爲手談。博物志曰。堯作圍棊以教丹朱。語林曰。王以圍棊爲手談。故其在哀制中。祥後客來方幅會戲。

○補 羊敬元少便靜默。美言笑。善容止。交不疑爲烏程令。王獻之爲吳興太守。羊時年十二。王甚知愛之。嘗夏月入縣。羊着新絹裙晝寢。獻之書裙數幅而去。羊本工書。因此彌善。竇蒙述書賦注曰。羊欣字敬元太山人。宋中散大夫。與丘道護同受獻之筆法。張懷瓘書斷曰。羊欣師資大令。時多衆賢。非無雲塵之遠。若親承妙旨。入於室者。唯獨此公。亦猶顏回與夫子。有步驟之近。摵若嚴霜之林。婉如流風之雪。驚禽走獸。駱驛飛馳。可謂王之蓋臣。朝之元老。沈約云。敬元尤長於隷書。子敬之後。可以獨歩。時人云。買王得羊。不失所望。

○○補

蕭賁是竟陵王子良之孫。南史曰。子良字雲英。武帝第二子也。少有清尚。禮才好古。天下才學皆遊集焉。有文才。善書畫。嘗於扇上圖山水。咫尺之内。便覺萬里爲遙。矜慎不傳。自娯而已。

○○補

玄宗忽思嘉陵江山水。假吳生驛遞。令往寫貌。朱景玄唐朝名畫録曰。吳道玄字道子。東京陽翟人。少孤貧。天授之性。年未弱冠。窮丹青之妙。浪迹東洛。明皇知其名。召入内供奉。及回。帝問之。道玄云。臣無粉本並記在心遣於大同殿圖之嘉陵江山水一日而就時有李將軍山水擅名亦畫大同殿數月方畢上曰李思訓數月之功吳道玄一日之跡各極其妙也唐朝名畫錄曰李思訓開元中除衛將軍善畫品格高奇爲國朝山水第一

○○補吳道玄嘗畫殿內五龍鱗甲飛動每欲大雨即生煙霧

寵禮

○○補皇甫度遼解官歸鄉范曄後漢書曰皇甫規字威明安定朝那人官度遼

將軍與太常張奐然明太尉段熲紀明並知名顯達稱爲涼州三明時有以貨得鴈門太守者書刺投謁度遼臥不時起既入見問卿前在郡食鴈美乎有頃白王節信在門度遼驚遽而起衣不及帶屣履出迎援手入坐極歡而別時人爲之語曰徒見二千石不如一逢掖范曄後漢書曰王符字節信安定臨涇人少好學與馬融竇章張衡崔瑗友善和安之後世務游宦更相薦引符獨耿介不同於俗以此不得升進志意蘊憤隱居著書三十餘篇名潛夫論

○○補

趙元叔華嶠後漢書曰趙壹字元叔漢陽西縣人體貌魁梧身長九尺美須豪眉望之

甚偉恃才倨傲爲鄉里所擯後屢抵罪幾至死。友人救得免乃作刺世疾邪賦以舒其怨憤曰

伊五帝之不同禮三王亦又不同樂數極自然變化非是故相反駁德政不能救世溷亂賞罰豈足懲時清濁春秋時禍敗之始戰國愈復增其荼毒秦漢無以相踰越乃更加其怨酷寧計生民之命唯利己而自足于茲迄今情僞萬方佞諂日熾剛克消亡舐痔結駟正色徒行嫗㛂名勢撫拍豪強偃蹇反俗立致咎殃捷懾逐物日富月昌渾然同惑孰溫孰涼邪夫顯進直士幽藏原斯瘼之攸興寔執政之匪賢女謁掩其視聽兮近習秉其威權所好則鑽皮出其毛羽所惡則洗垢求其瘢痕雖欲竭誠而盡忠路絕嶮而靡緣九重既不可啓又羣吠之狺狺安危亡於旦夕肆嗜欲於目前奚異涉海之失柂積薪而待燃榮納由於閃揄孰知辨其蚩妍故法禁屈撓於勢族恩澤不逮於單門寧飢寒於堯舜之荒歲兮不飽暖於當今之豐年乘理雖死

而非凶。違義雖生、而匪存。有秦客者。乃爲詩曰。
河濤不可俟。人命不可延。順風激靡草。富貴者
稱賢。文籍雖滿腹。不如一囊錢。伊憂在堂上。骯
髒倚門邊。魯生聞此詩。繫而作歌曰。勢家多所
宜。咳唾自成珠。被褐懷金玉。蘭蕙化爲芻。賢者
雖獨悟。所困在群愚。且各守爾分。勿復空馳驅。
哀哉復哀哉。此是命矣夫。造河南尹羊陟。謝承後漢書曰。羊
陟遷河南尹。計日
受俸。嘗食乾飯茹菜。禁斷豪右書疏。不與交
通。斷理冤徒。進用善士節操者。旌表異行。不
得見趙以公卿中非陟無足以托名乃日往到
門既通謁尚臥未起元叔遥入上堂遂前臨之
曰竊伏西州承高風舊矣乃今方遇而遽忽然
奈何命也因舉聲哭門下皆驚奔入滿側陟知

非常人起延與語明旦大從車騎造元叔時諸計吏多盛飾車馬帷幙元叔柴車草屏露宿其旁延陟坐於車下相與言談至曛夕而去執其手曰良璞不剖必有泣血以相明者矣琴操曰卞和得玉璞以獻楚懷王使樂正子占之言非玉以其欺謾斬其一足懷王死子平王立和復抱其璞而獻之平王復以爲欺斬其一足平王死和復獻恐復見斷乃抱其玉而哭荊山之中晝夜不止泣盡繼之以血乃與司空袁逢共稱薦之名動京師范曄後漢書曰袁逢字周陽曾祖安祖京父湯累世三公而逢以寬厚篤信著稱於時官至司空卒

元帝正會引王丞相登御牀王公固辭中宗引之彌苦王公曰使太陽與萬物同暉臣下何以瞻仰中興書曰元帝登尊號百官陪位詔王導升御坐固辭然後止

○補謝幼輿為王大將軍長史王平子時在敦坐見幼輿清談無倦唯歎謝長史可與言都不聆敦

○補王丞相常懸一麈尾著帳中後殷中軍來乃取之與中軍曰今以遺汝

○○許玄度停都一月劉尹無日不往乃嘆曰卿復少時不去我成輕薄京尹語林曰玄度出都劉真長九日十一詣之曰

李云十分像
王云何器小乃爾袁虎所以耻為伍也

卿尚不去。使我成薄德二千石。

孝武在西堂會。伏滔預坐。中興書曰。伏滔字玄度。平昌安丘人。少有才學。舉秀才。大司馬桓溫參軍。領大著作。掌國史。游擊將軍卒。還下車呼其兒兒即系也。丘淵之文章錄曰。系字敬齊。仕至光祿大夫。語之曰。百人高會。臨坐未得他語。先問伏滔何在。在此不。此故未易得。為人作父如此何如。

○補

謝萬與太傅共詣簡文。萬來無衣幘。可前。簡文目但前。不須衣幘。即呼使入。萬著白綸巾。鶴氅裘。履板而前。共談移日。

○補

王仲祖病劉眞長爲稱藥荀令則爲量水

補

王孝孫初爲護軍府兵士晉書曰尼本兵家子寓居洛陽卓犖不羈初入洛詣東海王越不拜越問其故尼曰公無宰相之能是以不拜時泰山胡母彥國與瑯琊王澄北地傅暢晉書曰暢字世道祖嘏魏太常父祗光祿大夫侍中右僕射暢未弱冠有重名以選入侍講東宮爲祕書丞爲石勒所得勒甚重之以爲大將軍右司馬中山劉輿潁川荀邃晉書曰邃字道玄祖勗尚書令父藩司空邃解音樂善談論弱冠辟趙王倫相國掾遷太子洗馬河東裴遐共齎羊酒詣門邀孝孫門吏疏名呈護軍護軍驚曰諸名士何得來孝孫所以給府中養馬諸人

○○

劉云此纖悉曲折可尚

王云舊載文季

便就馬廐下炙羊飲酒醉飽而去竟不見護軍護軍大驚即與孝孫長假

張憑舉孝廉出都負其才氣謂必參時彥欲詣劉尹鄉里及同舉者共笑之張遂詣劉劉洗濯料事處之下坐唯通寒暑神意不接張欲自發無端頃之長史諸賢來清言客主有不通處張乃遙於末坐判之言約旨遠足暢彼我之懷一坐皆驚眞長延之上坐清言彌日因留宿至曉張退劉曰卿且去正當取卿共詣撫軍張還船

◎

同侶問何處宿張笑而不答須臾眞長遣傳教

覓張孝廉船同侶惋愕即同載詣撫軍至門劉

前進謂撫軍曰下官今日爲公得一太常博士

妙選既前撫軍與之話言咨嗟稱善曰張憑勃

窣爲理窟即用太常博士

劉云悅子自佳 ○

謝公作宣武司馬屬門生數十人於田曹中郎

趙悅子（伏滔大司馬寮屬名曰悅字悅子下邳人歷大司馬參軍左衛將軍）悅子

以告宣武宣武云且爲用半趙俄而悉用之曰

昔安石在東山縉紳敦逼恐不豫人事況今自

鄉選。反違之邪。

○

羅君章爲桓宣武從事。含別傳曰。刺史庾亮初命含爲部從事。桓溫臨州。轉參軍。謝鎮西作江夏。往檢校之。中興書曰。尚爲建武將軍。江夏相。羅既至。初不問郡事。徑就謝數日。飲酒而還。桓公問有何事。君章云。不審公謂謝尚何似人。桓公曰。仁祖是勝我許人。君章云。豈有勝公人而行非者。故一無所問。桓公奇其意而不責也。

卞範之爲丹陽尹。羊孚南州暫還。往卞許。云。下官疾動。不堪坐。卞便開帳拂褥。羊徑上大牀。入被須枕下回坐傾睞移晨達莫筆去下語曰我以第一理期卿卿莫負我丘淵之文章錄曰範之字敬祖濟陰冤句人祖嵎下邳太守父循尚書郎桓玄輔政範之遷丹陽尹玄敗伏誅

○補

蕭思話從太祖登鍾山北嶺中道有磐石清泉上使於石上彈琴因賜以酒謂曰相賞有松石間意沈約宋書曰蕭思話南蘭陵人孝懿皇后弟子也涉獵書傳能隸書解音律便弓馬官至鎮西將軍

○

○補

王僕射儉也高自標位常自比漢李膺時人呼儉府為入芙蓉池當用庾杲之為衛軍長史謂人

◎

曰昔袁公粲也作衛軍欲用我爲長史雖不獲就要是意向如此今亦應須我輩人也按蕭綱與儉書曰盛府元僚定難其選庾景行泛淥水依芙蓉何其麗也時以儉府爲蓮花池故綱書美之

○補

柳惔與兄悅小時齊名王僕射一日造世隆宅南史曰世隆字彥緒河東解人父叔宗世隆幼孤挺然自立涉獵文史音吐溫潤位至尚書僕射性清廉唯事墳典張緒問曰觀君舉措當以淸名貽子孫耶答曰一身之外亦復何須子孫不才將爲爭府如其才也不如一經世隆謂爲詣己及至門唯求悅與惔遣謂世隆曰賢子俱有盛才一日見顧今故報禮若仍相造似非本意恐年少窺人南史

○補

日柳世隆長子悅字文殊少有清致位中書郎次子惔字文通好學工文尤曉音律少與兄悅齊名仕至尚書左僕射

補

孔休源梁書曰孔休源字慶緒會稽人晉尚書沖八世孫沖卽愉之世父休源從沈麟士受經梁臺建與劉之遴同爲太學博士當時以爲美選後爲晉安王長史加金紫光祿大夫爲晉安王長史簡文初封晉安王王深相倚仗嘗於齋中別施一榻云此是孔長史坐續世說曰昭明太子亡後召休源入宴居殿與羣公參定謀議立晉安王爲太子公卿珥貂插筆奏決於休源前休源怡然無愧時人名爲兼天子

陶貞白隱茅山武帝每有征討大事輒先咨訪

世説新語補卷之十六　廿一

月中常有數信時謂山中宰相。弘景傳曰弘景家貧求宰縣不遂永明十年止於句曲山曰此山下是第八洞宮名金壇華陽之天周迴一百五十里昔漢有咸陽三茅君得道來掌此山故謂之茅山乃中山立館自號華陽隱居特愛松風庭院皆植松每聞其響欣然爲樂嘗謂門人曰吾見朱門廣厦雖識其華樂而無欲往之心望高巖瞰大澤知此難立止恒自欲就之武帝既早與之遊及即位書問不絶弘景得神符秘訣以爲神丹可成而苦無藥物帝給黄金朱砂曾青雄黄等後合飛丹色如霜雪帝服有驗益敬重之每得其書焚香拜受二宮及侯王貴要相繼贈遺多不納縱留者亦作功德大同二年卒顏色不變屈伸如常香氣累日氤氳滿山。

○補

李德林每贊平陳之計。隋書曰開皇八年以高熲爲元帥帥師伐陳熲謂郎中薛道衡曰，江東可克乎。道衡曰，克之。郭璞言江東分王三百年，復與中國合。今此數將周，一也。主上恭儉勤勞，叔寶荒淫驕侈，二也。國之安危在所寄任，彼以江總爲相，唯事詩酒，友小人施文慶，委以政事，蕭摩訶任蠻奴爲大將，皆一夫之用耳，三也。我有道而大，彼無德而小，量其甲士不過十萬，西自巫峡東至滄海，分之則勢懸而力弱，聚之則守此而失彼，四也。席卷之勢，事在不疑。

隋高祖 隋書曰，帝諱堅，姓楊氏，漢太尉震之裔。父忠事魏及周，封隋公。至堅進爵爲王，明年稱帝。

以馬鞭南指曰，待平陳之後，會以七寶莊嚴公。

補

韋綬在翰林 唐書韋貫之傳曰，貫之八代祖敻，仕周，號逍遙公。父肇，官至吏部侍郎，有重名。貫之伯兄綬，德宗朝爲翰林學士。貞元之政，多參決於内署。綬所議多合中道，然畏愼致傷晩多心疾故不極其用。德宗嘗至其院韋妃從幸唐書曰韋賢妃不知氏族所出。貞元二年冊爲賢妃。六宮師其德行。會綬方寢學士鄭絪欲馳告之帝不許時適大寒帝以妃蜀纈袍覆而去。劉昫唐書曰鄭絪字文明少有奇志好學善屬文張參蔣乂楊綰常袞皆相知重。憲宗朝拜中書侍郎集賢殿大學士。絪以文學進。踐歷華顯者四十年。所居雖無赫奕稱而守道敦篤躭悅墳典與時聞好古之士爲講論名理之游時人仰其著德

○補

令狐綯在翰林日。夜對禁中帝命以乘輿金蓮華炬送還院吏望見以爲天子來俄傳呼曰學士歸院。康駢劇談錄曰宣宗皇帝有宵衣旰食之懷。仄席訪賢每如不及令狐相國綯

爲學士候對。便以爲有宰輔之才。一夕於禁林
寓直。忽有中使。召至便殿。引於御榻之前。上自
宣。令坐。問卿來從江表。見彼中甿庶安否。廉察
郡守。字人求瘼之道如何。朕常思四海之大。九
州之廣。雖明君不能自理。常須良弼賢佐。適來
竊窺朝廷。皆未覩其忠赤。相國降階俯伏曰。聖
意如此。微臣便合得罪。上曰。卿纔爲翰林學士。
所職者。朕之絲綸。向來之言。本不相及。既而復
宣。令坐。以玉杯斟酒賜之。御牀案上有書兩卷。
指謂相國曰。朕聽政之暇。未嘗不披尋史籍。此
先朝所述金鏡。一卷則尚書大禹謨。復問卿曾
讀金鏡否。試舉其要。相國抗聲而誦。至亂未嘗
不任不肖。理未嘗不任忠賢。任忠賢則享天下
之福。任不肖則受天下之禍。上止之曰。朕每讀
至此。未嘗不三復後已。書又云。任賢勿貳。去邪
勿疑。是則欲致昇平。當用此言爲首。相公折難
而稱曰。先臣父每言。金鏡垂裕。可爲萬古格言。
自非聰明文思。無以擿其壼奧。况堯舜禹湯之

道在典謨訓誥之間。陛下不以黄屋爲尊。每覽之於夙夜。將欲擇賢舉善。使庶績咸熙。如此則功冠百王。事超三五矣。上曰。曩者仰卿材器。今日觀卿詞學。臨軒竚立久之。謂中使曰。持燭送學士歸院。及還禁林。夜漏將半。咸以近臣恩澤殆無其比。

○補

錢文僖守西都 東都事畧曰。錢惟演字希聖。幼有後才。父俶使賦遠山詩。有高爲天一柱。秀作海三峰之句。俶異之。咸平中獻所爲文章。擢知制誥。惟演少富貴。能志於學。文章與楊億。劉筠。齊名。嘗曰。學士備顧問。不可不該博。故其家聚書侔於秘府。文多藏古書畫。後以平章事判許州卒。謚文僖。

謝希深 龔明之中吳紀聞曰。謝絳字希深。太子賓客濤之子。楊文公薦其才。召充秘閣校理。寶元初。知鄧州。自少而仕。凡五十年。自守不回。而外亦不甚異。一時賢士大夫。無不敬之。子景初。景温。皆爲名儒。

歐陽永叔 東都事畧曰。歐

◎

陽修。字永叔。吉州廬陵人。舉進士。試國子監。禮部。皆第一。仁宗朝。知制誥。常目之曰。如歐陽修者。何處得來。後以觀文殿學士。太子少師。致仕。同在幕下。一日游嵩山。自潁陽歸。暮抵龍門香山。低而雪。作登石樓望都城。各有所懷。希深書曰。近詔書遣出嵩嶽。讀祝漆幣。府以歐陽永叔楊子聰分攝會。尹師魯王幾道至。是時秋清日陰。晩花幽草。蔚蔽巖壁。正當人力淸壯。加有朋簪談燕之適。升高躡險。氣豪心果。道徑差平。則騰輿以行。嶄崒斗甚。則苾蹻以進。抵峻極上院。躋封禪壇。下瞰羣峰。乃向所跂望。謂非插翼不可到者。皆培塿焉。邑居樓觀。人物之夥。視若蟻壤。又尋韓文公所謂石室。詣盡東峰頂。夕宿頂上。露下。冷透骨髮。明日訪歸路。出登封西門。道潁陽。縱望太室。觀少室之臭。訪石堂山紫雲洞。會將雨而去。題名蓋十七處。自長夏門入。繞松

轘二陸四百里謂之勝覽矣今既還府忽
便有塵事使汩急爲此奉報庶代一夕之談

於煙靄中有車馬渡伊水來既至則文僖遣廚
傳歌妓至傳公語曰山行良佳少留龍門賞雪
無遽歸也其高曠愛才如此

周煇清波雜志曰
思公既貶漢東王
文康公曙代爲留守一日訶幕客多遊責曰君
等自比寇萊公何如萊公尚坐奢縱取禍況其
下者衆不敢對永叔取手板起立曰萊公之禍
不在杯酒在老不知退耳時文康年已高爲之
動四座
偉之

〇〇補

任誕上

鄭泉臨卒時語同輩曰必葬我陶家之側庶百

歲之後化而成土幸見取爲酒壺實獲我心矣

吳書曰鄭泉字文淵陳郡人博學有奇志而性嗜酒仕吳官太中大夫使蜀先主問曰吳王何以不答吾書得無以吾正名不宜乎泉曰曹氏凌轢漢室終奪其位殿下既爲宗室有維城之責不荷戈執殳爲海內率先而於是自名未合天下之議是以寡君未復書耳先主有慚色

○○補

晉文帝大親愛阮嗣宗恒與談戲任其所欲不迫以職事阮嘗從容言曾遊東平樂其土風願得爲東平太守文帝說從其意阮騎驢徑到郡至則壞府舍諸壁障使內外相望然後教令清寧十許日便復乘驢去

劉伶病酒渴甚從婦求酒婦捐酒毀器涕泣諫曰君飲太過非攝生之道必宜斷之伶曰甚善我不能自禁唯當祝鬼神自誓斷之耳便可具酒肉婦曰敬聞命供酒肉於神前請伶祝誓伶跪而祝曰天生劉伶以酒爲名一飲一斛五斗觧酲毛詩注曰酒病曰酲婦人之言愼不可聽便引酒進肉隗然已醉矣見竹林七賢論

劉伶恒縱酒放達或脱衣裸形在屋中人見譏之伶曰我以天地爲棟宇屋室爲褌衣諸君何

王云豈可以嗣宗爲得中此言何可訓也

爲入我幝中。鄧粲晉紀曰客有詣伶値其裸袒伶笑曰吾以天地爲宅舍以屋宇爲幝衣諸君自不當入我幝中又何惡乎其自任若是。

阮步兵喪母裴令公往弔之阮方醉散髮坐牀箕踞不哭裴至下席於地哭弔唁畢便去或問裴凡弔主人哭客乃爲禮阮既不哭君何爲哭裴曰阮方外之人故不崇禮制我輩俗中人故以儀軌自居時人歎爲兩得其中。名士傳曰阮籍喪親不率常禮裴楷往弔之遇籍方醉散髮箕踞旁若無人楷哭泣盡哀而退了無異色其安同異如此戴逵論之曰若裴公之制弔欲冥其外以護內有達意也有弘防也。

阮公鄰家婦有美色當壚酤酒阮與王安豐常從婦飲酒阮醉便眠其婦側夫始殊疑之伺察終無他意王隱晉書曰籍鄰家處子有才色未嫁而卒籍與無親生不相識往哭盡哀而去其達而無檢皆此類也

阮籍嫂嘗還家籍見與別或譏之曲禮嫂叔不通問故譏之籍曰禮豈為我輩設也

劉公榮與人飲酒雜穢非類人或譏之荅曰勝公榮者不可不與飲不如公榮者亦不可不與飲是公榮輩者又不可不與飲故終日共飲而

醉。劉氏譜曰。昶字公榮。沛國人。晉陽秋曰。昶爲人通達。仕至兖州刺史。

○補

王安豐顗脫不持儀形。好乘巴騼馬。雖爲三司。率爾私行巡省田園。不從一人。自以手巾插腰。竹林七賢論曰。戎故吏多大官。相逢輒下道避之。

○

○

阮仲容步兵居道南。諸阮居道北。北阮皆富。南阮貧。七月七日。北阮盛曬衣。皆紗羅錦綺。仲容以竿挂大布犢鼻褌於中庭。人或怪之。答曰。未能免俗。聊復爾耳。竹林七賢論曰。諸阮前世皆儒學。善居室。唯咸一家尚道棄事。好酒而貧。舊俗七月七日。法當曬衣。諸阮庭中。爛然錦綺。咸時總角。乃豎長竿。挂犢鼻褌。

劉云不成語

○○　○○

也。

阮渾長成風氣韻度似父亦欲作達步兵曰仲容已預之卿不得復爾

竹林七賢論曰籍之抑渾蓋以渾未識己之所以爲達也後咸兄子簡亦以曠達自居父喪行遇大雪寒凍遂詣浚儀令令爲它賓設黍臛簡食之以致清議廢頓幾三十年是時竹林諸賢之風雖高而禮教尚峻迨元康中遂至放蕩越禮樂廣譏之曰名教中自有樂地何至於此樂令之言有旨哉謂彼非玄心徒利其縱恣而已

阮仲容先幸姑家鮮卑婢及居母喪姑當遠移初云當留婢既發定將去仲容借客驢著重服自追之累騎而返曰人種不可失卽遙集之母

也。竹林七賢論曰、咸既追婢、於是世議紛然。自魏末沈淪閭巷、逮晉咸寧中始登王途。阮孚別傳曰、咸與姑書曰、胡婢遂生胡兒。姑答書曰、魯靈光殿賦曰、胡人遥集於上楹。可字曰遥集也。故孚字遥集。

○

○

山季倫爲荆州時、出酣暢。人爲之歌曰、山公時一醉、徑造高陽池。日莫倒載歸、茗艼無所知。復能乘駿馬、倒着白接䍦。舉手問葛彊、何如并州兒。高陽池在襄陽。彊是其愛將、并州人也。襄陽記曰、漢侍中習郁於峴山南依范蠡養魚法作魚池。池邊有高隄、種竹及長楸、芙蓉菱芡覆水、是遊燕名處也。山簡毎臨此池、未嘗不大醉而還。曰、此是我高陽池也。襄陽小兒歌之。

◎

王云未聞稱阮作賊

祖車騎過江時公私儉薄無好服玩王庾諸公共就祖忽見裘袍重疊珍飾盈列諸公怪問之祖曰昨夜復南塘一出祖于時恒自使健兒鼓行刼鈔在事之人亦容而不問晉陽秋曰逖性通濟不拘小節又賓從多是桀黠勇士逖待之皆如子弟永嘉中流民以萬數揚土大飢賓客攻剽逖輒擁護全衛談者以此少之故久不得調　千古談者總一冊生

桓宣武少家貧戲大輸債主敦求甚切思自振之方莫知所出陳郡袁耽俊邁多能袁氏家傳曰耽字彥道陳郡陽夏人魏郎中令渙曾孫也魁梧爽朗高風振邁少倜儻不羈有異才士人多歸之仕

至司徒從事中郎。宣武欲求救於躭，躭時居艱，恐致疑，試以告焉。應聲便許，略無慊吝。遂變服，懷布帽，隨溫去與債主戲。躭素有蓺名，債主就局曰：「汝故當不辦作袁彥道邪？」遂共戲。十萬一擲，直上百萬數，投馬絕叫，傍若無人。探布帽擲對人曰：「汝竟識袁彥道不？」〔郭子曰：桓公樗蒱，失數百斛米，求救於袁躭。躭在艱中，便云：「大快！我必作采，卿但大喚。」即脫其衰，共出門去。覺頭上有布帽，擲去，著小帽。既戲，袁形勢呼祖，擲必盧雉，二人齊叫，敵家頃刻失數百萬也。〕

○○補

王孝孫早歲喪妻，有一子，貧無居宅，惟畜露車有牛一頭每行輒使御之暮則共宿車上常歎曰滄海橫流處處不安也。

○○補

光孟祖避難渡江欲投胡母彥國初至值彥國與謝鯤諸人散髮裸袒閉室酣飲已累日孟祖將排戶守者不聽孟祖便於戶外脫衣露頭於狗竇中窺之而大叫彥國驚曰他人決不能爾必我孟祖遽呼入與飲時人謂之八達 晉書曰光逸字孟祖樂安人也初爲博昌小吏縣令使逸送客冒寒舉體凍濕還遇令不在解衣炙之入令被中臥令還大怒將加嚴罰逸曰家貧衣單沾濕無可代若不暫溫熱必凍死奈何惜一被而殺一

人乎。今奇而釋之。後舉孝廉。元帝以爲軍諮祭酒。

任愷既失權勢。不復自檢括。或謂和嶠曰。卿何以坐視元裒敗而不救。和曰。元裒如北夏門拉攞。自欲壞。非一木所能支。晉諸公贊曰。愷字元裒。樂安博昌人。有雅識國幹。萬機大小多綜之。與賈充不平。充乃啓愷掌吏部。又使有司奏愷用御食器。坐免官。世祖情遂薄焉。

〇補

胡毋彥國至湘州。爾時三伏中。彥國坐正衙。搖扇視事。其子子光從容顧語曰。彥國復何爲自貽伊戚。晉陽秋曰。彥國子謙之。字子光。

○○　劉云市井咲語

劉道眞少時常漁草澤善歌嘯聞者莫不留連有一老嫗識其非常人甚樂其歌嘯乃殺豚進之道眞食豚盡了不謝嫗見不飽又進一豚食半餘半迺還之後爲吏部郎嫗兒爲小令史道眞超用之不知所由問母母告之於是齎牛酒詣道眞道眞曰去去無可復用相報

阮宣子常步行以百錢挂杖頭至酒店便獨酣暢雖當世貴盛不肯詣也名士傳曰阮修字宣子陳留尉氏人好老易能言理性簡任不喜見俗人時訣相逢郎舍去傲然無營家無儋石之儲晏如也瑯邪王處

王云季鷹此意蓋遂欲避世間敢名客耳渠亦那能盡忘本謂

仲爲鴻臚卿。謂曰。鴻臚丞差有祿。卿常無食。能作不。修曰。爲復可耳。遂爲鴻臚丞。太子洗馬。

○補 宋禕是石崇妓綠珠弟子。有國色。善吹笛。後在晉明帝宮。帝疾患危篤。群臣進諫。請出宋禕。時朝賢悉見。帝曰。卿諸人誰欲得者。衆人無言。阮遙集時爲吏部尚書。對曰。願以賜臣。帝即遣出與之

○○ 張季鷹縱任不拘。時人號爲江東步兵。或謂之曰。卿乃可縱適一時。獨不爲身後名邪。答曰。使我有身後名。不如即時一杯酒。文士傳曰。翰任性自適。無求當

虛名乃令此詩千載

○○

○○

王云此故有致

世。時人貴其曠達

畢茂世云。一手持蟹螯。一手持酒杯。拍浮酒池中。便足了一生。晉中興書曰。畢卓。字茂世。新蔡人。少傲達。爲胡母輔之所知。太興末。爲吏部郎。嘗飲酒廢職。比舍郎釀酒熟。卓因醉夜至其甕間。取飲之。主者謂是盜。執而縛之。知爲吏部也。釋之。卓遂引主人燕甕側。取醉而去。溫嶠素知愛卓。請爲平南長史。卒。

賀司空入洛赴命。爲太孫舍人。經吳閶門。在船中彈琴。張季鷹本不相識。先在金閶亭。聞絃甚淸。下船就賀。因共語。便大相知。說問賀。卿欲何之。賀曰。入洛赴命。正爾進路。張曰。吾亦有事北

王云達人先須
去慾周顗謝鯤

京因路寄載便與賀同發初不告家家追問迺知賀循別傳曰。循字彥先。會稽山陰人。本姓慶。高祖純。避漢帝諱。改爲賀氏。父劭。吳中書令。以忠正見害。循少嬰家禍。流放海隅。吳平乃還。秉節高舉。元帝爲安東王。循爲吳國內史。

鴻臚卿孔羣好飲酒王丞相謂云卿何爲恒飲酒不見酒家覆瓿布日月糜爛羣曰不爾不見糟肉乃更堪久羣嘗書與親舊今年田得七百斛秫米不了麴糵事

有人譏周僕射與親友言戲穢雜無檢節鄧粲晉紀曰。王導與周顗及朝士詣尚書紀瞻觀伎。瞻有愛妾。能爲新聲。顗於衆中。欲通其妾。露其醜穢。

何乃以色爲遊

顏無作色。有司奏
免顗官。詔特原之
周曰吾若萬里長江何能不
千里一曲。

○○
王長史謝仁祖同爲王公掾。
王濛別傳曰丞相
王導辟名士時賢
協贊中興濛命所加
必延俊乂辟濛爲掾
長史云謝掾能作異舞謝
便起舞神意甚暇。
晉陽秋曰尚性通任善音樂
語林曰謝鎮西酒後於槃案
間爲洛市肆工
鴝鵒舞甚佳
王公熟視謂客曰使人思安豐
戎性通任
尚類之

○補
謝鎮西着紫羅襦據胡牀在大市佛圖門樓上。
彈琵琶作大道曲。

劉云太眞賭身奴價

溫太眞位未高時屢與揚州淮中估客樗蒱與輒不競嘗一過大輸物戲屈無因得反與庾亮善於舫中大喚亮曰卿可贖我庾即送直然後得還經此數四（中興書曰嶠有儁朗之目而不拘細行）

溫公喜慢語卞令禮法自居（卞壼別傳曰壼正色立朝百寮嚴憚之貴遊子弟莫不祗肅）至庾公許大相剖擊溫發口鄙穢庾公徐曰太眞終日無鄙言（重其達也）

周伯仁風德雅重深達危亂過江積年恒大飲酒嘗經三日不醒時人謂之三日僕射（晉陽秋曰初顗

以雅望獲海內盛名。後屢以酒失。庾亮曰。周侯末年。可謂鳳德之衰也。語林曰。伯仁正有姊喪。三日醒。姑喪。三日醉。大損資望。每醉。諸公常共屯守。

○○蘇峻亂。諸庾逃散。庾冰時為吳郡。單身奔亡。民吏皆去。唯郡卒獨以小船載冰出錢塘口。籧篨覆之。時峻賞募覓冰。屬所在搜檢甚急。卒捨船市渚。因飲酒醉還。舞棹向船曰。何處覓庾吳郡。此中便是。冰大惶怖。然不敢動。監司見船小裝狹。謂卒狂醉。都不復疑。自送過淛江。寄山陰魏家得免。中興書曰。冰為吳郡。蘇峻作逆。遣軍伐冰。冰棄郡奔會稽。後事平。冰

王云為卒計誠無踰此

王云大無賴

欲報卒。適其所願。卒曰。出自厮下。不願名器。少苦執鞭。恒患不得快飲酒。使其酒足餘年畢矣。無所復須。冰爲起大舍。市奴婢。役門內。有百斛酒。終其身。時謂此卒。非唯有智。且亦達生。

殷洪喬作豫章郡。殷氏譜曰。羨字洪喬。陳郡人。父識。鎮東司馬。羨仕至豫章太守。臨去。都下人因附百許函書。既至石頭。悉擲水中。因祝曰。沉者自沉。浮者自浮。殷洪喬不能作致書郵。

王光祿云。酒正使人人自遠。周祗隆安記曰。王蘊字叔仁。小字阿與殷濛司徒左長史。風流標望。藴爲鎭軍將軍。亦得世譽。續晉陽秋曰。藴素嗜酒。末年尤甚。及在會稽。略少醒日。

桓車騎在荆州。張玄爲侍中。使至江陵。路經陽岐村。村臨江。去荆州二百里。俄見一人。持半小籠生魚。徑來造船云。有魚。欲寄作膾。張乃維舟而納之。問其姓字。稱是劉遺民。中興書曰。劉驎之。一字遺民。張素聞其名。大相忻待。劉既知張銜命。問謝安王文度並佳不。張甚欲話言。劉了無停意。既進膾。便去。云向得此魚。觀君船上當有膾具。是故來耳。於是便去。張乃追至劉家，為設酒，殊不清旨。張高其人，不得已而飲之。方共對飲，劉便先起，云：今正伐荻，不宜久廢。張亦無以留之。

桓子野每聞清歌，輒喚奈何。謝公聞之曰：子野可謂一往有深情。

王劉共在杭南，酣宴於桓子野家。謝鎮西往尚書墓還，謝氏譜曰：謝裒字幼儒，陳郡人。父衡，博士。裒歷侍中、吏部尚書、吳國內史。葬後三日反哭。諸人欲要之，初遣一信，猶未許，然已停車。重要，便回駕。諸人門外迎之，把臂便下。

裁得脫幘着帽酣宴率坐乃覺未脫衰宋明帝文章志曰尚性輕率不拘細行兄葬後往墓還王濛劉惔共遊新亭濛欲招尚先以問惔曰計仁祖正當不爲異同耳惔曰仁祖韻中自應來乃遣要之尚初辭然已無歸意及再請輒回軒焉其率如此

李卓吾批點世說新語補卷之十六

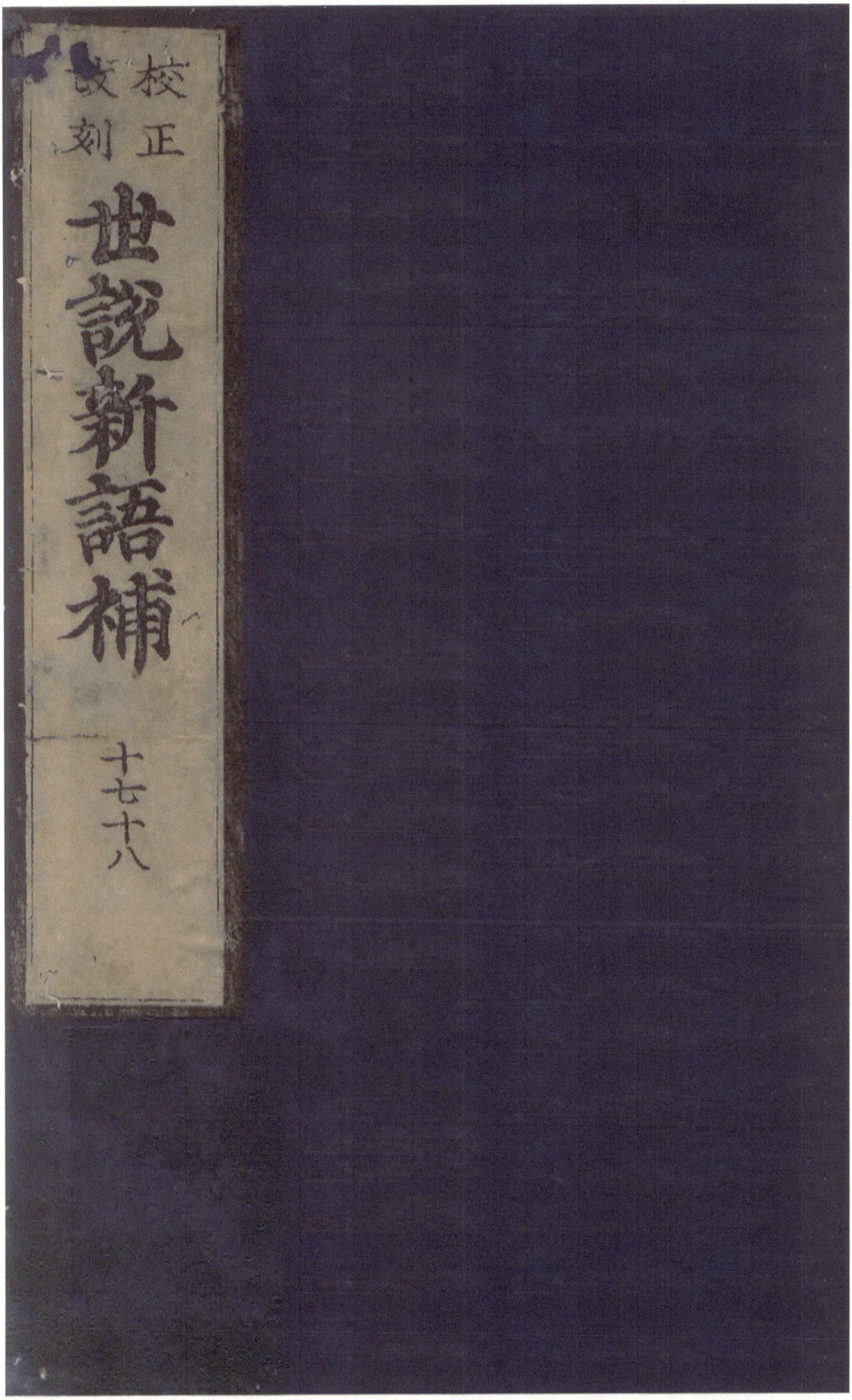
校正
改刻
世說新語補
十七十八

◎

李卓吾批點世說新語補卷之十七

宋　劉義慶　撰
梁　劉孝標　注
宋　劉辰翁　批
明　何良俊　增
王世貞　刪定
王世懋　批釋
李贄　批點
張文柱　校注

○○王云大是佳境

○○王云興自達高○

任誕下

王子猷居山陰。夜大雪。眠覺開室。命酌酒。四望皎然。因起彷徨。詠左思招隱詩。中興書曰。徽之任性放達。棄官東歸。居山陰也。左詩曰。杖策招隱士。荒塗橫古今。巖穴無結構。丘中有鳴琴。白雲停陰岡。丹葩曜陽林。忽憶戴安道。時戴在剡。即便夜乘小船就之。經宿方至。造門不前而返。人問其故。王曰。吾本乘興而行。興盡而返。何必見戴。

王衛軍云。酒正自引人著勝地。

王子猷出都。尚在渚下。舊聞桓子野善吹笛。而

王云佳境乃在末語

不相識遇桓於岸上過王在船中客有識之者云是桓子野王便令人與相聞云聞君善吹笛試為我一奏桓時已貴顯素聞王名即便回下車踞胡牀為作三調弄畢便上車去客主不交一言

桓南郡被召作太子洗馬玄別傳曰玄初拜太子洗馬時朝廷以溫有不臣之迹故抑玄為素官船泊荻渚王大服散後已小醉往看桓桓為設酒不能冷飲頻語左右令溫酒來桓乃流涕嗚咽王便欲去桓以手巾掩淚因

王云道得靈寶
哀樂情狀

謂王曰犯我家諱何預卿事晉安帝紀曰玄哀樂過人每歡戚之發未嘗不至鳴咽王歎曰靈寶故自達異苑曰玄生而有光照室善占者云此兒生有奇耀宜目為天人宣武嫌其三文復言為神靈寶猶復用三既難重前却減神一字名曰靈寶語林曰玄不立忌日止立忌時其達而不拘皆此類

○○

羅友作荊州從事桓宣武為王車騎集別車騎王洽也友進坐良久辭出宣武曰卿向欲咨事何以便去答曰友聞白羊肉美一生未曾得喫故冐求前耳無事可咨今已飽不復須駐了無慚色晉陽秋曰友字它仁襄陽人少好學不持節檢性嗜酒當其所遇不擇士庶又好伺人祠往乞

餘食。雖復營署壚肆。不以爲羞。桓溫常責之云。君太不逮。須食何不就身求。乃至於此。方儼然不屑。答曰。就公乞食。今乃可得。明日已復無溫。大笑之。始仕荊州。後在溫府。以家貧乞祿。溫雖以才學遇之。而謂其誕肆。非治民才。許而不用。後同府人有得郡者。溫爲席起別。方至尤晚。問之。友答曰。民性飲酒嗜味。昨奉敎旨。乃是首旦出門。於中路逢一鬼。大見揶揄云。我只見汝送人作郡。何以不見人送汝作郡。民始怖終慚。回還以辭。不覺成淹緩之罪。溫雖笑其滑稽。而心頗愧焉。後以爲襄陽太守。累遷廣益二州刺史。在藩舉其宏綱。不存小察。甚爲吏民所安說。薨於益州。

張驎驎。張湛小字也。晉東宮官名曰。湛字處度。高平人。張氏譜曰。湛祖嶷。正員外。父曠。鎭軍司馬。湛仕至中書郎。酒後挽歌甚悽苦。桓車騎曰。卿非王云此注郎是挽歌事始。博洽乃爾。

田横門人何乃頓爾至致譙子法訓云有喪而歌者或曰彼爲樂喪也。有不可乎。譙子曰書云四海遏密八音。何樂喪之有。曰今喪有挽歌者何以哉。譙子曰周聞之。蓋高帝召齊田横至尸鄉亭。自刎奉首。從者挽至於宮。不敢哭而不勝哀。故爲歌以寄哀音。彼則一時之爲也。鄰有喪舂不相引輓人銜枚。孰樂喪者邪。按莊子曰紼謳所生必於斥苦。司馬彪注曰紼引柩索也。斥疏緩也。苦用力也。引紼所以有謳歌者爲人有用力不齊。故促急之也。春秋左氏傳曰魯哀公會吳伐齊。其將公孫夏命歌虞殯。杜預曰虞殯送葬歌。示必死也。史記絳侯世家曰周勃以吹簫樂喪。然則挽歌之來久矣。非始起於田横也。然譙氏引禮之文頗有明據。非固陋者所能詳聞。疑以傳疑。以俟通博。

王孝伯問王大阮籍何如司馬相如。王大曰阮

應登云道孫

籍胷中壘塊故須酒澆之。言阮皆同相如而飲酒異耳。

王佛大歎言三日不飲酒覺形神不復相親。晉安帝紀曰忱少慕達好酒在荊州轉甚一飲或至連日不醒遂以此死宋明帝文章志曰忱嗜酒醉輒經日自號上頓世喭以大飲為上頓起自忱也。

王孝伯言名士不必須奇才但使常得無事痛飲酒熟讀離騷便可稱名士。

王長史登茅山大慟哭曰琅邪王伯輿終當為情死。王氏譜曰廞字伯輿琅邪人父薈衛將軍廞歷司徒長史周祗隆安記曰初王恭將唱義使廞喻三吳廞居喪拔以為吳國內史國寶既死恭罷兵令廞反喪服廞大怒即日據吳都以叛。恭使司馬劉牢之討廞。廞敗，不知所在。

○補　陶靖節在家。郡將候陶，值其酒熟，取頭上葛巾漉酒。漉畢，還復着之。

○補　陶淵明爲彭澤令，公田三百畝，悉令吏種秫稻。妻子固請種秔，乃使二頃五十畝種秫，五十畝種秔。

○補　王敬弘爲尚書僕射，關署文案，初不省讀。嘗豫聽訟，上問以疑獄，敬弘不對。上變色，問左右何故不以訊牒副僕射。敬弘曰：臣乃得訊牒讀之，

政自不鮮

○補

顔延之不能取容當世宋文帝傳詔召之頻不肯詣常日但入酒店裸袒挽歌了不應對他日醉醒入見帝帝問以諸子才能延之曰竣得臣筆測得臣文㚟得臣義躍得臣酒何尚之因問誰得卿狂答曰其狂不可及 南史曰竣早有文義有文集行於世竣弟測亦以文章見知官至江夏王大司馬録事參軍㚟明帝時權爲中書侍郎

○補

謝康樂因父祖之資生業甚厚奴僕既衆義故門生數百鑿山浚河功役無已尋山陟嶺必造

幽峻巖嶂千重莫不遍歷登躡常着木屐上山則去前齒下山去其後齒嘗自始寧南山伐木開逕直至臨海從者數百人臨海太守王琇驚駭謂是山賊徐知是靈運乃安沈約宋書曰靈運要琇更進琇不肯靈運贈詩曰邦君難地險旅客易山行靈運後在會稽亦多徒衆驚動縣邑

○○補
袁尹疎放好酒嘗步屧白楊郊野間道遇一士人便呼與酣飲明日此人謂被知遇詣門求通袁曰昨日飲酒無偶聊相邀爾勿復爲煩

○○補
謝長史性通脫會意便行嘗預樂遊苑宴不得

○○補

王云酒人文不多見此書使與與酒德頌並傳

醉而還因詣道邊酒壚停車褰幔與車前三騶對飲觀者如堵謝處之自若。南史曰謝幾卿靈運之曾孫超宗子也十二補國子生齊文慧太子自臨策試謂王儉曰幾卿本長玄理今以經義訪之儉承旨發問幾卿辯釋無滯文慧大稱賞焉儉謂之曰謝超宗爲不死矣及長博學有文采天監中至左光祿長史。

補陳暄文才俊逸而沈湎過度兄子秀致書止之暄答曰速營糟丘吾將老焉南史曰暄義興國山人也慶之南壯司二州刺史暄文才俊逸嗜酒無節操兄子秀常憂之暄飲酒過多致書於暄友人何胥冀其諫暄與秀書曰見汝書與孝典陳吾飲酒過差吾有此好五十餘年昔吳國張公亦稱耽嗜吾

見張公時已六十。自言引滿大勝少年。吾今所進亦勝於往日。老而彌篤。唯吾與張季鷹耳。吾方與此子交歡地下。汝欲知我此志耶。昔阮咸阮籍同遊竹林。宣子不明斯言。王湛能玄言巧騎。武子呼爲癡叔。何陳留之風不嗣太原之氣歸然翻成可怪。吾既寂寞當世。朽病殘年。産不異於顏原。名未動於卿相。若不日飮醇酒。復欲安歸。汝以飮酒爲非。吾以不飮爲過。昔周伯仁渡江。唯三日醒。吾不以爲少。鄭康成一日三百盃。吾不以爲多。吾嘗譬酒猶水也。可以濟舟。亦可以覆舟。故江諮議有言。酒猶兵也。兵可千日而不用。不可一日而不備。酒可千日而不飮。不可一飮而不醉。美哉江公。可與論酒矣。汝驚吾墜車侍中之門。陷池武陵之第。遍歷朝野。自言憔悴。丘也幸。苟有過。人必知之。吾平生所願身没之後。題吾墓云。陳故酒徒陳君之神道。若斯志意。豈避南征之不復。賈誼之慟哭。若哉何水曹眼不識盃鐺。吾口不離瓢杓。汝寧與何同日而醒。與吾同日而醉乎。政言其醒可及。其醉不可及也。後主用為散騎常侍。以尋發悖死。

○補 齊神武 北史曰。齊高祖神武皇帝。姓高氏。諱歡。渤海蓚人。仕魏為丞相。百戰而剪凶徒。尊主匡國。功濟天下。卒備九錫殊禮。諡獻武王。天統元年。改諡神武。

欲用李元忠為僕射 李百藥齊書曰。李元忠趙郡平棘人。少厲志操。粗覽書史。神武建義。拜侍中。雖處要任。不以物務干懷。大率常醉。家事大小了不關心。園庭羅種果藥。親朋尋詣。必留連宴賞。挾彈攜壺。遊遨里閈。每言寧無食不可使我無酒。阮步兵吾師也。孔少府豈欺我哉。後自中書令復求為太常卿。以其有音樂而多美酒也。

文襄言其常醉 北史曰。文襄帝諱澄。神武長子。

不可委以臺閣其子搔聞之請元忠節飲。元忠曰。我言作僕射不勝飲酒樂。爾愛僕射。

宜勿飲酒。齊書曰、搔字德沈。時人稱有思理。終於儀曹郎。

○○補張思光居常歎曰、不恨我不見古人。所恨古人不見我。

○○補王無功待詔門下省。故事官給酒日三升。或問待詔何樂耶。無功答曰、良醞可戀耳。侍中陳叔達聞之曰、給一斗。時號斗酒學士。劉昫唐書曰、陳叔達字子聰。陳宣帝第十六子也。善容止。有才學。在陳封義陽王。年十餘歲嘗侍宴。賦詩十韻。援筆便就。僕射徐陵甚奇之。入隋久不得調。武德四年拜侍中。

○○補韓朝宗爲山南採訪。柳子厚先友記曰、韓會字朝宗。昌黎人。善清言。有文章名最高。然以故多謗。至起居郎。貶官卒。謂孟浩然深閑詩律。寘諸周行。必詠穆如之誦。雅詩曰。吉甫作誦。穆如清風。因入奏。挾與俱。行光揚于朝。約日引謁。會浩然有故人至。劇飲歡甚。或言與韓公約。不當後。期浩然叱曰。業已飲矣。身行樂耳。遑恤其他。漢楊惲。南山種豆歌曰。人生行樂耳。須富貴何時。遂畢飲不赴。王士源浩然集序曰。孟浩然字浩然。襄陽人。骨貌淑清。風神散朗。救患釋紛。以立義表。灌蔬藝竹。以全高尚。交遊之中。通脫傾蓋。機警無匿。學不為儒。務擷菁藻。文不按古。匠心獨妙。五言詩。天下稱其盡美。

○○補

韓熙載肆情坦率。不持名檢。售妓樂百數人。日與荒樂。所得月俸散與諸姬。熙載弊衣芒屩作瞽者持獨絃琴。俾舒雅執板挽之。馬令南唐書曰。舒雅宣城人。姿容秀發。以才思自命。嘗因隨計以所學獻於熙載。一見如晤昔。雅性巧黠。應答如流。熙載與之出入臥內。常與雅易服燕戲。猱雜侍婢。入末念酸以為笑樂。或云。熙載所著格言半雅之詞。迨熙載知貢舉。以雅為第。朝野無聞者。以雅之才為當也。隨房乞食以為笑樂。湘山野錄曰。韓熙載北人。仕江南致位通顯。不防閑婢妾。有北齊徐之才之風。侍兒往往私客。客賦詩。有最是五更留不住。向人枕畔着衣裳之句。熙載亦不介意。

〇〇補

何承裕為盩厔咸陽二縣令。醉則露首跨牛趨府。往往召豪吏接坐引滿。吏因醉挾私白事。承裕笑曰此見罔也當受杖杖訖復召與飲文苑傳曰承裕有清才好爲歌詩嗜酒狂逸初爲中都主簿桑維翰鎮兖州知其眞率不責以吏事官著作佐郎出爲盩厔咸陽令醉則露首跨牛趨府府尹王彥昭以其名士容之

○補

喩明仲妙於長笛持節數郡毎出按行至山水佳處馬上臨風輒快作數弄墨莊漫錄曰喩陟字明仲睦州人持節數郡政績藹著雅善散隸尤妙長笛嘗有馬上吹笛詩張芸叟和之

補

蘇子瞻在黃州及嶺外毎旦起不招客與語必出訪客所與遊亦不盡擇各隨其人高下談諧放蕩不復爲畛畦有不能談者則彊之使說鬼

王云子瞻嘗自言上可陪諸佛菩薩下陪悲田乞兒顧是此意

或許無有則曰姑妄言之。

簡傲

○○補 世祖幸嚴子陵館子陵臥不起帝撫其腹曰咄咄子陵不可相助為理耶子陵不應良久張目熟視曰昔唐堯著德巢父洗耳士故有志何至相追乎帝曰子陵我竟不能下汝耶歎息升輿而去。

○○補 十月朝黃祖在艨衝舟上釋名曰外狹而長曰艨衝以衝突敵船。會設黍臛衡年少在坐後漢書曰衡往見操着布單衣疎巾手持三尺棁杖坐大營門以杖箠地大罵操曰禰衡豎子孤殺之猶雀鼠耳顧此人素有虛名遠近將謂孤不能容之今送與劉表視當何如表及荊州士大夫先服其才名甚賓禮之文章言議非衡不定表嘗與諸文人共草章奏並極其才思時衡出還見之開省未周因毀以抵地表憮然爲駭衡乃從求筆札須臾立成辭義可觀表大悦益重之後復侮慢於表表恥不能容以江夏太守黄祖性急故送衡與之祖亦善待焉衡爲作書記輕重疏密各得体宜祖持其手曰處士此正得祖意如祖腹中之所欲言也祖長子射爲章陵太守尤善於衡嘗與衡俱游共讀蔡邕所作碑文射愛其辭還恨不繕寫衡曰吾雖一覽猶能識之唯其中石缺二字爲不明耳因書出之射馳使寫碑還校如衡所書莫不嘆服射時大會賓客人有獻鸚鵡者射舉巵於衡曰願先生賦之以娛嘉賓衡攬筆而作文無加點辭采甚麗後黄祖在艨衝船上大會賓客而衡言不

遂顧祖慙乃訶之衡更熟視曰死公云等道祖大怒令五伯將出欲加箠衡方大罵祖恚遂令殺之。

黍臛至衡先自飽食都不顧衆賓唯舉摶以弄戲之。禰衡別傳曰時江夏有張伯雲亦在坐謂之曰禮教云何而食此正平不答弄黍如故祖曰處士不當答之也衡謂祖曰君子寧聞車前馬犢祖呵之衡熟視祖罵曰死鍛錫公祖大怒令五伯將出欲杖之而罵不止遂令殺黃射來救無所復及悽愴流涕曰此有異才藝操及劉荊州不殺犬人奈何殺之祖曰人罵汝父作鍛錫公奈何不殺。

○○補

孫子荊為石苞驃騎參軍既負其才氣又侮易苞初至不拜但長揖直語苞曰天子命我參卿軍事。晉書曰石苞字仲容渤海南皮人雅曠有智局初販鐵於鄴市市長趙元儒名知人

○○○毛云殆用公榮語調公榮
王云即以公榮語嘲由更妙滑稽之雄

漢苞遠量當至公輔由是知名官至驃騎將軍大司馬。

王戎弱冠詣阮籍時劉公榮在坐阮謂王曰偶有二斗美酒當與君共飲彼公榮者無預焉二人交觴酬酢公榮遂不得一桮而言語談戲三人無異或有問之者阮答曰勝公榮者不得不與飲酒不如公榮者不可不與飲酒唯公榮可不與飲酒。晉陽秋曰戎年十五隨父渾在郎舍阮籍見而説焉毎適渾俄頃輒在戎室久之乃謂渾濬沖清尚非卿倫也戎嘗詣籍共飲而劉昶在坐不與焉昶無恨色既而戎問籍曰彼為誰也曰劉公榮也濬沖曰勝公榮故與酒不如公榮不可不與酒唯公榮者可不與酒。竹林七賢論曰。初籍與戎父渾俱爲尚書郎。每造渾。坐未安。輒曰。與卿語。不如與阿戎語。就戎。必日夕而返。籍長戎二十歲。相得如時輩。劉公榮。通士。性尤好酒。籍與戎酬酢終日。而公榮不豫一桮。三人各自得也。戎爲物論所先。皆此類。

○○

鍾士季精有才理。先不識嵇康。鍾要于時賢儁之士。俱往尋康。康方大樹下鍛。向子期爲佐鼓排。康揚槌不輟。傍若無人。移時不交一言。鍾起去。康曰。何所聞而來。何所見而去。鍾曰。聞所聞而來。見所見而去。文士傳曰。康性絶巧。能鍛鐵。家有盛柳樹。乃激水以圜之。夏天甚清涼。恒居其下傲戲。乃身自鍛。家雖貧。有人說鍛者。康不受直。唯親舊以雞酒往。與共飲噉清言而已。魏氏春秋曰。鍾會爲大將軍兄弟所聽聞。康名而造焉。會名公子。以才能貴幸。乘肥衣輕。賓從如雲。康方箕踞而鍛。會至不爲之禮。會深銜之。後因呂安事。而遂譖康焉。

嵇康與呂安善。每一相思。千里命駕。晉陽秋曰。安字仲悌。東平人。冀州刺史招之第二子。志量開曠。有拔俗風氣。干寶晉紀曰。初安之交康也。其相思則率爾命駕。

安後來。値康不在。喜出戶延之。不入。晉百官名曰。嵇喜字公穆。歷揚州刺史。康兄也。阮籍遭喪往弔之。籍能爲青白眼。見凡俗之士。以白眼對之。及喜往。籍不哭。見其白眼。喜不懌而退。康聞之。乃齎酒挾琴而造之。遂相與善。干寶晉紀曰。安嘗從康。或遇其行。康兄喜拭席而待之。弗顧獨坐車中。康母就設酒食。求康兒共語戲。良久則去。其輕喜如此。

題門上作鳳字而去。喜不覺。猶以爲

欣故作鳳字凡鳥也許愼說文曰鳳神鳥也從鳥凡聲

陸士衡初入洛咨張公所宜詣劉道眞是其一陸既往劉尚在哀制中性嗜酒禮畢初無他言唯問東吳有長柄壺盧卿得種來不陸兄弟殊失望乃悔往

王平子出爲荊州晉陽秋曰惠帝時太尉王夷甫言於選者以弟澄爲荊州刺史從弟敦爲青州刺史澄敦俱詣太尉辭太尉謂曰今王室將卑故使弟等居齊楚之地外可以建霸業內足以匡帝室所望於二弟也王太尉及時賢送者傾路時庭中有大樹上有鵲巢平子脫衣巾徑上

劉云此鵲子何足以辱手

樹取鵲子、涼衣拘閡樹枝、便復脱去、得鵲子還、下弄、神色自若、傍若無人。劉粲晉紀曰、澄放蕩不拘、時謂之達、

高坐道人於丞相坐、恒偃臥其側、見卞令、肅然改容云、彼是禮法人。高坐傳曰、王公曾詣和上、和上解帶偃伏、悟言神解、見尚書令卞望之、便斂衿飾容、時歎皆得其所。

○○

補

王子猷爲桓沖參軍、嘗從行、值雨、因下馬、步入沖車中、曰、公豈得獨擅一車。

○○

謝公嘗與謝萬共出西、過吳郡、阿萬欲相與共萃王恬許、恬時爲吳郡太守。太傅云、恐伊不必酬汝意、

要劉云故作爾三字摸得情態何必爾按舊本作阿螭故作爾故云然也
王云此語猶今諺云他不作港你
○○補

不足爾。萬猶苦要太傅。堅不回。萬乃獨往坐少時。王便入門内謝。妹有欣色。以爲厚待。已良久乃沐頭散髮而出。亦不坐。仍據胡牀在中庭曬頭。神氣傲邁。了無相酬對意。謝於是乃還。未至船。逆呼太傅。安曰。阿螭不作爾。王恬小字螭虎

王恭欲請江盧奴爲長史。晨往詣江。江猶在帳中。王坐不敢即言。良久乃得及。江不應。盧奴江敳小字也。晉安帝紀曰。敳字仲凱。濟陽人。祖統。散騎常侍。父虨。僕射。並以義正器素。知名當世。敳歷位內外。簡退著稱。歷黃門侍郎。驃騎咨議。直喚人取酒。自飲一盌。又

劉云亦似小說書袋子
王云子猷穢行然風流足爲後世口實語亦自佳

不與王。王且笑且言那得獨飲。江云卿亦復須耶。更使酌與王。王飲酒畢因得自解去。未出戶江歎曰人自量固爲難。宋書曰。敳卽湘州江夷之父也。夷字茂遠。湘州刺史。

王子猷作桓車騎騎兵參軍。桓問曰卿何署。答曰不知何署。時見牽馬來似是馬曹。中興書曰。桓沖引徽之爲參軍。蓬首散帶不綜知其府事。桓又問官有幾馬。答曰不問馬何由知其數。論語曰。廄焚。孔子退朝曰傷人乎。不問馬。注貴人賤畜。故不問也。又問馬比死多少。答曰未知生焉知死。論語曰子路問死。孔子曰。未知生焉知死。馬融注曰。死事難明。語之無益。故不答。

○○王子猷作桓車騎參軍。桓謂王曰。卿在府久。比當相料理。初不答。直高視以手版拄頰云。西山朝來致有爽氣。

○○王子猷嘗行過吳中。見一士大夫家極有好竹。主已知子猷當往。乃灑埽施設。在聽事坐相待。王肩輿徑造竹下。諷嘯良久。主已失望。猶冀還當通。遂直欲出門。主人大不堪。便令左右閉門不聽出。王更以此賞主人。乃留坐。盡歡而去。

○○謝萬北征常以嘯詠自高未嘗撫慰衆士謝公甚器愛萬而審其必敗乃俱行從容謂萬曰汝爲元帥宜數喚諸將宴會以說衆心萬從之因召集諸將都無所說直以如意指四坐云諸君皆是勁卒諸將甚忿恨之謝公欲深著恩信自隊主將帥以下無不身造厚相遜謝及萬事敗軍中因欲除之復云當爲隱士故幸而得免

劉云甚得駭態

應登云隱士指安特未出仕

○○補

陶徵士居家凡貴賤造之有酒輒設陶若先醉便語客我醉欲眠卿可去

◎

○○補 王敬弘嘗往何氏看女。南史曰。敬弘女適何尚之弟述之。值尚之不在。寄齋中臥。俄頃尚之還。敬弘使二婢守閤。不聽尚之前。直語云。正熱不堪相見。君可且去。尚之遂移於他室。

○補 謝譓不妄交接。門無雜賓。有時獨醉。嘗曰。入吾室者。但有清風。對吾飲者。唯當明月。南史曰。謝譓祖莊。金紫光祿大夫。父朏。尚書令。譓仕至右光祿大夫。

○○補 高爽嘗經晉陵。詣劉蒨。蒨了不相接。高甚銜之。俄爽代蒨爲縣。蒨迎贈甚厚。爽受餉答書云。高晉

陵自答人問其故爽曰劉儁自餉晉陵令耳何關爽事南史曰高爽廣陵人博學多才坐事被繫作鑊魚賦以自況其文甚工後遇赦得免

○補 范曄善彈琵琶能爲新聲宋武帝欲聞之屢諷以微旨僞爲不曉終不肯彈一日因飲宴歡適謂曄曰我欲歌卿可彈曄乃奉旨上歌既畢曄亦罷絃

○○補 張思光嘗詣吏部尚書何戢誤通尚書劉澄融下車入門曰非是至戶外望澄又曰非是既造

虞視澄曰都自非是乃去南史曰何戢字惠景吏部尚書偃子美容儀動止官至吏部尚書驍騎將軍

◯補

梁武帝與何子晢有舊及踐祚手詔論舊賜鹿皮巾召見恩禮甚厚詔徵爲侍中子晢以手捋帝鬚曰乃欲臣老子耶辭疾不起

◯補

張吏部南史曰張纘字伯緒范陽方城人衛尉卿弘策子也眉目疎朗神采爽發性好學兄緬有書萬卷晝夜披讀不去手歷官吏部郎與何敬容意趣不協敬容居權軸賓客輻輳有過詣吏部者輒拒不前曰吾不能對何敬容殘客南史曰何敬容字國禮弱冠尚齊武

帝女。天監中、爲建安内史。淸公有美績。累遷吏部尚書。侍中。僕射。參掌大選。專預機密。而通苞苴賄賂。爲時所鄙。

○○補

劉瓛謙率通美。不以高名自居。遊詣故人。唯一門生持胡牀隨後。主人未通。便坐問答。

○○補

齊神武東出。李元忠以露車載素箏濁酒奉迎。神武聞其酒客。未即見之。元忠下車獨坐酌酒擘脯食之。謂門者曰。本言公招延英傑。今聞國士到門。不吐哺輟洗。史記曰。酈生入謁沛公。方倨牀使兩女子洗足。而見酈生。酈生曰。必聚徒合義兵誅無道秦。不宜倨見長者。於是沛公輟洗。起攝衣。延酈生上坐。謝

之其人可知還吾刺勿復通也門者以告神武遽見之

○○補　崔瞻在御史臺恒於宅中送食備盡珍羞別室獨餐處之自若有一御史姓裴伺瞻食便往造焉瞻不與交言又不命匕筯裴坐觀瞻食罷而退明日裴自携匕筯恣情飲噉瞻方謂裴曰我初不喚君食亦不共君語君遂能不拘小節昔劉毅在京口冒請鵞炙豈亦異是君定名士於是每與之同食晋書曰劉毅字希樂彭城沛人也少有大志不修家人産業桐玄

簒位。與劉裕何無忌等起義兵以匡復功歷都督揚豫五郡諸軍事封南平郡公進開府儀同三司初毅甚屯窶在京口先就府借東堂與親故出射江州刺史庾悅後與僚佐徑來詣堂毅告之曰毅輩屯否之人合一射甚難君於諸堂並可望以今日見讓悅不許射者皆散唯毅留射如故既而悅食鵞毅求其餘悅又不答毅常銜之義熙中故奪悅豫章解其軍府使人微示其旨悅忿懼而死

補

柳季雲性不拘檢好彈琴飲酒 北史曰柳玄達河東解人魏司徒諮議參軍子綽綽弟遠字季雲粗放無拘檢時人謂之柳癲孝武初儀同開府參軍每

出返家人問有何消息答曰無所聞縱聞亦不解 余按北史玄達父子不立傳附裴叔業傳中何氏不許誤作裴季雲近有詞家遂儼然用裴

季雲入簡牘可笑。子弱冠遊雲間。元朗倒屣。締忘年之知。非敢暴其所短。要當爲是書之忠臣。毋令重誤千載爾。

補

孫騰北史曰。騰字龍雀。咸陽石安人。少質直。明解吏事。爲齊神武都督長史。神武深信待之。嘗以心腹。與高岳。高隆之。司馬子如。號四貴。非法專恣。騰爲甚焉。歷官尚書僕射。司馬子如李百藥齊書曰。子如字遵業。河內溫人。從居雲中。神武入洛。以爲行臺尚書。朝政左右參知軍國。嘗共詣李元忠。逢其方坐樹下。擁被對壺。庭室蕪曠。使婢卷兩褥以質酒。徐謂二人曰。不意今日披藜藿也。北史曰。元忠每言於執事云。年漸遲暮。乞在閒冗。以養餘年。孫騰。司馬子如。嘗詣元忠。逢其方坐樹下。葛巾。擁被對壺。獨酌。庭室蕪曠。使婢卷兩褥

以賀酒肉呼妻出衣不曳地二公相視嘆息而去大餉米絹受而散之

○○○補

許敬宗見人多忘之。唐書曰敬宗字延族杭州新城人隋禮部侍郎善心子也。幼善屬文。太宗召補秦府學士。歷官檢校中書侍郎。高宗立武昭儀敬宗特贊成其計加太子賓客。進封郡公。或謂其不聰曰卿自難記若遇何劉沈謝。何謂遜劉謂孝綽沈謂約謝謂朓也。梁典曰沈約字休文吳興武康人少爲蔡興宗所知引爲安西記室梁興稍遷侍中丹陽尹。南史曰。約博物洽聞當世取則謝玄暉善爲詩任彥昇工於筆約兼而有之。暗中摸索亦可識。

補

杜審言將死語宋之問武平一唐詩紀事曰武平一名甄以字行武后時畏禍隱嵩山中宗雖宴豫常因詩規戒然不能卓然自引去明皇時終亦被謫雖謫

而名不衰曰吾在久壓公等今且死固大慰但恨不見替人孔平仲續世說曰杜審言甫之祖也恃才蹇傲爲時輩所疾乾封中蘇味道爲天官侍郎審言預選試判訖謂人曰味道必死人問其故審言曰見吾判自當羞死又謂人曰吾之文章合得屈宋作衙官吾之書迹合得王羲之北面其矜誕如此

○○

補南唐嚴續嘗請韓熙載撰其父神道碑南唐書曰續字興宗父可求吳相續少長貴勢性恭恪宋齊丘用事守正不爲黨附累官門下侍郎自以少貴倦學羣從子弟皆礪以儒業以珍貨幾萬緡仍輟一歌鬟冠洞房者爲潤筆之贈韓納其請文既成但叙譜閥品秩略不道續事業續慊之封還尚冀改

竄熙載直以向所贈及歌姬悉還之。臨登車止寫一闋於泥金雙帶而去。

南唐近事。熙載詩曰。風柳搖搖無定枝。陽臺雲雨夢中歸。他年蓬島音塵斷。留取尊前舊舞衣。

○○

補 郭恕先時與役夫小民入市肆飲食。曰。吾所與游皆子類也。

蘇文忠公集曰。郭忠恕字恕先。洛陽人。少善屬文。及史書小學。通九經。七歲舉童子。漢湘陰公辟從事。與記事董裔爭事。謝去。宋初與御史符昭文爭忿朝堂。貶乾州司戶。李方叔畫品曰。恕先仕於朝。放浪不世。卒以傲恣流竄海島。中道仆地。蛻形仙去。

○

補 曾子固爲中書舍人。

東都事畧曰。曾鞏字子固。撫州南豐人。生而警敏。十二能文。及冠遊大學。歐陽修見其文而奇之。自是名聞天下。舉進士。爲集賢校理。平生嗜書。家

藏至二十萬卷。又集古今篆刻。爲金石錄五百卷。嘗白事都堂。時章子厚
爲門下侍郎。謂之曰。向見舍人賀明堂禮成表
天下奇作。挍子固表二篇。詞並簡質。不具載。子固一無辭讓。但
復問曰。此班固典引如何。班固典引叙曰。臣固言。永平十七年。臣與
賈逵傅毅杜矩展隆郗萌等。召詣雲龍門。小黃
門趙宣持秦始皇帝本紀。問臣等曰。太史遷下
贊語中。寧有非邪。臣對此贊賈誼過秦篇云。向
使子嬰有庸主之才。僅得中佐。秦之社稷未宜
絕也。此言非是。卽召臣入問。本聞此論非邪。將
見問意開寤耶。臣具對素聞知狀。詔因曰。司馬
遷著書成一家之言。揚名後世。至以身陷刑之
故。反微文刺譏。貶損當世。非誼士也。司馬相如
洿行無節。但有浮華之辭。不周於用。至於疾病
而遺忠。主上求取其書。竟得頌述功德。言封禪

事忠臣效也。至是賢遷遠矣。臣固常伏刻誦聖論昭明好惡不遺微細。緣事斷誼動有規矩。雖仲尼之因史見意亦無以加。臣固被學最舊受恩浸深誠思畢力竭情昊天罔極。臣固頓首伏惟相如封禪靡而不典。揚雄美新典而亡實。然皆游揚後世垂爲舊式。臣固才朽不及前人蓋詠雲門者難爲音。觀隨和者難爲珍。不勝區區竊作典引一篇。雖不足雍容明盛萬分之一猶啓發憤懣覺悟童蒙光揚大漢軼聲前代。然後退入溝壑死而不朽。

○○○補

米元章守漣水。

朱史曰。米芾字元章吳人。以母侍宣仁后藩邸舊恩補臨光尉。歷漣水軍使知無爲軍。召爲書畫學博士。賜對便殿。上其子友仁楚江清曉圖。擢禮部員外郎爲文奇險。不蹈襲前人。特妙於翰墨。沈著飛翥。得王獻之筆意。畫山水人物。自名一家。尤工臨移至亂眞。遇古器物書畫。則極力求取。必得乃已立寶晉齋貯之。坐起玩拊。精於鑒裁。一經題品價增數倍。所與遊皆名士。王安石摘其詩句書扇上。蘇軾亦書稱譽之。冠服效唐人。風神蕭散。音吐清暢。所至人聚觀之。而好潔成癖。至不與人同巾器。時有可傳笑者。又舉止顛顛。不能與世俯仰。故仕數困。地接靈壁。蓄石甚富。一一品目。入玩則終日不出。楊次公文苑傳曰。楊傑字次公。無為人。少有名。元祐中。爲禮部員外郎。自號無爲子。爲察使。因往廉焉。正色言曰。朝廷以千里郡邑付公。那得終日弄石。都不省錄郡事。米徑前於左袖中取一石。嵌空玲瓏。峰巒洞穴皆具。色極清潤。宛轉翻覆以示楊曰。如此石安得不愛。楊殊不顧。乃納之袖。又出一石。疊

嶂層巒奇巧又勝又納之神最後出一石盡天劃神鏤之巧顧楊曰如此石安得不愛楊忽曰非獨公愛我亦愛也即就米手攫得之徑登車去

石林燕語曰芾知無爲軍初入州廨見立石頗奇喜即命取袍笏拜之每呼曰石丈

排調上

○○補

司馬建公　魏志曰司馬防字建公宣王之父司馬彪序傳曰防性質直公方雖閒居宴處威儀不忒雅好漢書名臣列傳所諷誦者數十萬言少仕州郡歷官洛陽令京兆尹以年老轉拜騎都尉養志閭巷闔門自守諸子雖冠成人不命曰進不敢進不命曰坐不敢坐不指有所問不敢言父子之間肅如也年七十一建安二十四年終

嘗與曹公爲北

部尉後曹公進爵爲王召建公到鄴與歡飲語之曰孤今日可復作尉否建公曰昔舉大王時適可作尉耳

○○

王云恪發端殊未有致

諸葛瑾爲豫州遣別駕到臺語云小兒知談卿可與語連往詣恪江表傳曰恪字元遜瑾長子也少有才名發藻岐嶷辯論應機莫與爲對孫權見而奇之謂瑾曰藍田生玉眞不虛也仕吳至太傅爲孫峻所害恪不與相見後於張輔吳坐中相遇別駕喚恪咄咄郎君恪因嘲之曰豫州亂矣何咄咄之有答曰君明臣賢未聞其亂恪曰昔唐堯在上四凶

在下。答曰。非唯四凶。亦有丹朱。於是一坐大笑。

○補 五官將既納袁熙妻。熙事別見。孔文擧與曹公書曰。武王伐紂。以妲己賜周公。曹公以文擧博學。眞謂書傳所記。後見文擧。問之。答曰。以今度之。想當然耳。國語曰。殷辛伐有蘇。有蘇氏以妲己女焉。妲己有寵。與膠鬲比。而殷亡。

○○張君嗣在益州。蜀志曰。張裔字君嗣。蜀郡成都人。治公羊春秋。博涉史漢。許文休入蜀。謂裔幹理敏捷。是中夏鍾元常之倫也。為雍闓縛送孫權。蜀志曰。益州郡殺太守。耆率雍闓。恩信著於南土。遠通孫權。乃以裔為益州太守。徑往至郡。闓遂趑趄不賓。假鬼教曰。張府君如瓠壺。外雖澤而內實粗。不足殺。令縛與吳。於是送裔於權。武侯

遣鄧芝使吳 蜀志曰鄧芝字伯苗義陽新野人漢鄧禹之後避亂入蜀先主用爲廣漢太守後先主崩武侯恐孫權異計遣芝奉使芝成好而還權謂芝曰若天下太平二主分治不亦樂乎芝對曰夫天無二日土無二王如并魏之後大王未深識天命君各茂其德臣各盡其忠將提枹鼓則戰爭方始耳權笑曰君之誠款乃爾耶權與亮書曰丁厷掞張陰化不盡和合二國唯有鄧芝

令言次從權請裔裔自至吳流徙伏匿權未之知故許芝遣裔裔臨發乃引見問裔曰蜀卓氏寡女亡奔相如貴土風俗何以乃爾裔曰愚以爲卓氏寡女猶賢於買臣之妻 班固漢書曰朱買臣字翁子吳人家貧好讀書不治產業常刈薪樵賣以給食擔束薪行且誦書其妻亦

負戴相隨。數止買臣毋歌嘔道中。買臣愈益疾歌。妻羞之求去。買臣笑曰。我年五十當富貴。今已四十餘矣。女苦日久。待我富貴報女功。妻恚怒曰。如公等。終餓死溝中耳。何能富貴。買臣不能留。即聽去。其後買臣獨行歌道中。負薪墓間。故妻與夫家俱上冢。見買臣飢寒。呼飯飲之。後數歲。買臣隨上計吏為卒。將重車至長安。上書久不報。待詔公車。糧用乏。上計吏卒更乞匄之。會邑子嚴助貴幸。薦拜中大夫。久之拜會稽太守。上謂曰。富貴不歸故鄉。如衣繡夜行。今子何如。買臣乘傳入吳界。見其故妻。妻夫治道。買臣駐車。呼令後車載其夫妻。到太守舍。給食之。居一月。妻自經死。

○○

補

曾有白頭烏集吳殿前。孫權問羣臣此何烏也。諸葛元遜對云。此名白頭翁。張輔吳自以坐中

最老疑元遜戲之因曰恪欺陛下未嘗聞鳥名白頭翁者試使恪復求白頭母元遜曰鳥名鸚母未必有對試使輔吳復求鸚父張不能答

鍾毓爲黃門郎有機警在景王坐燕飲時陳羣子玄伯武周子元夏同在坐魏志曰武周字伯南沛國竹邑人仕至光祿大夫共嘲毓景王曰皐繇何如人對曰古之懿士顧謂玄伯元夏曰君子周而不比羣而不黨

嵇阮山劉在竹林酣飲王戎後往步兵曰俗物

已復來敗人意。魏氏春秋曰：時謂王戎未能超俗也。王笑曰：卿輩意亦復可敗邪。

晉武帝問孫皓：吳錄曰：皓字元宗，一名彭祖，大皇帝孫也。景帝崩，皓嗣位，爲晉所滅，封歸命侯。聞南人好作爾汝歌，頗能爲不？皓正飲酒，因舉觴勸帝而言曰：昔與汝爲鄰，今與汝爲臣。上汝一桮酒，令汝壽萬春。帝悔之。

陸太尉詣王丞相，王公食以酪。陸還遂病。明日與王牋云：昨食酪小過，通夜委頓。民雖吳人，幾爲傖鬼。

王云真長故不善丞相

元帝皇子生普賜羣臣殷洪喬謝曰皇子誕育普天同慶臣無勳焉而猥頒厚賚中宗笑曰此事豈可使卿有勳邪

諸葛令（恢也）王丞相共爭姓族先後王曰何不言葛王而云王葛令曰譬言驢馬不言馬驢驢寧勝馬邪

劉真長始見王丞相時盛暑之月丞相以腹熨彈棊局曰何乃渹（吳人以冷為渹）劉既出人問見王公云何劉曰未見他異唯聞作吳語耳（語林曰真長云丞相

劉云。伯仁空洞之誚。

劉云。二語皆有理。爲伯仁難。

何奇。止能作吳語細唱也。

王公與朝士共飲酒。舉瑠璃盌謂伯仁曰。此盌腹殊空。謂之寶器何邪。（以戲周之無能）答曰。此盌英英。誠爲清徹。所以爲寶耳。

謝幼輿謂周侯曰。卿類社樹。遠望之。峨峨拂青天。就而視之。其根則羣狐所託。下聚溷而已。（謂顗）（好媟瀆故）答曰。枝條拂青天。不以爲高。羣狐亂其下。不以爲濁。聚溷之穢。卿之所保。何足自稱。

王長豫幼便和令。丞相愛恣甚篤。每共圍棊。丞

相欲舉行長豫接指不聽丞相笑曰詎得爾相
與似有瓜葛蔡邕曰瓜葛疎親也
王丞相枕周伯仁鄰指其腹曰卿此中何所有
答曰此中空洞無物然容卿輩數百人
康僧淵目深而鼻高王丞相每調之僧淵曰鼻
者面之山管輅別傳曰鼻者天中之山相書曰鼻之所在為天中鼻有山象故曰山
目者面之淵山不高則不靈淵不深則不清
于寶向劉眞長中興書曰寶字令升新蔡人祖正吳奮武將軍父瑩丹陽丞寶少以博學才器著稱歷散騎常侍
敘其摻神記孔氏志怪曰寶父有嬖人寶母

至姊葬寶父時。因推著藏中。經十年而母喪。開墓。其婢伏棺上。就視猶暖。漸有氣息。輿還家。經日而蘇。說寶父常致飲食。與之接寢。恩情如生。家中吉凶。輒語之。校之悉驗。平復數年後方卒。寶因作搜神記。中云有所感起是也。

劉曰。卿可謂鬼之董狐。春秋傳曰。趙穿攻靈公於桃園。趙宣子未出境而復。太史書趙盾弒其君。宣子曰。不然。對曰。子爲正卿。亡不越境。反不討賊。非子而誰。孔子曰。董狐古之良史也。書法不隱。趙盾古之賢大夫也。爲法受惡。

何次道往瓦官寺禮拜甚勤。充崇釋氏。甚加敬也。阮思曠語之曰。卿志大宇宙。尸子曰。天地四方曰宇。往古來今曰宙。勇邁終古。終古。往古也。楚辭曰。吾不能忍此終古也。何曰。卿今日何故忽

劉云此賊終健
王云此欲不妨
西出

見推阮曰我圖數千戶郡尚不能得卿廼圖作佛不亦大乎

庾征西大舉征胡既成行止鎮襄陽晉陽秋曰翼悉舉衆入沔將謀伐狄既至襄陽狄尚彊未可決戰會康帝崩兄冰薨留長子方之守襄陽自馳還夏口殷豫章與書送一折角如意以調之豫章殷羨庾答書曰得所致雖是敗物猶欲理而用之

桓大司馬乘雪欲獵先過王劉諸人許真長見其裝束單急問老賊欲持此何作桓曰我若不爲此卿輩亦那得坐談語林曰宣武征還劉尹數十里迎之桓都不語

直云、垂長衣、談清言、竟是誰功。劉答曰、晉德靈長、功豈在爾。二人說小異、故詳載之。

○褚季野問孫盛、卿國史何當成。孫云、久應竟、在公無暇、故至今日。褚曰、古人述而不作、何必在蠶室中。漢書曰、李陵降匈奴、武帝甚怒、太史令司馬遷盛明陵之忠、帝以遷爲陵遊說、下遷腐刑、乃述唐虞以來至于獲麟、爲史記。遷與任安書曰、李陵既生降、僕又茸之以蠶室。蘇林注曰、腐刑者作密室、蓄火如蠶室、舊時平陰有蠶室獄。

卅謝公在東山、朝命屢降而不動。後出爲桓宣武司馬、將發新亭、朝士咸出瞻送。高靈時爲中丞、阿靈、高崧小字也。中興書曰、崧字茂琰、廣陵人。父悝、光祿大夫。崧少好學、善史傳、累遷吏部郞。

王云似醉不醉語妙絕

侍中以公事免官。亦往相祖。先時多少飲酒。因倚如醉。戲曰。卿累違朝旨。高臥東山。諸人每相與言。安石不肯出。將如蒼生何。今亦蒼生將如卿何。謝笑而不答。

李卓吾批點世說新語補卷之十七

李卓吾批點世說新語補卷之十八

宋　劉義慶　撰

梁　劉孝標　注

宋　劉辰翁　批

明　何良俊　增

王世貞　删定

王世懋　批釋

李贄　批點

張文柱　校注

劉云此捉鼻似臭

排調下

○初謝安在東山居布衣時兄弟已有富貴者翕集家門傾動人物劉夫人戲謂安曰大丈夫不當如此乎謝乃捉鼻曰但恐不免耳。

○支道林因人就深公買卬山深公答曰未聞巢由買山而隱（高逸沙門傳曰遁得深公之言慙恧而已。）

張吳興年八歲虧齒也。（玄之）先達知其不常故戲之曰君口中何爲開狗竇張應聲答曰正使君輩從此中出入。

頭責秦子羽云。子曾不如太原溫顒、潁川荀寓、荀氏譜曰、寓字景伯、祖式、太尉、父保、御史中丞。世語曰、寓少與裴楷・王戎・杜默俱有名、仕晉至尚書。范陽張華、士卿劉許、晉百官名曰、劉許字文生、涿鹿郡人、父放、魏驃騎將軍。許、惠帝時為宗正卿。按許與張華同范陽人、故曰士卿、互其辭也。宗正卿或曰士卿。義陽鄒湛、河南鄭詡。晉諸公贊曰、湛字潤甫、新野人、以文義達、仕至侍中。詡字思淵、滎陽開封人、為衛尉卿、祖泰、揚州刺史、父袤、司空。此數子者、或謇喫無宮商、或尪陋希言語、或淹伊多姿態、或讙譁少智諝、或口如含膠飴、或頭如巾齏杵。文士傳曰、華為人少威儀、多姿態。推意此語、則此六句還以目上六人。而口如含膠飴、則指鄒湛、湛辯麗

◎

英博而有此稱未詳而猶以文采可觀意思詳序攀龍附鳳立登天府張敏集載頭責子羽文曰余友有秦生者雖有姊夫之尊少而狎焉同時好暱有太原溫長仁顒潁川荀景伯寓范陽張茂先華士卿劉文生許南陽鄒潤甫湛河南鄭思淵詡數年之中繼踵登朝而此賢身處陋巷屢沽而無善價尤志自若終不衰隤爲之慨然又怪諸賢既已在位曾無伐木嚶鳴之聲甚違王貢彈冠之義故因秦生容貌之盛爲頭責之文以戲之并以嘲六子焉雖似諧譃實有興也其文曰維泰始元年頭責子羽曰吾托子爲頭萬有餘日矣大塊稟我以精造我以形我爲子植髪膚置鼻耳安眉須挿牙齒眸子摘光雙顴隆起每至出入人間遨遊市里行者辟易坐者竦跽或稱君侯或言將軍捧手傾側佇立崎嶇如此者故我形之足偉也子冠冕不戴金銀不佩釵以當笄帢以代幗旨味弗嘗食棄菜茹

萊隈摧園間糞壤汚黑歲莫年過曾不自悔予
厭我於形容我賤予乎意態若此者乎必予行
已之累也予遇我如讐我視予如仇居常不樂
兩者俱憂何其鄙哉予欲爲人寶也則當如皐
陶后稷巫咸伊陟保乂王家永見封殖予欲爲
名高也則當如許由子臧卞隨務光洗耳逃祿
千歲流芳予欲爲遊說也則當如陳軫蒯通陸
生鄧公轉禍爲福令辭從容予欲爲進趣也則
當如賈生之求試終軍之請使砥礪鋒穎以幹
王事予欲爲恬淡也則當如老聃之守一莊周
之自逸廓然離欲志陵雲日予欲爲隱遁也則
當如榮期之帶索漁父之瀺灂棲遲神丘垂餌
巨壑此一介之所以顯身成名者也今予上不
希道德中不效儒墨塊然窮賤守此愚惑察予
之情觀予之志退不爲於處士進無望於三事
而徒訑日勞形習爲常人之所喜不亦過乎於
是予羽愀然深念而對曰凡所教敎謹聞命矣
以受性拘繫不閒禮義設以天幸爲予所寄今

欲使吾爲忠也，即當如伍胥屈平；欲使吾爲信也，則當殺身以成名；欲使吾爲介節，則當赴水火以全貞。此四者，人之所忌，故吾不敢造意。頭曰：子所謂天網地網，剛德之人，不登山抱木，則褰裳赴流。吾欲告爾以養性，誨爾以優游，而以蟣蝨同情，不聽我謀，悲哉！俱寓人體，而獨爲子頭。目擬人其倫，喻予儕偶，子不如太原溫顒、潁川荀寓、范陽張華、士卿劉許、南陽鄒湛、河南鄭詡。此數子者，或謇喫無宮商，或尪陋希言語，或淹伊多姿態，或讙譁少智諝，或口如含膠飴，或頭如巾虀杵，而猶文采可觀，意思詳序，攀龍附鳳，並登天府。夫舐痔得車，沈淵得珠，豈若夫子徒令脣舌腐爛，手足沾濡哉！居有事之世，而恥爲權圖。譬猶鑿池抱甕，難以求富。嗟乎子羽，何異檻中之熊，深穽之虎，石間飢蟹，竇中之鼠。事力雖勤，見功甚若。宜其拳局翦蹙，至老無所希也。支離其形，猶能不困，非命也，夫豈與夫子同處也。

王云。機鋒偶到。故不可忽然覓。

王劉每不重蔡公。二人嘗詣蔡語良久。乃問蔡曰。公自言何如夷甫。答曰。身不如夷甫。王劉相目而笑曰。公何處不如。答曰。夷甫無君輩客。

郝隆七月七日出日中仰臥。人問其故。答曰。我曬書。（征西寮屬名曰。隆字佐治。汲郡人。仕至征西參軍。）

謝公始有東山之志。後嚴命屢臻。勢不獲已。始就桓公司馬。于時人有餉桓公藥草中有遠志。公取以問謝。此藥又名小草。何一物而有二稱。（本草曰。遠志一名棘菀。其葉名小草。）謝未即答。時郝隆在坐。應聲

成終身大陳

王云更佳在結注不如矣

答曰此甚易解處則爲遠志出則爲小草謝甚有愧色桓公目謝而笑曰郝參軍此過乃不惡亦極有會

庾園客詣孫監值行見齊莊在外尚幼而有神意庾試之曰孫安國何在卽答曰庾稚恭家庾大笑曰諸孫大盛有兒如此又答曰未若諸庾之翼翼還語人曰我故勝得重喚奴父名孫放別傳曰放兄弟並秀異與庾翼子園客同爲學生園客少有佳稱因談笑嘲放曰諸孫於今爲盛盛監君諱也放卽答曰未若諸庾之翼翼放應機制勝時人仰焉司馬景王陳鍾諸賢相酬無以

踰也。

范玄平在簡文坐談欲屈引王長史曰卿助我王曰此非拔山力所能助。史記曰項羽爲漢兵所圍夜起歌曰力拔山兮氣盖世時不利兮騅不逝。

郝隆爲桓公南蠻參軍三月三日會作詩不能者罰酒三升隆初以不能受罰既飲攬筆便作一句云娵隅躍清池桓問娵隅是何物答曰蠻名魚爲娵隅桓公曰作詩何以作蠻語隆曰千里投公始得蠻府參軍那得不作蠻語也

桓公既廢海西立簡文晉陽秋曰海西公諱奕字延齡成帝子也興寧中即位少同閹人之疾使宫人與左右淫通生子大司馬温自廣陵還姑孰過京都以皇太后令廢帝爲海西公侍中謝公見桓公拜桓驚笑曰安石卿何事至爾謝曰未有君拜於前臣立於後

補

習鑿齒孫興公未相識同在桓公坐桓語孫可與習參軍共語孫云蠢爾蠻荊敢與大邦爲讐習云薄伐玁狁至于太原小雅詩也毛詩注曰蠢動也荊蠻荊之蠻也玁狁北夷也習鑿齒襄陽人孫興公大原人故因詩以相戲也

習鑿齒以脚病廢居里巷苻堅滅樊鄧素聞鑿

王云。觀此知王混不爲風流所與。

齒名。與釋道安並致焉。與語大悅。以其蹇疾。裁堪半丁。堅與諸鎮書曰。晉氏平吳。利在二俊。今破漢南。得士一人半耳。

桓豹奴是王丹陽外甥。形似其舅。桓甚諱之。豹奴。桓嗣小字。中興書曰。嗣字恭祖。車騎將軍沖子也。少有清譽。仕至江州刺史。王氏譜曰。混字奉正。中軍將軍恬子。仕至丹陽尹。宣武云。不恒相似。時似耳。恒似是形。時似是神。桓逾不說。

王子猷詣謝萬。林公先在坐。瞻矚甚高。王曰。若林公鬚髮並全。神情當復勝此不。謝曰。脣齒相

劉云二語易經乃可

○○　○○

須不可以偏亡。春秋傳曰。脣亡齒寒。鬚髮何關於神明。林公意甚惡曰。七尺之軀今日委君二賢。

王文度范榮期俱爲簡文所要。范年大而位小。王年小而位大。將前更相推在前。既移久。王遂在范後。王因謂曰。簸之揚之。糠粃在前。范曰。洮之汰之。沙礫在後。世說是孫綽習鑿齒言。

魏長齊雅有體量。而才學非所經。初宦當出。虞存嘲之曰。與卿約法三章。談者死。文筆者刑。商略抵罪。魏怡然而笑。無忤於色。魏氏譜曰。顗字長齊。會稽人。祖

◎

徵處士。父說。大鴻臚卿。顗仕至山陰令。漢書曰。沛公入咸陽。召諸父老曰。天下苦秦苛法久矣。今與父老約法三章耳。殺人者死。傷人及盜抵罪。應劭注曰。抵至也。但至於罪。

簡文在殿上行。右軍與孫興公在後。右軍指簡文語孫曰。此噉名客。簡文顧曰。天下自有利齒兒。後王光祿作會稽。謝車騎出曲阿祖之。王孝伯罷祕書丞在坐。謝言及此事。因視孝伯曰。王丞齒似不鈍。王曰。不鈍。頗亦驗。

張蒼梧是張憑之祖。嘗語憑父曰。我不如汝。憑父未解所以。蒼梧曰。汝有佳兒。張蒼梧碑曰。君諱鎮。字義遠。吳

劉云。羊公鶴可稱。甚多甚多

國吳人。忠恕寬明。簡正貞粹。泰安中。除蒼梧太守。討王含有功。封興道縣侯。憑時年數歲。歛手曰。阿翁詎宜以子戲父。

劉遵祖少爲殷中軍所知。稱之於庾公。庾公甚忻然。便取爲佐。既見。坐之獨榻上與語。劉爾日殊不稱。庾小失望。遂名之爲羊公鶴。昔羊叔子有鶴善舞。嘗向客稱之。客試使驅來。氃氋而不肯舞。故稱比之。徐廣晉紀曰。劉爰之字遵祖。沛郡人。少有才學。能言理。歷中書郎。宣城太守。

王文度在西州。與林法師講。韓孫諸人並在坐。

林公理每欲小屈孫興公曰法師今日如着弊絮在荆棘中觸地挂閡

顧長康作殷荆州佐請假還東爾時例不給布颿顧苦求之乃得發至破冢遭風大敗周祇隆安記曰破冢洲名在華容縣作箋與殷云地名破冢眞破冢而出行人安穩布颿無恙

苻朗初過江裴景仁秦書曰朗字元達苻堅從兄性宏放神氣爽悟堅常曰吾家千里駒也堅爲慕容沖所圍朗降謝玄用爲員外散騎侍郎吏部郎王忱與兄國寶命駕詣之沙門法汰問朗曰見王吏部兄弟未朗曰非一狗而人心又一人面狗心者是耶忱醜而才國

寶美而狠故也。朗常與朝士宴。時賢並用唾壺。朗欲夸之。使小兒跪而張口。唾而含出。又善識味。會稽王道子為設精饌。訖。問關中之食孰若於此。朗曰。皆好。唯鹽味小生。即問宰夫。如其言。或人殺雞以食之。朗曰。此雞棲恒半露。問之。亦驗。又食鵝炙。知白黑之處。咸試而記之。無毫釐之差。著符子數十篇。蓋老莊之流也。朗矜高忤物。不容于世。後眾讒而殺之。

王咨議大好事。問中國人物及風土所生。終無極已。王氏譜曰。肅之字幼恭。右將軍羲之第四子。歷中書郎。驃騎咨議。朗大患之。次復問奴婢貴賤。朗云。謹厚有識中者。乃至十萬。無意為奴婢問者。止數千耳。

○孝武屬王珣求女壻曰。王敦桓溫磊砢之流。既

劉云謀壻至矣

劉云謂周不學故不如劉說爲識也

○

不可復得。且小如意亦好豫人家事。酷非所須正如眞長子敬比最佳。珣舉謝混。後袁山松欲擬謝婚。續晉陽秋曰。山松陳郡人。祖喬益州刺史。父方平。義興太守。山松歷祕書監。吳國內史。孫恩作亂見害。初帝爲晉陵公主訪壻。於王珣。珣舉謝混云。人才不及眞長。不減子敬。帝曰。如此便已足矣。王曰。卿莫近禁臠。

桓玄出射。有一劉參軍與周參軍朋賭。垂成。唯少一破。劉謂周曰。卿此起不破。我當撻卿。周曰。何至受卿撻。劉曰。伯禽之貴。尚不免撻。而況於卿。尚書大傳曰。伯禽與康叔見周公。三見而三笞。康叔有駭色。謂伯禽曰。有商子者。賢人也。

劉云。謂周不學。故不知劉說爲調已。

○○

與公子見之。乃見商子而問焉。商子曰。南山之陽有木焉。名喬。二三子往觀之。見喬實高高然而上。反以告商子。商子曰。喬者父道也。南山之陰有木焉。名曰梓。二三子復往觀焉。見梓實晉晉然而俯。反以告商子。商子曰。梓者子道也。二三子明日見周公。入門而趨。登堂而跪。周公拂其首勞而食之。曰。爾安見君子乎。禮記曰。成王有罪。周公則撻伯禽。亦其義也。

周殊無忤色。桓語庾伯鸞曰。晉東宮百官名曰。庾鴻字伯鸞。潁川人。庾氏譜曰。鴻祖義。吳國內史。父楷。左衛將軍。鴻仕至輔國內史。劉參軍宜停讀書。周參軍且勤學問。

桓南郡與殷荊州語次。因共作了語。顧愷之曰。火燒平原無遺燎。桓曰。白布纏棺豎旒旐。殷曰投魚深淵放飛鳥次復作危語桓曰矛頭淅米劍頭炊殷曰百歲老翁攀枯枝顧曰井上轆轤臥嬰兒殷有一參軍在坐云盲人騎瞎馬夜半臨深池殷曰咄咄逼人仲堪眇目故也中興書曰仲堪父嘗疾患經時仲堪衣不解帶數年自分劑湯藥誤以藥手拭淚遂眇一目

東府客館是版屋謝景重詣太傅時賓客滿中初不交言直仰視云王乃復西戎其屋秦詩敘曰襄公備其兵甲以討西戎婦人閔其君子故作詩曰在其版屋亂我心曲毛公注曰西戎之版屋也

顧長康噉甘蔗先食尾人問所以云漸至佳境

祖廣行恒縮頭詣桓南郡始下車桓曰天甚晴
朗祖參軍如從屋漏中來祖氏譜曰廣字淵度范陽人父台之仕光
祿大夫廣仕至護軍長史
桓玄素輕桓崖崖桓修小字也晉書曰桓修字
承祖尚簡文武昌公主歷吏部郎江州刺史玄篡位以爲撫軍將軍劉裕義旗
起斬之續晉陽秋曰修少爲玄所侮於言端常
嗤鄙之崖在京下有好桃玄連就求之遂不得佳
者玄與殷仲文書以爲嗤笑曰德之休明肅愼
貢其楛矢如其不爾籬壁間物亦不可得也國語
曰仲尼在陳有隼集陳侯之庭而死楛矢貫之
石砮尺有咫問於仲尼對曰隼之來遠矣此肅

愼之矢也昔武王克商通道于九夷百蠻使各以方賄貢於是肅愼氏貢楛矢古者分異姓之職使不忘服也故分陳以肅愼之貢若求之故府其可得使求得之金櫝如之。

○補

王延之南史曰延之字希季都官尚書昇之子也仕宋爲司徒左長史清貧居宇穿漏明帝勅材官爲起齋屋三間歷吏部尚書僕射進號鎮南將軍阮韜南史曰阮韜字長明陳留人晉光祿大夫裕玄孫也爲南兖州別駕江夏王求資費錢韜曰此朝廷物也辭不與。俱是劉湛外甥並有蚤譽劉甚愛之嘗曰韜後當爲第一延之其次也延之甚不平後爲江州每致餉下都韜與朝士同例高祖聞之與延之書曰韜云卿未嘗有別意當由劉家月旦耶南史

曰劉湛字弘仁南陽涅陽人祖耽父柳並晉光祿大夫開府儀同三司湛不尚浮華博涉史傳弱年便有宰世情常自比管葛歷官太子詹事領軍將軍

○○補

謝康樂小時便文藻艷逸祖車騎甚奇之謂親知曰我乃生瑍謂瑍不慧也瑍那得不生靈運鍾嶸詩品曰初錢塘杜明師夜夢東南有人來入其館是夕即靈運生於會稽旬日而謝玄亡其家以子孫難得送靈運於杜治養之十五方還都故名客兒

○補

范蔚宗臨刑時妓妾來別蔚宗悲涕流漣謝綜時亦同刑宋書曰外甥謝綜為曄所知顧謂蔚宗曰舅殊不同夏侯色先是曄在獄作詩曰禍福本無兆性命歸有極必至定前期誰能延一息

在生已可知。來緣惰無識。好醜共一丘。何足異枉直。豈論東陵上。寧辯首陽側。雖無嵇生琴。庶同夏侯色。寄言生存子。此路行復即。故綜以譏曄。沈約宋書曰。曄意入獄便死。上窮治其獄。遂經二旬。曄更有生望。獄吏戲之曰。外傳詹事或當長繫。曄聞驚喜。綜熙先笑曰。詹事在西池射堂上。躍馬顧盼。自以為一世之雄。今擾攘紛紜畏死乃爾。設令今賜以性命。人臣圖主。何顏可以生存。曄謂獄將曰。惜哉薶如此人。將曰。不忠之人。亦何足惜。曄曰。大將言是也。

○○補

王儉與王敬則南史曰。王敬則臨淮射陽人。性倜儻。好刀劍。屠狗商販。徧于三吳。明帝以為直閤將軍。元徽初歸誠高帝。遷輔國將軍。知殿內宿衛兵事。永明中進司空太尉武帝嘗令群臣賦詩。敬則曰。臣若解書。不過作尚書都令史。爾那得今日。同拜三公

徐孝嗣於崇禮門候儉。因嘲之曰。今日可謂連

璧儉曰不意老子遂與韓非同傳史記老子韓非列傳論曰老子所貴道虛無因應變化於無為故著書辭稱微妙難識韓子引繩墨切事情明是非其極慘礉少恩皆原於道德之意而老子深遠矣。

○○補

宋太祖嘗面許張思光為司徒長史敕竟不下張乘一馬甚瘦太祖見之問曰卿馬何瘦給粟多少張曰日給粟一石上曰食粟不少何瘦如此張曰臣許而不與明日即除司徒長史

○○補

宋世祖至殷貴妃墓謂劉德願宋書曰劉慎子德願為秦郡太守性粗率為世祖所狎侮曰卿等哭貴妃若悲當加厚賞劉

應聲號慟涕泗交橫上以爲豫州刺史帝又令
羊志哭羊亦嗚咽甚哀他日有問羊者卿那得
此副急淚羊曰我爾日自哭亡妾耳宋書曰羊志醫術人

○○補

謝鳳子名超宗謝莊子名朏宋明帝敕二人由
鳳莊門入超宗曰君命不可以不往乃趨而入
朏曰君處臣以禮遂不入南史曰靈運子鳳生靈運事徙嶺南早卒

○○補

朱异遍治五經涉獵文史博奕書算皆其所長
年二十詣都沈約戲語曰卿年少何乃不廉异
逡巡未達其旨約曰天下惟有文義棋書卿一

時將去那得云廉。南史曰朱异字彦和。錢塘人。祖昭之以學解稱。及巽之字處林。有志節著辯相論。顧歡見而異之。以女妻焉。异徧覽經史。兼通雜藝。官侍中中領軍。

○補

劉諒南史曰。諒字求信。彭城人。祖繪大司馬從事中郎。父孝綽。秘書監。諒少好學有文才。尤悉晉代故事。時號皮裏晉書。爲湘東王所善。湘東一目眇。一日與諒共遊江濱。歎秋望之美。諒曰。今日可謂帝子降於北渚。湘東曰。卿言目眇眇而愁予耶。由此嫌之。見楚辭湘夫人之曲。王逸註曰。帝子堯女。眇眇好貌也。

○補 王云神武乃高歡。士開未達。掌

盧詢祖甚有口辯。好臧否人物。嘗語人曰。我昨東方未明。過和氏門外。當謂和士開。北史曰。士開字彦通。清都臨漳人。

○○補

幼爲國子生解悟捷疾爲同輩所尚以須見二巧便辟有寵於齊神武仕至尚書左僕射

陸機雲兩潘岳尼也。文士傳曰尼字正叔榮陽人祖勗尚書左丞父滿平原太守並以文學稱尼少有清才文詞溫雅初應州辟終太常卿

森然與槐柳齊列謂士開當權文士皆輻輳其門也劉餗隋唐嘉話曰思道仕高齊久不得進時士開方用事或謂盧曰何不一見和思道素自高欲往恐爲人所見乃未明而行比至其門立者衆矣盧駐轡望之曰彼何人斯森然而與槐柳齊列因鞭馬疾去。

侯白好俳諧隋書曰白字君素魏郡臨漳人性滑稽好爲誹諧雜說楊素狎之高祖召與語甚悅舉秀才爲儒林郎每將擢之輒曰侯白不勝官而止

一日楊素隋書曰素字處道弘農華陰人祖暄魏輔國將軍父敷周汾州刺史素少有大志與安定牛弘同志

◎

好學多所通渉美鬚髯有英傑之表武帝拜爲車騎大將軍每戰有功歷位上柱國尚書僕射仁壽宮大監越國公與牛弘退朝白語之曰日之夕矣素曰以我爲牛羊下來耶王風曰日之夕矣牛羊下來

○補

柳機北史曰柳機字匡時河東解人偉容儀有器局頗渉經史年十九周武帝引爲記室柳昂北史曰柳昂字千里河東解人幼聰穎有器識幹局過人周武帝時爲内史中大夫當塗用事百寮皆出其下在周朝俱歷要任隋文帝受禪並爲外職時楊素方用事因文帝賜宴素戲語機云二柳俱摧機應聲答曰不若孤楊獨聳

○補

宗如周面狹長後梁書曰宗如周有才學爲度支尚書蕭詧梁書曰蕭

詧字理孫。昭明子。梁封岳陽郡王。戲之曰。卿何爲謗經。如周曰。身自來不謗經。蔡大寶曰。卿當不謗餘經。正應不信法華經。爾蓋法華經云。聞經隨喜。面不狹長。如周乃悟。後梁書曰。蔡大寶字敬仁。嘗以書干僕射徐勉。勉大賞異。令與其子遊處。所有墳籍。盡以給之。遂博覽羣書。學無不綜。

○○補

盧相邁不食鹽醋。同列問之。足下不食鹽醋。何堪。邁笑曰。足下終日食鹽醋。復又何堪。劉昫唐書曰。盧邁字子玄。范陽人。以孝友謹厚稱。貞元中。以給事中平章事。大政決於陸贄。公謹身中立。守文奉法而已。○妙

○○補

丁晉公自崖州還坐客論天下州郡何地最雄盛公曰唯崖州地望最重客問其故答曰宰相只作彼州司戸參軍他州何可及

○○補

盛度體豐肥東都事略曰盛度字公量餘杭人累官翰林學士參知政事性好學家居讀書未嘗釋手眞宗命與李宗諤楊億王曾李維舒雅任隨石中立同編文苑英華所著有愚谷集度肌體豐大艱於拜起有拜之者俯伏不能興或至詬罵其褊戾如此一日自殿前趨出宰相在後盛初不知忽見即欲趨避行百餘歩乃得直舍隱於其中石學士中立宋史曰中立字表臣河南洛陽人熙載子也性疎曠好諧謔人不以爲怒魏泰東軒筆録曰石

參政中立事太宗爲館職至眞宗末年猶爲學士見其喘甚問之盛告

其故石曰相公問否盛曰不問別去十餘步乃

悟罵曰奴乃以我爲牛班固漢書曰丙吉爲相嘗出逢淸道羣鬭者死

傷橫道吉過之不問前行逢人逐牛牛喘吐舌

吉止駐使騎吏問逐牛行幾里矣掾吏謂丞相

前後失問或以譏吉吉曰民鬭相殺傷長安令

京兆尹職所當禁歲竟丞相課其殿最奏行賞

罰而已宰相不親小事非所當於道路問也方

春少陽用事未可太熱恐牛近行用暑故喘此

時氣失節恐有所傷害也三公典調和陰陽

職所當憂是以問之掾吏乃服以吉知大體

○○補

劉貢父東軒筆錄曰劉攽字貢父博學有俊才然滑稽喜謔玩亦屢以犯人東都事畧

曰邠與兄敞同學自刻厲博讀羣書言行高遠名亞敞焉王汾東都事畧曰王禹偁曾孫

汾舉進士甲科。元祐中。爲工部侍郎。寶文閣待制。入元祐黨籍云。同在館中。汾病口吃。貢父爲之贊曰。恐是昌家史記曰。周昌彊力敢直言。高帝欲廢太子。庭爭之彊。爲人吃。又盛怒曰。臣口不能言。然期期知其不可。陛下雖欲廢太子。臣期期不奉詔。上欣然而咲。又疑非類韓非傳曰。非爲人口吃。不能道說。而善著書。未聞雄名漢書楊雄傳曰。雄口吃。默而好深湛之思。只有艾氣鄧艾也。

○○

補王介甫爲相。大誅天下水利。劉貢父嘗造之。值一客獻策曰。梁山泊梁山泊。亦作梁山濼。在東平州五十里。決而涸之。可得良田萬頃。但未擇得利便之地。貯許水耳。介甫傾首沉思。貢父抗聲曰。此甚不難。介甫欣然以爲有策遽問之。曰。別穿一梁山泊則足以貯此水矣。介甫大笑遂止。張太史明道雜志亦載此事。但云議乾太湖不言梁山泊也。又稗史介甫議開梁山濼貢父應曰。此事楊蟠無齒問之。曰。楊蟠杭人。自號浩然居士。言此事浩然無涯也。一事而三異。

蘇長公在惠州。宋史曰。紹聖初。御史論軾譏斥先朝惠州安置。三年。泊然無所芥蔕。人無賢愚。皆得其歡心。天下傳其已死後七年北歸。時章丞相方貶雷州東坡見南昌太守葉祖洽葉問曰。世傳端明已歸道山。今尚爾游戲人間邪

坡曰途中見章子厚乃回反耳宋史曰葉祖洽字敦禮邵武人
煕寧初對策投合用事者考官宋敏求蘇軾欲
黜之呂惠卿擢爲第一在官以牟利驟貴間終
徽猷閣
直學士

○補

蘇長公在維揚一日設客皆一時名士米元章
亦在坐酒半元章忽起立自贊曰世人皆以芾
爲顛願質之子瞻公笑答曰吾從衆海岳遺事曰米元章
當爲書畫學博士後遷禮部員外郎數遭白簡
逐出一日以書抵蔡京訴其流落且言舉室百
指行至陳留獨得一舟如許大遂畫一艇於行
間京哂焉時彈文正謂其顛而芾又歷告諸執
政自謂久任中外並被大臣知遇舉士累數十
百皆用吏能爲稱首一無有以顛薦者世遂傳

○○補

米老辯顛帖

秦太虛爲御史賈所彈宋史文苑傳曰秦觀字少游一字太虛揚州高郵人少豪雋慷慨溢於文詞舉進士不中好大而見奇蘇軾以爲有屈宋才元祐初薦除太學博士國史編修後坐黨籍貶監黃州酒稅使者承風旨伺過失無所得以謁告寫佛書爲罪削秩徙郴州放還藤州卒先自作挽詞其語甚哀

張文潛宋史曰張耒字文潛楚州淮陰人十三歲能文從蘇轍兄弟遊弱冠第進士歷秘書正字起居舍人坐黨籍落職晚監南嶽廟主管崇福宮卒耒儀觀甚偉有雄才於騷詞尤長久於投閒家貧郡守翟汝文欲爲買公田謝不取

戲之曰千餘年前賈生過秦今復爾也聞者以爲佳謔賈誼新書有過秦上下二篇

輕詆上

○補 禰正平自荊州北遊許都書一刺懷之漫滅而無所遇或問之曰何不從陳長文司馬伯達乎禰曰卿欲使我從屠沽兒輩耶又問當今復誰可者禰曰大兒孔文舉小兒楊德祖魏志曰司馬朗字伯達河內溫人十二試經爲童子郎太祖辟爲司空掾屬除成皋令復爲堂陽長治務寬惠遷兗州刺史政化大行

○補 劉荊州嘗自作書欲與孫伯符以示禰正平正平蚩之言如是爲欲使孫策帳下兒讀之耶將

○○補

補

劉云兩可之詞

○

使張子布見乎。

補人問禰正平。荀令君趙蕩寇皆足蓋當世乎。禰答曰。文若可借面弔喪。稚長可使監廚請客。其意以荀但有貌。趙健啖肉也。魏志曰。趙稚長爲蕩寇將軍。

補虞仲翔在東吳。曹公欲辟之。虞聞之曰。盜跖欲以餘財汙良家邪。

王太尉問眉子。汝叔名士。何以不相推重。叔王澄也眉子曰。何有名士終日妄語。

庾元規語周伯仁。諸人皆以君方樂。周曰。何樂

王云此言得其深。○

王云偶然語亦雖定謂無。○

謂樂毅邪。史記曰、樂毅中山人、賢而爲燕昭王將軍、率諸侯伐齊、終於趙。庾曰、不爾樂令耳。周曰、何乃刻畫無鹽、以唐突西子也。列女傳曰、鍾離春者、齊無鹽之女也。其醜無雙。臼頭深目、長指大節、昂鼻結喉、肥項少髮、折腰出胸、皮膚若漆。行年三十、無所容入、衒嫁不售。乃自詣齊宣王、乞備後宮。因說宣王以四殆。王拜爲正后。吳越春秋曰、越王勾踐得山中採薪女子、名曰西施、獻之吳王。

深公云、人謂庾元規名士、胸中柴棘三斗許。

庾公權重足傾王公。庾在石頭、王在冶城坐。大風揚塵、王以扇拂塵曰、元規塵汚人。按、王公雅量通濟、庾亮之在武昌、傳其應下、公以識度裁之。貲部言自息、豈或回貳、有扇塵之事乎。王隱晉書、戴洋傳

◎

劉云人之輕詆更累其父

王云此非註不得所以

○

曰丹陽太守王導問洋得病七年洋曰君侯命在申爲土地之主而於申上冶火光照大此爲金火相爍水火相煬以故相害導呼冶令奕遷使啓鎮東徙令東冶是也丹陽記曰丹陽冶城去宮三里吳時鼓鑄之所吳平猶不廢又云孫權築冶城爲鼓鑄之所既立石頭大塢不容近立此小城當是徙縣治空城而置冶爾冶城疑是金陵本治漢高六年令天下縣邑城秣陵不應獨無

王丞相輕蔡公曰我與安期千里共遊洛水邊何處聞有蔡充兒

妒記曰丞相曹夫人性甚忌禁制丞相不得有侍御乃至左右小人亦被檢簡時有妍妙皆加誚責王公不能久堪乃密營別館衆妾羅列兒女成行後元會日夫人於青疎臺中望見兩三兒騎羊皆端正可念夫人遙見甚憐愛之語婢汝出問是

誰家兒給使不達旨乃答云是第四五等諸郎曹氏聞驚愕大恚命車駕將黃門及婢二三人人持食以自出尋討王公亦遽命駕飛轡出閤猶患牛遲乃以左手攀車闌右手捉麈尾以柄助御者打牛狼狽奔馳劣得先至蔡司徒聞而笑之乃故詣王公謂曰朝廷欲加公九錫公知不不王謂信然自叙謙志蔡曰不聞餘物唯聞有短轅犢車長柄麈尾王大愧後貶蔡曰吾昔與安期千里共在洛水集處不聞天下有蔡充兒正忿蔡前戲言耳

○王右軍在南丞相與書每歎子姪不令云虎㹠虎犢還其所如

虎㹠王彭之小字也王氏譜曰彭之字安壽琅邪人祖正尚書郎父彬衛將軍彭之仕至黃門郎虎犢彪之小字也彪之字叔虎彭之第三弟年二十而頭須皓白時人謂之王白鬚少有局幹之稱累遷至左光祿大夫

劉云言其眞如㹠犢尔

○補

○補

○劉云邦國之殄瘁何必平生

阮光祿聞何次道拜相歎曰我當何處生活

褚公與孫興公同遊曲阿後湖中流風勢猛迅舫欲傾覆褚公已醉乃曰此舫人皆無可以招天譴者唯孫興公多塵滓正當以厭天欲耳便欲捉擲水中孫遽無計唯大啼曰季野卿念我

褚太傅南下孫長樂於船中視之長樂孫綽言次及劉眞長死孫流涕因諷詠曰人之云亡邦國殄瘁褚大怒曰眞長平生何嘗相比數而卿今日作此面向人孫回泣向褚曰卿當念我時咸笑

其才而性鄙。

○桓公入洛過淮泗踐北境與諸僚屬登平乘樓眺矚中原慨然曰遂使神州陸沉百年丘墟王夷甫諸人不得不任其責。八王故事曰夷甫雖居台司不以事物自嬰當世化之羞言名教自臺郎以下皆雅崇拱默以遺事爲高四海尚寧而識者知其將亂晉陽秋曰夷甫將爲石勒所殺謂人曰吾等若不祖尚浮虛不至於此袁虎率爾對曰運自有廢興豈必諸人之過桓公懍然作色顧謂四坐曰諸君頗聞劉景升不有大牛重千斤噉芻豆十倍於常牛負重致遠曾不若一羸

劉云又有謂真長如此者爲入自難

王云此語亦有情

○

劉云郄又茲袁伏之袁

○

牸。魏武入荊州，烹以饗士卒，于時莫不稱快。意以況袁。四坐既駭，袁亦失色。

謝鎮西書與殷揚州，爲真長求會稽。殷答曰：「真長標同伐異，俠之大者。常謂使君降階爲甚，乃復爲之驅馳邪？」

袁虎、伏滔同在桓公府。桓公每遊燕，輒命袁、伏。袁甚恥之，恒歎曰：「公之厚意，未足以榮國士。與伏滔比肩，亦何辱如之！」

孫綽作《列仙商丘子贊》曰：「所牧何物？殆非真豬。

劉云是與公果不爲眞長所許也

王云此却輸眞長一着然乃是謝公得福處

儻遇風雲爲我龍攄。列仙傳曰。商丘子胥者商邑人。好吹竽牧豕。年七十不娶妻而不老。問其道要。言但食老朮菖蒲根飲水。如此便不飢不老耳。貴戚富室聞而服之。不能終歲輒止。謂將有匿術。孫綽爲贊曰。商丘卓犖。執策吹竽。渴飲寒泉。飢食菖蒲。所牧何物。殆非眞豬。儻逢風雲。爲我龍攄。時人多以爲能。王藍田語人云。近見孫家兒作文。道何物眞豬也。

孫長樂兄弟就謝公宿。言至款雜。劉夫人在壁後聽之。具聞其語。謝公明日還。問昨客何似。劉對曰。亾兄門未有如此賓客。夫人劉惔之妹。謝深有愧色。

劉云似謂玄度無忠國事可擧君親謂忠孝兩難也

劉云三祖上三代保守此笛猶尾弔若非地名即不祥短命

簡文與許玄度共語。許云。舉君親以爲難。簡文便不復答。許去後而言曰。玄度故可不至於此。按邴原別傳。魏五官中郎將嘗與羣賢共論曰。今有一丸藥。得濟一人疾。而君父俱病。與君邪。與父邪。諸人紛葩。或父或君。原勃然曰。父子一本也。亦不復難。君親相校。自古如此。未解簡文誚許意。

蔡伯喈睹睞笛椽。孫興公聽妓。振且擺折。伏滔長笛賦敘曰。余同僚桓子野有故長笛。傳之者老。云蔡邕伯喈之所製也。初邕避難江南。宿于柯亭之館。以竹爲椽。邕仰眄之曰。良竹也。取以爲笛。音聲獨絕。歷代傳之至于今。王右軍聞大嗔曰。三祖壽一作臺樂器。虺尾一作瓦一作凡弔孫家見打折。

王中郎與林公絕不相得。王謂林公詭辯。林公道王云。著膩顔帢。𢄼布單衣。挾左傳。逐鄭康成車後。問是何物塵垢囊。帢帽也。裴子曰。林公云文度著膩顔。挾左傳。逐鄭康成自爲高足弟子。篤而論之。不離塵垢囊也。

王長史求東陽撫軍不用。後疾篤。臨終。撫軍哀歎曰。吾將負仲祖於此。命用之。長史曰。人言會稽王癡。眞癡。

桓公欲遷都。以張拓定之業。孫長樂上表諫。此

劉云與公到處爲衆人所擯

王云與公一生受此甚至死猶傾人

議甚有理桓見表心服而忿其爲異令人致意孫云君何不尋遂初賦而彊知人家國事孫綽表諫曰中宗龍飛實賴萬里長江畫而守之耳不然胡馬久已踐建康之地江東爲豺狼之場矣綽賦遂初陳止足之道

孫長樂作王長史誄云余與夫子交非勢利心猶澄水同此玄味禮記曰君子之交淡若水小人之交甘若醴

王孝伯見曰才士不遜亡祖何至與此人周旋

謝太傅謂子姪曰中郎始是獨有千載車騎曰中郎衿抱未虛復那得獨有中郎謝萬

劉云誑訛致敗

○庾道季詫謝公曰裴郎云謝安謂裴郎乃可不惡何得爲復飲酒裴郎又云謝安目支道林如九方皐之相馬略其玄黄取其儁逸支遁傳曰遁每標擧會宗而不留心象喻解釋章句或有所漏文字之徒多以爲疑謝安石聞而善之曰此九方皐之相馬也略其玄黄而取其儁逸謝公云都無此二語裴自爲此辭耳庾意甚不以爲好因陳東亭經酒壚下賦讀畢都不下賞裁直云君乃復作裴氏學於此語林遂廢今時有者皆是先寫無復謝語續晉陽秋曰晉隆和中河東裴啓撰漢魏以來迄于今時言語應對之可稱者謂之語林時人

多好其事文遂流行后說太傅事不實而有人於謝坐敘其黄公酒壚司徒王珣爲之賦謝公加以與王不平乃云君遂復作裴郎學自是衆咸鄙其事矣安鄉人有罷中宿縣詣安者安問其歸資答曰嶺南凋弊唯有五萬蒲葵扇又以非時爲滯貨安乃取其中者捉之於是京師士庶競慕而服焉價增數倍旬月無賣夫所好生羽毛所惡成瘡痏謝相一言挫成美於千載及其所與崇虛價於百金上之愛憎與奪可不慎哉

○

王北中郎不爲林公所知乃著論沙門不得爲高士論大略云高士必在於縱心調暢沙門雖云俗外反更束於教非情性自得之謂也

○

人問顧長康何以不作洛生詠答曰何至作老

婢聲。洛下書生詠。音重濁。故云老婢聲。

殷顗庾恆並是謝鎮西外孫。謝氏譜曰。尚長女僧要適庾龢。次女僧韶適殷歆。殷少而率悟。庾每不推。嘗俱詣謝公。謝公熟視殷曰。阿巢故似鎮西。巢殷顗小字也。於是庾下聲語曰。定何似。謝公續復云。巢頰似鎮西。庾復云。頰似足作健不。庾氏譜曰。恆字敬則。祖亮。父龢。恆仕至尚書僕射。

舊目韓康伯捋肘無風骨。語林曰。范啓云。韓康伯似肉鴨。

苻宏叛來歸國。謝太傅每加接引。宏自以有才。多好上人。坐上無折之者。適王子猷來。太傅使

一云甚惡之辭

共語子猷直孰視良久回語太傅云亦復竟不

異人宏大慚而退續晉陽秋曰宏苻堅太子也堅爲姚萇所殺宏將母妻來投詔賜田宅桓玄以宏爲將玄敗寇湘中伏誅

王中郎舉許玄度爲吏部郎郗重熙曰相王好

事不可使阿訥在坐頭訥詢小字

王興道謂謝望蔡霍霍如失鷹師永嘉記曰王和之字興道瑯邪人祖翼平南將軍父胡之司州刺史和之歷永嘉太守正員常侍望蔡謝琰小字也

桓南郡每見人不快輒嗔云君得哀家梨當復

不烝食不舊說秣陵有哀仲家梨甚美大如升入口消釋言愚人不別味得好梨烝

食之也

李卓吾批點世說新語補卷之十八

校正

劉

世說新語補

十九二十

李卓吾批點世說新語補卷之十九

宋　劉義慶　撰

梁　劉孝標　注

宋　劉辰翁　批

明　何良俊　增

王世貞　刪定

王世懋　批釋

李　贄　批點

張文柱　校注

輕詆下

〇補 會稽太守孟顗事佛精懇而爲謝靈運所輕。南史曰。孟顗字彥重。平昌安丘人。衛將軍昶弟也。昶顗並美風姿。時人謂之雙珠。昶貴盛。顗不就辟。昶死後歷侍中。卒於會稽太守。謝嘗語顗曰。得道應須慧業文人。卿生天當在靈運前。成佛必在靈運後。勤布施積功行。是欲生天者也。明心見性。直下作佛。是欲成佛者也。康樂自恃慧解。故以譏顗。顗深恨此言。

〇補 顏延之每薄湯惠休詩。謂人曰。休上人制作委巷間歌謠耳。方當誤後生。宋書曰。沙門惠休善屬文。徐湛之與之甚

◎

厚世祖命使還俗本姓湯位至揚州從事詩品曰惠休淫靡情過其才世遂匹之鮑照恐商周矣羊曜璠云是顏公忌照之文故立休鮑之論○委巷歌謠乃是真詩

○補

謝宣映南史曰謝絢字宣映謝景重之子曾於公坐戲調其舅袁湛南史曰湛字士深陳郡陽夏人祖耽晉歷陽太守父質琅邪內史湛少與弟豹並爲從外祖謝安所知安以兄子玄女妻焉宋武帝起兵以從征功歷仕至太尉司空湛甚不堪之謂曰汝父昔已輕舅今汝復來加我可謂世無渭陽情也宋書曰景重是王胡之外甥與舅亦不協

○補

丘車騎南史曰丘靈鞠吳興烏程人祖系秘書監父道真護軍長史靈鞠少好學善屬文州辟從事累官車騎長史常在沈深坐南史曰沈懷文吳興武康人三子淡

深沖。名譽有優劣。世號爲腰鼓兄弟。深歷御史中丞。見王文憲儉。諡文憲。詩沈曰。王令文章大進。丘曰。何如我未進。

○補張敬兒拜車騎將軍。南史曰。敬兒南陽冠軍人。父醜。敬兒少便弓馬。有膽氣。王休祐鎮壽陽。求善騎射士。敬兒應選。見寵爲長。兼行參軍。屢立戰功。遷車騎將軍開府儀同三司。敬兒始不識書。爲方伯。乃學讀孝經論語。徵護軍。乃於密室屏人學揖讓答對。空中俯仰。姿侍竊咲焉。王敬則戲之呼爲褚彥回。時咸推褚彥回風度詳雅。敬則以敬兒武臣麄率。故以彥回爲戲也。敬兒曰我馬上得之終不得作華林閣勳。南史曰。敬則在宋。與詩寂之弑後廢帝於華林園。

○補劉中郎性韻剛疎。輕言肆行。南史曰。劉祥字顯徵。穆之之曾孫。少

王云別本殺作賛殺勝殺字

好文學性韻剛踈建元中爲正員郎後爲臨川王驃騎從事中郎一日遇褚司徒淵入朝以腰扇障日中郎從側過曰作如此舉止羞面見人扇障何益褚曰寒士不遜中郎曰不能殺袁劉安得免寒士袁粲劉秉也按南史蕭道成既弑蒼梧王以太后令召袁粲褚淵劉秉會議迎立安成王粲秉密謀誅道成事敗皆死道成受宋禪淵率百官奉璽綬詣齊宮勸進

○補

○王奐南史曰奐字道明景文兄子也仕宋爲侍中尚書齊武帝以奐宋室外戚疑有異志王晏叩頭保之永明中累遷尚書僕射初拜僕射劉顯徵與奐子融同載行至中堂見路人驅驢劉曰驢汝好爲

之如沒人才皆已令僕矣。南史曰禕著連珠十五首以寄懷其譏議者云希世之寶違時必賤偉俗之器無聖則淪是以明玉黜於楚岫章甫窮於越人

○補徐常侍也陵聘齊時魏收文學北朝之秀收錄其文集以示徐令傳之江左徐遠濟江沉之曰吾為魏公藏拙

○○補庾信至北周書曰庾信字子山南陽新野人祖易齊徵士父肩吾梁中書令信幼俊邁博覽羣書仕梁為散騎常侍聘於東魏文章辭令盛為鄴下所稱元帝即位來聘於周遂留長安歷仕至驃騎將軍開府儀同三司信雖位望通顯常有鄉關之思作哀江南賦以致意惟愛溫子昇寒山寺碑後還南人問北方何如。

信曰唯寒山寺一片石堪共語餘若驢鳴犬吠耳北史曰溫子昇字鵬舉太原人世居江左祖恭之避難歸魏家於濟陰寃句父暉兗州左將軍長史子昇博覽百家文章清婉初爲廣陽王客作侯山祠堂碑文常景見而善之曰溫生是大才士年二十二射策補御史歷中書舍人散騎常侍陽夏守傅標使吐谷渾見其國王牀頭有書數卷乃子昇文也濟陰王暉業嘗云江左文人宋有顏延之謝靈運梁有沈約任昉我子昇足以陵顏轢謝含任吐沈

○○補

江從簡南史曰華少子從簡少有文才何敬容爲吏部尚書洿於學術通賄賂從簡作採荷調刺之爲時所賞官至司徒從事中郎侯景亂爲任約所害是光祿華子梁書曰華字休映濟陽考城人祖齊之宋金部郎父柔之齊倉部郎華早有才思六歲便屬文

仕至光祿大夫。小時有文情。作採荷調以刺何敬容曰。欲持荷作柱。荷弱不勝梁。欲持荷作鏡。荷暗本無光。敬容不覺。唯歎其工。

○補

劉晝作六合賦。自謂絶倫。以呈魏收。收曰。賦名六合。已是大愚。文又愚於六合。君四體又甚於文。晝大忿。以示邢子才。子才曰。君此賦。正似疥駱駝。伏而無嫵媚。後魏書曰。劉晝本大儒。舉秀才入京。考策不第。方復緝綴詞藻。言甚俚拙。作賦一首。以六合爲名。自謂絶倫。

○補

崔信明嘗自矜其文。謂過李百藥。唐書曰。信明青州益都人。

祖鞱。北海郡守。信明博聞强記。下筆成章。高孝基謂人曰。信明才學富贍。但恨位不逮耳。大業中為堯城令。竇建德僭號。隱於太行山。

鄭世翼遇之江中。謂信明曰。嘗聞有楓落吳江冷。願見其餘。信明欣然多出衆篇。世翼覽未終。篇曰。所見不逮所聞。投諸水。引舟逕去。

唐詩紀事曰。鄭世翼榮陽人。武德時。爲揚州錄事參軍。以言忤物。貞觀中。坐怨謗。流死巂州。

○補

狄仁傑爲相。有盧氏堂姨。居午橋別墅。仁傑伏臘脩禮甚謹。嘗雪後休暇。候盧氏。適見表弟挾弧矢攜雉兎歸。羞味進於堂上。顧揖仁傑。意甚輕傲。任傑因啓曰。某幸爲相。表弟有所欲願。悉力從其請。姨曰。吾止有一子。不欲令事女主。仁傑慚而去。唐書曰。仁傑字懷英。太原人。神功元年。拜鸞臺侍郎。中宗在房陵。仁傑每奏對。無不以母子恩情爲言。后省悟。召還。中宗反正。追贈司空。

○補

盧藏用初隱終南少室二山。時有意當世。人目爲隨駕隱士。晚年乃徇權利。唐書曰。藏用字子潛。度支尚書承慶之姪孫也。少以辭學著稱。隱居終南山。有貞儉之操。及登朝。趑趄詭佞。專事權貴。以此獲譏於世。官至工部侍郎。尚書右丞。司馬承禎將還山。藏用指終南曰。此中大有佳處。關中記曰。終南太乙。左右三十里內。名福地。承禎徐曰。以僕視之。仕宦之捷徑耳。唐詩紀事曰。承禎字子微。事潘師正。傳辟穀導引術。睿宗。明皇累召至京師。卒贈正一先生。

○補

嚴武以世舊待杜甫甚善。甫性偏躁傲誕。嘗醉登武牀瞪視曰。嚴挺之乃有此兒。元稹作子美誌曰。嘗當陽侯杜氏。十世而生審言。審言。善詩。官膳部員外郎。審言生閑。閑生甫。甫字子美。天寶中。獻三大禮賦。明皇奇之。京兆亂。步謁行在。授左拾遺。以直言失官。劍南節度使嚴武。狀爲工部員外。參謀軍事。旋又棄官。扁舟下荆楚間。宋祁唐書曰。甫棄官客秦州。負薪採橡栗自給。流落劍南。會嚴武節度劍南東西川。往依焉。武再帥劍南。表爲參謀。檢校工部員外郎。武以世舊待甫甚善。親詣其家。甫見之。或時不巾也。范攄雲溪友議曰。武年二十三。爲給事黃門侍郎。明年擁旄西蜀。累於飲筵對客騁其筆札杜甫乘醉言曰不謂嚴挺之有此兒也武恚之久之曰杜審言孫子擬捋虎鬚合坐皆笑以彌縫之武母恐害賢良遂以小舟送甫下峽

○補

韓愈唐書曰愈字退之昌黎人幼刻苦學儒大曆貞元間文士多尚古學效揚雄董仲舒之述作獨孤及梁肅最稱淵奧愈從其徒遊銳意鑽仰欲自振于一代官至吏部侍郎嘗語李程唐書曰程字表臣隴西人貞元中進士歷翰林學士中書侍郎僕射藝學優深然性放蕩不修儀檢物議輕之曰崔丞相直是聰明過人李曰何處是過人者答曰共愈往還二十餘年不曾說著文章唐書曰崔羣字敦詩貝州武城人未冠舉進士陸贄知舉梁肅薦其有公輔器遂擢甲科

○補杜少陵游龍門詩云。天闕象緯逼。王介甫改闕爲閲。黄山谷對衆極言其是。劉貢父聞之曰。直是怕他。西郊野叟庚溪詩話曰。杜子美遊龍門奉先寺詩曰。天闕象緯逼雲臥衣裳冷。

此寺在洛陽之龍門。按韋述東都記。龍門號雙闕。以與大内對峙。若天闕然。此詩天闕指龍門也。後人謂其屬對不切。改爲天闚。王介甫改爲天閲。蔡興宗又謂世傳古本作天闚。用莊子用管闚天爲證。以余觀之。皆臆説也。且天闕象緯逼雲臥衣裳冷。迺此寺中即事耳。以彼天闕之高則勢逼象緯。以我雲臥之幽。則冷侵衣裳。語自混成。何必屑屑較瑣碎失大體哉。

○○補郭昱狹中詭僻。登進士。恥赴常選。獻書於宰相趙普。自比巢由。朝議惡其矯激。故久不調。後復

伺普墜塵自陳普笑謂人曰今日甚榮得巢由拜於馬首 東都事略曰趙普字則平幽州薊人沉厚有大略宋太祖受禪以佐命功累官中書令

補 張文潛嘗問張安道 張文定公墓誌曰公諱方平字安道揚州人也仕至參知政事極言王安石不可用會安石執政乃求補外元祐初以太子太保致仕 司馬君實 司馬光別見 直言王介甫不曉事是如何安道云賢只消去看字說文潛云字說也只是二三分不合人意安道云若然則足下亦有七八分不解事矣 王安石進字說表曰蓋聞物生而有情情發而爲聲聲以類合皆足相知

○○○

人聲爲言述以爲字字雖人之所制本實出於自然故上下內外初終前後中偏左右自然之位也衡衺曲直耦單交析反缺倒仄自然之形也發斂呼吸抑揚合散虛實淸濁自然之聲也可視而知可聽而思自然之義也以義自然故仙聖所宅雖殊方域言音乖離點畫不同譯而通之其義一也道有升降文物隨之時變事異書名或改原出要歸亦無二焉乃若知之所不能與思之所不能至則雖非即此而可詮亦非舍此而能學蓋惟天下之至神爲能究此臣頃御燕間親承訓敕抱病負憂久無所成雖嘗有獻大懼肙浼退復自力用忘疾憊咨諏討論博盡所疑冀或涓塵有助深崇謹勒成字說二十四卷隨表上進

假譎

魏武少時嘗與袁紹好爲遊俠觀人新婚因潛

二字不宜輕用

劉云倉卒出此又難

○○○

劉云辛也解渴之言存想有功

入主人園中，夜叫呼云：有偷兒賊。青廬中人皆出觀。魏武乃入，抽刃劫新婦，與紹還出。失道，墜枳棘中，紹不能得動，復大叫云：偷兒在此。紹遑迫自擲出，遂以俱免。曹瞞傳曰：操小字阿瞞。少好譎詐，遊放無度。孫盛雜語云：武王少好俠，放蕩不修行業。嘗私入常侍張讓宅中，讓乃手戟於庭，踰垣而出。有絕人力，故莫之能害也。

魏武嘗行役，失汲道，軍皆渴。乃令曰：前有大梅林，饒子，甘酸可以解渴。士卒聞之，口皆出水。乘此得及前源。

李云不必甚不必

劉云文字中留此鬼當夜哭

李云甚不必

魏武常言人欲危己己輒心動因語所親小人曰汝懷刃密來我側我必説心動執汝使行刑汝但勿言其使無他當厚相報執者信焉不以爲懼遂斬之此人至死不知也左右以爲實謀逆者挫氣矣曹瞞傳曰操在軍廩穀不足私語主者曰何如主者云可以小斛足之操曰善後軍中言操欺衆操題其主者背以狥曰行小斛盜軍穀遂斬之仍云特當借汝死以厭衆心其変詐皆此類也○甚不必

魏武常云我眠中不可妄近近便斫人亦不自覺左右宜深愼此後陽眠所幸一人竊以被覆

顧[illegible]自引露臥劍至則上文不如還以避之小說多巧

王云愒字[illegible]惡是[illegible]

之因便斫殺自爾每眠左右莫敢近者。

袁紹年少時曾遣人夜以劍擲魏武少下不著。魏武揆之其後來必高因帖臥牀上劍至果高。

按袁曹後由鼎峙迹始攜貳自斷以前不聞讐隙有何意故而剚之以劍也

王大將軍既為逆頓軍姑孰晉明帝以英武之才猶相猜憚乃著戎服騎巴賨馬齎一金馬鞭陰察軍形勢未至十餘里有一客姥居店賣食帝過愒之謂姥曰王敦舉兵圖逆猜害忠良朝廷駭懼社稷是憂故劬勞晨夕用相覘察恐形

迹危露或至狼狽追之曰姥其匿之便與客
姥馬鞭而去行敦營匝而出軍士覺曰此非常
人也敦臥心動曰此必黃須鮮卑奴來命騎追
之已覺多許里追士因問向姥不見一黃須人
騎馬度此耶姥曰去已久矣不可復及於是騎
人息意而反異苑曰帝躬往姑孰敦時晝寢卓然驚悟曰營中有黃須鮮卑奴來何不縛取帝所生母荀氏燕國人故貌類焉
王右軍年減十歲時大將軍甚愛之恒置帳中
眠大將軍嘗先出右軍猶未起須臾錢鳳入屏

應登云孰作熟

○○

入論事。晉陽秋曰：鳳字世儀，吳人，嘉興尉子也。姦慝好利，為敦鎧曹參軍。知敦有不臣心，因進說。後敦敗見誅。都忘右軍在帳中，便言逆節之謀。右軍覺，既聞所論，知無活理，乃剔吐汙頭面被褥，詐孰眠。敦論事造半，方意右軍未起，相與大驚曰：不得不除之。及開帳，乃見吐唾從橫，信其實孰眠，於是得全。于時稱其有智。按諸書皆云王允之事，而此言羲之，疑謬。

溫公喪婦，從姑劉氏家值亂離散，唯有一女，甚有姿慧，姑以屬公覓婚。公密有自婚意，答云：佳壻難得。但如嶠比云何。姑云喪敗之餘。乞粗存活。便足慰吾餘年。何敢希汝比。卻後少日。公報姑云。已覓得婚處。門地粗可。壻身名宦盡不減嶠。因下玉鏡臺一枚。姑大喜。既婚交禮。女以手披紗扇。撫掌大笑曰。我固疑是老奴。果如所卜。按溫氏譜。嶠初取高平李暅女。中取瑯琊王詡女。後取盧江何邃女。都不聞取劉氏。便為虛謬。谷口云。劉氏政謂其姑爾。非指其女姓劉也。孝標之注。亦未為得。

玉鏡臺是公為劉越石長史北征劉聰所得。王隱晉書曰。建興二年。嶠為劉琨假守左司馬都督上前鋒諸軍事。討劉聰。晉陽秋曰。聰一名載。字玄明。屠谷人。父淵。因亂起

王云。觀此明知後人添註。

劉云真有數此
強只者世說雖
郁然種種備。

○ ○

兵死，聽嗣業。

范玄平為人好用智數而有時以多數失會嘗失官居東陽桓大司馬在南州故往投之桓時方欲招起屈滯以傾朝廷且玄平在京素亦有譽桓謂遠來投已喜躍非常比入至庭傾身引望笑語歡甚顧謂袁虎曰范公且可作太常卿范裁坐桓便謝其遠來意范雖實投桓而恐以趨時損名乃曰雖懷朝宗會有亡兒瘞在此故來省視桓悵然失望向之虛佇一時都盡中興書曰。

初桓溫請范汪爲征西長史復表爲江州並不就還都因求爲東陽太守溫甚恨之汪後爲徐州溫北伐令汪出梁國失期溫挾憾奏汪爲庶人汪居吳後至姑孰見溫溫語其下曰玄平乃來見當以護軍起之汪數日辭歸溫曰卿適來何以便去汪曰數歲小兒喪往年經亂權瘞此境故來迎之事竟去耳

溫愈怒之竟不屑意

○○○

諸葛令女庾氏婦既寡誓云不復重出此女性甚正強無有登車理恢既許江思玄婚乃移家近之初誑女云宜徙於是家人一時去獨留女在後比其覺已不復得出江郎莫來女哭詈彌甚積日漸歇江虨暝入宿恒在對牀上後觀其

王云此政不必頭巾氣

劉云二人元知舊義之非故共謀過江不用此義愍度後遂仍用舊義爲人講以得食故訕

王云因怪責人清談堅義亦是

意轉帖彪乃許厭良久不悟聲氣轉急女乃呼婢云喚江郎覺江於是躍來就之曰我自是天下男子厭何預卿事而見喚邪既爾相關不得不與人語女默然而慚情義遂篤葛令之清英江君之茂識

必不背聖人之正典習蠻夷之穢行康王之言所輕多矣

愍度道人始欲過江與一傖道人爲侶謀曰用舊義往江東恐不辦得食便共立心無義既而此道人不成渡愍度果講義積年名德沙門題目曰支愍度才鑒清出孫綽愍度贊曰支度彬彬好是拔新俱禀昭見而能越人世重秀異咸競爾珍孤桐

救飢
又云劉孝標解事
彼謂舊義不得
食故創新義動
人耳爲救飢改
義故曰[illegible]
所謂那可[illegible]
無義非[illegible]也
文理尚[illegible]
妥下[illegible]
劉云以無救[illegible]

嶧陽。浮磬泗濱。後有傖人來。先道人寄語云。爲我致意愍度。無義那可立。舊義者曰。種智有是。而能圓照。然則萬累斯盡。謂之空無。常住不變。謂之妙有。而無義者曰。種智之體。豁如太虛。虛而能知。無而能應。居宗至極。其唯無乎。治此計權救饑爾。無爲遂負如來也。

王文度弟阿智。惡乃不翅。當年長而無人與婚。孫興公有一女。亦僻錯。又無嫁娶理。因詣文度。求見阿智。既見。便陽言。此定可殊。不如人所傳。那得至今未有婚處。我有一女。乃不惡。但吾寒士。不宜與卿計。欲令阿智娶之。文度欣然而啓藍田云、與公向來忽言欲與阿智婚。藍田驚喜。旣成婚、女之頑嚚、欲過阿智、方知與公之詐。阿智王虔之小字。虔之字文將、并州別駕。不就。娶太原孫綽女、字阿恒。

○補

姚崇唐書曰、崇本名元崇。則天改爲元之。陝州陝右人。父善懿、嶲州都督。崇則天時歷仕至夏官尚書。張柬之等誅易之兄弟。崇預謀。玄宗先天二年、兵部尚書、同中書門下三品。獨當國務。明於吏道、剖割不滯。年七十二卒。爲遺令以戒子孫。與張說同爲宰輔各懷疑阻。張銜之李濬松窗雜錄曰、姚崇爲相忽一日對便殿。舉左足不甚輕利。上曰、卿有足疾耶。崇曰、臣有腹心之疾、非足疾也。因前奏張說罪狀數百言。上怒曰、卿歸中書、宜宣與御史中丞共按其事。說之未遭崇搆也、有教授書生、私通於侍婢最寵者。會擒得

姦狀以聞於說將窮獄於京兆尹書生懼辭曰
覩色不能禁亦人之常情也公貴爲相豈無緩
急有用人而靳於一婢女邪說奇其言以侍兒
與歸書生亦亡跡去旬月餘無所聞知忽一日
直詣於說憂色滿面且言某感公之恩思有以謝
者久之今聞公爲姚相國所搆外獄將具公不
知危之將至矣某願得公平生所寶者用計於
九公主必能立釋說因自歷指狀所寶之物書
生云未足解公之難又凝思久之忽曰近有雞
林郡夜明簾爲寄信者書生曰吾事濟矣因請
手札數行懇以情言遂急趨出逮夜始及九公
主邸第具以說旨言之兼用簾爲贄明日公主
入謁具爲奏言上感動急命高力士就御史臺
宣前所按事並宜罷之書生亦不再見張丞相

姚崇病戒諸子曰張丞相與吾釁隙甚深然其
人素懷奢侈尤好服玩吾沒後來弔汝具陳吾

平生服玩寶帶重器羅列帳前張若不顧汝家族無類矣若顧此當録玩用致之仍以神道碑爲請既獲其文登時録進先礱石以待至便鐫刻張丞相見事常遲數日之後必當有悔若徵碑文以刊削爲辭當引視鐫石仍告以聞上崇沒張果至目其服玩者三四崇家悉如崇戒不數日文成叙致該詳時謂極筆其略曰八柱承天高明之位列四時成歲亭毒之功全 數日果遣使取本以爲辭未周密欲加删改姚氏諸子引使者視其碑仍告以奏

御使者復命。張惋恨撫膺曰。死矣。崇能算張說。吾今日方知才之不及遠矣。唐書曰。崇長子彝光祿少卿。子昇坊州刺史。少子奕。禮部侍郎尚書右丞。

○○補

秦會之夫人常入禁中。宋史曰。秦檜字會之。江寧人。靖康元年。金兵陷汴。二帝北遷。以御史中丞從。與其酋撻懶善。倡割地之議。乃縱之使與其妻王氏航海奔行在。高宗召見。與議國事。大奇之。驟加褒擢。參大政。力主和議。廷臣異己者皆斥逐之。顯仁太后宋史曰。韋賢妃。高宗母也。從上皇北遷。迎還居慈寧宮。崩。諡曰顯仁。言近日子魚大者絕少。夫人對曰。妾家有之。當以百尾進。歸告會之。會之咎其失言。與館客謀。進青魚百尾顯仁拊掌笑曰我道這婆子朴果然西湖志曰憲聖召檜夫人入禁中賜宴進淮青魚憲聖顧問夫人曾食此否夫人對曰食已久視此更大容甚且供進蓋檜方秉權諸道諂奉踰于上貢也夫人歸以語檜檜恚之曰夫人不曉事翌日遂易糟鯶魚大者數十枚以進憲聖笑曰我固道無此大青魚夫人誤認耳

黜免

○補

蜀先主銜張裕不遜兼忿其漏言蜀志曰張裕字南和蜀郡人明曉占候而天才過於周羣嘗私語人曰歲在庚子天下當易代劉氏祚盡矣主公得益州九年之後寅卯之間當失之人密白其言後魏氏之立先主之薨皆如裕所刻下獄將誅之諸葛武侯表請其罪先主答教曰芳蘭當

劉公非祭亦何以

○○

門不得不鉏。蜀志曰。裕甚精相術。每舉鏡視面。自知刑死。未嘗不撲之於地也。

諸葛厷在西朝。少有清譽。爲王夷甫所重。時論亦以擬王。後爲繼母族黨所讒。誣之爲狂逆。將遠徙。友人王夷甫之徒。詣檻車與別。厷問朝廷何以徙我。王曰。言卿狂逆。厷曰。逆則應殺。狂何所徙。

桓公入蜀。至三峽中。部伍中有得猨子者。荊州記曰。峽長七百里。兩岸連山。略無絕處。重巖疊嶂。隱天蔽日。常有高猨長嘯。屬引淒遠。漁者歌曰。巴東三峽巫峽長。猨鳴三聲淚沾裳。其母緣岸哀號。行百餘里。不去、遂跳上船、至便即絶、破視其腹中、腸皆寸寸斷。公聞之怒、命黜其人。

殷中軍被廢在信安、終日恒書空作字、揚州吏民尋義逐之、竊視唯作咄咄怪事四字而已。晉陽秋曰、初浩以中軍將軍鎮壽陽、羌姚襄上書歸降、後有罪。浩陰圖誅之、會關中有變、符健死、浩僞率軍而行、云脩復山陵。襄前驅恐遂反、軍至山桑、聞襄將至、棄輜重馳保譙、襄至據山桑。焚其舟實、至壽陽、略流民而還。浩士卒多叛、征西温乃上表黜浩、撫軍大將軍奏免浩、除名爲民。浩馳還謝罪、既而遷于東陽信安縣。

殷中軍廢後、恨簡文曰、上人著百尺樓上、儋梯

劉云甚真

將去。續晉陽秋曰。浩雖廢黜。夷神委命。雅詠不輟。雖家人不見其有流放之慼。外甥韓伯始隨至徙所。周年還都。浩素愛之。送至水側。乃詠曹顏遠詩曰。富貴它人合。貧賤親戚離。因泣下。其悲見于外者。唯此一事而已。則書空。去梯之言。未必皆實也。

鄧竟陵免官後赴山陵。過見大司馬桓公。公問之曰。卿何以更瘦。大司馬寮屬名曰。鄧遐字應玄。陳郡人。平南將軍嶽之子。勇力絕人。氣蓋當世。時人方之樊噲。爲桓溫參軍。數從溫征伐。歷竟陵太守。枋頭之役。溫既懷恥忿。怒且憚遐。因免遐官。病卒。鄧曰。有愧於叔達。不能不恨於破甑。郭林宗別傳曰。鉅鹿孟敏字叔達。敦朴質直。客居太原。雜處凡俗。未有所名。嘗至市貿甑。荷儋墮地。壞之。徑去不顧。適遇林宗見而異之。因問曰。壞甑可惜。何以不顧。客曰。甑既已破。視之何益。林宗賞其介決。因以知其德性。謂必爲美士。勸令讀書。遊學十年。遂知名。三府並辟。不就。東夏以爲美賢。

桓玄敗後。殷仲文還爲大司馬咨議。意似二三。非復往日。大司馬府聽前有一老槐。甚扶疎。殷因月朔與衆在聽。視槐良久。歎曰。槐樹婆娑無復生意。晉安帝紀曰。桓玄敗。殷仲文歸京師。高祖以其衛從二后。且以大信宜令引爲鎮軍長史。自以名輩先達。位遇至重。而後來謝鯤之徒。皆疇昔之所附也。今比肩同列。常怏然自失。後果徙信安。

殷仲文既素有名望。自謂必當阿衡朝政。忽作東陽太守。意甚不平。晉安帝紀曰。仲文後爲東陽。愈憤怨。乃與桓胤謀反。遂伏誅。仲文嘗照鏡。不見頭。俄而難及。及之郡。至富陽。慨然歎曰。看此山川形勢。當復出一孫伯符。孫策。富春人。故及此而歎。

○補

梁武每集文士策經史事。時范雲南史曰。范雲字彥龍。南鄉舞陰人。祖璩之。宋中書侍郎。父抗。郢府參軍。雲六歲。讀毛詩。日誦九紙。陳郡殷琰名知人。見之曰。公輔才也。性機警有識。善屬文。下筆輒成。時人疑其宿構。仕齊爲中郎。銜命至梁。梁武拜黃門侍郎。與沈約參讚謨謀。毗佐大業。官至散騎常侍吏部尚書。沈約之徒皆引短推長。帝悅。加其賞賚。會策錦被事。咸言已罄。帝試呼問劉孝標。劉時貧悴冗散。忽請紙筆。疏

十餘事坐客皆驚帝不覺失色自是惡之不復引見及孝標類苑成帝卽命諸學士撰華林徧略以高之竟不見用劉乃著辯命論以寄懷　南史

曰峻好學寄人廡下自課讀書常燎麻炬從夕達旦時或昏睡爇其頭髮及覺復讀時魏孝文選盡物望才學之徒咸見申擢峻兄弟不蒙選授齊永明中奔江南自以少未開悟晚更厲精聞有異書必往祈借清河崔慰祖謂之書淫於是博極羣書文藻秀出時竟陵王招學士峻因求爲國職吏部尚書徐孝嗣抑而不用齊明帝時蕭遙欣引爲府刑獄禮遇甚厚遙欣尋卒梁天監初召入典校秘閣坐私載禁物免官安成王遷荊州雅重峻引爲戶曹參軍給其書籍使撰類苑未成復以疾去因遊東陽紫巖山築室居焉爲山栖志其文甚美初梁武招文學之士

有高才者多被引進。擢以不次。峻率性而動。不能隨衆沈浮。竟不見用。乃著辯命論以寄懷。論成。中山劉沼致書難之。凡再反。峻並爲申析。會沼卒。不見峻後報者。峻乃爲書以序其事。唐經籍志曰。類苑一百二十卷。劉孝標撰。

○補

孟浩然極爲王右丞所知。王待詔金鑾。召浩然商較風雅。上忽臨幸。浩然錯愕伏牀下。王不敢隱。因奏聞。上欣然曰。朕素聞其人。因得召見。上曰。卿將得詩來否。浩然奏曰。臣偶不齎所業。即命吟舊作。浩然拜舞誦詩。至不才明主棄。上憮然曰。卿自不求朕。朕未嘗棄卿。因放歸南山。浩然歲暮歸南山詩曰。北闕休上書。南山歸敝廬。不才明主棄。多病故人疏。白髮催年老。青陽逼歲除。永懷愁不寐。松月夜窗虛。

王云。南華眞經無甚僻。況事華陽眞誥第一篇乃有之。飛卿集有題李羽故里詩。尾句曰。終知此恨銷難盡。孤負華陽第一篇。蓋指此。

補令狐綯曾以舊事訪於溫庭筠。庭筠答曰。事出南華經。非僻書也。冀相公燮理之暇。時宜覽古。綯甚怒。奏庭筠有才無行。不許登第。遂轗軻終身。

撫言曰。開成中。溫庭筠才名籍甚。然罕拘細行。以文爲貨。識者鄙之。唐詩紀事曰。庭筠彥博裔孫。與李商隱俱有名。時號溫李。

儉嗇

和嶠性至儉。家有好李。王武子求之。與不過數十王武子因其上直率將少年能食之者持斧詣園飽共噉畢伐之送一車枝與和公問曰何如君李和既得唯笑而已晉諸公贊曰嶠性不通治家富擬王公而至儉將有犯義之名語林曰嶠諸弟往園中食李而皆計核責錢故嶠婦弟王濟伐之也

司徒王戎既貴且富區宅僮牧膏田水碓之屬洛下無比契疏鞅掌每與夫人燭下散籌算計晉諸公贊曰戎性簡要不治儀望自遇甚薄而產業過豐論者以為台輔之望不重王隱晉書曰戎好治生園田周徧天下翁嫗二人常以象牙籌晝夜算計家資晉陽秋曰戎多殖財賄常若不足或謂戎故以此自晦也戴逵論之曰王戎晦默於危亂之際獲免憂禍既明且哲於是

在矣。或曰。大臣用心。豈其然乎。逵曰。運有險易。時有昏明。如子之言。則蘧瑗季札之徒。皆負矣。自古而觀。豈一王戎也哉。

衛江州在尋陽。永嘉流人名曰。衛展字道舒。河東安邑人。祖列。彭城護軍。父韶。廣平令。展。光熙初。除鷹揚將軍。江州刺史。有知舊人投之。都不料理。唯餉王不留行一斤。此人得餉便命駕。本草曰。王不留行生太山。治金瘡。除風久服之輕身。李弘範聞之曰。家舅刻薄。乃復驅使草木。中興書曰。李軌字弘範。江夏人。仕至尚書郎。按軌劉氏之甥。此應弘度。非弘範也。

郗公大聚斂。有錢數千萬。嘉賓意甚不同。常朝

劉云吾見嘉賓每每可喜

本無下已字

且問訊郗家法子弟不坐因倚語移時遂及財貨事郗公曰汝正當欲得吾錢耳迺開庫一日令任意用郗公始正謂損數百萬許嘉賓遂一日乞與親友周旋略盡郗公聞之驚怪不能已已中興書曰超少卓犖而不羈有曠世之度

○補夏侯豫州性極吝晚忽好音樂有妓妾數十無被服姿容客至嘗隔簾奏樂時呼簾為夏侯妓衣南史曰夏侯亶字世龍譙郡譙人父詳天監元年徵為侍中亶仕至豫州刺史

汰侈

補

劉威碩在蜀。蜀志曰劉琰字威碩魯國人有風流善談論先主在豫州辟爲從事厚親待之隨從周旋常爲賓客然不豫國政領兵千餘隨諸葛武侯諷議而已車服飲食號爲侈靡侍妾數十能爲聲樂悉教誦讀魯靈光殿賦。博物志曰王子山到魯賦靈光殿歸渡湘水溺死文考一字子山也後漢王逸傳曰逸子延壽字文考少遊魯國作靈光殿賦蔡邕亦造此賦見延壽所爲遂輟翰

〇石崇每與王敦入學戲見顏原象。顏回原憲而歎曰。若與同升孔堂去人何必有間。王曰。不知餘人云何子貢去卿差近。石正色云。士當令身名俱泰何至以甕牖語人。原憲以甕爲戶牖

王云石尚有次流布事尤詭世說不載豈謂史遺情實邪

石崇廁常有十餘婢侍列皆麗服藻飾置甲煎粉沈香汁之屬無不畢備又與新衣著令出客多羞不能如廁王大將軍往脫故衣著新衣神色傲然羣婢相謂曰此客必能作賊語林曰劉寔詣石崇如廁見有絳紗帳大床茵蓐甚麗兩婢持錦香囊寔遽反走即謂崇曰向誤入卿室內崇曰是廁耳。

武帝嘗降王武子家武子供饌並用瑠璃器婢子百餘人皆綾羅絝纙以手擎飲食烝㹠肥美異於常味帝怪而問之答曰以人乳飲㹠帝甚

應登云王石卿王愷石崇○○

劉云以此爲佚是略無惜意也要亦君夫殺之

不平。食未畢便去。王石所未知作。羅。作羅。

王君夫晉諸公贊曰。王愷字君夫。東海人。王肅子也。雖無撿行。而少以才力見名。有在公之稱。既自以外戚。晉氏政寬。又性至豪。舊制鴆不得過江。爲其羽撲酒中。必殺人。愷爲翊軍將軍時。得鴆於石崇而養之。其大如鵞。喙長尺餘。純食蛇虺。司隷奏按愷崇。詔悉原之。即燒於都街。愷肆其意色。無所忌憚。爲後軍將軍。卒。謚曰醜。有牛名八百里駮。常瑩其蹏角。王武子語君夫。我射不如卿。今指賭卿牛以千萬對之。君夫既恃手快。且謂駿物無有殺理。便相然可。令武子先射。武子一起便破的。卻據胡牀。叱左右速探牛心來。須臾炙至。一臠便去。相牛經曰。牛經出甯戚。傳百里奚。漢世河西薛公得其書。以相牛。千百不失。本以負重致遠。未服輜軿。故文不傳。至魏世高堂生。又傳以與晉宣帝。其後王愷得其書焉。臣按其相經云。陰虹屬頸。千里。注曰。陰虹者。雙筋自尾骨屬頸。甯戚所飯者也。愷之牛其亦有陰虹也。甯戚經曰。棰頭欲得高。百體欲得緊。大臁疏肋難齡。龍頭突目好跳。又角欲得細。身欲促。形欲得如卷。

○

石崇為客作豆粥。咄嗟便辦。恒冬天得韭蓱齏。又牛形狀氣力不勝王愷牛。而與愷出遊。極晚發。爭入洛城。崇牛數十步後。迅若飛禽。愷牛絕走不能及。每以此三事為搤腕。乃密貨崇帳下都督及御車人問所以都督曰豆至難煮唯豫作熟末客至作白粥以投之韭蓱虀是搗韭根雜以麥苗爾復問馭人牛所以駛馭人云牛本不遲由將車人不及制之爾急時聽偏轅則駛矣愷悉從之遂爭長石崇後聞皆殺告者晉諸公贊曰崇性好俠與王愷競相誇衒也

〇補

羊稚舒冬月釀常令人抱甕須臾復易人酒速成而味好晉諸公贊曰羊琇字稚舒泰山人通濟有才幹與世祖同年相善謂世祖曰後富貴時見用作領護軍各十年世祖即位累遷左將軍特進

○補

羊祖忻性善音律。自造採蓮棹歌兩曲。甚有新致。樂府詩集曰。侃有舞人張靜婉。容色絶世。侃嘗自造採蓮歌兩曲。樂府謂之張靜婉採蓮曲。姬妾侍列。窮極奢靡。有彈箏人陸太喜。著鹿角爪長七寸。舞人張淨琬。腰圍一尺六寸。時人咸推能掌中舞。又有孫荊玉。能反腰帖地。銜得席上玉簪。勅賚歌人王娥兒。東宮亦賚歌者屈偶之。並妙盡奇曲。一時無對。南史曰。羊侃字祖忻。泰山梁父人。父祉仕魏。侃少而瓌瑋。身長七尺八寸。膂力絶人。嘗於兗州堯廟蹋壁。直上至五尋。橫行得七跡。泗橋有數石人。長八尺。大十圍。侃執以相擊。悉皆破碎。雅好文史。帝嘗製武宴詩三十韻。示侃。

侃郎席應詔詣帝曰吾聞仁者有勇今見勇者有仁可謂鄒魯遺風英賢不絕性豪侈善音律初赴衡州於兩艖艑起三間通梁水齋飾以珠玉加之錦繢盛設帷屏列女樂乘潮解纜臨波置酒緣塘傍水觀者填咽大同中魏使楊斐與侃在北嘗同學有詔命侃延斐同宴賓客三百餘人食器皆金玉雜寶奏三部女樂至夕侍婢百餘人俱執金花燭侃不飲酒而好賓遊終日獻酬同其醉醒性寬厚有器局嘗南還至漣口置酒有客張孺才者醉於船中失火延燒七十餘艘所燔金帛不可勝數侃聞了不挂意命酒不輟孺才慚懼自逃侃慰喻使還待之如舊

○補

韋陟廚中飲食香味錯雜人入其中多飽飫而歸時人為之語曰人欲不飯筋骨舒夤緣須入郇公廚唐書曰陟字殷卿安石子也自幼風標峻整安石尤愛之早有台輔之望襲封

鄆國公。爲李林甫楊國忠所擠。中原兵起。鬱鬱不得志。乃歎曰。吾道窮於此乎。有志不伸。得非天命。因遘疾卒於虢州。明皇雜錄曰。張早以文學識度著名。善屬文。出入清顯。踐歷崇貴。自以門第、才華。接物簡傲。未嘗與人款曲。

○補

李昌夔在荊州打獵。大修裝飾。其妻獨孤氏亦出女隊二千人。皆著紅紫繡襖子。及錦鞍韉。

○補

段文昌

唐書曰。文昌字墨卿。西河人。高祖志玄。陪葬昭陵。文昌倜儻有氣義。韋皐在蜀。表授校書。長慶中。朝廷以文昌少在西蜀。詔授西川節度使。敬宗即位。徵拜刑部尚書。右僕射。

富貴後。打金蓮花盆盛水濯足。或規之。答曰。人生幾何。要酬平生不足也。

續世說曰。段文昌布素之時。所向不偶。及

其達也。揚歷顯重。出入將相。垂三十年。服飾玩好。歌童妓女。苟悅於心。無所愛惜。奢侈過度。物議貶之。

忿狷

○魏武有一妓。聲最清高。而情性酷惡。欲殺而愛才。欲置則不堪。於是選百人。一時俱教。少時果有一人聲及之。便殺惡性者。

○補　時苗魏略曰。苗字德胄。鉅鹿人。爲太官令。領其郡中正。至於敘人才不能寬大。然紀人之短。雖在久遠。銜之不置。令壽春日。蔣濟作揚州治中。苗初至。謁濟。濟素嗜酒。適會其醉。不時見苗。苗恚恨

◎

還刻木爲人。署曰酒徒蔣濟之墓。旦夕射之。魏志曰、蔣濟字子通、楚國平阿人。官領軍將軍。著萬機論。世語曰、濟隨司馬宣王屯洛水浮橋。濟書與曹爽。言宣王、旨唯免官而已。爽誅滅。濟病其言之失信。發病卒。

○

○

○補虞仲翔放棄南方。吳志曰。翻性疏直。數有酒失。權嘗自起行酒。翻伏地陽醉不持。權去。乃起坐。權手劍欲擊之。大司農劉基抱權諫曰。大王以三爵之後手殺善士。雖翻有罪。天下孰知之。且大王以容賢畜衆。海內望風。何故一朝棄之。權曰、曹孟德尚殺孔文擧。孤於虞翻何有哉。基曰、孟德輕害士人。天下非之。大王欲與堯舜比隆。何得自喩於彼也。由是得免。權又與張昭論神仙。翻指昭曰、彼皆死人。而語神仙。世豈有仙人也。權積怒非一。遂徙翻交州。雖處罪放。而講學不倦。門徒常數百人。自恨疏節。骨體不媚。犯上獲罪當長沒海隅生無可與語死以青蠅爲弔客。使天下一人知己者足以不恨。

○○王藍田性急嘗食雞子以筯刺之不得便大怒。舉以擲地雞子於地圓轉未止仍下地以屐齒蹍之又不得瞋甚復於地取內口中齧破即吐之王右軍聞而大笑曰使安期有此性猶當無一豪可論況藍田邪。中興書曰述淸貴簡正少所推屈唯以性急爲累安期述父也有名德。

王司州嘗乘雪往王螭許恬也。司州言氣少有牾

劉云子此譏彥道

逆於螭便作色不夷司州覺惡便輿床就之持其臂曰汝詎復足與老兄計按王氏譜胡之螭是恬從祖兄也撥其手曰冷如鬼手馨彊來捉人臂

桓宣武與袁彥道樗蒲袁彥道齒不合遂厲色擲去五木溫太眞云見袁生遷怒知顏子爲貴論語曰哀公問弟子孰爲好學孔子曰有顏回者好學不遷怒不貳過不幸短命死矣

謝無奕性麤彊以事不相得自往數王藍田肆言極罵王正色面壁不敢動半日謝去良久轉頭問左右小吏曰去未答云已去然後復坐時

劉云怨恨至此猶輩所不能道亦可盡悲

人歎其性急而能有所容。

王凝之謝夫人既往王氏。大薄凝之。既還謝家。意大不說。太傅慰釋之曰。王郎逸少之子。人身亦不惡。汝何以恨迺爾。答曰。一門叔父。則有阿大中郎。羣從兄弟。則有封胡遏末。封胡謝韶小字遏末謝淵小字。韶字穆度。萬子。車騎司馬。淵字叔度。奕第二子。義興太守。時人稱其尤彥秀者。或曰。封胡遏末。封謂朗。遏謂玄。末謂韶。胡謂淵。一作胡謂淵。遏謂玄。末謂韶也。不意天壤之中。乃有王郎。

王令詣謝公。值習鑿齒已在坐。當與并榻。王徙劉云。矜咳二字。殊不成語。然極似。

僧不坐。公引之與對。襍去後語胡兒曰。子敬實自清立。但人爲爾多矜咳。殊足損其自然。劉謙之晉紀曰。王獻之性甚整峻。不交非類。

劉云。不聞鬭鵝何如。

○桓南郡小兒時。與諸從兄弟各養鵝共鬭。南郡鵝每不如。甚以爲忿。乃夜往鵝欄閒。取諸兄弟鵝悉殺之。既曉。家人咸以驚駭。云是變怪。以白車騎。車騎曰。無所致怪。當是南郡戲耳。問果如之。

○補謝弘微至性寬博。與人未嘗有牾。末年嘗與友人棋友人西南棋有死勢一客唱言西南風急或至覆冊其人悟而救之弘微大怒投局於地識者覺其有異未幾果卒南史曰弘微自幼精神詳審時然後言

○補

王彥深不爲羣從所禮南史曰王藴字彥深王景文兄子也父楷人才凡劣故藴不爲羣從所禮常懷恥慨欲以將領自奮每撫刀曰龍泉雷次宗豫章記曰吳未亡恒有紫氣見斗牛之間張華聞雷孔章妙達緯象乃要宿問天文孔章曰惟斗牛之間有異氣是寶物之精在豫章豐城張華遂以孔章爲豐城令至縣掘深二丈得玉匣長八尺開之得二劍焉一名龍泉一名太阿其夕斗牛氣不復見孔章乃留其一匣而進之劍至光曜煒曄煥若電發後張華遇害此劍飛入襄城水中孔章臨亡戒

其子恒以劍自隨。後其子爲建安從事。經淺瀨、劍忽於腰間躍出。遂視見二龍相隨焉。○泰阿。越絕書曰。楚王召風胡子而問之曰。寡人聞吳干將。越區冶子。寡人願請此二人作鐵劍。乃令風胡子之吳見區冶子干將。使作爲鐵劍。曰泰阿。晉鄭聞而求之不得。興師圍楚。於是王引泰阿之劍登城而麾之。三軍破敗。士卒迷惑。流血千里。江水揚折。晉鄭之頭畢白。汝知我者。

○補

蕭南郡除少府。意甚不得。寺內所住齋前有故種花草甚美。悉令剗除。列種白楊樹。每謂人曰。人生不得行。胸懷雖壽百歲猶爲夭也。宋書曰。蕭惠開南蘭陵人。蕭思話子也。少有風氣。涉獵文史。官至少府。加給事中。

云此是元長。寤恨遂不得良死。功名何可必取。

○補　王融自恃人地，三十內望為公輔。夜直中書省，歎曰：作此寂寂，使鄧禹笑人。東觀漢記曰：鄧禹字仲華，以元功拜太傅。鄧禹傳曰：禹年二十四，封酇侯。

○補　虞玩之好臧否人物。王仲寶嘗舉員外郎孔逷。南史曰：孔逷字世遠，會稽山陰人，好典故學，與王儉至交。儉為相，逷常謀議帷幄。永明中為太子家令。玩之頗持異議，仲寶甚恨之。後玩之亡，後有員外郎孔瓊就仲寶求會稽五官。仲寶方盥，投皂莢於地曰：卿鄉俗殊惡，虞玩之至死煩人。南史曰：玩之東歸，儉懷恨不出送，朝廷無祖餞者。中丞劉休與親知書曰：虞公散髮海隅，同古人之美而東都之選。殊不藹藹。

○補

丘車騎初領驍騎將軍。不樂武位。謂人曰。我還東掘顧榮冢。江南地方數千里。士子風流。皆出此中。顧忽引諸傖渡。妨我輩塗轍。陸廣微吳地記曰。榮墓在吳縣東南二十里。姑蘇志曰。冢在葑門東六里。

○補

梅侍讀晚年躁於祿位。而病足。常撫其足。而詈之曰。是中有鬼。令我不至兩府者。汝也。宋史曰。梅詢。字昌言。宣城人。少好學。有辭辯。進士及第。歷龍圖直學士。侍讀學士。給事中。病足。出知許州。故事。侍讀學士。無出外者。天禧中。張知白罷參政。領此職。始出知大名府。非歷二府而出者。自詢始。

讒險

袁悅有口才能短長說亦有精理始作謝玄參軍頗被禮遇後丁艱服除還都唯齎戰國策而已語人曰少年時讀論語老子又看莊易此皆是病痛事當何所益邪天下要物正有戰國策既下説司馬孝文王大見親待幾亂機軸俄而見誅

袁氏譜曰悅字元禮陳郡陽夏人父朗給事中仕至驃騎咨議太元中悅有寵於會稽王每勸專覽朝權王頗納其言王恭聞其說言於孝武乃託以它罪殺悅於市中既而朋黨同異之聲播於朝野矣

○劉云小人姦態殊矛易絕長哉

王緒數讒殷荊州於王國寶殷甚患之求術於王東亭曰卿但數詣王緒往輒屏人因論他事如此則二王之好離矣殷從之國寶見王緒問曰比與仲堪屏人何所道緒云故是常往來無宅所論國寶謂緒於己有隱果情好日踈讒言以息按國寶得寵於會稽王由緒獲進同惡相求有如市賈終至誅夷曾不携貳豈有仲堪微間而成離隟

○補

盧杞忌張鎰剛直欲去之時朱泚以盧龍卒戍鳳翔帝擇人代之杞卽謬曰鳳翔將校班秩素

高非宰相信臣不可鎮撫臣宜行帝不許杞復曰陛下必以臣容貌寢陋不為三軍所信恐後生變臣不敢自謀惟陛下擇之帝乃顧鎰曰文武兼資望重內外無易卿者為朕撫盧龍士乃以中書侍郎為鳳翔隴右節度鎰知為杞陰中然辭窮因再拜受詔唐書曰張鎰字季權朔方節度使齊丘之子郭子儀表為元帥判官累遷殿中侍御史華原令盧樅得罪鎰按驗樅當免官有司承風以死論鎰白毋曰默則負官言則為大夫人憂敢問所安毋曰兒毋累於道吾所安遂執正其罪鎰貶撫州司戶參軍從晉陵令歷中書侍郎同平章政事盧杞忌鎰剛直擠之以為鳳翔節度使帝幸奉

天。鎰罄家貲。將自獻行在。營將李楚琳作亂。遂遇害。史臣曰。鎰暴忠王室。為姦賊所乘。躬可殞而名與嵩岱等矣。

李卓吾批點世說新語補卷之十九終

李卓吾批點世說新語補卷之二十

宋　劉義慶　撰

梁　劉孝標　注

宋　劉辰翁　批

明　何良俊　增

王世貞　刪定

王世懋　批釋

李　贄　批點

張文柱　校注

尤悔

○○補　曹公聞丁正禮才美。欲以愛女妻之。魏略曰。丁儀字正禮。沛郡人。父沖宿與太祖親善。儀有文才。太祖辟爲掾。以問五官將。五官將曰。女人觀貌。而正禮目眇。恐愛女未必悅也。不如與伏波子楙。魏志曰。夏侯惇字元讓。沛國譙人。太祖平河北。以爲伏波將軍。楙字子林。惇仲子也。文帝少與親善。及即位。以爲安西將軍。都督關中。太祖從之。尋辟正禮爲掾。及與論議。嘉其才朗。曰。丁掾好士。即使其兩目盲。尚當與女。何況但眇。是兒悞我。

劉云不安得為久太后所以不哭也

○○

魏文帝忌弟任城王驍壯因在卞太后閤共圍棊並噉棗文帝以毒置諸棗蔕中自選可食者而進王弗悟遂雜進之既中毒太后索水救之帝預敕左右毀缾罐太后徒跣趨井無以汲須臾遂卒。魏略曰。任城威王彰字子文。太祖卞太后第二子。性剛勇而黄須。北討代郡。獨與麾下百餘人。突虜而走。太祖聞曰。我黄須兒可用也。魏氏春秋曰。黄初三年。彰來朝。初彰問璽綬。將有異志。故來朝不卽得見。有此忿懼而暴薨。復欲害東阿。太后曰。汝已殺我任城。不得復殺我東阿。魏志方伎傳曰。文帝問占夢周宣曰。吾夢磨錢文。欲滅而愈更明。何謂。宣悵然不對。帝固問之。宣曰。陛下家事。雖欲爾而太劉云。三世將忌如此。

后不聽。是以欲滅更明耳。帝欲治弟楨之罪。逼於太后。但加貶爵。

○

陸平原河橋敗。爲盧志所讒被誅。王隱晉書曰。成都王穎討長沙王乂。使陸機爲都督前鋒諸軍事。機別傳曰。成都王長史盧志與機弟雲趣舍不同。又黃門孟玖求爲邯鄲令。於穎。穎教付雲。雲時爲左司馬。曰。刑餘之人。不可以君民。玖聞此怨雲。與志讒構日至。及機於七里澗大敗。玖誣機謀反。所致。穎乃使牽秀斬機。先是夕夢黑幰繞車。手決不開。惡之。明旦。秀兵奄至。機解戎服。著衣帢見秀。容貌自若。遂見害。時年四十三。軍士莫不流涕。是日天地霧合。大風折木。平地尺雪。于寶晉紀曰。初陸抗誅步闡。百口皆盡。有識尤之。及機雲見害。三族無遺。臨刑歎曰。欲聞華亭鶴唳。八王故事曰。華亭吳由拳縣郊外野墅也。有清泉茂林。吳平後。陸機兄弟共遊於此十餘年。吳郡圖經曰。華亭本嘉善縣地。大寶十年置。因華亭谷爲名。可復得乎。語林曰。機爲河北都督。聞警角之聲。謂孫拯曰。聞此不如華亭鶴唳。故臨刑而有此嘆。

補

陸平原在洛。夏月忽思齋東頭竹篠中飲。語劉寶曰。吾思鄉轉深矣。

王導溫嶠俱見明帝。帝問溫前世所以得天下之由。溫未答。頃王曰。溫嶠年少未諳。臣爲陛下陳之。王迺具敘宣王創業之始。誅夷名族。寵樹同己。及文王之末高貴鄉公事。宣王創業。誅曹爽任蔣濟之流者是也。明帝聞之。覆面著牀曰。若如公言。祚安得

劉云不枉於德可也謂時當以取金印語爲怨非不幸也

又云非茂弘不聞此言

長

王大將軍起事丞相兄弟詣闕謝周侯深憂諸王始入甚有憂色丞相呼周侯曰百口委卿周直過不應既入苦相存救既釋周大說飲酒及出諸王故在門周曰今年殺諸賊奴當取金印如斗大繫肘後大將軍至石頭問丞相曰周侯可爲三公不丞相不答又問可爲尚書令不又不應因云如此唯當殺之耳復默然逮周侯被害丞相後知周侯救己歎曰我不殺周侯周侯

劉云註似爲丞相解紛

劉云初不自知才品功業近稱二千石不自足以躁死

由我而死。幽冥中負此人。虞預晉書曰。敦克京邑。參軍呂猗說敦曰。周顗戴淵皆有名望。足以惑衆。視近日之言。無慚懼之色。若不除之。役將未歇也。敦卽然之。遂害淵顗。初猗爲臺郎。淵旣上官。素有高氣。以猗小器待之。故售其說焉。

庾公欲起周子南。子南執辭愈固。庾每詣周。庾從南門入。周從後門出。庾嘗一往奄至。周不及去。相對終日。庾從周索食。周出蔬食。庾亦彊飯。極歡。并語世故。約相推引。同佐世之任。旣仕至將軍二千石。尋陽記曰。周邵字子南。與南陽翟湯隱於尋陽廬山。庾亮臨江州。聞翟周之風。束帶躡履而詣焉。聞庾至。轉避之。亮復密往。値邵彈鳥於林。因前與語。還便云。此人

王云非註幾不駕頭作何語

劉云雖無着益可以得人

可起。卽拔爲鎭蠻護軍。西陽太守。庾集載與郡書曰。西陽一郡。戶口差實。非履道眞純。何以鎭其流遁。詢之朝野。僉曰足下。今具上表。請足下臨之。無讓。而不稱意。中宵慨然曰。大丈夫乃爲庾元規所賣。一歎遂發背而卒。

王大將軍於衆坐中曰。諸周由來未有作三公者。有人答曰。唯周侯邑五馬領頭而不克。大將軍曰。我與周洛下相遇。一面頓盡。値世紛紜。遂至於此。因爲流涕。鄧粲晉紀曰。王敦參軍有於敦坐樗蒱。臨當成都。馬頭被殺。因謂曰。周家奕世令望。而位不至三公。伯仁垂作而不果。有似下官此馬。敦慨然流涕曰。伯

○○

王云思曠如此後何足道

又云詰理高但人情未可必

劉云此等較有俯仰大勝史筆

仁總角時與予東宮相遇一面披衿便許之三司何圖不幸王法所裁悽愴之深言何能盡

阮思曠奉大法敬信甚至大兒年未弱冠忽被篤疾阮氏譜曰傭字彥倫裕長子也仕至州主簿兒既是偏所愛重爲之祈請三寶晝夜不懈謂至誠有感者必當蒙祐而兒遂不濟於是結恨釋氏宿命都除。以阮公智識必無此弊脫此非謬何其惑歟夫文王期盡聖子不能駐其年釋種誅夷神力無以延其命故業有定限報不可移若請禱而望其靈匪驗而忽其道固陋之徒耳豈可以言神明之智者哉。

桓公臥語曰作此寂寂將爲文景所笑既而屈

王云畫奸雄語逸然自非常人語

又云文景司馬師兄弟也

懋一作潛

補

起坐曰。既不能流芳後世。亦不足復遺臭萬載邪。續晉陽秋曰。桓温既以雄武專朝。任兼將相。其不臣之心。形于音迹。嘗臥對親僚撫枕而起曰。爲爾寂寂。爲文景所笑。衆莫敢對。

桓公初報破殷荊州。周祗隆安記曰。仲堪以人情注於玄。疑朝廷欲以玄代己。遣道人竺僧懋齎寶物遺相王寵幸媒尼左右。以罪狀玄。玄知其謀。而擊滅之。曾講論語至富與貴是人之所欲。不以其道得之不處。孔安國注曰。不以其道得富貴。則仁者不處。玄意色甚惡。

補　孔熙先與范曄同逆。下獄被責。望風吐款。辭氣不撓。上奇其才。遣人慰勞之。曰。以卿之才。而滯於集書省理應有異志。又詰責前吏部尚書何尚之曰。使孔熙先年三十作散騎郎。那不作賊。

宋書曰。魯國孔熙先博學有縱橫才志。爲員外散騎侍郎。久不調。初熙先父默之爲廣州刺史。以贓貨下廷尉。彭城王義康保持之。義康被黜。熙先密懷報効。以曄志意不滿。欲引之。與曄戲。故爲不敵。輸物甚多。曄既利其財寶。又愛其狀藝。遂申莫逆之好。熙先素善天文。云文帝必以爲非道晏駕。當由骨肉相殘。江州應出天子。以爲義康當之。遂同構逆謀。會徐湛之上表告狀。詔收並皆款服。

○○補

陸鴻漸與常伯熊皆精茶理。

范攄雲溪友議曰。鴻漸嘗爲茶論說茶之功効。并煎茶炙茶之法。造茶具二十四事以都統籠貯之。遠近傾慕。好事者家藏一副。宋祁隱逸傳曰羽著茶經有常伯熊者因羽論復廣著茶之功御史李季卿宣慰江南劉昫唐書曰李季卿丞相適之子也弱冠舉明經頗工文詞代宗時拜御史大夫奉使江淮宣慰振拔幽滯進用忠廉時人稱之至臨懷縣館或言伯熊善茶李季卿請爲之伯熊著黃帔衫烏紗幘手執茶器口通茶名區分指點左右刮目茶熟李爲歠兩杯既到江外復請鴻漸鴻漸爲之鴻漸身衣野服隨茶具而入如伯熊故事李公心鄙之茶畢命奴子取錢三十文酬博士鴻漸夙遊江介通狎勝流及此羞愧遂著毀茶論張又新煎茶水記曰李季卿刺

潤州至維揚逢陸處士鴻漸李素熟陸名有傾蓋之歡因過揚子驛李曰陸君善於茶蓋天下聞名矣况揚子南零水又殊絶命軍士挈瓶深詣南零俄水至陸曰非南零者傾之至半陸遽曰自此南零者矣使大駭曰某自南零齎至岸舟蕩覆半懼其水増之處士神鑒其敢隱焉李與賓從皆大駭愕李因問歷處之水陸曰楚水第一晉水最下李因命筆口授而次第之

紕漏

補

陳壽將為國志晉書曰陳壽字承祚巴西安漢人少師事譙周仕蜀為觀閣令史父喪有疾使婢丸藥鄉黨以為貶議坐是沈滯者累年張華愛其才以為壽雖不遠嫌原情不至貶廢舉孝廉除佐著作郎謂丁粱州曰若覓千斛米見借當為尊公作佳傳丁不與米遂不為立傳文士傳曰

丁廙字敬禮少有才博學洽聞建安中爲黃門侍郎廙嘗從容謂太祖曰臨菑侯天性仁孝發於自然而聰明智達其殆庶幾至於博學淵識文章絕倫當今天下賢才皆願從其遊而爲之玆實天命所以鍾福於大魏而永受無窮之祚也欲以勸動太祖太祖答曰植吾愛之安能若卿言吾欲立爲嗣何如廙曰此國家所以興衰天下所以存亡非愚劣瑣賤者所敢與及廙聞知臣莫若君知子莫若父至於君不論明闇父不問賢愚而能常知其臣子者何蓋由相知非一事一物相盡非一朝一夕況明公加之以聖哲習之以父子今發明達之命吐不世之言可謂上應天命下合人心得之於須臾垂之於萬世也廙敢不盡言太祖深納之時論以此少之

晉書曰壽撰三國志時人稱其善敘事有良史之才初壽父爲馬謖參軍諸葛亮誅謖髡其父頭亮子瞻又輕壽故壽撰蜀志作諸葛傳曰亮連年動衆而無成功蓋應變將

略。非其所長。梁州是敬禮子。

○補　明帝函封詔與庾公信誤致於王丞相。丞相開詔末云勿使冶城公知。丞相居冶城故帝稱爲冶城公丞相既視表答曰伏讀明詔似不在臣臣開臣閉無有見者明帝甚愧數月不敢見王公

○　○任育長年少時甚有令名武帝崩選百二十挽郎一時之秀彥育長亦在其中王安豐選女壻從挽郎搜其勝者且擇取四人任猶在其中童少時神明可愛時人謂育長影亦好自過江便

劉云下飲謂設茶也人才失志此比甚多

王云彭蜞食之乃不吐此便非寶錄

應登云言……御

失志王丞相請先度時賢共至石頭迎之猶作疇日相待一見便覺有異坐席竟下飲便問人云此爲茶爲茗覺有異色乃自申明云向問飲爲熱爲冷耳嘗行從棺邸下度流涕悲哀王丞相聞之曰此是有情癡晉百官名曰任瞻字育長樂安人父琨少府卿瞻歷謁者僕射都尉天門太守

蔡司徒渡江見彭蜞大喜曰蟹有八足加以二螯令烹之既食吐下委頓方知非蟹後向謝仁祖說此事謝曰卿讀爾雅不熟幾爲勸學死大戴

學所誤而死

禮勸學篇曰蟹二螯八足非蛇蟺之穴無所寄託者用心躁也故蔡邕爲勸學章取義焉爾雅曰螖蠌小者蟧即彭蜞也似蟹而小今彭蜞小於蟹而大於彭螖即爾雅所謂螖蠌也然此三物皆八足二螯而狀甚相類蔡謨不精其小大食而致斃故謂讀爾雅不熟也

王敦初尚主敦尚武帝女舞陽公主字脩褘如廁見漆箱盛乾棗本以塞鼻王謂廁上亦下果食遂至盡既還婢擎金澡盤盛水瑠璃盌盛澡豆因倒著水中而飲之謂是乾飯羣婢莫不掩口而笑之

王大喪後朝論或云國寶應作荊州晉安帝紀曰王忱死會稽王欲以國寶代之孝武中詔用仲堪乃止國寶主簿夜函白事云

劉云傅闕亦不可無

荊州事已行。國寶大喜。而夜開閤喚綱紀話勢。雖不及作荊州。而意色甚恬。曉遣參問。都無此事。即喚主簿數之曰。卿何以誤人事邪。

○

殷仲堪父病虛悸。聞牀下蟻動。謂是牛鬭。殷氏譜曰。殷師字師子。祖識父融並有名。師至驃騎咨議。生仲堪。續晉陽秋曰。仲堪父曾有失心病。仲堪腰不解帶。彌年父卒。孝武不知是殷公。問仲堪有一殷病如此不。仲堪流涕而起曰。臣進退惟谷。大雅詩也。毛公注曰。谷窮也。

○補

劉承胤少有淹雅之度。王庾溫諸公素與周旋。

諮疑謀字

○

○

聞其至共載看之劉倚被囊了不與三人言神味亦不相酬俄頃賓退王庾甚怪此意溫曰承伉好財貨新下必有珍寶當有市井事令人視之果見向囊皆珍玩正與胡父諮賈晉書曰劉伉字承伉東萊掖人美姿容善自任遇交結時豪名著海岱間王敦素與交請爲右司馬伉知敦有不臣心稱疾不視事忤敦意出爲豫章太守咸和初加散騎常侍歷平南將軍江州刺史從任轉高矜豪日甚大殖財貨商販百萬後爲郭默所害

謝虎子嘗上屋熏鼠虎子據小字據字玄道尚書裒第二子年三十二亡胡兒既無由知父爲此事聞人道癡人有作此

王云意氣二字甚新
刘云如此謬學孫之羞也

者戲笑之時道此非復一過太傅既了已之不
知因其言次語胡兒曰世人以此謗中郎亦言
我共作此。中郎據也。章仲反。按世有兄弟三人。則謂第二者爲中。今謝昆弟有六。而以據爲中郎。未可解。當由有三時以中爲稱。因仍不改也。胡兒懊熱一月日
閉齋不出太傅虛託引己之過以相開悟可謂
德教。

虞嘯父爲孝武侍中帝從容問曰卿在門下初
不聞有所獻替虞家富春近海謂帝望其意氣
對曰天時尚煖䱥魚蝦鮓未可致尋當有所上

獻帝撫掌大笑。中興書曰、嘯父會稽人。光祿潭之孫、右將軍純之子。少歷顯位。爲與王廞同廢爲庶人。義旗初爲會稽內史。

○○補宋武帝嘗稱謝超宗殊有鳳毛。右衛將軍劉道隆在坐。出候超宗曰、聞君有異物、欲覓一見。謝曰、懸罄之室、何得異物耶。道隆武人、正觸其父諱曰、方侍宴至尊、説君有鳳毛。謝徒跣還內。道隆謂檢覓鳳毛、至暗待不得乃去。超宗父鳳也。

○補何敬容在選、日嘗有一客詣之。此人姓吉。敬容問之曰、卿與丙吉遠近。答曰、如明公之與蕭何。

南史曰。敬容職任隆重。而淺於學術。

○補 祖孝徵放縱不羈。北史曰。祖珽字孝徵。瑩之子也。神情機警。詞藻遒逸。起家秘書郎。性疏率。不能廉慎。嘗守倉曹。受山東課。輸人文綾并連珠孔雀羅等百餘疋。令諸嫗擲樗蒲調新曲。招城市年少歌舞為娛。遊諸娼家。與陳元康穆子容任冑元士亮諸人。為聲色之遊。曾至交州刺史司馬世雲家飲酒。遂藏銅疊二面。廚人請搜諸客。果於孝徵懷中探得。聞見錄曰。魏神武嘗宴僚屬。於坐失金叵羅。竇太后令飲者皆脫帽。果在孝徵髻中。見者以為深恥。孝徵怡然不屑。

○補 貞觀中。尚藥奏求杜若。爾雅曰。杜若土鹵。廣雅曰。楚蘅也。范子計然曰。

杜若生南郡澤中。敕下度支有省郎以謝朓詩云芳洲生杜若。謝朓懷故人詩曰芳洲有杜若可以贈佳期。乃委坊州貢之本州曹官判云坊州不出杜若應由讀謝朓詩誤筆省名郎作此判事豈不畏二十八宿笑人耶史記曰太微宮後一十五星郎位也。太宗聞之改授雍州司法。

補

褚遂良唐書曰遂良散騎常侍亮之子博涉文史尤工隸書父友歐陽詢甚重之貞觀中歷秘書郎諫議大夫中書令前後諫奏多見采納高宗冊立武昭儀固執不從貶潭州都督其父亮尚在乃別開門敕賞有賜遂良使者由正門入亮出曰渠自有門唐詩紀事曰褚亮字希明錢塘人警敏工

[illegible]卷之三十　廿二

爲詩。貞觀中。爲散騎常侍。太宗爲天策上將軍。宮城西開弘文館。與房玄齡等。並以本官爲學士。

補元絳知福州。日有吏白事。公問如何行遣。吏對合依元降指揮。公曰。元絳未嘗指揮。故云。公名絳。吏悚而退。東都事略曰。元絳字厚之。杭州錢塘人。舉進士。除著作佐郎。出知鄆州。召爲翰林學士。卒。諡章簡。

○補韓昶是吏部子。雖教有義方。而性頗闇劣。嘗爲集賢校理。史傳有金根車。蔡中郎獨斷曰。永安七年。建金根耕根諸御車。皆一轅。或四馬。或六馬。金根箱輪皆以金。兩臂前後刻金。以作龍虎鳥龜形。昶以

○○補

爲誤。悉改爲銀。唐書曰。愈子昶。亦登進士第。

紹聖間。馬從一監南京排岸司。適漕使至。隨衆迎謁。漕一見。即怒叱之曰。聞汝不職。本欲按汝。尚敢來見邪。從一惶恐。自陳湖湘人。迎親竊祿。求哀不已。漕察其語南音也。乃稍霽威云。湖南亦有司馬氏乎。從一答曰。某姓馬。監排岸司耳。漕乃微笑曰。然則勉力職事可也。初蓋誤認爲溫公。東都事略曰。司馬光字君實。陝州夏縣人。位至丞相。忠信孝友。恭儉正直。出於天性。自少及老。語未嘗妄。其好學如飢之嗜食。於財利紛華。如惡惡臭。誠心自然。天下信之。於學無所不過。卒。贈温國公。謚文正。族人故欲害之。自是從一刺謁。但稱監南京排岸而已。傳者皆以爲笑。宋史曰。哲宗初。太皇太后臨政。起光爲門下侍郎。是時天下拭目以觀新政。而議者猶謂三年無改於父之道。但毛擧細事。稍塞人言。光曰。先帝之法。百世不可變也。若安石惠卿所建。爲天下害者。改之當如救焚拯溺。况太皇太后。以母改子。非子改父。衆議甫定。遂罷保甲團教。不復置保馬。廢市易法。所儲物。皆鬻之。不取息。除民所欠錢。京東鐵錢。及茶鹽之法。皆復其舊。或謂光曰。熙豐舊臣多憸巧小人。他日有以父子義間上。則禍作矣。光正色曰。天若祚宗社。必無此事。於是天下釋然。至紹聖初。御史周秩。首論光誣謗先帝。盡廢其法。章惇蔡卞。請發冢斲棺。帝不許。乃令奪贈謚。仆所立碑。追貶崖州司戸參軍。蔡京擅政。復降正議大夫。京撰姦黨碑。令郡國皆刻石。石工安民辭曰。民愚人。固不知立碑之意。但如司馬相公者。海内稱其正直。今謂之姦邪。民不忍刻也。府官怒。欲加罪。泣曰。被役不敢辭。乞免鐫安民二字於石末。聞者愧之。

〇補金主亮南侵（金史曰。廢帝海陵庶人。名亮。劉錡傳曰。紹興三十一年。金主亮調軍六十萬。自將南來。彌望數十里。不斷如銀壁。）命葉義問視師江上（宋史曰。義問字審言。嚴州壽昌人。建炎初進士。官吏部侍郎。同知樞密院事。）義問素不習軍旅。會劉錡捷書至。讀之至金賊又添生兵。顧問吏曰。生兵是何物。聞者掩口（宋史曰。劉錡字信叔。德順軍人。瀘州節度使仲武第九子也。美儀狀。善射。聲如洪鐘。張浚一見奇其才。以爲涇原經略使。擢江東路副總管。江淮浙西制置使。御金師屢戰克捷。金主亮之南也。下令有敢言錡姓名者罪不赦。故擧南朝諸將。問其下。孰敢當者。皆隨姓名。其答如響。至鑄莫有應者。金主曰。吾自當之。然鑄卒以病不能成功。

○

惑溺

魏甄后惠而有色。先爲袁熙妻。甚獲寵。曹公之屠鄴也。令疾召甄。左右白。五官中郎已將去。公曰。今年破賊正爲奴。魏略曰。建安中。袁紹爲中子熙娶甄會女。紹死。熙出在幽州。甄留侍姑。及鄴城破。五官將從而入紹舍。見甄怖以頭伏姑膝上。五官將謂紹妻劉夫人。扶甄令擧頭。見其色非凡。稱歎之。太祖聞其意。遂爲迎娶。擅室數歲。世語曰。太祖下鄴。文帝先入袁尚府。見婦人被髮垢面垂涕立紹妻劉後。文帝問知是熙妻。使令攬髮以袖拭面。姿貌絕倫。既過。劉。謂。甄曰。不復死矣。遂納之。有子。

荀奉倩與婦至篤。冬月婦病熱。乃出中庭自取冷還以身熨之。婦亡。奉倩後少時亦卒。以是獲譏於世。粲別傳曰。粲常以婦人才智不足論。自宜以色為主。驃騎將軍曹洪女有色。粲於是聘焉。容服帷帳甚麗。專房燕婉。歷年後婦病亡。未殯。傅嘏往唁粲。粲不哭而神傷。嘏問曰。婦人才色並茂為難。子之聘也。遺才存色。非難遇也。何哀之甚。粲曰。佳人難再得。顧逝者不能有傾城之異。然未可易遇也。痛悼不能已。已歲餘亦亡。亡時年二十九。粲簡貴。不與常人交接。所交者一時俊傑。至葬夕。赴期者裁十餘人。悉同年相知名士也。哭之感慟路人。粲雖褊隘。以燕婉自喪。然有識猶追惜其能言。奉倩曰。婦人德不足稱。當以

劉云周歲俗

色爲士裴令聞之曰此乃是興到之事非盛德
言冀後人未昧此語何劭論粲曰仲尼稱有德者有言而荀粲減於是力
顧所言有餘而識不足。

○○王安豐婦常卿安豐安豐曰婦人卿壻於禮爲
不敬後勿復爾婦曰親卿愛卿是以卿卿我不
卿卿誰當卿卿遂恒聽之

○賈公閭充別傳曰充父逵晩有子故名曰充字公閭言後必有充閭之異後妻
郭氏酷妒有男兒名黎民生載周充自外還乳
母抱兒在中庭兒見充喜踊充就乳母手中嗚

王云此亦非孝
標注然難近古

之郭遙望見謂充愛乳母即殺之兒悲思啼泣。不飲他乳遂死。郭後終無子。晉諸公贊云郭氏即賈后母也爲性高朗知后無子甚憂愛愍懷每勸厲之臨亡誨賈后令盡意於太子言甚切至趙充華及賈謐母並勿令出入宮中又曰此皆亂汝事后不能用終至誅夷臣按傳暢此言則郭氏賢明婦人也向令賈后撫愛愍懷豈當縱其妬悍自斃其子然則物我不同或老壯情異乎。

○補

謝太傅劉夫人性忌不令公有別房公既深好聲樂後遂頗欲立妓妾兒子外生輩微達此旨共問訊劉夫人因方便稱關雎螽斯有不忌之德夫人知以諷己乃問誰撰此詩云是周公夫

◎

人曰周公是男子相爲耳若使周姥撰詩當無此言。詩小序曰關雎后妃之德也。螽斯后妃子孫衆多也言若螽斯不妬忌則子孫衆多也。

○○

韓壽美姿容賈充辟以爲掾充每聚會賈女於青瑣中看見壽説之恒懷存想發於吟咏後婢往壽家具述如此幷言女光麗壽聞之心動遂請婢潛脩音問及期往宿壽蹻捷絶人踰墻而入家中莫知。晉諸公讃曰壽字徳眞南陽赭陽人曾祖暨魏司徒有高行壽敦家風性忠厚豈有若斯之事諸書無聞唯見世説自未可信自是充覺女盛自拂拭說暢有異於常後會諸吏聞壽有奇香之氣是外國所貢一著人則歷月不歇十洲記曰漢武帝時西域月氏國王遣使獻香四兩大如雀卵黑如桑椹燒之芳氣經三月不歇蓋此香也計武帝唯賜巳及陳騫餘家無此香疑壽與女通而垣牆重密門閤急峻何由得爾乃託言有盜令人修牆使反曰其餘無異唯東北角如有人跡而牆高非人所踰充乃取女左右婢考問即以狀對充祕之以女妻壽郭子謂與韓壽通者乃是陳騫女即以妻壽未婚而女亡壽因娶賈氏故世因傳是充女

○補 劉道眞子婦始入門遣婢虔劉聊之甚苦婢固不從劉乃下地叩頭婢懼而從之明日語人曰手推故是神物一下而婢子服淫

○ 王丞相有幸妾姓雷頗預政事納貨蔡公謂之雷尚書語林曰雷有寵生恬洽

○補 范汪至能噉梅有人致一斛奩須臾噉盡

○補 劉邕南史曰邕穆之子襲封南康郡公愛食瘡痂以爲味似鰒魚穆之傳曰邕嘗詣孟靈休靈休先患灸瘡痂落在牀邕取食之靈休大驚痂未落者悉褫取以飴邕邕去靈休與何勖書曰劉邕向顧見噉遂舉體流血

○補何佟之性好潔。一日之中洗滌者十餘過。猶恨不足。人稱爲水淫。梁書曰。何佟之字士威。廬江灊人。豫州刺史惲六世孫。祖劭之。宋員外散騎常侍。父歆。齊奉朝請。佟之少好三禮。師心獨學。彊力專精。手不釋卷。讀禮論三百篇。略皆上口。起家揚州從事。仍爲總明館學士。仕梁至尚書左丞。

○○補玄宗不好琴。嘗一聽弄未畢。叱琴者出。謂內侍曰。速令花奴將羯鼓來。爲我解穢。段安節樂府雜錄曰。明皇好羯鼓。有汝陽王花奴。尤善此伎。時戴砑絹帽子。上安葵花。曲終花不落。黔帥南卓有羯鼓錄。具述其事。

○○補李納性辯急。酷尚奕棊。每下子安詳。極於寛緩有時躁怒。家人輩輒密以碁具陳於前。納覩便欣然改容。取子布算。都忘其恚。唐書曰。李納。平盧淄青節度使正己之子。代宗時。正己遣將兵備秋。召見嘉之。自奉禮郎。超拜殿中丞侍御史。兼總父兵。正己卒。統衆為亂。為劉洽所敗。計蹙歸順。詔加檢校工部尚書。

○補宋子京多內寵。後庭曳羅綺者甚衆。嘗宴於錦江。微寒。命取半臂。諸婢各送一枚。凡十餘枚。皆至。子京視之茫然。恐有厚薄之嫌。竟不敢服。忍凍而歸。

○補米元章在真州。嘗謁蔡攸於舟中。攸出右軍王

李云此好書畫安好筆皆然癖不淺

略帖示之。元章驚歎。求以他畫易之。攸有難色。元章曰。若不見從。某即投此江死矣。因大呼據船舷欲墮。攸遂與之。宋史曰。蔡攸字君安。京長子也。除秘書郎。加龍圖學士。兼侍讀。史局官僚百人。多三館雋遊。而攸用大臣子。領袖其間。懵不知學。士論不與。靖康元年。安置永州。

仇隙

補

獻帝嘗宴見孔文舉與郗鴻豫。司馬彪續漢書曰。郗慮字鴻豫。山陽高平人。少受學於鄭玄。問文舉曰。鴻豫何所優長。文舉言可與適道。未可與權。鴻豫舉笏曰。融昔宰北

海政散人流其權安在遂與文舉互相短長　范曄

漢書曰操以孔融論建漸廣慮鯁大業郗慮承望風旨以微法奏免融官因顯明讎怨操書激厲融曰蓋聞唐虞之朝有克讓之臣故麟鳳來而頌聲作也後世德薄猶殺身爲君破家爲國及至其敝睚眦之怨必讐一餐之惠必報故晁錯念國遘禍於袁盎屈平悼楚受譖於椒蘭彭寵傾亂起自朱浮鄧禹威損失於宗馮由此言之喜怒怨愛禍福所因可不慎與昔廉藺小國之臣猶能相下寇賈倉卒武夫屈節崇好光武不問伯升之怨齊侯不疑射鉤之虜夫立大操者豈累細故哉往聞二君有執法之平以爲小介當收舊好而怨毒漸積志相危害聞之憮然中夜而起昔國家東遷文舉盛歎鴻豫名實相副綜達經學出於鄭玄又明司馬法鴻豫亦稱文舉奇逸博聞誠怪今者與始相違孤與文舉既非舊好又於鴻豫亦無恩紀然願人之相美

不樂人之相傷是以區區思協歡好又知二君
羣小所搆孤爲人臣進不能風化海內退不能
建德和人然撫養戰士殺身爲國破浮華交會
之徒計有餘矣融報曰猥惠書教告所不逮融
與鴻豫州里比鄰知之最早雖嘗陳其功美欲
以厚於見私信於爲國不求其覆過掩惡有罪
望不坐也前者黜退歡欣受之昔趙宣子朝登
韓厥夕被其戮喜而求賀況無彼人之功而敢
枉當官之平哉忠非三闕智非鼂錯竊位爲過
免罪爲幸乃使餘論遠聞所以慚懼也朱彭寇
賈爲世壯士愛惡相攻能爲國憂至於輕弱薄
劣猶昆蟲之相齧適足還害其身誠無所至也
晉侯嘉其臣所爭者大而師曠以爲不如心競
性既遲緩與人無傷雖出胯下之負榆次之辱
不知貶毀之於己猶蚊虻之過也子產謂人心
不相似或矜埶者欲以取勝爲榮不念宋人待
四海之客大鑪不欲令酒酸也至於屈穀巨瓠
堅而無竅當以無用罪之耳他者奉遵嚴教不

敢失墜。郄爲故吏。融所推進。趙袁之拔郤穀。不輕公叔之升臣也。知同其愛。訓誨發中。雖諒伯之惡。猶不得念。況恃舊交。而欲自外於賢吏哉。輒布腹心。修好如初。

○孫秀既恨石崇不與綠珠。于寶晉紀曰。石崇有妓人綠珠。美而工笛。孫秀使人求之。崇別館北邙下。方登涼觀。臨清水。使者以告。崇出其婢妾數十人以示之。曰。任所擇。使者曰。本受命者。指綠珠也。未識孰是。崇勃然曰。綠珠吾所愛。不可得也。使者曰。君侯博古知今。察遠照邇。願加三思。崇不然。使者已出又反。崇竟不許。又憾潘岳昔遇之不以禮。後秀爲中書令。岳省內見之。因喚曰。孫令。憶疇昔周旋不。秀曰。中心藏之。何日忘之。岳於是始知必不免。王隱晉書曰。岳父文德爲琅邪太守。孫秀爲小吏給使。岳數蹴踘秀。而不以人遇之也。

後收石崇歐陽堅石同日

收岳。晉陽秋曰。歐陽建字堅石。渤海人。有才藝。時人爲之語曰。渤海赫赫。歐陽堅石。初建爲馮翊太守。趙王倫爲征西將軍。孫秀爲腹心。撓亂關中。建每匡正。由是有隙。王隱晉書曰。石崇潘岳與賈謐相友善。及謐廢。懼終見危。與淮南王謀誅倫。事泄。收崇及親眷。以上皆斬之。初岳母誡岳以止足之道。及收。與母別曰。負阿母。崇家河北。收者至。曰。吾不過流徙交廣耳。及車載東市。始嘆曰。奴輩利吾家之財。收崇人曰。知財爲害。何不蚤散。崇不能答。

石先送市。亦不相知。潘後至。石謂潘曰。安仁。卿亦復爾邪。潘曰。可謂白首同所歸。

語林曰。潘石同刑東市。石謂潘曰。天下殺英雄。卿復何爲。潘曰。俊士塡溝壑。餘波來及人。

潘金谷集詩云。投分寄

石友曰首同所歸乃成其讖。

劉琨（當郎劉輿）兄弟少時為王愷所憎嘗召二人宿欲默除之令作阬阬畢垂加害矣石崇素與琨琨善聞就愷宿知當有變便夜往詣愷問二劉所在愷卒迫不得諱答云在後齋中眠石便逕入自牽出同車而去語曰少年何以輕就人宿

鄧粲晉紀曰琨與兄輿皆知名遊權貴之間當世以為豪傑

王東亭與王孝伯語後漸異孝伯謂東亭曰卿便不可復測答曰王陵廷爭陳平從默但問克

終云何耳。漢書曰。呂后欲王諸呂。問右相王陵。以爲不可。問左丞相陳平。平曰可。陵出讓平。平曰。面折廷爭。臣不如君。全社稷定劉氏。君不如臣。晉安帝紀曰。初王恭赴山陵。欲斬國寶。王珣固諫之。乃止。既而恭謂珣曰。比日視君。一似胡廣。珣曰。王陵廷爭。陳平從默。但問克終如何也。

王孝伯死。縣其首於大桁。司馬大傅命駕出至標所。孰視首。曰卿何故趣欲殺我邪。續晉陽秋曰。王恭深懼禍難。抗表起兵。於是遣左將軍謝琰討恭。恭敗走曲阿。爲湖浦尉所擒。初道子與恭善。欲載出都。面相折數。聞西軍之逼。乃令於倪塘斬之。梟首於東桁也。

桓玄將篡。桓脩欲因玄在脩母許襲之。庾夫人

云汝等近過我餘年我養之不忍見行此事。桓氏

譜曰。桓沖。後娶潁川庾蔑女。字姚。晉安帝紀曰。
脩少爲玄所侮。言論常鄙之。脩深憾焉。密有圖
玄之意。脩母曰。靈寶視我如母。
汝等何忍骨肉相圖。脩乃止。

○○

王大將軍執司馬愍王。夜遣世將載王於車而
殺之。當時不盡知也。晉陽秋曰。司馬丞。字元敬。
譙王遜子也。爲中宗湘州
刺史。路過武昌。王敦與燕會酒酣。謂丞曰。大王
篤實佳士。非將御之才。對曰。馬知鉛刀不能一
割乎。敦將謀逆。召丞爲軍司馬。丞嘆曰。吾其死
矣。地荒民解。勢孤援絕。赴君難。忠也。死王事。義
也。死忠與義。又何求焉。乃馳檄諸郡。丞赴義。敦
遣從母弟魏乂攻丞。王廙使賊迎之。薨於車。敦
既滅。追贈驃
騎。諡曰愍王。雖愍王家亦未之皆悉而無忌兒

弟皆稱無忌別傳曰無忌字公壽。丞子也。才器兼濟有文武幹。襲封譙王。衛軍將軍。

王胡之與無忌長甚相暱胡之嘗共遊無忌入告毋請爲饌毋流涕曰王敦昔肆酷汝父假手世將司馬氏譜曰丞娶南陽趙氏女。吾所以積年不告汝者王氏門彊汝兄弟尚幼不欲使此聲著蓋以避禍耳無忌驚號抽刃而出胡之已去遠。

○補

謝玄暉頗輕江祏南史曰。祏字弘業。濟陽考城人。祖遵寧朔參軍。父德驎司徒右長史。祏仕至侍中中書令受遺輔政爲東昏所誅。祏嘗詣玄暉玄暉因言有一詩呼左右取既而復停祏問其故云定復不急。祏以爲輕巳。南史曰。祏嘗與弟祀劉渢劉晏俱候朓。朓謂祏曰。可謂帶二江之雙流。以嘲弄之。祏轉不堪。後遂搆害玄暉。南史曰。東昏失德。江祏欲立始安王。致意於朓。朓自以受明帝恩不肯答。又說劉暄曰。始安一旦南面。則劉渢劉晏居卿今地。暄陽驚。馳告始安王及祏。搆而害之。暴其過惡。收付廷尉。

○補

顏平原司馬光通鑑曰。眞卿爲侍御史。楊國忠嫉其不附己。出爲平原太守。不忍於盧杞。杞將出之平原。平原辭曰。先中丞傳首平原唐書曰。杞父奕。天寶末。爲東臺御史中丞。子三繼清節不易。十四載。安祿山犯東都。人吏奔散。奕在臺獨居。爲賊所執。遂見害。面被流血。吾不敢以衣拭。親舌舐之。公不忍見容乎。杞矍然下拜。而銜恨切

◎

骨。劉餗唐書曰。盧杞字子良。故相懷愼之孫。父奕。御史中丞。安祿山陷洛陽。奕遇害。杞以門蔭解褐率府兵曹。徵爲御史中丞。時尚父子儀病。百官造問。皆不屏姬侍。杞至。子儀悉屏去。獨隱几待之。家人問故。子儀曰。杞形陋而心險。左右見之必笑。若此人得權。即吾族無類矣。及居糺彈之地。論奏稱旨。遷御史大夫。旬日爲黃門侍郎。

李卓吾批點世說新語補卷之二十

批點古詩補卷之二十　二十四

題世說新語補後
嘉靖中華亭何元朗氏雅以博洽著稱其所輯語林上遡漢魏下逮勝國正史之外益以稗官小說撮其佳事佳語分門比類以擬於臨川之世說要其所擬亦河汾之于

洙泗耳無論宋以後事蕪漫而雜
入也隋唐諸君子有兵語合作否
其人有江左風致足模寫者否即
所載司馬家一代事辭往摭拾
臨川所棄大官餘庖耳故愚嘗謂
千載而有臨川不復能成世說矣

家弇州先生取何氏之書求其事馴雅者理中清者鄭取之附諸世說以補臨川所未備使人讀之宛然面接嵇阮之清狂聆劉許之玄理目觸王謝之琳琅忘其為晉以後事矣此舉以救何氏拙于矜

冨弇州巧于見長乇余往歲負濬
冲滅性之讖嘔血數升神氣都擄
嘗淂此編時置案頭以當枕藉友
人張仲立秦汝約數相慰存見而
賞焉將分校剞之余病弗果於是
校注之任專之仲立讐對則汝約

預有勞焉夫孝標一注號稱詳贍
然皆二百年間語耳其人可指數
而事可臚列也況乎大江以北文
獻無徵熟王瀲之諸家秉則思過半
矣仲立素瓌瑋博稽羣籍多所訂
訛以相發明並惟於博雅之士有

稗哉即何氏歸忠臣而臨川稱冢嫡可也是歲乙酉春三月既望瑯琊王泰亨識

重刻世說新語補跋

臨川王之世說已得孝標之注愈妙也世貞補之亦妙哉小美既鍥之豫章以還諸刻稍多而李老批評本最行于海之內外云我公夙爲癖特傷屢經剞劂

終屬孟浪乃讐校自務蒐閱數
本改而正之璋判珪合研覈不
遺遂藏爲定本允明頏而鑽厲
爲今茲鍥之刻已成公曰此舉
也奚足以復卯金氏之舊政且
也至孝標刪約之要博覽之裁

都非夫後世注家苟摘要於子
書或洽聞類於襍家稗史而浩
瀚以爲譸張比遂知其混、然
洋、然難果逢其原矣不無以
遺憾但竢於博通之備證已迺
使　允明　記其言於卷末云公騰

龍源公也
皇和安永己亥正月守山碕允
明謹撰

元祿七年甲戌八月吉日
安永八年己亥正月吉日再刻
京東洞院通夷川上ル町
林九兵衛　梓行